TRAITÉ

DU

BÉNÉFICE D'INVENTAIRE

ET DE

L'ACCEPTATION DES SUCCESSIONS,

PAR M. BILHARD,

AVOCAT A LA COUR ROYALE DE TOULOUSE;

AUTEUR DU *Traité des Référés*, EN MATIÈRE CIVILE ET DE COMMERCE,
ANCIEN DIRECTEUR DE LA *Tribune Provinciale*, JOURNAL DE LA SCIENCE DU DROIT
ET DES DÉBATS JUDICIAIRES.

Dédié à M. Blondeau,

OFFICIER DE LA LÉGION D'HONNEUR, DOYEN DE LA FACULTÉ DE DROIT DE PARIS.

Ouvrage spécial, présenté sous des aperçus tout nouveaux, et dans lequel on s'occupe:
1º de l'origine de l'acceptation bénéficiaire; 2º de l'état de l'ancienne jurisprudence
sur ce point important de notre droit civil; 3º des personnes qui peuvent invoquer
aujourd'hui le bénéfice d'inventaire; 4º des formes de ce genre d'acceptation; 5º du
délai pendant lequel elle est reçue; 6º de la gestion à laquelle elle soumet l'héritier;
7º des effets qu'elle produit; 8º de la déchéance qui peut être encourue; 9º de la
faculté d'abandonner les biens héréditaires, et 10º des droits d'enregistrement qui
s'appliquent à ces divers objets.

Nullum esse librum tam malum, ut non aliquâ parte prodesset.

PLINE, l'ancien.

———— ✦ ————

PARIS,

DELAMOTTE, LIBRAIRE-ÉDITEUR,

PLACE DAUPHINE, 29, PRÈS LE PALAIS DE JUSTICE.

1838.

BÉNÉFICE D'INVENTAIRE

ET

ACCEPTATION DES SUCCESSIONS.

Tout exemplaire non signé de moi, est réputé contrefait.

Bilhard

OUVRAGES DU MÊME AUTEUR,

A la librairie de DELAMOTTE, place Dauphine, 29, près le Palais de Justice, à Paris.

———

Sous presse, pour paraître incessamment :

TRAITÉ DES RÉFÉRÉS,

EN MATIÈRE CIVILE ET DE COMMERCE.

Ouvrage entièrement refondu, dans lequel on élabore la jurisprudence des cours et des tribunaux, ainsi que la doctrine des auteurs, notamment les ordonnances publiées par M. de Belleyme, président du tribunal de première instance de la Seine.

2ᵉ édit., caractères neufs, bien imprimée.

1 fort vol. in-8º ; Prix : 7 fr. 50 cent., et le port en sus.

———

NOTA. M. Bilhard s'occupe, depuis long-temps, des débats parlementaires que soulève la discussion du projet de loi sur les justices de paix ; il se propose, dès que la loi aura paru, de publier un ouvrage, en 2 vol. in-8º, sous ce titre : *Traité de la Compétence des juges de paix, en matière civile, commerciale, criminelle et de simple police*, suivi d'un Essai philosophique sur les droits, prérogatives et devoirs de leurs greffiers, mis en rapport avec le pouvoir censorial.

TRAITÉ

DU

BÉNÉFICE D'INVENTAIRE

ET DE

L'ACCEPTATION DES SUCCESSIONS,

PAR M. BILHARD,

AVOCAT A LA COUR ROYALE DE TOULOUSE;
AUTEUR DU *Traité des Référés*, EN MATIÈRE CIVILE ET DE COMMERCE,
ANCIEN DIRECTEUR DE LA *Tribune Provinciale*, JOURNAL DE LA SCIENCE DU DROIT
ET DES DÉBATS JUDICIAIRES.

Dédié à M. Blondeau,

OFFICIER DE LA LÉGION D'HONNEUR, DOYEN DE LA FACULTÉ DE DROIT DE PARIS.

Ouvrage spécial, présenté sous des aperçus tout nouveaux, et dans lequel on s'occupe :
1º de l'origine de l'acceptation bénéficiaire ; 2º de l'état de l'ancienne jurisprudence
sur ce point important de notre droit civil ; 3º des personnes qui peuvent invoquer
aujourd'hui le bénéfice d'inventaire ; 4º des formes de ce genre d'acceptation ; 5º du
délai pendant lequel elle est reçue ; 6º de la gestion à laquelle elle soumet l'héritier ;
7º des effets qu'elle produit ; 8º de la déchéance qui peut être encourue ; 9º de la
faculté d'abandonner les biens héréditaires, et 10º des droits d'enregistrement qui
s'appliquent à ces divers objets.

Nullum esse librum tam malum, ut non
aliquâ parte prodesset.

Pline l'ancien.

———————◆◆◆———————

PARIS,

DELAMOTTE, LIBRAIRE-ÉDITEUR,

PLACE DAUPHINE, 29, PRÈS LE PALAIS DE JUSTICE.

1838.

Epitre Dédicatoire.

À M. BLONDEAU,

Officier de la Légion d'Honneur, doyen de la Faculté de Droit de Paris.

Monsieur le Doyen,

Un auteur, bien qu'il puisse se recommander par lui-même, arrive difficilement à faire autorité dans le monde littéraire et savant, si son œuvre n'est reflétée par la science du grand maître. C'est un axiôme que la vérité proclame, et qu'elle fait surtout porter à plein sur celui qui, comme moi, est presque à ses débuts dans l'art didactique. Daignez aussi, dans le cas où le *Traité du Bénéfice d'inventaire et de l'Acceptation des successions*, que je viens de composer, serait digne de vous être offert, en agréer la dédicace, et me permettre de le placer sous votre éminente protection.

Ma publication, je suis heureux de vous l'exprimer, marquera son mouvement ascensionnel par la brillante impulsion que je lui sollicite. Ses imperfections, ses défauts, qui, je le crains, sont peut-être nombreux, seront effacés par l'éclat de la haute réputation qui, à tant de titres, vous est si justement acquise.

C'est, je l'avoue, beaucoup trop exiger ; mais j'ai foi dans la philantropie du profond jurisconsulte, du puissant professeur auquel je m'adresse. J'ai la certitude qu'il consentira à orner, de son nom recommandable, le frontispice d'un livre qui n'est pas sans intérêt pour l'école, la magistrature et le barreau.

Les sentimens dont je me sens pénétré, la vive impression qui s'échappe de mon hommage, donnent à ma reconnaissance, monsieur le Doyen, une base solide et durable, que rien ne saurait pouvoir affaiblir.

BILHARD.

Réponse

A L'AUTEUR DU TRAITÉ DU BÉNÉFICE D'INVENTAIRE

ET DE L'ACCEPTATION DES SUCCESSIONS.

Monsieur,

Je ne puis qu'être très flatté de l'intention que vous avez de m'offrir la dédicace de votre livre sur le *Bénéfice d'inventaire*; mais je suis loin de croire que mon nom soit une recommandation aussi efficace que vous me faites l'honneur de le dire.

Avant de vous répondre, j'ai voulu au moins parcourir votre programme. Il m'a paru que vous aviez embrassé l'ensemble de votre sujet, et que vos divisions étaient bien établies.

Le doyen de la Faculté de Droit de Paris,

BLONDEAU.

AVANT-PROPOS.

———•———

La science du droit fait tous les jours des progrès sensibles. Ceux qui l'étudient, s'attachent de préférence aux traités spéciaux, et ils ont raison; car là, les principes sont mieux élaborés que dans un ouvrage général. Entraîné moi-même par cette propension, j'ai senti l'éminent avantage qu'il y avait à parler du *Bénéfice d'inventaire*, et de ses conséquences par rapport aux successibles, aux légataires et aux créanciers.

Plusieurs auteurs recommandables s'en sont occupés, il est vrai; mais tous l'ont confondu avec l'ouverture des successions, dont ils en ont fait l'appendice, et ne l'ont traité que comme un point très accessoire.

Or, serait-ce parce que l'acceptation bénéficiaire ne comporte pas assez d'étendue par elle-même, ou qu'elle se résout en une simple question de fait?

Je réponds qu'il y a peu de branches de notre législation qui soit aussi compliquée que celle-là, et qui présente autant de difficultés doctrinales à résoudre.

M'appartenait-il toutefois de prendre l'initiative? N'ai-je point à craindre, quand des jurisconsultes profonds ont hésité?..... C'est la chaleur de la conviction qui a triomphé des obstacles, et, en me déterminant à publier ce *Traité du Bénéfice d'inventaire, et de l'acceptation des successions*, je me suis dit, avec Pline l'ancien : « Il n'est si mauvais « livre où l'on ne puisse apprendre quelque « chose. »

TRAITÉ

DU

BÉNÉFICE D'INVENTAIRE

ET

DE L'ACCEPTATION DES SUCCESSIONS.

———

INTRODUCTION.

———

SOMMAIRE.

1. *Ce que c'est que le bénéfice d'inventaire.*
2. *Division du sujet et développement rationnel.*

1. Le bénéfice d'inventaire est un privilége au moyen duquel on peut, quand on succède à autrui, n'être tenu des dettes et charges que proportionnellement à la valeur des biens qui existent dans la succession, et qui forment seuls alors le gage des créanciers et des légataires, si l'on remplit certaines conditions que la loi, gardienne des intérêts de tous, a prescrites en pareil cas.

2. Quelque incomplexe que semble, en ap-

parence, ce point de droit de notre organisation
sociale, il se ramifie pourtant par lui-même et
par les embarras jetés dans l'application; aussi,
pour lui donner un développement rationnel,
j'ai pensé qu'il convenait d'en diviser l'examen de
la manière suivante:

1° Origine du *bénéfice d'inventaire;*

2° État de l'ancienne jurisprudence, touchant
l'acceptation bénéficiaire;

3° Personnes qui peuvent invoquer aujour-
d'hui le *bénéfice d'inventaire;*

4° Formes de l'acceptation bénéficiaire;

5° Délai pendant lequel on doit déclarer le *bénéfice d'inventaire;*

6° Gestion des biens à laquelle soumet l'acceptation bénéficiaire;

7° Effets qui sont attachés au *bénéfice d'inventaire;*

8° Déchéance du droit de se prévaloir de
l'acceptation bénéficiaire;

9° Faculté d'abandonner les biens dépendans
du *bénéfice d'inventaire;*

10° De l'enregistrement en matière d'acceptation bénéficiaire.

CHAPITRE PREMIER.

Origine du bénéfice d'inventaire

SOMMAIRE.

3. *Insuffisance de la demande en restitution contre l'acceptation des successions.*

4. *Le bénéfice d'inventaire créé par Gordien, est ensuite régularisé par Justinien.*

5. *Ensemble de la législation romaine, touchant l'acceptation bénéficiaire.*

6. *Acceptation et renonciation placées sous l'influence prétoriale.*

7. *Trois effets principaux furent attachés au bénéfice d'inventaire.*

3. On avait imaginé de venir au secours des héritiers, en leur accordant la faculté de délibérer sur l'acceptation de la succession. Un héritier demandait la communication des titres, et puis, sur les élémens qu'il avait recueillis, il manifestait sa volonté. Il suit de là que, dans les premiers temps, on ne connût que l'acceptation pure et simple, l'abstention et la renonciation des successions.

Malgré les précautions dont on ne manquait jamais de s'environner, il arriva donc que la vérité n'apparut point sans détours. Le successible, induit en erreur sur la consistance des biens et des dettes, compromit souvent sa fortune particulière. En effet, des créanciers ignorés hâtaient, par leurs poursuites inopinées, la conclusion d'un dénoûment fâcheux : ils venaient confondre dans la même ruine, et le patrimoine du défunt, et les ressources personnelles de celui qui lui avait succédé.

Sans doute, dans la vue de parer à un tel inconvénient, dont la gravité était vivement sentie, on admit les héritiers à se faire restituer contre leur propre acceptation ; mais ce remède, qui entraîna mille abus, devint pire que le mal. La répudiation de la succession, antérieure ou postérieure à l'acceptation dont on avait été relevé, était, sauf le cas d'abstention, d'une impuissance telle, qu'il fallut, bon gré mal gré, changer l'état des choses. C'est le bénéfice d'inventaire qu'on choisit ; par ses modifications notables, à l'égard de la forme de succéder, il concilia tous les intérêts.

4. Ce bénéfice fut d'abord appliqué par Gordien aux soldats de l'empire romain, lorsqu'ils se trouvaient engagés dans une succession oné-

reuse qui, à cause des créanciers du défunt et
du montant des sommes à payer, ne présentait
pour eux que des chances de perte. On voulut
circonscrire le gage affecté aux créances. Il n'y
eut par conséquent que la succession qui, abstraction faite des biens appartenant à l'héritier,
dût être employée à l'acquit des dettes qu'on
réclamait, si elles étaient reconnues légitimes
(*Instit.*, § 5, *de Hœredum qualitate et differentiâ,*
et *L. ult., cod. de Jure deliberandi*).

Plus tard, le bénéfice d'inventaire, accordé
par Justinien à tous les héritiers, reçut une plus
grande extension. Cet empereur avait pour but
d'empêcher qu'on fût tenu des dettes et charges
ultrà vires hœreditatis. Il voulait remédier à ce
qu'un héritier qui acceptait trop vite une succession insolvable, ne restât point obligé envers
des créanciers qui, d'ordinaire, ne se faisaient
connaître qu'après l'acceptation (*L. Scimus, cod.
de Jure deliberandi*).

A Rome, on suivait le principe que l'adition
d'hérédité remonte au temps de la mort, et
qu'elle soumet aux engagemens qui dérivent de
la succession (*LL.* 8 *et* 54, *ff. de Acquirendâ vel
omittendâ hœreditate*, et *LL.* 138 *et* 193, *ff. de
Regulis juris*). L'acceptation pouvait d'ailleurs
être expresse ou tacite ; aussi, à partir du mo-

ment où elle avait lieu, l'héritier était réputé,
in universum jus, le représentant du défunt.
(*Instit. de Hœred. qualit. et different.; L.* 77, *ff.
de Reg. jur.*, et *L.* 116, *ff. de Legatis* 1°). C'est
pour cela que, par le bénéfice d'inventaire, il
faisait surseoir aux poursuites, sans aucune distinction, jusqu'à ce que les forces de l'hérédité
eussent été connues, et qu'il pût, à bon escient,
formuler une déclaration explicite.

5. Tout héritier devait faire, sous peine de
déchéance, la description exacte des objets successifs, en affirmant qu'il n'en existait pas d'autres. Il suffisait néanmoins, quant aux immeubles, d'énumérer les titres de propriété ou
de possession. Les personnes intéressées étaient
recevables à se pourvoir contre, afin d'établir au
besoin qu'il y avait eu dol à leur préjudice.

L'inventaire était rédigé dans les quatre-vingt-
dix jours de l'ouverture de la succession, si les
biens n'étaient pas éloignés, et dans le délai d'un
an s'ils étaient à de grandes distances. Un notaire,
en présence de trois témoins, devait y procéder.
Quelques autres conditions peu importantes
étaient prescrites; elles se rapportaient notamment à la forme de l'instrumentation notariale.

Bien qu'au moyen de cet inventaire, le droit
de délibérer dût paraître désormais inutile, l'hé-

ritier y fut pourtant astreint. Mais il pouvait, dans l'intervalle, vendre les choses qui étaient susceptibles de dépérissement. Les actes conservatoires et de première nécessité n'obligeaient pas, ne faisaient encourir aucune fin de non recevoir : par exemple, le fils prenait des alimens sur les biens héréditaires, en dehors de toute espèce d'adition d'hérédité (*L. 9, ff. de Jure deliberandi,* et *Instit. de Hæred. qualit. et differentiâ.*).

6. En général, le préteur fixait le temps pour délibérer sur l'acceptation de l'héritier, si ce dernier le demandait. Le délai était au moins de cent jours, et l'on pouvait, pendant qu'il durait encore, se livrer à d'incessantes investigations. On appelait cela *bénéfice d'inventaire, bénéfice d'abstention, bénéfice de séparation,* suivant qu'il s'agissait ou d'un *héritier institué,* ou d'un *héritier sien,* ou d'un *héritier nécessaire* (*Instit. de Hæred. qualit. et different.; cod. de Jure deliberandi, lib.* 6, *lit.* 3o, et *L.* 69, *ff. de Acquir. vel omitt. hæred.*).

Il est à remarquer que celui qui était habile à se porter héritier, même bénéficiaire, était le maître d'accepter ou de renoncer, et qu'il avait trente ans pour exercer son droit, si, forcé par les créanciers ou par les légataires de s'expliquer, il n'avait pas laissé écouler, à pure perte, le terme durant lequel il était tenu de répondre. La règle voulait qu'à défaut on le déclarât héritier pur et simple vis-à-vis des demandeurs. Cependant il lui était permis, avant la condamnation, de conclure à une prorogation, et le magistrat, auquel on démontrait l'insuffisance du délai expiré, était là pour le renouveler, s'il y avait lieu (*LL.* 3, 8 et 9, *ff. de Jure deliberandi*).

Au surplus, si l'héritier non-poursuivi mourait dans les trente ans sans s'être expliqué, il transmettait à ses ayants-cause l'option dont il n'avait pas usé. Il fallait toutefois qu'il ne se fût pas immiscé *comme héritier* dans les affaires de la succession : *Pro hærede gerere videtur, qui aliquid facit ut hæres.* On tenait pour maxime que, pour pouvoir être de quelque influence sur l'acceptation, l'acte d'héritier devait être évident : *Dicebamus, nisi evidenter quasi hæres manumiserit, non debere eum calumniam pati, quasi se miscuerit hæreditati* (*LL.* 20 et 44, *ff. de Legatis* 1.).

7. Le bénéfice d'inventaire produisait au profit de l'héritier trois effets principaux, auxquels se rattachait à vrai dire toute la législation sur cette matière : 1° il n'était pas tenu des obligations du défunt au-delà des forces de la succession ; 2° il ne confondait point ses biens avec

ceux du défunt, et 3° il pouvait prendre, avant les créanciers et les légataires, les frais par lui faits pendant son administration.

Ainsi, quand l'héritier bénéficiaire avait fait servir à l'acquit des dettes et charges, l'argent qui provenait des biens héréditaires, s'il existait un déficit, il n'en répondait point;

Ainsi, il pouvait réclamer, en concours avec les autres créanciers, ce qui lui était dû personnellement, et ne rien remettre aux légataires avant d'avoir été entièrement payé;

Ainsi, il retirait en première ligne le montant de ses avances, même les dépens des procès, quoiqu'il eût succombé dans le litige, pourvu qu'il ne fût pas décidé qu'ils restaient à sa charge sans répétition.

Enfin, comme l'acceptation bénéficiaire ne faisait point perdre la qualité d'héritier, il en résultait que, s'aidant de la loi *Falcidia* qui défendait au défunt de léguer plus des trois quarts de sa succession, l'héritier bénéficiaire venait, lorsque les comptes étaient apurés, et qu'il existait un résidu, prendre lui-même le quart des biens libres, n'importe que les legs absorbassent ou non l'entière hérédité.

CHAPITRE II.

État de l'ancienne jurisprudence touchant l'acceptation bénéficiaire.

SOMMAIRE.

17. *Violation des formes prescrites pour la vente des biens du bénéfice d'inventaire.*

18. *Distinction sur le mode de paiement des créanciers de la succession bénéficiaire.*

19. *Le recélé n'était pas, dans tous les cas, une adition d'hérédité.*

20. *Un héritier qui acceptait bénéficiairement pouvait vendre ses droits successifs.*

21. *Il n'était assujetti que pour sa part au paiement des dettes et charges héréditaires.*

22. *Comment on prélevait les frais de gestion de l'héritier bénéficiaire.*

23. *Si cet héritier pouvait ou non prendre ses alimens sur les biens de la succession.*

24. *Des moyens coërcitifs pour le forcer à rendre le compte du bénéfice d'inventaire.*

25. *Controverse sur le point de savoir s'il lui était permis de faire sa renonciation.*

8. Par une dérogation née de la faveur qu'exigeait le système gouvernemental, l'édit de Roussillon, de 1563, art. 16, avait interdit, sauf pour les mineurs, le bénéfice d'inventaire dans les successions des comptables des deniers publics, parce que le roi s'y trouvait intéressé. Il fut jugé, le 16 mars 1735, que, faute de renoncer aux biens et droits héréditaires, on était obligé en

nom personnel. Cette disposition exceptionnelle était toutefois sans influence relativement aux autres créanciers, de telle sorte que, si l'héritier bénéficiaire avait, à ce titre, soldé le débet existant, il n'était plus possible de le forcer à prendre une qualité différente (Duranton, *Cours de Droit français,* tom. 7, n. 10 ; Merlin, *Répertoire de Jurisprudence,* v° Bénéfice d'inventaire, n. 10, et Rousseau de Lacombe, *Jurisprudence civile,* v° Héritier, n. 3).

Il était de règle, dans les pays où l'institution d'héritier avait lieu, que les seuls héritiers légitimes ou testamentaires pouvaient accepter bénéficiairement une succession. Ainsi le voulait la maxime : *At quæ jure singulari introducta sunt, non debent trahi ad consequentias.* On disait que les autres successeurs ne représentaient point la personne à laquelle ils succédaient, et qu'ils n'avaient pas besoin, dès lors, du bénéfice d'inventaire, pour s'affranchir du paiement des créances *ultrà vires emolumenti* (Ferrière, *Dictionnaire de Droit et de Pratique,* v° Bénéfice d'inventaire).

De son côté, le défunt ne pouvait défendre, d'une manière directe, ni l'inventaire, ni le bénéfice d'inventaire qui s'y rattachait. Mais il avait, en pays de droit écrit, une voie détournée à l'aide de laquelle, quand il le voulait, il éloignait toute acceptation bénéficiaire. En imposant à l'héritier la charge d'accepter la succession purement et simplement, il déclarait que, s'il y manquait, l'institution cessait d'exister, et qu'il mettait quelqu'un plus à sa place. C'était un lien coërcitif très licite, que rien dans la loi ne désavouait (Rousseau de Lacombe, *Jurisprudence civile*, v° Héritier, n. 2).

9. A Orléans et à Paris, en ligne collatérale, l'héritier bénéficiaire était exclu par l'héritier pur et simple, quoique ce dernier ne fût parent qu'à un degré plus éloigné. Le mineur n'avait pas néanmoins droit à la préférence, et son acceptation restait sans force devant celle qu'un héritier, plus proche que lui, faisait sous réserve d'inventaire. C'est ce qui fut jugé le 26 novembre 1565.

Un arrêt du parlement de Normandie, statuant par forme de règlement, adopta la même distinction. La jurisprudence l'interpréta largement; car elle voulut que l'acceptation du mineur, faite sans réserves, ne pût point opérer à l'encontre du parent qui était à un égal degré, bien qu'il eût accepté sous bénéfice d'inventaire. On se fondait sur ce qu'un mineur pouvait, avec

trop de facilité, se faire restituer contre l'acceptation d'une succession.

Il était pourtant d'usage que, si le mineur acceptant donnait caution de ne pas se faire restituer, l'exclusion des héritiers bénéficiaires avait
lieu, sans aucun égard pour la proximité du degré. L'acceptation pure et simple, devenue irrévocable, en ce sens que l'action utile en dommages-intérêts lui servait d'équivalent, écartait
la complication du bénéfice d'inventaire, et semblait mieux convenir aux parties prenantes. C'est
ce qu'attestent Bacquet, Charondas, Tronçon, et
les autres auteurs qui écrivirent là-dessus.

10. Quelques coutumes, et surtout celle de
Normandie, n'admettaient l'héritier au bénéfice
d'inventaire, que lorsqu'il avait fait des perquisitions pour savoir s'il n'existait pas d'autres parens qui voulussent se déclarer héritiers abso-
lus. C'était par voie de criées et de publications
qu'on procédait. A l'issue de la messe paroissiale,
par trois dimanches consécutifs, l'acceptation
bénéficiaire était annoncée, et puis on l'adjugeait,
si aucun héritier ne venait accepter purement
et simplement.

Une telle disposition, générale en apparence,
n'avait en vue que les collatéraux. Aussi, on n'é-

tait pas obligé, à cause des héritiers directs, de
se livrer aux formalités dont elle faisait la nomenclature. Plusieurs arrêts le décidèrent, et
l'on peut voir notamment ceux des 25 mai 1662,
6 juillet 1729 et 23 janvier 1760 : ils sont très
explicites, et ne laissent aucun doute (Merlin,
Répertoire de Jurisprudence, v° BÉNÉFICE D'IN-
VENTAIRE, n. 19).

Dans certaines localités, et principalement en
pays de droit écrit, les publications et les criées
dont il est ici question n'avaient pas lieu, même
par rapport à la ligne collatérale des parens du
défunt. C'est parce que l'acceptation pure et
simple des successions n'exerçait point d'empire
sur l'acceptation bénéficiaire. Il fallait d'ailleurs
que le retrait des biens héréditaires, au cas où
il était autorisé, fût provoqué dans l'année de la
déclaration du bénéfice d'inventaire, sous peine
de tardiveté.

11. Par un arrêt de règlement du 8 juin 1693, il
était ordonné de ne lever les scellés et de ne faire
l'inventaire, que vingt-quatre heures après l'inhumation. Le 18 juillet 1733, un autre arrêt fixa
à trois jours cet intervalle de temps. On dut,
dans l'intérêt des convenances et des affections
de famille, ne pas entreprendre les débats des
affaires de la succession, avant que les émotions

2

que son ouverture avait fait éclore n'eussent été
un peu calmées.

L'ordonnance de 1667, tit. 7, art. 1er, accordait
trois mois pour parachever l'inventaire, et quarante jours pour délibérer sur les formes de l'acceptation, et sur la répudiation. Pendant ce délai,
l'habile à succéder n'avait à redouter aucune poursuite, et toutes parties, à moins d'une invincible
nécessité, c'est-à-dire, de mesures urgentes et provisoires, étaient forcées de garder le *statu quo*.
Si l'inventaire était fait plus tôt, le point de départ de la faculté de délibérer s'oblitérait, et l'héritier voyait s'accourcir les trois mois et quarante jours dont il avait dû profiter de prime-
abord.

En Provence, un héritier reçu au bénéfice d'inventaire, avait trente ans pour dresser l'état des-
criptif des meubles et des immeubles, pourvu
qu'il n'eût pas fait adition d'hérédité, et qu'il
n'existât pas contre lui de déchéance acquise.
C'est ce qui résulte de deux arrêts solennels, l'un
du Conseil, du 9 septembre 1669, et l'autre du
parlement d'Aix, du 14 février 1705. Il en était
à peu près de même à Bordeaux, puisque l'héritier qui ne s'était point immiscé pouvait, pendant les trente ans du décès, renoncer à la succession, s'il faisait un loyal inventaire, et en se

purgeant par serment qu'il n'avait rien détourné
(Ferrière, *Dictionnaire de Droit et de Pratique*,
v° Bénéfice d'inventaire).

12. On convenait bien que, sans inventaire,
les patrimoines respectifs du défunt et de son héritier restaient confondus ensemble; mais il n'y
avait guère d'harmonie à raison des formes qu'il
devait comporter. Ce qui était bon sous une coutume était vicieux sous l'autre. En butte à la divergence des opinions judiciaires, le successible
se trouvait donc exposé, sans le vouloir, à toutes
les chances que soulève la proposition d'une acceptation pure et simple.

En effet, dans la plupart des pays de droit
écrit, il était de rigueur d'appeler à l'inventaire
les créanciers et les légataires connus, à leur domicile, et les autres par affiches. Catelan rapporte
un arrêt du parlement de Toulouse, du 24 janvier 1667, qui annula un inventaire, parce qu'on
avait omis cette formalité. Chorier en cite un du
parlement de Grenoble, du 22 août 1676, qui
consacra le même enseignement.

Au contraire, on dispensait à Paris d'un tel
appel, même dans les provinces où le droit écrit
était en vigueur. Son importance n'était pas cependant révoquée en doute. La coutume de
Berry, au chapitre *des Successions ab intestat,*

en avait une disposition expresse. Il en fut parlé
dans l'ordonnance de 1629, et le président de
Lamoignon, dans ses *Arrêts*, au titre *des Succes-*
sions, le préconisa avec un grand fond de logique et d'habileté.

13. Les pays de coutume, et ceux où les lois
romaines étaient obligatoires, différaient essentiellement sur la manière d'user de l'acceptation
bénéficiaire. Dans des parlemens, on n'était apte
à accepter bénéficiairement une succession, qu'en
prenant des lettres de bénéfice d'inventaire,
tandis qu'ailleurs on n'y assujettissait point l'héritier. En cette occurrence, les conseillers de la
couronne, jaloux de se montrer dociles à la voix
du fisc, cherchèrent à les rendre usuelles, et des
édits bursaux, brochant sur le tout, accédèrent
à leurs vœux.

Dans la Lorraine, par exemple, le bénéfice
d'inventaire s'accomplissait sans permission préalable : voilà pourquoi l'art. 21 de l'ordonnance
de 1770, modifiant la coutume, voulut impérieusement qu'on y eût recours. Il ne fut plus possible dès lors de s'y porter héritier bénéficiaire,
qu'après s'être adressé à la chancellerie de Nancy.
L'art. 593 de la coutume de Bretagne éloignait
lui-même la nécessité des lettres permissives;
mais ces lettres devinrent absolues par l'arrêt du

Conseil, du 15 juin 1705 : tout le ressort du parlement de Rennes dut subir les exigences de la
fiscalité.

Il y avait néanmoins exception pour les héritiers qui, sans être désignés par la loi, succédaient à titre universel ou particulier, comme
les légataires, et pour les seigneurs auxquels une
succession était dévolue par droit de deshérence.
« C'est parce que, disait-on, ils succédaient moins
« à la personne qu'aux biens. » La loi du 7 septembre 1790, art. 21, a fait cesser la controverse;
car elle a supprimé, en France, l'usage des lettres
de bénéfice d'inventaire (Merlin, *Répertoire de
Jurisprudence*, v° BÉNÉFICE D'INVENTAIRE, n° I).

14. Au parlement de Flandre, le bénéfice
d'inventaire n'avait pas lieu à cause du mobilier.
Deghewit l'atteste, et il s'appuie d'un arrêt du
25 octobre 1674, qui, à l'entendre, le jugea ainsi.
On lit à cet égard, dans les Chartes du Hainaut,
chap. 123, art. 1 et 2, que : « Successeurs des
« meubles du trépassé, sont sujets à payer toutes
« les dettes par lui créées. »

Merlin, *Répertoire de Jurisprudence*, EOD.
VERBO, n° 7, combat cette assertion. « On a, dit-
« il, tellement senti qu'on pouvait se porter hé-
« ritier par bénéfice d'inventaire, qu'on a ex-
« pressément limité ce privilége aux successions

« mobilières. » Le sentiment du jurisconsulte
français, est, nous l'avouons, bien recommandable, et fait parmi nous grande autorité ; mais il
s'écarte un peu des règles de la didactique, et fait
brèche à la vérité, que, sans le vouloir sans
doute, il tend à obscurcir.

Il n'est pas exact, en effet, que l'acceptation
bénéficiaire s'appliquât uniquement aux meubles.
La preuve est dans ce passage : « Et ceux qui ap-
« préhenderont les fiefs et francs aleux du défunt,
« seront aussi tenus des dettes, à moins que ce
« ne soit par autorisation de la cour, et aux charges
« accoutumées. » Certes, cela est loin d'exprimer
que les biens mobiliers eussent seuls fait admettre l'exception qui dérivait, en faveur de
l'héritier, du bénéfice d'inventaire.

15. Sous la coutume de Paris, il fallait que
l'acceptation bénéficiaire fût précédée d'un bail
de caution. La jurisprudence du Châtelet l'avait
pourtant restreint aux meubles. On enseignait
que, puisque, par l'effet des hypothèques, l'action des créanciers et des légataires était protégée, préservée même de toute aliénation frau-
duleuse, le cautionnement devenait superflu
quant aux immeubles.

D'autres coutumes n'exigeaient pas, au moins
d'une manière positive, une caution de la part

de l'héritier bénéficiaire. Comme on n'y était point tenu, lorsqu'on acceptait la succession purement et simplement, on restait en expectative de sa responsabilité personnelle. Si les ayants-droit, victimes du dol, parvenaient à le démontrer, ils obtenaient, contre cet héritier, une condamnation directe, sans aucun égard pour le bénéfice d'inventaire dont il se prévalait.

La législation moderne est, à ce sujet, mi-partie; elle tient le milieu entre la coutume de Paris et celles qui avaient des dispositions contradictoires. Est-ce un bien, est-ce un mal? Cette question, sur laquelle nous aurons à revenir, n'est pas sans offrir de graves difficultés.

16. Mû par des sentimens d'une saine philanthropie, le législateur romain voulait que les créanciers eussent, à compter de l'acceptation bénéficiaire, une hypothèque occulte sur le patrimoine de l'héritier. Avec cette garantie, on avait, pour les répétitions imminentes, une vaste échelle, un recours presque assuré. Tout bénéfice d'inventaire proclamait ainsi, par hypothèque, une responsabilité rationnelle et morale; il ouvrait un accès facile, si, indépendamment du compte à rendre, on avait à se plaindre de la mauvaise gestion ou du dol de l'héritier.

Il n'en était pas de même dans les pays de

nantissement. Là, la féodalité exerçait un plus grand empire. En effet, les seigneurs eurent jadis la propriété de tous les héritages, et lorsque, dans la suite, ils en inféodèrent une partie, leur premier soin fut de s'en réserver le domaine direct. Aussi, dans un intérêt tout personnel, l'hypothèque du bénéfice d'inventaire n'avait pas lieu chez eux.

Or, cette nuance de droits et de devoirs, produite par des distinctions choquantes, ouvrage des castes nobiliaires, devait disparaître à la vue de la codification; et c'est ce qui est arrivé. La loi du 30 ventôse an XII, en réunissant les lois civiles en un seul corps de lois, a introduit des règles uniformes. Il est écrit, art. 7, que les lois romaines, les ordonnances, les coutumes, les réglemens, ont cessé d'avoir force de loi dans les matières qui y sont traitées.

17. En vain l'édit perpétuel de 1611, art. 31 et 32, relatif aux Pays-Bas, et plusieurs de nos coutumes, comme celle d'Orléans, art. 349, avaient-ils interdit à l'héritier bénéficiaire de vendre les biens de la succession autrement qu'en justice et aux enchères : partout où le statut local était muet, la doctrine suggérait de vifs dissentimens. Les immeubles, loin de fournir, par leur nature, un élément de solution, jetaient les au-

teurs et le barreau dans une étrange perplexité. Il n'y avait pas de jour où l'on n'eût à redouter le choc de la discussion, et la menace d'une action révocatoire ou en nullité.

On disait, pour légitimer la vente volontaire, qu'elle était plus active, plus économique que la vente aux formes de droit, et que, ne nuisant ni aux hypothèques, ni aux priviléges réels, force était aux magistrats de la maintenir, sous peine de se rendre injustes. A cette époque, les créanciers avaient le pouvoir de recourir à la déclaration de privilége ou d'hypothèque; et, d'ailleurs, si le prix de l'aliénation ne leur convenait point, s'il était au-dessous de la valeur exacte de l'immeuble vendu, une surenchère les replaçait dans l'actualité du gage. L'art. 344 de la coutume de Paris, interprété par les arrêts, apportait en outre, dans l'examen, une puissante corrélation; car, bien qu'il eût exigé de vendre sur affiches les meubles du bénéfice d'inventaire, on l'appliquait de façon que cette même vente, faite volontairement, n'était pas annulée, s'il n'y avait pas dol et fraude.

Telle était donc l'indifférence pour l'observation des formes, que l'héritier bénéficiaire ne perdait jamais le bienfait de son acceptation, pourvu qu'il stipulât sous son égide, en exprimant une pensée incompatible avec l'adition pure et simple de l'hérédité. Les créanciers avaient bien la faculté, quand ils le voulaient, de rechercher l'origine et la cause du contrat, d'en explorer même les détours; mais où il n'y avait point intention de nuire, la vente mobilière recevait son être, et produisait tous ses effets. Si, par rapport aux immeubles, le droit d'hypothèque créait une exception relative, l'acquéreur seul courait les chances de la dépossession, sauf son action en garantie, s'il se l'était réservée (Merlin, *Répertoire de Jurisprudence*, v° BÉNÉFICE D'INVENTAIRE, n° 9 *bis*).

18. Dans le cas où l'ordre naturel des paiemens avait été interverti, l'héritier, malgré l'acceptation bénéficiaire, qui ne le protégeait plus, était responsable envers les créanciers privilégiés. Cependant, avec le prix des meubles, il acquittait les créances connues, sans être obligé de reporter sa sollicitude sur celles qu'il ignorait, ou pour lesquelles les porteurs n'avaient encore fait aucune démarche. Une saisie faite, une opposition signifiée, constituaient seules pour lui la pierre d'achoppement.

Il était de principe, au surplus, qu'une décision émanée de la justice, mettait à couvert la responsabilité d'un héritier bénéficiaire, s'il se conformait à ses prescriptions. Le mandat forcé qu'il recevait, sur la nature, le terme et la quotité du paiement, lui servaient alors de garantie. Tout ce qu'il exécutait par suite, était valide, à moins que l'ordre de payer ne fût dû qu'à un stratagème dolosif, qu'il aurait mis en usage dans l'intention de tromper.

Si la bonne foi avait présidé à la libération, les créanciers non payés ne pouvaient pas attaquer en restitution le créancier payé, parce qu'ils devaient s'imputer à mal de ne s'être point présentés plus tôt. Quand les créances affectaient un immeuble, la sentence du juge et le paiement qui avait eu lieu, devaient être respectés, maintenus, si aucune opposition antérieure et non jugée, n'était là pour en arrêter les effets. Tout héritier qui, au regard d'une acceptation bénéficiaire, payait un créancier de ses propres deniers, même hypothécaire, était subrogé de plein droit contre l'hérédité (Lebrun, *Traité des Successions*, n° 19, et Rousseau de Lacombe, *Jurisprudence civile*, v° Héritier, n° 11).

19. Le plus grand nombre des coutumes, s'éloignant en cela du relâchement des préceptes du droit romain, déclaraient qu'un héritier qui avait recélé des valeurs de la succession, était réputé héritier pur et simple, bien qu'il eût ob-

tenu postérieurement des lettres de bénéfice d'inventaire. Il devait, par conséquent, faire face aux dettes et charges *ultrà vires hœreditatis*. On lui appliquait cette règle avec une excessive rigueur : le détournement ou la disposition de l'objet le plus exigu, était susceptible d'annihiler l'inventaire.

Mais le recélé qui n'avait point précédé l'acceptation bénéficiaire, n'opérait pas le même effet. Dans l'hypothèse, la demande des lettres permissives d'inventaire, était une sauve-garde pour l'héritier. Une fois déclarée sans obstacle, sa qualité déposait contre l'intention d'accepter différemment; aussi, s'il n'y avait pas de consentement exprès, toute adition d'hérédité devenait impossible.

On ne s'occupait alors que des meubles et effets recélés. C'était uniquement, pour les créanciers et les légataires, un excédant de biens qui rentrait dans la succession, et qui ne faisait qu'en augmenter le produit. La loi 71, § 7 et 8 *ff. de Acquirendâ vel omittendâ hœreditate*, fournissait sur ce chef un argument solide, qui était proposé avec succès contre le système de ceux qui soutenaient qu'il y avait acte d'héritier, et privation de tout bénéfice d'inventaire (Ferrière, *Dictionnaire de Droit et de Pratique*, vᵒ BÉNÉFICE D'IN-

VENTAIRE, et Rousseau de Lacombe, *Jurispru-dence civile*, v° HÉRITIER, n° 6).

20. Une question d'une grande portée, avait fait naître des doutes. On s'était demandé si l'héritier qui, après avoir accepté bénéficiairement, cédait ses droits successifs, devenait par cela seul héritier pur et simple? La négative prévalut. Ce qui la fit triompher de la résistance qu'on lui opposait, c'est que, par la cession, il n'y avait rien de changé dans les affaires de la succession.

Le cessionnaire, considéré sous le point de vue d'ayant-cause, était l'image du cédant pour tout ce qui tenait au contrat qu'il avait passé avec lui. C'était, en d'autres termes, substituer un administrateur à celui qui existait déjà, et pas autre chose. Ainsi, par une conséquence immédiate, inévitable même, le bénéfice d'inventaire, en passant à de nouvelles mains, loin d'aggraver la condition des parties adverses, l'améliorait, en ce sens qu'elles voyaient s'accroître la somme de leurs garanties, et trouvaient, sous le rapport de la gestion héréditaire, deux répondants pour un.

Toute la difficulté consistait à savoir qui devait profiter de l'émolument de la cession. L'argumentation, jetant une chétive subtilité dans la lice, disait qu'un héritier bénéficiaire, qui ne peut rien s'approprier de la succession, avant que les

dettes et charges ne soient acquittées, est obligé
de rendre le prix qu'il a retiré de la transmission.
Mais on répondait, avec raison, que c'était la qualité individuelle, la perspective du bénéfice d'inventaire, qui seules déterminaient le contrat,
et que, ne faisant rien perdre à la succession,
la succession ne devait profiter de rien. Un arrêt du parlement de Paris, du 4 juillet 1767,
décida en effet que, « l'héritier par bénéfice d'inventaire, qui transporte son droit moyennant un
prix, ne peut être contraint par les créanciers à
rapporter ce prix, et qu'il est quitte envers eux,
en leur rendant, ou en leur faisant rendre par son
cessionnaire, le compte de gestion auquel il est
tenu (Favard de Langlade, *Répertoire de Législation,* v° Bénéfice d'inventaire, n° 17).

21. D'autre part, les auteurs avaient long-
temps débattu une distinction assez grave, qu'on
essayait de propager, sur le mode du paiement
des obligations du défunt, dans le cas où l'acceptation de sa succession, donnée par plusieurs
héritiers, n'était que bénéficiaire. Fallait-il, déro-
geant au droit commun, assujettir l'héritier à faire
de plano le sacrifice de sa part entière, à la livrer
aux créanciers qui la lui réclamaient de préférence, sans l'admettre à exciper de la contribution? c'est-à-dire, y avait-il solidarité entre tous

les héritiers bénéficiaires, à ce point que, nonobstant le principe de la divisibilité des dettes, l'un
d'eux pût être soumis à en solder la totalité, si
l'action ne devait réfléchir que sur les biens héréditaires ?

Autour de l'affirmative, venaient se grouper
merveilleusement, et l'intention apparente du législateur, et la contre-partie du privilége qui découle du bénéfice d'inventaire. « Par l'acceptation bénéficiaire, disait-on, tout se résume en un
fait libératoire. Là, les créanciers sont préférés
aux héritiers; il n'y a plus, à vrai dire, qu'une
liquidation à entreprendre, que des quittances à
réaliser : donc, il n'est pas permis d'intervertir
les rôles, de scinder la succession à cause d'un des
héritiers ; car la succession, confiée intacte à des
dépositaires responsables, est le gage de l'intégralité du passif. L'héritier, pris bénéficiairement,
jouit de la faculté d'empêcher la fusion des patrimoines; aussi ne doit-il rien appréhender pour
lui-même, sous peine, en violant la réciprocité,
de se mettre en opposition flagrante avec le bénéfice d'inventaire, et de pouvoir être attaqué
en nom personnel. »

Pothier, *Introduction à la Coutume d'Orléans*,
tit. 17, sect. 5, § 2, n° 49, et beaucoup d'autres
jurisconsultes, avaient écrit, en effet, que l'héri-

tier bénéficiaire n'était, vis-à-vis des créanciers du défunt, et des légataires, que l'administrateur des biens de la succession. Mais de cela qu'il ne cessait point d'être héritier, on voulait qu'il ne fût assujetti, en cette qualité, *personnellement*, aux dettes et charges, que pour sa part virile, sauf à le contraindre sur les biens héréditaires, *hypothécairement* pour le tout. Dans le cas où le partage avait eu lieu sans opposition, les créanciers retardataires, et tous ceux qui, non cohéritiers, amendaient quelque droit, ne pouvaient recourir contre chaque héritier, que proportion gardée avec le lot dont il avait pris possession (Merlin, *Répertoire de Jurisprudence*, v° Bénéfice d'inventaire, n° 25, et Rolland de Villargues, *Répertoire du Notariat*, eod. verbo, n° 166).

22. Quant au prélèvement des frais légitimes, en fait d'acceptation-bénéficiaire, la science contentieuse s'était séparée en deux camps. A Paris, l'héritier sous bénéfice d'inventaire obtenait, d'une manière absolue, le remboursement de toutes les avances qu'il avait faites dans l'intérêt de sa gestion. Les juges avaient, il est vrai, la faculté de le condamner aux dépens, s'il y avait faute ou négligence dans la direction d'un procès; mais il fallait, pour que sa demande en répétition fût proscrite, qu'il existât un jugement

qui l'en eût privé. Un arrêt du 11 avril 1709, le consacra *in terminis*.

Catelan et Laroche-Flavin, invoquant à leur aide la jurisprudence du parlement de Toulouse, étaient d'une autre opinion. Lapeyrère citait, dans le même sens, la jurisprudence du parlement de Bordeaux. Devolant, dans ses *Arrêts du parlement de Bretagne*, rapporte un acte de notoriété à la date du 12 juillet 1717, établissant que l'héritier bénéficiaire était obligé d'acquitter les frais, sans espoir de remboursement, lorsqu'il succombait à l'occasion du litige qu'il avait provoqué ou soutenu. Berault interprétait de la sorte, l'article 98 de la coutume de Normandie.

Basnage, sur le même article, faisait pourtant une distinction : si le procès, commencé par le défunt, n'avait été que continué par l'héritier, celui-ci n'était point responsable des dépens, quand même il n'aurait pas réussi. On distinguait encore, au parlement de Grenoble, entre le cas où l'action litigieuse, repoussée par le juge, avait été introduite ou soutenue du consentement des créanciers, et celui où ils n'avaient donné aucune autorisation : dans le premier cas, la succession devait faire face aux dépenses; dans le second cas, c'était l'héritier lui-même qui les supportait.

3

23. Voici un autre point doctrinal, qui n'est pas non plus sans quelque afférence avec notre droit actuel. En Bretagne, il était passé en proverbe que, « tuteur d'héritier bénéficiaire, ne peut répéter, contre la succession, les alimens qu'il a fourni à son pupille. » Un arrêt du mois d'août 1612, grandissant l'axiome du poids de son autorité, était là comme un lien obligatoire, éclatant de vérité. On arrivait à cette solution par le principe éminemment rationnel, que les biens de l'hérédité appartiennent plutôt aux créanciers qu'aux héritiers.

Mais n'y avait-il pas, en raisonnant ainsi, disparate ostensible avec la législation romaine, et surtout son esprit, sur lequel on se fondait pour permettre à l'héritier, pendant les délais de l'inventaire et du délibéré, de se nourrir avec les fruits et revenus qu'il tirait du patrimoine de son auteur? Les Institutes, au titre de *Hæredum qualitate et differentiâ*, et la loi 91, au Digeste de *Jure deliberandi*, avaient cru devoir s'en expliquer. Pourquoi l'héritier, gérant les biens et droits au nom des créanciers et des légataires, n'aurait-il pas eu un dédommagement analogue? Certes, la nourriture, l'entretien, qu'au surplus le magistrat pouvait toujours arbitrer et circonscrire, n'avaient rien qui dût soulever des plaintes, et une controverse animée.

En effet, le parlement de Provence, donnant à ce sujet l'exemple d'une tendance réactionnelle vers l'exacte justice, émit un vœu tout favorable à l'héritier pauvre, qui se recommandait par ses besoins. Il jugea, au mois de juin 1615, que des alimens employés de la sorte, tombaient dans les frais du bénéfice d'inventaire. Un tuteur qui en avait fait l'avance, put désormais les reprendre. Sa bonne foi, la position incertaine du mineur, hâtèrent l'impulsion, et devinrent ainsi la cause déterminante.

24. Tout héritier qui n'acceptait la succession que sous bénéfice d'inventaire, devait, à l'instant où il en était requis, rendre le compte bénéficiaire. C'était une règle impérieuse, d'une constante uniformité, et que la polémique respecta. Il existait en Bretagne, disons-le toutefois, un usage assez étrange, et de nature à entraîner des conséquences fort graves. On y assujettissait les héritiers, lorsqu'ils étaient plusieurs, à payer, avec contrainte par corps et sous clause solidaire, le reliquat dont ils pouvaient être redevables.

Là, l'acceptation bénéficiaire faisait, de l'héritier, un économe, un séquestre, un gardien forcé. Perchambault, commentateur de la coutume locale, l'enseigne énergiquement. Mais il n'en était pas de même à Paris et ailleurs. Le bénéfice d'inventaire ne changeait point la qualité, n'apportait aucune modification nuisible à celui qui en était revêtu. Quand l'héritier présentait le compte de gestion, et que, reliquataire déclaré, il retardait le paiement, il ne pouvait être poursuivi que par les voies ordinaires, et en dehors de toute solidarité.

On avait, par l'ordonnance de 1629, assigné à la reddition de ce compte un délai de dix ans, à dater de l'acceptation, et, à défaut, l'adition d'hérédité s'en suivait : l'héritier était contraint d'acquitter les dettes dans leur intégralité, *ultrà vires emolumenti.* Un réglement de 1683, tempérant la rigueur de la législation, s'était borné à exprimer que, si, dans les trois ans, le compte n'avait pas été apuré, chaque partie intéressée pouvait se faire subroger à la poursuite du bénéfice d'inventaire. C'est cette disposition, qui avait survécu aux variantes des coutumes, et que le code civil trouva debout, lorsqu'il généralisa, sur un plan stable et plus régulier, l'acceptation bénéficiaire des successions.

25. Anciennement, un héritier sous bénéfice d'inventaire pouvait, en tout état de cause, renoncer à la succession, en établissant son compte et en payant le débet. Telle était la doctrine reçue dans les pays de droit écrit, doctrine incom-

patible avec l'ordonnance de 1629, et que le parlement de Paris crut devoir rejeter. Un arrêt du
2 septembre 1755, conforme à cette pensée, décide que celui qui a accepté bénéficiairement une
succession, ne peut plus y renoncer, parce qu'il
a reçu une qualité indélébile. Or, en est-il de
même de nos jours? C'est ce qui fera, en son lieu,
la matière d'un examen développé.

La renonciation était, *à fortiori,* absolument
nulle d'héritier à héritier, surtout si elle avait pour
but d'affranchir de l'action en rapport d'un don
en avancement d'hoirie. Il était évident que le
bénéfice d'inventaire et la renonciation, n'avaient
d'effet, touchant les dettes et les charges, qu'à
l'égard des créanciers et des légataires de la succession : uniquement pour eux aussi, ils étaient
obligatoires. Si, dans des temps reculés, on n'a-
vait pas encore introduit l'égalité des partages,
telle au moins que nous la connaissons maintenant, la légitime, qui, de sa nature, était indes-
tructible, restant intacte, ramenait vers un principe d'identité.

On jugea, les 20 avril 1682 et 23 février 1702,
que la renonciation à une succession, quoique
acceptée sous bénéfice d'inventaire, laisse les
droits et actions des héritiers entre eux, dans une
intégrité parfaite. « Chaque héritier, disait-on,

est recevable, malgré l'acceptation bénéficiaire et la renonciation, à sonder les profondeurs du patrimoine du défunt, afin d'en régler la consistance, et de s'assurer si, par des dons ou autrement, sa part héréditaire a été, ou non, illégalement ébréchée. » La maxime suivant laquelle, tout héritier qui a accepté sous bénéfice d'inventaire, reste héritier, était, on le conçoit, un puissant auxiliaire en cette circonstance (Merlin, *Répertoire de Jurisprudence*, v° Bénéfice d'inventaire, n° 18).

CHAPITRE III.

Personnes qui peuvent invoquer aujourd'hui le bénéfice d'inventaire.

SOMMAIRE.

26. *L'héritier bénéficiaire n'est plus exclu par l'héritier pur et simple.*

27. *Tout héritier, n'importe lequel, a le droit de n'accepter que bénéficiairement.*

28. *Ce qu'on doit décider par rapport au légataire à titre universel, et aux héritiers irréguliers.*

29. *Quels sont ceux qui ne peuvent accepter que sous bénéfice d'inventaire.*

30. *Dans quels cas le testateur peut interdire l'acceptation bénéficiaire à son héritier.*

26. « Une succession, dit l'art. 774 du code civil, peut être acceptée purement et simplement, ou sous bénéfice d'inventaire. » Ces deux modes d'acceptation, ont des effets bien différens. Les art. 724 et 802, sur les obligations, les droits, les prérogatives des héritiers, touchant la succession qui s'est ouverte à leur profit, et qu'ils ont acceptée, contiennent en résultat des règles entièrement opposées. Dans le chap. 7, on verra en quoi elles consistent, et quel est leur développement.

Il est bon de faire remarquer que l'héritier pur et simple n'exclut plus le cohéritier du même degré, qui n'accepte que sous bénéfice d'inventaire. Dans les pays coutumiers, on le sait, il n'en était pas ainsi. En ligne collatérale, les coutumes de Paris et d'Orléans, qui formaient, ou à peu près, le droit commun en cette matière, donnaient la préférence à l'héritier qui acceptait purement et simplement.

Le parlement de Bordeaux, régi par le droit écrit, l'admettait également; mais il était le seul.

Un pareil système est tout-à-fait inconciliable avec la législation actuelle. Ce qui le prouve, c'est qu'indépendamment du silence gardé par l'art. 774, il est quelques personnes qui ne peuvent accepter une succession que bénéficiairement (Chabot de l'Allier, *Commentaire des Successions*, tom. 2, pag. 411; Dalloz, *Recueil alphabétique*, v° SUCCESSIONS, chap. 5, sect. 1ʳᵉ, n° 1ᵉʳ, et Maleville, *Analyse du Code civil*, tom. 2, pag. 260).

27. Très bref dans ses expressions, le législateur n'a fait que poser le principe de l'acceptation bénéficiaire. Le texte qui le consacre ne contient aucune distinction, il dispose d'une manière générale. Que conclure de là? Que tout héritier, n'importe lequel, soit testamentaire, soit naturel, soit par institution entre vifs, a le droit de n'accepter que sous bénéfice d'inventaire, s'il le croit avantageux à ses intérêts. Il a été jugé que le légataire universel n'était point étranger à cette acceptation, et qu'il pouvait y avoir recours (Turin, 14 août 1809, Sirey, tom. 10-2-229, et Dalloz, tom. 12, pag. 160).

Un peu d'attention fait sentir cependant l'extrême différence qu'il y a entre un héritier légitime et un légataire universel. En effet, le premier, aux termes de l'art. 724, est saisi de plein droit des biens, droits et actions du défunt, à partir de l'ouverture de la succession; le second, au contraire, n'est saisi de rien avant que l'héritier à réserve lui ait fait la délivrance de son legs, ainsi que l'énonce l'art. 1004. Doit-on en conclure que le légataire universellement institué, ne succède qu'aux biens et non à la succession; qu'il n'a pas à craindre d'être engagé *ultrà vires emolumenti*, et que le bénéfice d'inventaire est pour lui superflu?

Ce n'est pas mon sentiment. Pour bien appliquer le texte, il est indispensable d'en rechercher l'esprit; or, la disposition de l'art. 1009, touchant le paiement des dettes et charges, combinée avec celle de l'art. 873, relative aux héritiers, n'offre aucune anomalie avec les règles de l'acceptation bénéficiaire. Comme l'héritier, un légataire *in universum jus* succède au défunt, et à partir du jour de la délivrance du legs, s'il y a lieu, même depuis la mort, s'il n'y a point de réserve, il est l'homme de la succession testamentaire, qu'il absorbe en entier; comme l'héritier, il est assujetti aux charges et aux dettes : donc, comme lui, il doit pouvoir faire usage du bénéfice d'inventaire (Bioche et Goujet, *Dictionnaire de Procédure*, v° BÉNÉFICE D'INVENTAIRE, n° 2; Chabot de l'Allier, *Commentaire des Successions*, art. 774, n° 14; Merlin, *Répertoire de*

Jurisprudence, v° Légataire, § 7, art. 1er n° 17;
Rolland de Villargues, *Répertoire du Notariat*,
v° Bénéfice d'inventaire, n°s 25 et 26, et Toullier
Cours de Droit civil, tom. 4, n° 395).

28. Il y a plus de difficulté par rapport au
légataire à titre universel, et aux héritiers irréguliers. L'auteur du *Répertoire du Notariat* atteste qu'à Paris, on les admet tous au bénéfice
d'inventaire. Dans le *Répertoire de Jurisprudence*,
il est professé que la maxime : *Hi qui in universum jus defuncti succedunt, hæredis loco ha-
bentur*, le veut ainsi. « Cette maxime s'applique,
dit-on, dans toute son intensité au légataire universel ou à titre universel; car il est tenu personnellement aux dettes du défunt. Il succède *in
universum jus defuncti;* il n'est plus, comme autrefois, un simple successeur aux biens.

Est-ce là ce qu'il faut décider? Le legs à titre
universel consiste, d'après l'art. 1010, dans une
quote-part des biens dont la loi permet de disposer, comme une moitié, un tiers, ou tous les
meubles, ou tous les immeubles, ou une quotité
fixe des immeubles ou des meubles. C'est ce qui
peut aussi, dès l'abord, faire naître des doutes;
mais l'art. 1012 tranche l'objection. On y lit, en
effet, que le légataire à titre universel est assimilé, concernant les dettes et les charges, au

légataire universel : à son exemple, il paie *personnellement*, pour sa part et portion, indépendamment de l'indivisibilité de l'action hypothécaire.

Le même principe doit régir encore la successibilité de l'enfant naturel, du conjoint survivant et de l'État. Il est vrai que l'art. 724 ne les répute point héritiers ; néanmoins, comme ils succèdent à l'universalité des droits du défunt, à défaut d'héritiers plus proches qu'eux, tout indique qu'eu égard aux conséquences de l'acceptation, ils peuvent exciper de la prérogative de n'être tenus que bénéficiairement. Cela est d'autant plus rationnel, qu'ils sont passibles des engagemens de celui auquel ils succèdent, et que, si, contrairement aux dispositions des art. 769 et 773, ils s'immiscent dans les biens de la succession avant l'apposition des scellés et la faction de l'inventaire, on a le droit de les poursuivre en nom personnel, *ultrà vires hœreditatis.*

29. Certaines personnes ne peuvent en outre accepter une succession, que sous bénéfice d'inventaire : tels sont 1° les mineurs et les interdits (Code civil, art. 461, 484, 509 et 776) ; 2° les héritiers de l'individu au profit duquel une succession est ouverte, mais qui, de son vivant, ne l'avait ni acceptée ni répudiée, s'ils ne sont pas

d'accord sur la forme de l'acceptation (art. 781
et 782); 3° les créanciers d'un successible, lorsqu'ils réclament la succession au nom de leur
débiteur, parce qu'il répugne que, par une acceptation pure et simple, ils aggravent sa condition (art. 788 et 1166); et 4° les curateurs des
condamnés aux travaux forcés, à la détention ou
à la réclusion, et pendant la durée de la peine
seulement (Code pénal, art. 29).

Un hospice, une fabrique, une commune, doi-
vent-ils eux-mêmes n'accepter une succession que
dans la forme bénéficiaire? C'est une question
importante dans l'application, et qui est bien de
nature à faire refléter sur elle les lumières de la
science du droit. N'est-il pas vrai, qu'indépendamment des lois spéciales qui veulent que ces
établissements publics ne puissent recevoir une
libéralité, entre vifs ou testamentaire, sans l'autorisation expresse du gouvernement, on a l'ha-
bitude de les considérer, pour tout ce qui tient à
la disposition de leurs biens, comme en état de
minorité? A ce titre, la condition absolue de
l'acceptation bénéficiaire, doit, ce me semble, les
atteindre; car, partout où la même cause existe,
il y a même raison de décider. Il n'est pas aussi,
à ma connaissance, d'autorisation d'accepter qui
n'exclue, d'une manière formelle, l'acceptation

pure et simple, pour rentrer dans le cercle du bénéfice d'inventaire.

L'individu qui a été soumis à un conseil judiciaire, n'est point interdit; c'est ce que démontrent clairement les dispositions de l'art. 513 du code civil. On ne saurait, d'après cela, lui rendre commun le principe qui exige que toute succession échue à un mineur soit acceptée bénéficiairement. Une acceptation qui a eu lieu sans réserves, avec l'assistance du conseil, a donc la même portée que celle faite au nom d'un majeur capable et maître de ses droits. Il est néanmoins assez fréquent de voir, en cette circonstance, des acceptations sous bénéfice d'inventaire, parce que la prudence le commande, et que ce mode de procéder se rapproche bien plus de l'intention du législateur qu'une adition d'hérédité (Bioche et Goujet, *Dictionnaire de Procédure*, v° BÉNÉFICE D'INVENTAIRE, n° 6, et Duranton, *Cours de Droit français*, tom. 6, n° 420).

30. Est-il au pouvoir de l'homme, quand il dispose librement de ses biens, d'interdire, à celui qu'il gratifie, l'exercice du droit d'acceptation bénéficiaire de sa succession? On a déjà vu, n° 8, que, sous l'ancienne jurisprudence, la négative était de règle dans les pays de coutume.

L'assertion de Rousseau de Lacombe, sur ce point, est corroborée par le sentiment unanime de Furgole, *Traité des Testaments*, chap. 10, sect. 3, n° 79, et chap. 11, n° 146; de Pothier, *Traité des Successions*, chap. 3, art. 2, § 2, et de Serres, *Institutes du Droit français*, liv. 2, tit. 19, § 5.

Mais pourquoi le testateur n'imposerait-il pas la condition d'accepter son hérédité, purement et simplement? Le code civil, abrogeant les coutumes, a gardé le silence; il n'a point de disposition prohibitive, et l'on ne saurait prétendre que l'intérêt public, ou les bonnes mœurs, s'opposent à l'exercice d'une telle prérogative. C'est tout simplement un mode d'exécution de la libéralité, ou, si l'on préfère, une charge qui s'incorpore à elle et la constitue. Or, il n'y a pas de doute que cette condition ne doive, si l'acte qui lui donne l'être est valable, triompher de la résistance de l'héritier ou du légataire. Quiconque ne dispose que de la quotité disponible, est le maître de circonscrire sa libéralité, de la rendre onéreuse en un mot, sans qu'on puisse l'empêcher de le faire, parce que c'est à prendre ou à laisser (Dalloz, *Recueil alphabétique*, v° Successions, chap. 5, sect. 3, art. 1er, n° 19; Delvincourt,

Cours de Code civil, tom. 2, pag. 90, note 8, et Rolland de Villargues, *Répertoire du Notariat*, v° BÉNÉFICE D'INVENTAIRE, n° 32).

Il existe, d'ailleurs, une grande analogie entre cette solution et l'usage qu'on suivait avant la législation qui est maintenant obligatoire. Qu'on défende l'acceptation bénéficiaire à son héritier, ou qu'on lui déclare que, s'il n'accepte pas purement et simplement, son institution défaillira, et qu'un autre héritier sera appelé à sa place, c'est presque la même chose. On validait pourtant la clause ainsi conçue, partout où l'institution d'héritier était admise.

Le testateur peut, par conséquent, priver du bénéfice d'inventaire; et il n'y a que deux exceptions à la règle, savoir : 1° lorsqu'il fait porter la condition sur la réserve légale, à moins qu'il ne donne au même la quotité disponible, et qu'il ne l'oblige d'accepter le tout comme il le lui prescrit, sous peine de voir annihiler le bienfait; 2° lorsque cette condition est directe à un mineur ou à un interdit. Dans ce dernier cas, elle est réputée non écrite, comme contraire aux art. 461 et 509, qui n'autorisent que l'acceptation bénéficiaire des successions échues à ces sortes de personnes (Chabot de l'Allier, *Commentaire des Successions*, art. 774, n° 15; A. Dalloz, *Diction-*

naire de *Législation*, v° Succession bénéficiaire, n° 45, et Merlin, *Répertoire de Jurisprudence*, v° Bénéfice d'inventaire, n° 20).

~~~~~~

CHAPITRE IV.

Formes de l'acceptation bénéficiaire.

SOMMAIRE.

31. *On n'exige qu'un inventaire et une déclaration expresse d'accepter bénéficiairement.*

32. *Devant qui doit être faite l'acceptation bénéficiaire d'une succession.*

33. *Cette acceptation est valable, quoique écrite sur une feuille de papier volante.*

34. *Si elle est déclarée par un mandataire, la procuration peut n'être pas authentique.*

35. *Il n'y a point d'acceptation bénéficiaire possible, sans un inventaire des biens héréditaires.*

36. *Peu importe que le défunt ait affranchi son héritier de cette condition impérieuse.*

37. *Un notaire procède à l'inventaire, et, s'il existe des difficultés, le président le désigne.*

38. *Ce que c'est qu'un inventaire, et sous quels aperçus il convient de le considérer.*

39. *Quelles sont les personnes qui ont le droit de requérir l'inventaire.*

40. *De celles que, pour agir régulièrement, il est indispensable d'y appeler.*

41. *Il est des créanciers qui ne doivent pas être mis en demeure de concourir à l'inventaire.*

42. *L'enfant naturel reconnu y a intérêt, et il faut le faire intervenir.*

43. *Un tuteur, un subrogé-tuteur, un curateur, un conseil judiciaire, sont eux-mêmes présens.*

44. *Ce qu'on doit entendre, en matière d'inventaire, par les mots :* absens, présens, défaillans.

45. *Énonciations que le procès-verbal d'inventaire doit contenir dans tous les cas.*

46. *Des meubles, effets et papiers qui ne sont pas dans le domicile du défunt.*

47. *On est obligé d'inscrire, dans l'inventaire, tous les titres de créances, même les non timbrés.*

48. *Les obstacles qui surviennent sont approfondis et jugés en état de référé.*

49. *Si l'on peut recourir au ministère d'un*

4

avoué, il n'est pas de rigueur d'en faire usage.

50. *Précautions que le notaire doit prendre, avant de clôturer son procès-verbal.*

31. Dans le but de provoquer, par un contact inopiné, la vigilance des créanciers de la succession, et de prévenir, par une mesure conservatrice, toute fraude de la part de l'héritier, le législateur subordonne l'acceptation bénéficiaire à deux formalités principales et indispensables. Il faut, 1° un inventaire des biens héréditaires; 2° une déclaration expresse, inscrite sur le registre des renonciations à succession, qui indique et l'intention d'accepter, et la nature de l'acceptation. C'est le vœu des art. 793 et 794 du Code civil. Il peut être très-nuisible de le méconnaître, ou de ne l'accomplir que partiellement.

L'héritier n'est pas obligé de faire apposer les scellés, pour conserver la prérogative que lui donne l'acceptation sous bénéfice d'inventaire. Jadis, ce point de doctrine avait divisé nos meilleurs auteurs; mais aujourd'hui il ne peut plus faire l'ombre d'un doute. Par l'art. 923 du Code de procédure civile, on sous-entend, en effet, qu'il peut n'y avoir pas eu d'apposition préexistante, et la preuve ressort évidemment de ce passage : « Si l'apposition des scellés est requise pendant le cours de l'inventaire, les scellés ne seront apposés que sur les objets non inventoriés.» L'art. 810 du Code civil ajoute, d'ailleurs : « Les frais de scellés, s'il en a été apposé, d'inventaire et de compte, sont à la charge de la succession. »

Employer une telle locution, en parlant des scellés : *S'il en a été apposé*, n'est-ce pas exprimer, quoique virtuellement, qu'il n'est pas de rigueur d'y avoir recours ? On opposerait en vain que cela ne s'applique qu'à l'hypothèse où il existe une acceptation pure et simple, parce que l'inventaire précède, en général, la déclaration d'accepter. Il y est procédé comme se disant habile à recueillir la succession, sans prendre qualité. Le compte dont il est question, ne s'applique qu'au bénefice d'inventaire (Chabot de l'Allier, *Commentaire des Successions*, art. 794, n. 7; A. Dalloz, *Dictionnaire de Législation*, v° SUCCESSION BÉNÉFICIAIRE, n. 10; Delaporte, *Pandectes françaises*, tom. 3, pag. 188; Duranton, *Cours de Droit français*, tom. 4, n. 363; Rolland de Villargues, *Répertoire du Notariat*, v° BÉNÉFICE D'INVENTAIRE, n. 51, et Toullier, *Cours de Droit civil*, tom. 4, n. 363).

32. C'est au greffe du tribunal de première instance de l'ouverture de la succession, que, d'après l'art. 793, l'acceptation bénéficiaire doit être faite. Or, suit-il de là, qu'il y ait impuissance, nullité de cette acceptation, si elle a eu lieu ailleurs? Je ne le crois pas, bien que, sous l'ancienne législation, on jugeât parfois l'affirmative. Le droit actuel ne comporte point la même solution; car il n'y a rien d'impératif dans le texte, ni tendance à annuler dans l'esprit qui en fait le développement (Bordeaux, 10 août 1811, Sirey, tom. 12-2-72, et Dalloz, *Recueil alphabétique*, tom. 6, pag. 385).

Il importe peu qu'aux termes de l'art. 59 du Code de procédure civile, ce soit au tribunal de l'ouverture qu'il appartienne de statuer sur les actions litigieuses qui dérivent de la disposition et de l'attribution du patrimoine du défunt. L'acte d'acceptation n'est pas, par lui-même, le commencement d'un procès, puisqu'il n'est qu'un symptôme protecteur, une simple expectative pour ou contre les parties qui peuvent avoir, par la suite, à lutter ensemble. Pourquoi donc cet acte ne pourrait-il pas être fait au greffe d'un autre tribunal? Ce que veut le législateur, c'est qu'il existe, qu'il ait une date certaine, authentique, et qu'on ne puisse pas le faire rétroagir : voilà tout.

Ainsi, par exemple, un héritier naturel ou institué n'est point domicilié dans le lieu où la succession s'ouvre ; il ignore même qu'il y soit appelé, ou il n'a fait encore, par tout autre motif,
rien qui laisse entrevoir qu'il entend accepter ou
répudier. Cependant, les créanciers le trouvant
là, comme le représentant légal des biens et droits
héréditaires, l'attaquent en nom personnel, di-
rigent contre lui des poursuites actives et préju-
diciables ; croira-t-on qu'il ne puisse pas à l'instant même, *au greffe de son tribunal*, déclarer
qu'il se prévaut du bénéfice d'inventaire, parce
qu'il n'a fait aucune adition d'hérédité?

Il a été décidé que la déclaration par laquelle
les héritiers d'une femme, séparée de fait de son
mari, ont accepté sa succession, peut être si-
gnée au greffe du tribunal où elle demeurait et
est décédée, sauf à eux, sur les difficultés qui
surviennent, à demander leur renvoi devant le
juge du domicile du mari, comme étant celui de
l'ouverture. Cette espèce offre une grande analogie ; elle doit, sans la moindre équivoque, servir
de solution à la question proposée (Cassation,
26 juillet 1808, Dalloz, *Recueil alphabétique*
tom. 6, pag. 378).

33. Une condition accessoire de l'acceptation
bénéficiaire, est d'être écrite sur le registre des

répudiations de succession : l'art. 793 du Code civil, l'énonce en termes très-explicites. On s'est alors demandé, si, contrairement à ce que ce texte prescrit, la déclaration d'accepter était sur une feuille volante, il faudrait la réputer non-avenue, et autoriser les créanciers à continuer leurs poursuites contre l'héritier?

Séduits par une scrupuleuse observation des formes, de bons jurisconsultes ont été d'avis, non, à la vérité; que l'héritier fût déchu du bénéfice d'inventaire, mais que, ne rapportant point une acceptation telle qu'elle est exigée, il devait, pour échapper à l'action des créanciers, la renouveler aussitôt, et la faire mettre sur le registre destiné à la recevoir.

C'est interpréter la loi trop judaïquement. Il est de principe que les nullités sont de droit étroit en France. Les unes, celles qui tiennent à l'extérieur des actes, ne sont jamais admises, à moins qu'elles ne soient expressément déclarées; les autres, celles qui attaquent la substance même de la chose, doivent sans doute produire leur effet, exercer un pouvoir envahissant sur ce qu'on voulait conserver ou faire mouvoir, bien qu'elles n'aient pas été énumérées par une loi quelconque : toutefois, dans ce dernier cas, il faut, pour que l'acte qu'on suppose vicié soit déclaré nul, qu'il ne puisse, en aucune manière, attester ce qu'il devait contenir et formuler.

En serait-il ainsi de l'acceptation bénéficiaire, parce qu'elle n'aurait pas été transcrite sur le livre des répudiations? Cette irrégularité est, on le conçoit de reste, plutôt idéale que réelle. La substance de la pièce n'est point altérée; ce n'est, en un mot, qu'un vice inoffensif, une pure omission de formalité extrinsèque.

Sous ce double rapport, il n'y a pas de nullité acquise. Il suffit que l'acceptation soit faite devant le greffier; qu'il y ait minute, et que ce fonctionnaire en soit le gardien : tout est là; sauf l'action en dommages-intérêts pour frais frustrés, mais contre le greffier seulement, s'il était prouvé que, vérification faite du registre des renonciations à succession, les créanciers n'ont pas trouvé, avant d'introduire leur action, l'acte d'acceptation sous bénéfice d'inventaire.

34. On enseigne que, lorsque l'héritier fait son acceptation par un fondé de procuration, il est nécessaire que cette procuration soit authentique, parce que, autrement, le greffier pourrait la refuser, et ne pas retenir acte. « Si elle est en brevet, ajoute-t-on, elle doit être annexée au registre qui contient l'acceptation; si elle est représentée en expédition, l'annexe devient

inutile, en ce sens qu'on peut avoir recours à
la minute. C'est l'usage adopté au tribunal de
première instance de Paris. (Chabot de l'Allier,
Commentaire des Successions, art. 793, n. 4, et
Rolland de Villargues, *Répertoire du Notariat*,
v° BÉNÉFICE D'INVENTAIRE, n. 37 et 38.) »

Tel n'est pas mon sentiment. Je ne pense pas
qu'un greffier, s'étayant de l'opinion que je viens
de citer, fût fondé à ne point vouloir retenir l'acceptation que ferait un mandataire constitué par
acte non-authentique. La loi, au titre du *Bénéfice d'inventaire*, ne s'étant pas expliquée là-dessus, renvoie indubitablement au droit commun,
au titre *du Mandat*, en général. Or, il y est dit,
art. 1985, que le mandat peut être donné ou par
acte public, ou par écrit sous seing privé, même
par lettre, et verbalement.

C'est aussi ce qui lève la difficulté, ce qui démontre d'une manière irrésistible, que la doctrine que je professe s'harmonise mieux avec la
loi. Sans doute, le greffier doit connaître la personne qui contracte devant lui, et surtout en matière d'acceptation de succession, parce qu'il en
découle souvent des effets meurtriers; mais à l'individualité du mandataire, se bornent ses investigations. Cet officier public n'a pas à s'enquérir
du fond de l'acte; car l'instrument qui, par une

délégation de la justice, est personnifié en lui, dirige toutes ses attributions vers les formes per-
manentes de l'écriture, et ce qui l'environne.

Un greffier outre-passe, par conséquent, sa
mission, lorsqu'il veut s'immiscer dans la vérité
ou la fausseté de ce qu'on lui déclare, et dont
on le requiert, dans les cas prévus, de constater
l'assertion. Il suit de là, que le refus obstiné de
recevoir l'acceptation du mandataire, au nom du
mandant, s'il n'est basé que sur l'objection déduite du non-rapport d'une procuration nota-
riée, est très-illégal. C'est vouloir se soumettre
à l'empire absolu de l'axiôme que consacre, en
ces termes, l'art. 1382 : « Tout fait quelconque
de l'homme, qui cause à autrui un dommage,
oblige celui par la faute duquel il est arrivé, à le
réparer. »

35. La déclaration par laquelle on accepte,
pro modo emolumenti, la succession où l'on est
appelé, doit, pour être valable, être précédée
ou suivie d'un inventaire régulier, exact et fidèle,
des biens qui la composent. « Cet inventaire, dit
l'article 794, est fait dans les formes réglées par
les lois sur la procédure, et dans les délais qui
sont déterminés. » S'il n'y a rien à inventorier,
si la succession ne consiste qu'en immeubles nus,
dégagés de tout mobilier, ou en droits litigieux

résultant de la seule qualité d'héritier, il faut faire dresser un procès-verbal de carance au domicile du défunt; car la notoriété publique ne suffirait pas, en ce cas, pour établir la consistance du patrimoine qui a été transmis (Dalloz, *Recueil alphabétique*, v° Successions, chap. 5, sect. 3, art. 1er, n. 5; Delaporte, *Pandectes françaises*, tom. 3, pag. 188; Lebrun, *Traité des Successions*, liv. 3, chap. 4, n. 14, 79 et 80; Pothier, *eod. Tract.*, chap. 3, art. 2, et Toullier, *Cours de Droit civil*, tom. 4, n. 348).

En effet, tout héritier bénéficiaire, de cela qu'il n'est tenu des dettes et charges de l'hérédité, que jusqu'à concurrence des biens, a besoin de certifier en quoi consistent les biens, les charges et les dettes. Or, l'inventaire est destiné à fournir la plus sûre attestation. Il est indispensable, non-seulement pour éviter que les créanciers et les légataires, obligés de respecter l'acceptation privilégiée qu'on leur oppose, ne réclament à l'héritier plus qu'il n'y avait; mais encore afin que ce dernier, fort de la clandestinité de ses manœuvres, ne dérobe rien, et que l'ombre du mystère ne vienne point à son aide, pour le garantir des suites du dol.

Qu'on ne conclue pas néanmoins, de ce qui précède, que l'inventaire doive toujours être fait

au nom de l'héritier bénéficiaire. Il est indubitable que, pourvu que cet acte existe, n'importe
qui l'ait requis, il lui profite, s'il est régulier et
véridique. En supposant même qu'il contînt quelque vice, la bonne foi serait une excuse bien
puissante, et entrerait en grande considération
pour atténuer le tort de ne l'avoir point renouvelé. Mais il ne peut en être ainsi de l'inventaire
qui aurait été fait par le défunt lui-même, quoique à une date très-récente. La raison est que,
dans l'intervalle, l'état, soit des meubles, soit
des immeubles, peut avoir varié, et qu'on ne
retrouverait pas, dès lors, le tableau fidèle des
forces de la succession (Rolland de Villargues,
Répertoire du Notariat, v° Bénéfice d'inventaire,
n. 40).

36. Il s'agit maintenant de savoir si le testateur, en transmettant sa succession, présumant
qu'elle pourra n'être acceptée que dans la forme
bénéficiaire, a le droit d'interdire à l'héritier de
faire dresser un inventaire, ou de l'en dispenser,
voulant toutefois qu'il ne soit point tenu *ultrà
vires emolumenti ?* Là dessus, on distingue : dans
le premier cas, l'interdiction de l'inventaire peut,
sous un certain rapport, obliger l'héritier à n'accepter que purement et simplement, ou à faire
sa renonciation ; dans le second cas, la dispense

de l'inventaire est incompatible, et, bon gré mal gré, non obligatoire pour les parties qui concourent aux opérations de la succession.

La confiance du défunt, dont il est donné, en effet, une preuve irréfragable, par sa volonté dernière, quelque bien placée qu'elle soit, n'est point un élément de garantie assez durable, assez accentué, pour les créanciers et les légataires. On ne doit considérer une telle disposition, que comme faite *res inter alios acta*. La loi a parlé en leur faveur, elle exige un inventaire : donc il faut qu'il ait lieu, parce que, sans lui, l'art. 794 le dit énergiquement, il n'y a pas d'acceptation bénéficiaire possible.

Voudrait-on soutenir que, par la dispense de faire inventorier les meubles et effets de sa succession, le testateur a eu au moins la pensée de mettre les frais de l'inventaire à la charge de l'héritier? On est porté, de prime-abord, à se laisser subjuguer par cette opinion. En général, rien n'est inutile dans les actes à cause de mort, et la volonté du disposant est largement interprétée, de manière surtout à faire produire à ses paroles l'effet qu'il est en présomption d'avoir eu le dessein d'y attacher. Ce serait pourtant une grave erreur, que d'attribuer autant de portée à la condition de non-inventaire ; car elle est réputée non écrite, par l'art. 900, comme contraire au titre *du Bénéfice d'inventaire.*

37. En matière de succession, lorsque l'héritier accepte bénéficiairement, l'inventaire est, comme on le voit, une mesure obligée, un acte qui, pour faire foi en justice de son contenu, doit, aux termes des art. 1317 et 1319, être rédigé dans la forme probante. Un notaire en est par conséquent chargé; car c'est cet officier que la loi du 25 ventôse an XI, art. 1er, a institué pour donner aux stipulations des parties, le caractère d'authenticité qu'on attache aux actes de l'autorité publique. Il suit de là que, sans l'intervention notariale et l'observation des règles prescrites, l'état, la désignation, l'estimation des meubles et effets héréditaires, manquent d'actualité, de prépondérance, et sont considérés comme n'existant pas (Bruxelles, 28 mars 1810, Sirey, tom. 10-2-299; Dalloz, *Recueil alphabétique*, tom. 11, pag. 875, et Favard de l'Anglade, *Répertoire de Législation*, v° INVENTAIRE, n. 1).

Nulle difficulté, si l'héritier bénéficiaire est seul, ou s'il n'y a point d'opposans au choix qu'il a fait du notaire, et des commissaires-priseurs ou experts qui doivent procéder conjointement : le juge n'a pas à s'en mêler. Ce n'est, en effet, que dans le cas où il y a dissidence, que l'art. 935 du Code de procédure civile exige qu'on aille en référé devant le président du tribunal de première instance, pour que ce magistrat fasse lui-même la nomination. Chaque ayant-droit peut, d'ailleurs, s'il a des intérêts opposés, adjoindre un autre notaire : alors le procès-verbal d'inventaire, s'il n'est pas fait en double ou triple minute, reste au notaire le plus ancien, qui en délivre des expéditions, bien que l'autre notaire, ou l'un d'eux, s'ils sont plusieurs adjoints, soit possesseur du testament du défunt, et que la partie qui l'a nommé ait un plus fort intérêt dans la succession (Paris, 6 février 1806, Turin, 14 août 1809, et Colmar, 30 juillet 1825, Sirey, tom. 6-2-515, tom. 10-2-229, tom. 26-2-18, et Dalloz, *Recueil alphabétique*, tom. 6, pag. 132, et *Recueil périodique*, 1825-2-50).

Quand il n'y a qu'un notaire, et qu'on s'accorde, soit à son égard, soit sur le choix des officiers qui doivent faire la prisée, c'est bien simple; mais s'il s'élève des contestations, qui devra avoir la préférence ? Nommera-t-on arbitrairement, même en dehors de la présentation qui a donné lieu à la dissidence ? La négative est facile à démontrer. J'ai dit, *Traité des Référés*, n. 95, que, « si chaque partie est admise à faire valoir ses exceptions, si toutes peuvent individuellement, ainsi qu'on est obligé d'en convenir, proposer l'officier qui leur inspire le plus de confiance, le président est astreint, dans ce débat, à suivre le degré d'intérêt qu'elles ont, l'une par rapport à l'autre, dans les affaires de la communauté ou de la succession. »

Biret, *Traité de la Compétence des Juges de paix*, tom. 2, pag. 44, et Carré, *Lois de la Procédure civile*, question 3154, combattent cette opinion. Elle est néanmoins très-raisonnable; car le litige portant sur le point de savoir quel sera l'officier qui instrumentera, il en découle que, c'est la présentation des candidats qui forme le cercle dans la circonférence duquel la justice doit agir. Il y aurait donc injustice, oubli des règles d'attribution, en ne voulant pas suivre, dans le choix du notaire, du commissaire-priseur, de l'expert, le vœu de la partie qui est reconnue avoir, quant à l'inventaire et à l'estimation des biens à inventorier, un intérêt majeur, dépassant celui des autres intervenans (Paris, 28 oct. 1808, Sirey, tom. 9-2-38; Dalloz, *Recueil alphabétique*, v° SUCCESSIONS, chap. 5, sect. 3, art. 1er, n. 2; Duranton, *Cours de Droit français*, tom. 7, n. 24; Merlin, *Répertoire de Jurisprudence*, v° INVENTAIRE, § 3; Rolland de Villargues, *Répertoire du Notariat*, v° BÉNÉFICE D'INVENTAIRE, n. 44, et Vazeille, *Résumé sur les Successions*, art. 794, n. 7).

38. En général, on appelle *Inventaire*, tout acte dressé pour constater en détail, la nature, le nombre et la qualité des meubles, effets, titres et papiers de quelqu'un. Appliqué aux successions, il contient, en outre, la description avec prisée, à juste valeur, des objets mobiliers qui sont susceptibles d'estimation. Il est entrepris soit en matière d'acceptation bénéficiaire, soit lorsqu'il existe, parmi les héritiers, des mineurs, des interdits et des absens.

L'inventaire peut, en plusieurs autres circonstances, offrir de l'actualité, notamment si des majeurs, quoique maîtres de leurs droits, ne s'accordent point entre eux sur la division du patrimoine, s'il existe des créanciers qui le requièrent, si des femmes mariées ont, pour leurs dots et conventions matrimoniáles, à y prendre une part active. C'est une mesure impérieuse, de nécessité absolue, toutes les fois que des incapables amendent quelque chose ; il n'a d'autre effet que de garantir, de conserver, au profit de qui il appartient, la substance et les dehors des biens héréditaires (Favard de l'Anglade, *Répertoire de Législation*, v° INVENTAIRE, n. 1, et Merlin, *Répertoire de Jurisprudence*, EOD. VERB., § 5, n. 1, 8 et 9).

Comme acte conservatoire, l'inventaire produit ce résultat merveilleux, qu'il met les prétendans en contact, qu'il excite, provoque des explications. A ce titre, il exerce une grande prépondérance, il obtient une grande faveur ; aussi, pour peu que la succession ou la communauté paraisse contentieuse, la sollicitude du législateur le montre à la vigilance du magistrat, le lui impose même, sous la forme d'un lien protecteur. Un inventaire ne préjuge rien, il ne nuit à personne : donc il doit toujours avoir lieu, s'il est demandé avec quelque apparence de raison, et si, étant refusé, le demandeur reste sous le poids de quelque chance dommageable, bien que le péril ne soit pas imminent.

C'est ce qui a été jugé par la cour de Bruxelles, le 9 mars 1811, et l'on ne peut qu'applaudir à la haute sagesse qui la guida dans sa solution. Il est vrai que les cours de Paris et de Riom consacrèrent, les 19 messidor an XI et 31 décembre 1827, un principe tout différent; mais l'erreur est trop palpitante, le préjudice trop certain, pour que j'aie besoin de m'élever contre leur étrange doctrine (Sirey, tom. 11-2-255, tom. 4-2-34, tom. 29-2-277, et Dalloz, *Recueil alphabétique*, tom. 11, pag. 877).

Trois choses sont enfin à considérer : 1° les

5

personnes au nom desquelles l'inventaire est fait;
2° celles qui doivent y assister, et 3° les formalités particulières qui s'y rattachent. Chacun de
ces points d'application, quoique il concoure au
même but, réclame, pour pouvoir être mieux
compris et apprécié, qu'on l'examine séparément.
Il ne suffit pas, au surplus, que l'opération d'inventorier soit régulière, c'est-à-dire, mise en harmonie avec les règles tracées par le Code de procédure civile; il faut encore, comme l'énonce
l'art. 794 du Code civil, qu'il y ait fidélité et
exactitude (Carré, *Lois de la Procédure civile*,
tom. 3, pag. 509 et 510; A. Dalloz, *Dictionnaire de Législation*, v° SUCCESSION BÉNÉFICIAIRE,
n. 15, et Toullier, *Cours de Droit civil*, tom. 4,
n. 362).

39. L'art. 941 du Code de procédure civile
dispose que, « l'inventaire peut être requis par
ceux qui ont le droit de requérir la levée des
scellés. » Il suit de là, que ce texte doit se compléter par un rapprochement. En effet, l'art. 930
ajoute : « Tous ceux qui ont le droit de faire apposer les scellés, peuvent en requérir la levée,
excepté ceux qui ne les ont fait apposer qu'en
exécution du numéro 2 de l'art. 909. » C'est,
par conséquent, dans ce dernier article qu'il
faut puiser les élémens d'instruction, et en con-

clure dès lors que, tous ceux qui prétendent droit dans la succession ou dans la communauté, et tous créanciers fondés en titre exécutoire, ou autorisés par une permission, soit du président du tribunal de première instance, soit du juge de paix du canton où les scellés ont été apposés, sont recevables à requérir l'inventaire (Duranton, *Cours de Droit français*, tom. 7, n. 23).

De la combinaison des art. 930 et 941, naît pourtant une équivoque. Qu'en résulterait-il, s'il fallait les prendre à la lettre? Qu'à l'exception des gens qui demeuraient avec le défunt, de ses serviteurs et domestiques, tous autres individus, *de cela seul qu'ils ont qualité pour faire apposer les scellés*, seraient habiles à demander l'inventaire; car il est de règle que ceux auxquels la loi confie le droit d'*apposition*, peuvent invoquer le droit de *levée*. Eh bien, l'art. 911 permet, dans quelques cas, d'apposer les scellés, soit à la diligence du ministère public, soit sur la déclaration du maire ou adjoint de la commune, et même d'office par le juge de paix.

Est-il possible qu'on ait voulu donner, à ces fonctionnaires, la prérogative d'exiger qu'il soit procédé, de leur chef, à la faction de l'inventaire? Je ne le pense pas. Qu'à l'instant du décès, ils aient le pouvoir d'empêcher, par leur intervention, *en l'absence des ayants-droit, ou lors-que ceux-ci ne sont pas en état d'exercer les actions qui les concernent,* qu'on fasse main-basse sur les valeurs qui existent, et dont aucun gardien solvable n'est chargé, cela se conçoit facilement; mais que, lorsque, par l'apposition des scellés, toute crainte de spoliation a disparu, ils veuillent, par là levée des scellés et l'inventaire, être initiés aux affaires de la succession, ou de la communauté, c'est ce qui blesse tous les principes.

Plusieurs réclamans se présentent à la fois afin qu'on s'occupe de l'inventaire, et chacun d'eux le requiert; au nom de qui devra-t-il être procédé? Carré, *Lois de la Procédure civile,* question 3141, répond que, « c'est au nom de la partie qui se trouve la première indiquée dans l'art. 909, auquel renvoie indirectement l'article 941, puisque l'inventaire peut être requis par ceux qui ont le droit de faire apposer les scellés. » Or, sans explication, l'adoptant telle quelle, cette interprétation me paraît très-confuse.

L'art. 909 parle d'abord des ayants-droit dans la succession, qu'il groupe et confond ensemble; puis il passe aux créanciers, qu'il considère abstractivement, sans rechercher s'il y a ou non entre eux similitude ou incompatibilité. Quel

sera donc l'ayant-droit qui aura la préférence
n'y aura-t-il pas, du côté des créanciers, le cham-
pion de la masse, et faudra-t-il les voir tous concourir?

C'est l'intérêt seul qui, dans cette circonstance,
doit être le motif déterminant; car les actions des
successibles, des créanciers opposans, n'étant
point solidaires, il n'y en a qu'un qui puisse,
après les réquisitions exercées, retenir la poursuite de l'inventaire, parce qu'il s'y joint des
conditions de forme que plusieurs ne doivent et
ne peuvent remplir en même temps. Ainsi, celui
qui aura plus à prendre ou à conserver dans la
communauté, ou dans la succession, l'emportera
sur l'autre (Bruxelles, 9 août 1808, *Jurisprudence du Code civil*, tom. 2, pag. 76).

40. « Il est de toute justice, dit Favard de l'An-
gladê, *Répertoire de Législation*, v° BÉNÉFICE
D'INVENTAIRE, n. 3, que les parties intéressées
soient appelées par l'héritier bénéficiaire, ou qui
n'a pas encore pris qualité. La jurisprudence des
parlemens n'était pas uniforme là-dessus; le Code
civil n'avait lui-même rien statué : mais l'art. 942
du Code de procédure civile y a pourvu. Il exprime que l'inventaire doit être fait en présence,
1° du conjoint survivant; 2° des héritiers présomptifs; 3° de l'exécuteur testamentaire, si le

testament est connu, et 4° des donataires et légataires universels ou à titre universel, soit en
propriété ou en usufruit, s'ils demeurent dans la
distance de cinq myriamètres. »

Reste les créanciers : Quel sera leur sort?
Pigeau, *Traité de la Procédure civile*, tome 2,
pag. 597, enseigne qu'ils n'ont pas le droit d'assister à l'inventaire, bien qu'ils l'aient requis,
parce que, dans la nomenclature que fait l'article 942, il n'est point parlé d'eux. En effet, la
cour d'Amiens l'a ainsi décidé, le 25 février 1809
(Sirey, tom 10-2-90).

Mais, pour démontrer que c'est une erreur,
il n'y a qu'à se reporter à l'art 937 : qu'exprime-
t-il? Que les scellés seront levés successivement,
au fur et à mesure de l'inventaire, et qu'ils seront
réapposés à la fin de chaque vacation. Un créancier qui fait opposition aux scellés doit, dès-lors,
être mis en demeure d'assister à l'inventaire, et
peut en outre, s'il n'a pas fait d'opposition, intervenir jusqu'à sa clôture, pourvu qu'il se
trouve dans l'un des cas prévus par l'art. 909
(Berriat-Saint-Prix, *Cours de Procédure civile*,
pag. 700, note 4; Carré, *Lois de la Procédure
civile*, question 3142; Favard de l'Anglade, *Répertoire de Législation*, v° INVENTAIRE, § 1, n. 2;
Rolland de Villargues, *Répertoire du Notariat*,

v° Bénéfice d'inventaire, n. 47, et Merlin, *Répertoire de Jurisprudence*, v° Inventaire, § 4, n. 6).

N'est-il pas vrai que l'art. 909, n. 2, permet aux créanciers de faire apposer les scellés; que l'art. 930 veut qu'ils puissent en requérir la levée; que l'art. 931 exige qu'on interpelle les opposans, par sommation directe, aux domiciles par eux élus; que l'art 932, qui, par sa corrélation avec l'art. 937, s'applique à l'inventaire, leur enjoint de s'accorder après la première vacation, sur le mandataire qui devra les représenter aux autres vacations; que l'art 933, s'ils ont des intérêts contradictoires, les autorise à concourir individuellement, et que l'art. 941 termine en posant le principe, que ceux qui ont le droit de requérir la levée des scellés, peuvent exiger qu'on inventorie les meubles et effets sur lesquels les scellés ont été apposés?

41. On ne peut donc, par la force des choses, laisser à l'écart que les créanciers non-opposans; leur silence est une présomption qu'ils ne veulent pas assister. Ce serait d'ailleurs trop dispendieux, s'ils étaient en grand nombre. Mais il n'en est plus de même, dès qu'ils se sont fait connaître, et qu'ils ont protesté: par cette manifestation, ils formulent une volonté contraire; rien ne saurait, conséquemment, être fait en leur

absence, ou sans une interpellation préalable.

Il est des créanciers qui sont, d'une manière formelle, exclus de l'inventaire : ouvrons le Code de procédure civile, et nous en aurons la certitude. L'art. 934 énonce que, « les opposans, *pour la conservation des droits de leur débiteur*, ne pourront assister à la première vacation, ni concourir au choix d'un mandataire commun pour les vacations ultérieures. » Ces opposans ne sont, on le conçoit, que les créanciers d'un héritier, ou les créanciers d'un créancier de la succession; car il n'y a qu'eux qui, à l'occasion d'un droit ou d'une action qui ne les concerne pas directement, puissent être dans l'hypothèse d'une simple surveillance.

Pour un fait étranger au défunt, une obligation à laquelle il n'était point soumis, on n'a pas voulu; en effet, que les opérations des scellés, celles de l'inventaire, fussent embarrassées par la présence d'individus qui, *seulement spectateurs*, n'auraient à y prendre aucune part directe et expresse, protégée, soutenue au besoin par la voie d'exécution. La faculté d'opposition et de concours, est réservée aux créanciers de la succession ou de la communauté; c'est une règle, qui, sauf la modification dont je parlerai bientôt, me paraît incontestable.

On exciperait en vain de la généralité des termes de l'art. 909; car, en déclarant que les scellés pourront être requis « par tous créanciers fondés en titre exécutoire, ou autorisés par une permission, soit du président du tribunal de première instance, soit du juge de paix du canton où les scellés devront être apposés, » il n'annonce pas une intention différente.

Loin de détruire la maxime de l'art. 1166 du Code civil, suivant laquelle les créanciers peuvent exercer tous les droits et actions de leur débiteur, à l'exception de ceux qui sont exclusivement attachés à la personne, cette interprétation l'explique et la confirme.

Il faut toujours distinguer entre l'exercice et la conservation d'un droit, d'une action : l'*exercer*, c'est se mettre à la place d'un débiteur, faire ce qu'il est apte à faire lui-même ; le *conserver*, c'est se mettre en parallèle, agir passivement, et ne faire que surveiller, se tenir en expectative.

L'art. 934 du Code de procédure civile n'a pu, ni voulu dire autre chose ; aussi le créancier du successible, et celui du créancier de la succession, s'ils croient utile d'assister aux scellés et à l'inventaire, sont obligés de procéder au nom du débiteur : sans une pareille précaution, que

je nomme *vitale* et *absolue*, ils devront être
éconduits, bon gré mal gré.

En aide de mon opinion, j'invoque l'art. 2205
du Code civil, puisqu'il la justifie. On y voit
qu'indépendamment du principe, que les biens
présens et à venir d'un débiteur sont le gage
commun de ses créanciers, la part indivise du
cohéritier, dans les immeubles d'une succession,
ne peut être mise en vente par son créancier personnel, avant le partage ou la licitation qu'il est
libre d'entreprendre, s'il le juge convenable, ou
dans lesquels il a le droit d'intervenir.

Donc, par argument *à priori*, il est logique de
penser qu'en provoquant le partage, on se réfère
nécessairement à l'ouverture de la succession;
qu'en attaquant la succession à son ouverture,
on sonde ses profondeurs, on vérifie sa base;
qu'on étreint de la sorte tout ce qui en dépend,
scellés, inventaire, gestion et disposition des biens.

Il suit de là, inévitablement, que le créancier
du créancier de la succession, et le créancier du
successible, ont, à l'image du créancier du défunt, le pouvoir invincible d'*assister*, non il est
vrai en surveillans, mais comme parties *intégrantes*, saisissant le choc de l'action, et se
l'appliquant du chef du débiteur, pour leur
compte personnel.

42. L'enfant naturel, s'il a été légalement reconnu, doit être appelé à l'inventaire. On avait
cru d'abord que cela n'était pas de rigueur. Cette
opinion se fondait, d'après quelques jurisconsultes, sur ce que l'art. 756 du Code civil ne le répute point héritier : d'autres prétendaient que,
parce qu'il ne se trouve point compris dans l'é-
numération que fait l'art. 942 du Code de procédure civile, le législateur avait voulu l'exclure.

Je crois que c'était mal raisonner, mal interpréter l'esprit de la loi, et fausser son texte.

En effet, si un enfant naturel n'est pas héritier,
il a cependant des droits à la succession de son
auteur. Pour le cas où il existe des héritiers légitimes, l'art. 757 du Code civil les détermine au
trois quarts, à la moitié, au tiers, suivant l'occurrence; à défaut de parens au degré successible,
l'art. 758 lui accorde la totalité des biens. On peut
d'autant moins contester sa vocation à l'hérédité,
qu'il est impossible de lui ravir sa part; qu'il la
prend *substantiâ patri*, et, qu'à l'exemple de
l'héritier, il a l'action en retranchement de tout
legs, de toute donation qui froisserait ses droits
ou sa réserve légale.

Comme l'héritier, par la combinaison des
art. 757, 758, 916 et 1094, l'enfant naturel concourt à amoindrir la quote disponible; comme

lui encore, par l'art. 760, il est assujetti à rapporter à la masse de la succession le don en avancement d'hoirie, pour tout ce qui dépasse l'émolument auquel il peut prétendre.

Quelle conclusion faut-il donc en tirer ?

Que si l'enfant naturel n'est pas héritier, il est au moins réservataire; qu'une portion de l'hérédité lui étant assurée, il y aurait injustice, violation même de l'art. 942 du Code de procédure civile, à le tenir à l'écart, parce qu'il doit être assimilé au légataire à titre universel; qu'ainsi, on ne peut lui laisser ignorer l'inventaire qui l'intéresse, puisque c'est avec lui qu'il faut faire le dépouillement, la constatation des valeurs héréditaires, et, s'il y a lieu, le partage qui en dérive (Carré, *Lois de la Procédure civile*, question 3143; Favard de l'Anglade, *Répertoire de Législation*, vº INVENTAIRE, § 1, n. 2; *Jurisprudence du Code civil*, tom. 2, pag. 337 et 467, et *Praticien français*, tom. 5, pag. 224.).

43. Un point de doctrine assez grave a donné prise à la controverse : il s'est agi de décider si un tuteur, un subrogé-tuteur, ou toute autre personne désignée par le juge, pour défendre les intérêts d'un incapable, ou assister ce dernier de ses conseils, pouvait se faire représenter à l'inventaire par un fondé de procuration? Deux

opinions incompatibles, le *oui* et le *non*, adoptées par les jurisconsultes, n'ont pas peu contribué à faire naître des doutes sérieux, à placer les maîtres de la science dans un étrange embarras.

Pour l'affirmative on a dit, qu'en général, il est permis d'envoyer quelqu'un, en son nom, figurer à l'inventaire.

L'article 932 du code précité semble le tolérer, puisqu'il laisse la faculté aux héritiers, ainsi qu'aux opposans, de ne pas comparaître eux-mêmes, et d'assister par le ministère d'un tiers. Un tuteur, un subrogé-tuteur, un curateur, un conseil judiciaire, ne sont que des mandataires; or, l'art. 1994 du Code civil tranche la question, en ce sens, que tout mandataire est *ipso jure* autorisé à se substituer un mandataire, sauf sa responsabilité. L'art. 412, au titre *des Conseils de famille*, laisse la même latitude; car il exprime que, « les parens, alliés ou amis, seront tenus de se rendre en personne, ou de se faire représenter par un mandataire spécial. »

Il a donc paru évident que le tuteur qui, comme membre du conseil de famille, peut avoir à choisir un délégué, le peut également lorsqu'il est interpellé à l'occasion d'un inventaire (Favard de l'Anglade, *Répertoire de Législation*, v° INVEN-

TAIRE, § 1, n. 3, et Pothier, *Traité de la Communauté*, n. 977).

Pour la négative, au contraire, on soutient qu'il est des actes qui exigent une surveillance toute personnelle, et que tel doit être l'inventaire.

L'art. 451, par exemple, qui paraît, au premier abord, avoir été jeté au hasard dans la solution, corrobore ce sentiment; car il ordonne que le tuteur fera procéder à l'inventaire, en présence du subrogé-tuteur, sans permettre ni à celui-ci, ni au tuteur, de se faire remplacer par un mandataire. Il est vrai que le conseil, le curateur, le subrogé-tuteur, le tuteur lui-même, ne sont que des mandataires; mais les fonctions dont on les revêt tiennent, *ipso facto*, à leur spécialité. En les nommant, la famille ou le magistrat délibère sur les qualités morales qu'on leur suppose; elle se détermine toujours par la raison, le talent dont elle les croit doués: c'est la pente naturelle de leur esprit qui, seule, les fait reconnaître aptes à bien conseiller ou à bien défendre. Il n'y a, en effet, que l'homme qui soit mis en jeu; le conseil et le défenseur s'effacent devant la personne intellectuelle.

Cette distinction, que j'adopte en entier, est très logique. On ne peut pas la détruire par l'art. 412, ni par l'art. 1994. Lorsqu'on est con-

voqué à un conseil de famille, l'objet en délibé-
ration, le but qu'on se propose, sont exprimés
à l'avance ; tandis qu'à l'inventaire, tout est mobile, sans fixité, et s'échappe accidentellement,
soit du contact des parties, soit de l'aspect aventureux des choses. Ce n'est pas non plus un
mandat ordinaire (Carré, *Lois de la Procédure
civile*, question 3145, et Pigeau, *Traité de la
Procédure civile*, tom. 2, pag. 597).

44. Stipulant pour le cas de la levée des scellés,
l'art. 931 du Code de procédure civile ne
répute *présens* que les intéressés qui demeurent
dans un rayon de cinq myriamètres de distance ;
quant aux autres, dans la catégorie des *absens*,
on appelle pour eux, à la levée et à l'inventaire,
un notaire nommé d'office par le président du tribunal de première instance. L'art. 942, au titre *de
l'Inventaire*, après avoir répété la même disposition, dit en outre que c'est pour représenter tous
les absens, même les appelés, s'ils sont *défaillans*.

Ainsi, par le mot *absens*, il faut entendre ici
les individus, parties intégrantes de l'inventaire,
dont l'existence est reconnue, et qui ont leur
résidence ou leur domicile au-delà de cinq myriamètres.

Il ne peut pas être question des *absens présumés*, de ceux dont parle l'art. 112 du Code civil,

parce qu'aux termes de l'art. 113 du même code, s'il y a nécessité de pourvoir à l'administration de tout ou partie de leurs biens, c'est le tribunal et non le président qui, à la requête du demandeur le plus diligent, commet un notaire pour les représenter dans les inventaires, comptes, partages et liquidations dans lesquels ils sont intéressés.

Cela ne peut pas être encore les *absens déclarés*, puisque les articles 123 et 129 déplacent alors les droits, pour les mettre sur la tête des héritiers légitimes ou testamentaires, afin qu'ils les exercent, suivant les hypothèses, soit au provisoire, soit au définitif.

Ainsi, par le mot *présens*, on a voulu indiquer les individus qui, domiciliés ou résidant à la distance de moins de cinq myriamètres, ont été interpellés directement, par acte officiel.

Ils sont avertis par là, du jour, de l'heure, durant lesquels les scellés, s'il en a été apposé, devront être levés, et l'inventaire fait ; c'est donc à eux de comparaître, ou de se faire représenter, s'ils veulent assister aux opérations qui vont avoir lieu.

Ainsi, par le mot *défaillans*, il s'agit de toutes les parties qui ont à surveiller l'inventaire, à y faire des dires et protestations, soit conjoint sur-

vivant, héritiers, légataires, donataires et exécu-
teurs testamentaires, soit créanciers opposans et
autres, tels que tuteurs, curateurs, conseils,
auxquels on a fait la sommation d'être présens,
et de concourir, sauf la responsabilité de ces
derniers, si leur absence de l'inventaire occasion-
nait quelque dommage à ceux qu'ils ont la mission de conseiller ou de défendre.

Il peut arriver que, ne répondant pas à l'appel,
on ne soit instruit de leur absence qu'à l'instant
même où l'on va procéder ; quelle sera, dans ce
cas, la position du juge de paix, quant aux
scellés, celle du notaire, quant à l'inventaire
dont on l'a chargé, et celle des parties présentes,
qunt à l'exercice des droits que soulève l'état
de la succession ou de la communauté?

Un sursis est alors nécessaire ; et, sans désemparer, on expose au président du tribunal de
première instance, l'obstacle qui s'est découvert,
en concluant à ce qu'il désigne un notaire, avec
la mission d'assister dans l'intérêt des défaillans. Remarquez que le notaire qui a pu déjà
être nommé, par rapport aux parties qui se
trouvent au-delà de cinq myriamètres, n'a qu'un
mandat restreint, et que sa présence, sans extension juridique, ne suffirait pas pour tous les
absens.

6

Mais on obvie à une semblable difficulté, par l'usage où l'on est, quand il y a des *absens présumés*, considérés tels par le Code civil, au titre *de l'Absence*, de prendre l'ordonnance du tribunal, portant délégation d'un notaire, soit pour les absens *présumés*, soit pour les absens *éventuels*, soit pour les individus *défaillans*. S'il n'existe que des *absens*, sous ce point de vue qu'ils n'ont pas leur résidence ou leur domicile dans l'étendue de cinq myriamètres, l'ordonnance du président, qui devient autorité compétente, embrasse les éventualités, s'applique aux uns et aux autres, et pourvoit en même temps aux intérêts de tous les *absens* et *défaillans*.

Lorsqu'un des héritiers est, suivant les expressions de la loi du 13 janvier 1817, militaire absent, l'inventaire ne peut être fait qu'avec son fondé de pouvoirs, s'il en a constitué un, ou avec un curateur qui lui est nommé par le conseil de famille, convoqué d'office par le juge de paix : tel est le vœu de la loi du 11 ventôse an II. Cette loi n'a pas été abrogée par le Code civil, ni par le Code de procédure civile. Un décret du 16 mars 1807, postérieur à leur promulgation, ordonna en effet qu'elle serait publiée dans les départemens réunis à la France (Favard de l'Anglade,

Répertoire de Législation, v°INVENTAIRE, § 2, n° 1).

45. Outre les formalités communes aux actes devant notaires, formalités dont la loi du 25 ventôse an XI, sur le notariat, fait une suffisante énumération, l'inventaire doit contenir, aux termes de l'art. 943 du Code de procédure civile :

« 1° Les noms, professions et demeures des requérans, des comparans, des défaillans et des absens, s'ils sont connus, du notaire appelé pour les représenter, des commissaires-priseurs ou experts, et la mention de l'ordonnance qui commet le notaire pour les absens et défaillans ;

« 2° L'indication des lieux où l'inventaire est fait ;

« 3° La description et estimation des effets, laquelle est faite à juste valeur et sans crue ;

« 4° La désignation des qualité, poids et titre de l'argenterie ;

« 5° La désignation des espèces en numéraire ;

« 6° Les papiers sont cotés par première et dernière, et paraphés de la main d'un des notaires ; s'il y a des livres et registres de commerce, l'état en est constaté, et les feuillets pareillement cotés et paraphés, s'ils ne le sont : s'il y a des blancs dans les pages écrites, ils sont bâtonnés ;

« 7° La déclaration des titres actifs et passifs ;

« 8° La mention du serment prêté, lors de la clôture de l'inventaire, par ceux qui ont été en possession des objets avant l'inventaire, ou qui ont habité la maison dans laquelle sont lesdits objets, qu'ils n'en ont détourné, vu détourner, ni su qu'il en ait détourné aucun;

« 9° La remise des effets et papiers, s'il y a lieu, entre les mains de la personne dont on convient, ou qui, à défaut, est nommée par le président du tribunal. »

De l'analyse exacte de l'art. 943, résulte donc cette conséquence, qu'un inventaire se compose de quatre parties principales et distinctes : 1° l'intitulé ; 2° la description ; 3° les déclarations ; 4° la clôture. C'est une démonstration facile à faire. Par l'*intitulé*, on renvoie aux n°s 1 et 2 ; par la *description*, on se reporte aux n°s 3, 4, 5 et 6 ; par les *déclarations*, on arrive aux n°s 7 et 8 ; par la *clôture*, enfin, on s'arrête aux n°s 8 et 9. Or, vis-à-vis de chacun de ces points de contact, la sollicitude de l'officier instrumentaire doit être palpitante, parce que la moindre inadvertance peut avoir, dans l'application, des effets désastreux, si les assistans n'ont pas les moyens de dénier la foi authentique qui est accordée aux énonciations du procès-verbal (Favard de l'Anglade, *Répertoire de Législation*, v° INVENTAIRE, § 2, n. 1).

Je ne tairai pas, toutefois, qu'on est peu sé-
vère sur les irrégularités de forme, provenant
du notaire et des autres personnes publiques
dont on a employé le ministère. Des omissions,
des vices de rédaction même, tels qu'ils soient,
sont souvent excusables, quand ils n'agissent
qu'extrinsèquement, qu'ils n'attaquent que la
superficie de l'inventaire. C'est la bonne foi de
l'héritier qu'on recherche plus particulièrement;
aussi, lorsque cette condition vitale, absolue et
sans équivalent, a été observée, on passe assez
légèrement sur le reste.

L'incompétence du notaire, par exemple,
l'absence de sa signature, de celle d'un témoin,
celle d'une partie; la nullité d'une sommation
de comparaître, restée inaperçue, et autres contraventions de ce genre, sont comptées pour
rien, si le poursuivant, ou ceux qui concourent
avec lui, ont été induits en erreur, trompés, en
un mot, par une fausse apparence de légalité
(Cassation, 18 fructidor an xii, et Limoges,
3 janvier 1820; Chabot de l'Allier, *Commentaire
des Successions*, art. 794, n. 5 ; Dalloz, *Recueil
alphabétique*, v° SUCCESSIONS, chap. 5, sect. 3,
art. 1er, n. 4, et *Recueil périodique*, 1833-2-203;
Delaporte, *Pandectes françaises*, tom. 3, p. 188 ;
Delvincourt, *Cours de Code civil*, tom. 2, pag. 92;

Maleville, *Analyse du Code civil*, tom. 2, p. 282;
Merlin, *Répertoire de Jurisprudence*, v° Bénéfice
d'inventaire, n. 8; Rolland de Villargues, *Répertoire du Notariat*, eod. verb., n. 49, et Toullier, *Cours de droit civil*, tom. 4, n. 365).

46. Carré, *Lois de la Procédure civile*, question 3147, se demande si, lorsqu'il y a des
meubles en plusieurs endroits, on est obligé de
s'y transporter pour faire l'inventaire? Puis il
ajoute: « On lit au *Répertoire de Jurisprudence*,
v° Inventaire, § 4, n. 8, qu'on doit, ou se transporter partout, ou faire apporter les meubles au lieu
principal où se fait l'inventaire; que, cependant,
lorsque ces objets sont d'une mince valeur, on
peut se contenter de la déclaration que le survivant fait, *dans l'inventaire*, qu'il y a dans tel lieu,
tels effets qu'on estime à telle valeur, et que c'est
ce qu'a décidé un arrêt du 27 avril 1760. »

Mais que conclut l'auteur des *Lois de la Procédure civile*? « Nous croyons, dit-il, qu'on ne
doit suivre cet usage qu'autant que les parties y
consentent, surtout si les scellés ont été apposés
dans les endroits où se trouvent les meubles et
effets à inventorier; autrement, on contrevien-
drait évidemment à la disposition de l'art. 937
du Code de procédure civile, qui veut que les
scellés soient levés successivement, au fur et à

mesure de l'inventaire, et qu'on les réappose à la fin de chaque vacation. »

Il me paraît néanmoins qu'aucune de ces deux opinions ne peut être suivie : l'une, celle de Carré, de cela qu'elle n'admet aucune déclaration sur la nature et la consistance des valeurs qui ne sont pas dans le lieu où l'on procède à l'inventaire, est trop absolue; l'autre, celle de Merlin, qui va, sans distinction, jusqu'à dispenser du transport sur les lieux de la situation des choses, est trop relâchée : aucune, d'ailleurs, ne porte à plein sur l'ensemble de l'opération.

En effet, si les meubles et objets mobiliers sont dans les locaux qu'habitait le défunt, ou dont il avait l'usage, on est tenu de s'y rendre, de quelque modicité qu'ils puissent être, et bien qu'ils soient dans des endroits différens. S'il est de règle que la succession est ouverte où était le domicile, il est de règle aussi que, toute habitation particulière, toute résidence momentanée, fait partie de la succession, et n'en est qu'une émanation. Or, dans ce cas, on ne peut, sans violer la loi et commettre une grave inconséquence, s'en rapporter à la version, plus ou moins digne de foi, des héritiers présens, ou aux dires mêmes des personnes qui, n'importe à quel titre, étaient gardiennes des lieux. La preuve est

dans l'art. 943 du Code de procédure civile, qui,
à part les recherches qu'il prévoit, exige une
prestation de serment et la remise des clés.

Si, au contraire, des meubles, des titres de
créances, des papiers de famille, sont en la possession d'un tiers, il est indubitable qu'on n'a
pas à s'y transporter, et qu'il suffit alors de s'en
référer aux déclarations de ceux qui, concourant
à l'inventaire, ont intérêt à en faire constater
l'existence. Certes, on n'a jamais vu que la demeure d'un citoyen, d'un avoué, par exemple,
d'un huissier, ou de tout autre officier ministériel, doive rester accessible aux investigations
d'un héritier, parce qu'il lui plaira de soutenir
qu'elle renferme des objets successifs. Il répugne
que, sous prétexte de les rechercher, on vienne
faire le propre inventaire du patrimoine de l'individu chez lequel le transport a eu lieu, si ce
dernier s'y oppose ; car le domicile est chose in-
violable, et rien n'autorise à le violer impunément.

C'est de la sorte qu'on doit interpréter l'article 943 précité. Il est vrai que la déclaration
n'est qu'indicative, et qu'elle ne fait que présup-
poser la réalité des papiers, des titres, des
meubles mêmes dont on arguë ; mais le droit à
la revendication est ouvert, et toute partie peut

l'exercer plus tard. Le détenteur est maître, s'il le veut, d'apporter, à l'instant de l'inventaire, ce dont il a le dépôt ou la détention précaire; il il peut s'en décharger par la remise qu'il en fait au gardien de la succession : néanmoins, comme ce n'est qu'une pure faculté, il n'est pas permis de le contraindre, avant qu'une décision de la justice ait fixé la position de l'un et de l'autre.

Tel est l'avocat, l'avoué, le notaire, qui, possesseur d'un dossier du défunt, s'en dénantit sur récépissé, pour qu'on le réunisse aux papiers héréditaires, ou qui comparaît à l'inventaire, pour qu'on inscrive sa déclaration circonstanciée. Dans la première hypothèse, les pièces dont le dossier se compose sont cotées et paraphées suivant que cela est prescrit, c'est-à-dire une à une, pour peu qu'elles aient de l'importance; dans la seconde hypothèse, on s'en tient à la simple énonciation, ou la cote et le paraphe ne portent que sur la fausse cote qui est produite par l'intervenant.

Et comment pourrait-on en douter? Le paragraphe 7 de l'art. 943 n'autorise-t-il pas la déclaration des titres actifs et passifs? Il suit de là, que le législateur entrevoit que tous les papiers peuvent ne pas se trouver dans l'endroit où l'on inventorie la succession. Pourquoi déclarer, en effet, des titres actifs, lorsqu'on les a sous la main, et qu'on peut les inscrire par leur substance, dans le procès-verbal d'inventaire?

Il est donc de toute évidence que la déclaration dont parle cet article, ne concerne que l'activité des droits incorporels qui dérivent d'obligations verbales, ou dont la preuve écrite résulte de titres qui sont déjà sortis de la maison mortuaire, soit pour en opérer l'exécution, soit par tout autre motif. C'est ce qui explique le § 6, mis en parallèle avec le § 7. Des auteurs avaient cru apercevoir une antinomie ; mais ils se sont trompés, parce qu'il n'existe point, à l'aide de la solution, la plus légère équivoque sur le sens qu'on doit y attacher.

Ainsi devient inutile l'examen de la question de savoir ce qu'il faut entendre, en matière d'inventaire, par les mots : *Déclaration des titres actifs et passifs*, rapprochés de ceux-ci : *Les papiers seront cotés par première et dernière, et paraphés de la main du notaire* (Carré, *Lois de la Procédure civile*, question 3149 ; Merlin, *Répertoire de Jurisprudence*, v° TITRE, n° 2 ; Pigeau, *Traité de la Procédure civile*, tom 2, pag. 601, et *Praticien français*, tom. 5, pag. 263).

47. La loi du 22 frimaire an VII, sur l'enregistrement, contient deux dispositions qu'il est

bon de retracer: par l'une, elle dispose que
tout acte obligatoire doit être écrit sur du papier
timbré; par l'autre, elle défend aux notaires,
sous peine d'amende, d'énoncer aucun acte, s'il
n'a pas été enregistré préalablement. Or, la loi du
10 juin 1824, modificative de celle de l'an VII,
en ce sens qu'elle permet de mentionner une
pièce qui n'a pas encore été revêtue de la formalité de l'enregistrement, se borne à exiger que
cette pièce soit enregistrée et timbrée avant
l'acte qui la mentionne, ou en même temps. Il
ne peut plus, d'après cela, exister de difficulté
sérieuse : si l'on trouve, en explorant la succession, des titres de créances non timbrés ou non
enregistrés, il faut les décrire dans l'inventaire,
sauf à les formaliser ensuite.

On avait d'abord hésité. Carré, dont la pénétration d'esprit fut telle, qu'il soumit tout au
creuset de sa vaste érudition, ne laissa pas échapper l'occasion d'en dire quelque chose. Il ensei-
gna, *Lois de la Procédure civile*, question 3150,
que les dispositions de la loi du 22 frimaire
an VII ne pouvaient être appliquées aux inventaires.

Cet auteur se fondait, avec raison, sur ce qu'un
acte de ce genre doit contenir la description
exacte de tout ce qui se trouve dans la succession,

quels que soient l'état et la nature des biens qui
la composent. « Un notaire, ajoutait-il, pour
assurer les droits du Trésor public, doit exprimer, dans la description des titres, le défaut de
formalité du timbre ou de l'enregistrement. C'est
aux vérificateurs à faire les réclamations auxquelles les circonstances peuvent les autoriser. »

En vain objecterait-on que le notaire instrumentaire a le pouvoir de se refuser à inscrire les
titres et papiers non enregistrés ou timbrés, s'il
n'est pas nanti de fonds suffisans.

La loi de 1824, je le reconnais, veut que l'acte
relaté soit enregistré avant l'acte qui le relate;
la loi de l'an vii déclare elle-même que les droits
d'enregistrement seront acquittés par le notaire
qui a instrumenté : n'importe, telle ne saurait
être notre solution.

En premier lieu, parce que les documens, les
titres à inventorier, sont *quid diversum* de l'inventaire;

En second lieu, parce que le fisc ne peut point
soumettre un notaire à avancer des sommes
considérables au sujet d'un acte qu'il n'a pas retenu, et l'exposer ainsi à les perdre, si les parties
ne sont pas solvables;

En troisième lieu, parce que le refus du notaire, l'absence de la description dont il s'agit,

tendent à vicier l'inventaire, à compromettre, à la fois, et la succession, et l'intérêt des créanciers et des légataires.

48. Du concours des ayans-droit, peut résulter beaucoup d'incidens; car l'ouverture d'une succession, la dissolution d'une communauté, sont très souvent, pour les héritiers, les légataires, les créanciers, en un mot, pour les parties prenantes, le prétexte de leurs discordes, la naissance de mille et une contestations. Aussi l'art. 944 du Code de procédure civile, dans la vue de couper court au litige, de hâter la conclusion du débat, ordonne que, « s'il s'élève des difficultés, ou s'il s'est formé des réquisitions pour l'administration de la communauté ou de la succession, ou pour tout autre objet, et qu'il n'y soit point déféré par les autres parties, les notaires délaisseront les parties à se pourvoir en référé devant le président du tribunal de première instance, et qu'ils pourront en référer eux-mêmes, s'ils résident dans le canton où siége le tribunal. »

Cet article, qui charge les notaires d'aller en référé, n'exclut pas le juge de paix, et, quand son intervention a été rendue nécessaire pour l'apposition et la levée des scellés, il ne doit point céder le pas à l'officier qui rédige l'inventaire, en se restreignant ainsi, pendant tout le temps que dure le referé, au rôle de simple spectateur. L'art. 936 détermine, en effet, les formes du procès-verbal de scellés ; il veut qu'on énonce les réquisitions à fin de perquisitions, le résultat qu'elles ont eu, et toutes autres demandes sur lesquelles il y aura lieu de statuer, tandis que l'art. 944 garde le silence le plus absolu sur ce point.

Or, il n'est pas à présumer que le législateur ait eu l'intention que les notaires, nantis du procès-verbal du juge, fussent en référer en personne, si c'était le cas, parce que cette pièce doit rester, jusqu'à sa clôture, entre les mains du magistrat dont elle émane. Telle serait pourtant la marche qu'il faudrait suivre, si les art. 936 et 944 devaient avoir une actualité égale et spontanée. Il est contraire aux règles de la bienséance que, devant le président, la voix d'un juge de paix n'ait point la primauté sur celle des notaires instrumentaires.

Mais on remédie à cet inconvénient, par la classification des deux textes de la loi, qui, dès le premier aperçu, semblent s'oblitérer l'un l'autre. Il suffit de faire remarquer que, lorsqu'il y a apposition de scellés, s'il est question d'un référé à l'inventaire, c'est le juge lui-même qui se met en rapport avec le président, à moins que la distance à parcourir ne l'en empêche ; auquel cas, ce sont les ayans-droit qui agissent dans la forme ordinaire, par assignation directe, ou comme ils l'entendent le mieux (Biret, *Traité de la Compétence des Juges de paix*, tom. 2, p. 136, et Carré, *Lois de la Procédure civile*, question 3154).

Quelles que soient, d'ailleurs, les réquisitions des parties, soit qu'elles viennent du conjoint survivant, des héritiers ou légataires, soit qu'elles partent des créanciers de la succession, ou que des tiers, intervenus pour la conservation de leurs intérêts, revendiquent un meuble ou toute autre valeur héréditaire, le juge des référés a mission de statuer. Sa compétence, en fait de mesures urgentes et provisoires, inhérentes à la succession ou à la communauté, est on ne peut plus étendue. La loi lui laisse une latitude immense, latitude que l'art. 806, pour les cas généraux, est loin de désavouer.

C'est l'opinion que j'ai émise, *Traité des Référés*, nos 4 et 96.« Le président, ai-je dit, est l'organe de la justice civile ; c'est à lui qu'il appartient de prononcer sur toutes les actions qui sont passibles d'un référé. Il suit de là que, les faits litigieux se subdivisant à l'infini, ses attri-

butions ont, ou à peu près, une aussi grande
limite que celles de la compagnie judiciaire dont
il est le chef, et, en même temps, le délégué indispensable. Pourvu que ses décisions ne statuent
que par provision, abstraction faite du principal,
caractère essentiel de l'ordonnance de référé,
elles échappent au reproche d'excès de pouvoir. »

49. Trois actes appelant parfois la coaction
des avoués : elle peut avoir lieu, 1° lors de l'acceptation bénéficiaire; 2° sur l'inventaire, pour
assister aux opérations; 3° s'il faut aller au référé, sur les contestations qui se déclarent pen-
dent qu'on procède, et avant que le procès-
verbal n'ait été clôturé. Le décret du 16
février 1807, sur la taxe des frais et dépens,
art. 91, 92 et 93, leur alloue des vacations, et le
droit d'assistance est rationnel; mais il n'est pas
de rigueur. Ce qui le prouve, c'est que la loi,
loin de s'être exprimée d'une manière absolue,
ne crée qu'une simple faculté.

Ainsi, est-il dit : « Les vacations devant le notaire n'entreront point dans les frais de partage;
elles ne pourront être répétées que contre la
partie qui aura requis l'assistance de l'avoué. »

Si, touchant l'acte d'acceptation fait au greffe
du tribunal, on ne trouve pas la même disposition, c'est parce qu'on a prévu que le greffier,

dans son intérêt personnel, pourrait vouloir que l'héritier acceptant fît attester son individualité par un officier ministériel. Or, si la partie qui comparaît est suffisamment connue, si l'on consent, au greffe, à la reconnaître par elle-même, sans l'intervention d'un avoué, l'acceptation n'en produira pas moins tous ses effets.

« Devant le juge des référés, ni le demandeur, ni le défendeur, ne sont assujettis à la présence, au concours d'un conseil. La défense est de droit commun; elle ne peut pas être gênée ou circonscrite. On blesserait dès-lors ce principe d'ordre public, si, en référé, on imposait un avocat, un avoué, ou tout autre défenseur. Non, chaque partie est libre, si elle croit en avoir les moyens, de développer et soutenir elle-même, sans aucun frais, ses intérêts compromis par le litige du référé.

« N'est-il pas évident que, dans les actions de ce genre, le peu d'importance du débat, la promptitude, la facilité avec lesquelles il convient de statuer, n'exigent presque pas de développement, ni de discussion approfondie? C'est, en général, à l'exposition d'un point de fait, à la proposition d'une mesure provisoire, urgente et conservatrice, que se bornent l'attaque et la défense; donc cela paraît peu digne de l'avocat. Son ministère

7

consiste à saisir l'ensemble d'un procès, à en dé-
brouiller les actes, les circonstances, à le ramener,
par une locution facile et logique, à une voie
sûre, durable, à l'application du droit, qui fait,
dans notre société civile, la sécurité de tous :
mais il ne consiste point dans la lecture sèche
et monotone d'une pièce de procédure, dans le
mécanisme des formes qu'on a prescrites pour
accélérer l'exécution des contrats et des jugemens.

« La postulation de l'avoué n'est, à vrai dire,
qu'accidentelle ; elle n'offre souvent aucune utilité. Une assignation, ouvrage de l'huissier, ou
un rapport oral, constituent toute l'instruction ;
c'est la seule base que le juge doive garder pour
rendre son ordonnance. Il ne s'agit pas de communiquer, par avoués, des actes et des pièces,
des conclusions, de se livrer à tous les détails
qu'entraîne avec elle la marche d'une instance
régulière ; il s'agit d'être bref, d'aller vite au but,
d'y parvenir surtout avec le moins de frais possible. Or, par la nature des choses, l'assistance
d'un avoué a très peu d'intérêt ; elle ne peut,
enfin, être prescrite aux parties, sans détruire
ouvertement l'institution des référés et les principes qui doivent les régir (*Traité des Référés*,
n. 156). »

50. Il est essentiel que les notaires apportent une grande attention au contexte de l'inventaire; car tout y est obligatoire, et la moindre énonciation peut, étant interprétée à mal, avoir pour eux, et pour les parties agissantes, des conséquences fâcheuses.

Peu de mots feront sentir toute l'évidence de cette proposition; ils démontreront sans équivoque, qu'un acte pareil, bien qu'il apparaisse sous l'emblème d'une mesure tutélaire, entièrement inoffensive, est dans le cas, par les déceptions, les inadvertances qui s'y glissent, de jeter le désordre et la confusion dans les affaires de l'hérédité.

INTITULÉ. — Les noms, les qualités des héritiers, leur degré de parenté avec le défunt, et la ligne à laquelle ils appartiennent, sont des objets qui doivent exciter la plus vive sollicitude. On donne presque toujours aussi la qualité d'héritier présomptif, d'habile à se dire et se porter héritier, avec réserve de prendre par la suite, dans la succession, telle autre qualité qu'on jugera à propos. On applique la même règle aux femmes communes en biens, dans tout inventaire de communauté. L'intitulé étant signé des parties, il est donc arrivé que, par un défaut de précaution imputable au notaire, on en a déduit des qualités tout-à-fait incompatibles ; diamétralement opposées à l'intention que les parties avaient eue, et destructives de tout bénéfice d'inventaire.

Description. — Les meubles et effets sont quelquefois, par un vice de rédaction, désignés de manière à ne pouvoir pas être reconnus. Il est pourtant avantageux aux personnes intéressées, notamment en matière d'acceptation bénéficiaire, puisque la succession est réputée insolvable, qu'on ne puisse point substituer un meuble défectueux, à un meuble de prix. Il en est de même des titres et papiers, sous ce rapport qu'une erreur de date, une énonciation irréfléchie, sont susceptibles d'occasioner un dommage. L'exacte justice veut donc que, dans un but de conservation, on se montre prévoyant et minutieux dans la nomenclature des valeurs héréditaires.

Déclarations. — Le silence gardé par une partie, en présence de celle qui est sa débitrice, peut être considéré sous un aspect défavorable, si, postérieurement, l'action juridique est engagée. Une énonciation inscrite dans l'inventaire, sur l'existence d'une dette passive, peut, si elle est mal conçue, aggraver la condition des héritiers. Un tuteur qui est créancier de son pupille, doit, aux termes de l'art. 451 du Code civil, en faire la déclaration sous peine de déchéance. Le notaire est tenu de l'interpeller à ce sujet : d'où il suit que, s'il ne le fait pas, si le procès-verbal n'en fait point mention, il compromet sa responsabilité, dans le cas où la déchéance serait acquise.

CLOTURE. — Le serment est prescrit aux inventaires ; c'est un appel à la conscience de ceux qui y assistent, pour que, s'ils ont été en possession de la succession, ils s'expliquent avec franchise et loyauté sur sa consistance. Il est de règle, quoique l'art. 943 du Code de procédure civile n'en parle pas, que le notaire fasse lui-même l'interpellation. Il doit, en effet, constater que le serment a été prêté, et qu'il n'a été rien détourné. La non mention du serment, tout comme la mention faite sans serment, peuvent devenir très dommageables.

On en trouve un exemple frappant dans les art. 792 et 801 du Code civil. Tout héritier qui a diverti ou recélé les effets d'une succession, est déchu de la faculté d'y renoncer ; il demeure héritier pur et simple, nonobstant l'acceptation bénéficiaire et la renonciation, et il perd tout droit au partage des objets recélés ou divertis. Avec le serment à l'inventaire, on prévient le recel, le détournement de tout ou partie de la succession.

Ce principe est encore dans les art. 1460 et 1477, en matière de communauté de biens. Tout époux qui a disposé illicitement d'un meuble, d'un objet mobilier quelconque, est privé de concourir à son partage. La femme est réputée commune, passible des dettes qui existent, malgré la renonciation par elle déclarée au greffe. Il est donc très important de l'interpeller à l'inventaire, et de lui laisser entrevoir, avant qu'elle prête serment, tous les embarras qu'un faux serment peut lui susciter.

L'action criminelle est même ouverte à l'égard des étrangers à la communauté, ou à la succession. « Ceux qui sciemment, dit l'art. 62 du Code pénal, auront recélé en tout ou partie des choses enlevées, détournées à l'aide d'un crime ou d'un délit, seront punis comme complices de ce crime ou délit. » Si l'art. 380 réduit à une simple réparation civile, les soustractions commises par des maris au préjudice de leurs femmes, par des femmes au préjudice de leurs maris, etc., l ajoute pourtant : « A l'égard de tous autres individus qui auraient recélé ou appliqué à leur profit tout ou partie des objets volés, ils seront punis comme coupables de vol. »

Un décret du 4 mai 1809, est direct au notaire : l'art. 12 exige du lui, *sous peine d'inter-*

diction, que, si le défunt était titulaire d'un majorat, il fasse mention, dans l'intitulé de l'inventaire, du certificat qui constate que, dans le
mois, l'acte de décès a été signifié au procureur-
général du sceau des titres. Cette disposition, qui
était inexécutable en certains cas, notamment
si l'inventaire avait lieu de suite, si le notaire
ignorait l'institution du majorat, a été singulièrement affaiblie par la loi du 12 mai 1835.

En effet, indépendamment de ce que, par
l'art. 1er, toute nouvelle institution de majorat
est prohibée, l'art. 3 permet au fondateur, et
dès-lors à son héritier, sauf quelques exceptions,
de révoquer le majorat ou d'en modifier les conditions. Le notaire, à part la représentation du
certificat dont il s'agit, qu'il est en présomption
de ne pas connaître, n'est donc plus sous l'empire d'une disposition rigoureuse et absolue ; il
peut, dans tous les cas, invoquer sa bonne foi, et
se soustraire à une peine qui a cessé d'être en
rapport avec la législation actuelle (Favard de
l'Anglade, *Répertoire de Législation*, v° INVEN-
TAIRE, § 2, n. 1).

CHAPITRE V.

Délai pendant lequel ou doit déclarer le bénéfice d'inventaire.

SOMMAIRE.

51. *Intervalle durant lequel l'héritier bénéficiaire est obligé de s'interdire toute diligence.*

52. *Pour l'inventaire, il a trois mois, et, à partir de la clôture de cet acte, quarante jours pour délibérer.*

53. *Quelles sont les mesures conservatoires qu'il lui est permis d'exercer avant de prendre qualité.*

54. *La loi ne lui assigne aucun délai fatal;* tant qu'il n'est pas héritier, *il peut recourir à l'inventaire.*

55. *S'il meurt avant de s'être expliqué, son héritier est libre de n'accepter que bénéficiairement.*

56. *Quand même, depuis l'ouverture de la succession, plus de 30 ans se seraient écoulés.*

57. *Du cas où il est poursuivi*, en nom personnel,
par les créanciers du défunt.

58. *Tout créancier de la succession peut user
contre lui du droit de saisie-arrêt.*

59. *Si un créancier est recevable à faire saisir et
vendre les biens meubles et immeubles.*

60. *L'héritier en retard de déclarer le bénéfice
d'inventaire n'a à risquer que les frais faits.*

51. A l'instant même du décès, pendant que
le corps est, quoique éteint, gisant sur le lit de
douleur, il eût été peu convenable de se livrer à
la vérification, au dépouillement des meubles et
effets. Que l'art. 917 du Code de procédure civile ait permis, quand on appose les scellés, en
présence, pour ainsi dire, des restes inanimés
de la personne qui vient de rendre le dernier sou-
pir, de faire *ex abrupto* la recherche de son testament, cela se conçoit : un testament appelle
des héritiers, il faut les connaître, les mettre à
même de concourir aussitôt. D'ailleurs, cet acte
peut être soustrait aux parties intéressées ; elles
doivent nécessairement s'entourer des précautions que leur suggère la conservation de leurs
droits, combinés, mis en rapport avec les circonstances.

Mais il n'en est pas de même de l'inventaire ;

c'est plus qu'une expectative, car il tend à appréhender la succession, à se substituer au défunt:
par conséquent, pour éviter toute inconvenance
dans les procédés, toute surprise tentée contre
les affections, il a fallu prescrire un temps moral. Dans ce but, l'art. 928 dispose que, « les
scellés ne pourront être levés et l'inventaire
fait que trois jours après l'inhumation, s'il en a
été apposé auparavant, et trois jours après l'apposition, si elle a été faite depuis l'inhumation,
à peine de nullité des procès-verbaux de levée de
scellés et d'inventaire, et de dommages-intérêts
contre ceux qui les auront faits et requis. » C'est
ce délai que détermina un arrêt de règlement, du
18 juillet 1733, et que le législateur moderne a
suivi avec scrupule (Berriat-Saint-Prix, *Cours de
Procédure civile*, pag. 694, note 24, et Carré,
Lois de la Procédure civile, question 3105).

Néanmoins, s'il y a danger imminent d'attendre
l'expiration des trois jours, ce qui se rencontre,
par exemple, chez les banquiers, chez les mar-
chands, lorsqu'il existe des billets qui viennent
chaque jour à échéance, ou des marchandises
importantes qu'on ne peut conserver jusqu'au
lendemain; le président du tribunal de première
instance est alors juge de la célérité. Dans sa décision, il mentionne les causes de l'urgence, et,

immédiatement, sans observer aucun délai, on s'occupe de l'inventaire, soit que les scellés aient, ou non, été apposés. Si les parties ne sont pas présentes sur les lieux, ou si elles ne veulent point comparaître, la même ordonnance commet, d'office, un notaire à leur place.

Favard de l'Anglade, *Répertoire de Législation*, v°INVENTAIRE, § 2, n° 1, ni les auteurs qui, comme lui, ont parlé de l'inventaire anticipé, n'ont pas fait attention à la clause dérogatoire, en apparence, que renferme l'art. 929. Il y est dit, en effet, que, « si les héritiers ou quelqu'un d'eux sont mineurs non émancipés, *il ne sera pas procédé à la levée des scellés*, qu'ils n'aient été préalablement, ou pourvus de tuteurs, ou émancipés. » Or, si cette condition ne peut point être remplie de suite, que deviendra la faculté que donne l'art. 928, de procéder à l'inventaire avant l'expiration des trois jours de l'inhumation ou des scellés?

La difficulté est d'autant plus grave, qu'il faut que toutes les parties assistent, ou soient représentées; que le notaire ne doit être nommé que pour les absens et défaillans, et que l'intérêt des mineurs, des interdits, veut en outre que leurs tuteurs et subrogés-tuteurs comparaissent en personne. Il me semble, toutefois, que le péril en la demeure fait ici exception à la règle. Comment pourrait-on concilier, différemment, les articles 928 et 929? Si l'un devait prévaloir sur l'autre, la loi se serait mise en contradiction avec elle-même. Donc, je crois que, s'il n'est pas possible de pourvoir les mineurs, les interdits, de tuteurs et de subrogés-tuteurs, ou d'émanciper les mineurs à un moindre intervalle de temps, l'inventaire doit être dressé en leur absence, avec le notaire qui est désigné à cet effet par le président.

52. On lit dans l'art 795 du Code civil, que, « l'héritier a trois mois pour faire inventaire, à compter du jour de l'ouverture de la succession; qu'il a de plus, pour délibérer sur son acceptation ou sur sa renonciation, un délai de quarante jours, qui commencent à courir du jour de l'expiration des trois mois donnés pour l'inventaire, ou du jour de la clôture de l'inventaire, s'il a été terminé avant les trois mois; » qu'ainsi, cumulant les deux délais, il peut jouir d'un terme de quatre mois et dix jours, pendant lesquels il lui est permis de se livrer, avec sécurité, aux investigations qui lui semblent de nature à asseoir sa conviction, à le mettre à même de s'expliquer sur le parti qu'il lui convient de prendre. L'ordonnance de 1667, tit. 7, art. 1er, avait une disposition en tout semblable (Favard

de l'Anglade, *Répertoire de Législation*, v° Bénéfice d'inventaire, n. 2).

Cette disposition, toute bienveillante et protectrice, ne s'applique pas seulement aux héritiers qui ne veulent accepter une succession, un
legs universel ou à titre universel, une communauté de biens, que sous bénéfice d'inventaire;
elle concerne également tous les héritiers présomptifs qui, avant de conclure, sentent le besoin d'examiner l'état des choses. Pour formuler
soit une acceptation, soit une répudiation, il est
essentiel d'avoir des données positives. Un héritier, quelques renseignemens qu'il ait pu obtenir
antérieurement à l'ouverture de son droit, est en
présomption d'ignorer ce qui se passe; aussi n'y
a-t-il que l'inventaire qui ait pour effet d'y pourvoir. La déclaration expresse qui suit, et qu'il a
eu tout le temps de méditer, vient fixer sa position à l'égard des créanciers, des autres héritiers, et des légataires (Rolland de Villargues,
Répertoire du Notariat, v° Bénéfice d'inventaire, n. 53, et Toullier, *Cours de Droit civil*,
tom. 4, n. 364).

Mais si, au moment de l'acceptation bénéficiaire, il y a conclusion définitive, quel délai
aura l'héritier pour faire constater les forces de
la communauté ou de la succession, s'il a accepté

avant la faction de l'inventaire? Il peut accepter
de la sorte; car l'art. 794, par ces mots: *Cette
déclaration n'a d'effet qu'autant qu'elle est précédée ou suivie d'un inventaire fidèle et exact,*
lui en assure la prérogative. Jouira-t-il, en
d'autres termes, de trois mois entiers, si l'acceptation a été faite dans les quarante jours, ou
n'aura-t-il que ce qui restera à courir pour arriver aux quatre mois et dix jours, délai qui lui est
d'ores et déjà acquis? (Rolland de Villargues,
Répertoire du Notariat, v° BÉNÉFICE D'INVEN-
TAIRE, n. 56).

Je soulève une question doctrinale d'utilité
pratique; elle paraît n'avoir pas été nettement
résolue: sa solution est dans l'esprit de l'art. 795.
Là, le législateur distingue entre l'inventaire et
la déclaration d'accepter; il suppose qu'il faudra
trois mois pour inventorier les meubles et effets
héréditaires, et quarante jours pour se décider
sur l'adoption de la forme de l'acceptation : donc
évidemment, si l'héritier bénéficiaire a accepté
avant l'inventaire, si sa déclaration est faite dans
la période de quarante jours, il lui restera encore trois mois. On ne devrait même pas restreindre ce délai, dans l'hypothèse où l'opération d'inventorier durât un moindre temps.

En effet, tout héritier a, après la clôture de

l'inventaire, quarante jours pour réfléchir : l'on aggraverait dès-lors sa condition., si reportant les conséquences de l'acceptation sur un acte qui n'existait pas à l'époque où elle a eu lieu, *acte qui est pourtant le seul qui marque son point de départ*, on l'obligeait à prendre de suite , en qualité d'héritier bénéficiaire , les rênes des affaires de la succession ou de la communauté. Non, les créanciers, les légataires, ont dû ne pas compter sur l'anticipation de la déclaration de l'héritier; il ne leur est occasioné aucun préju- dice, en complétant les trois mois au profit de celui-ci.

53. L'art. 174 du Code de procédure, au titre *des Exceptions dilatoires*, garantit aux héritiers, aux femmes séparées de biens, aux veuves, assi- gnées comme communes, pendant les mêmes délais, le *statu quo* dont on a voulu les environ- ner. C'est à la juridiction civile qu'il appartient de décider sur tout point de contact qui attaque le bénéfice d'inventaire; c'est à elle à le faire respecter, afin que le successible, *lorsqu'il n'a pas fait acte d'héritier*, ne soit pas interrompu dans les opérations préparatoires auxquelles on l'a soumis. Par exemple, « les veuves et héritiers des justiciables du tribunal de commerce, dit l'art. 426, y seront assignés en reprise ou par

action nouvelle, sauf, si les qualités sont contestées, à les renvoyer aux tribunaux ordinaires
pour y être réglés. »

Cependant, s'il existe dans la succession des
objets susceptibles de dépérir, ou dispendieux à
conserver, l'héritier peut, en sa qualité d'habile
à succéder, et sans qu'on puisse en induire de
sa part une acceptation, se faire autoriser par
justice à faire procéder à la vente de ces effets.
Telle est la règle que trace l'art. 796 du Code
civil; et l'art. 986 du Code de procédure civile ajoute : « Si l'héritier veut, avant de
prendre qualité, se faire autoriser à procéder
à la vente d'effets mobiliers de la succession, il
présentera, à cet effet, requête au président
du tribunal de première instance du ressort.
La vente sera faite par un officier public,
après les affiches et publications qui ont été
prescrites pour la vente du mobilier » (Carré,
Lois de la Procédure civile, question 3217;
Demiau-Crouzilhac, *Explication du Code de procédure civile*, pag. 662, et Lepage, *Questions de
Procédure civile*, pag. 664).

Je dois faire observer qu'à la surveillance provisoire des meubles et effets difficiles à entretenir
tels quels, ne se bornent point les mesures de
conservation que la loi met au pouvoir de l'hé-

ritier présomptif; mais qu'elles s'étendent encore aux droits incorporels, mobiliers et immobiliers, qui intéressent le patrimoine du défunt. C'est ce qui s'évince de l'art. 2259, au titre *de la Prescription*, où il est dit: « Elle court, la prescription, pendant les trois mois pour faire inventaire, et les quarante jours pour délibérer. » La sollicitude d'un héritier en perspective d'accepter ou de renoncer, bien qu'il ne puisse être contraint, avant l'expiration des délais légaux, à faire l'un ou l'autre, doit pourtant embrasser, à part les choses périssables, les actions actives qu'il est avantageux à la succession d'exercer.

Or, dans cette dernière supposition, tout est subordonné à la prudence de l'héritier; le législateur, s'il s'agit notamment d'interrompre le cours de la prescription, d'empêcher une déchéance, une péremption, ne lui impose pas la condition d'avoir une permission préalable: il peut, sur l'impulsion qu'il reçoit de lui-même, et comme habile à se porter héritier, provoquer la contradiction, éviter ainsi une perte certaine, dont il est possible qu'il soit plus tard responsable. Nul doute, par conséquent, qu'un acte protestatoire, une assignation, un commandement, une saisie, qui tombent à plein sous son lien, ne soient valablement signifiés à sa requête,

8

et qu'ils n'opèrent l'effet de conserver (Chabot
de l'Allier, *Commentaire des Successions*, article 796, n. 2 ; Favard de l'Anglade, *Répertoire de Législation*, ỹ° BÉNÉFICE D'INVENTAIRE;
n. 4, et Toullier, *Cours de Droit civil*, tom. 4,
n. 366).

Viennent, d'ailleurs, les actions passives. Je
parlerai tout à l'heure des poursuites des créanciers : arrêtons-nous un instant aux créances et
droits actifs de l'héritier bénéficiaire. L'art. 2258,
les met bien à l'abri de la faulx de la prescription ; mais ne peut-il pas arriver qu'il ait un
pressant intérêt d'en hâter la reconnaissance ?
Certes, il serait immoral qu'un héritier se fît justice à lui-même, qu'il se livrât un combat corps
à corps, quand il n'a point de contradiction légitime.

Toute interpellation de ce genre eût été sus-
pecte [de clandestinité, peut-être de dol. C'est
pour cela que l'art. 996 du Code de procédure
civile a tranché la difficulté. « Les actions, est-il
dit, à intenter par l'héritier bénéficiaire, contre
la succession, seront intentées contre les autres
héritiers, et, s'il n'y en a pas, ou qu'elles soient
intentées par tous, elles le seront contre un curateur au bénéfice d'inventaire, nommé en la même
forme que le curateur à la successsion vacante. »

Il a été jugé par la Cour d'Amiens, le 14 mars 1820, que lorsqu'il s'agit de la succession bénéficiaire d'un failli, c'est contre les syndics définitifs que l'héritier doit diriger ses actions, et que ce n'est pas le cas, l'héritier fût-il même seul, de faire nommer un curateur au bénéfice d'inventaire. Duranton, *Cours de Droit français*, tom. 7, n. 53, approuve cette décision; je pense qu'il s'est trompé. En effet, aux termes de l'art. 528 du Code de commerce, les syndics ne sont les mandataires que des créanciers, et non du failli, ou de sa succession (Dalloz, *Recueil alphabétique*, v° Successions, chap. 5, sect. 3, art. 2, n. 8).

54. Les dispositions de l'art. 795 du Code civil sont purement énonciatives, elles n'ont rien de limitatif; aussi aucun délai fatal n'est-il fixé à l'héritier pour déclarer qu'il n'accepte que bénéficiairement, soit qu'il ait fait ou non inventaire, à moins qu'il n'existe de sa part une adition d'hérédité. Il est vrai que l'ordonnance de 1667, tit. 7, art. 4, tout en introduisant la prorogation, semblait ne la recevoir qu'après déclaration expresse d'accepter, et seulement pour le cas où il s'agissait de faire inventaire; mais notre droit résiste à une telle distinction. Peu importe qu'un héritier commence plutôt par

l'inventaire que par la déclaration qui énonce son acceptation bénéficiaire, *et vice versâ*: l'art. 794 permet d'en intervertir l'ordre, sauf qu'il ne donne d'effet à l'acceptation que sur l'exhibition d'un inventaire fidéle et exact des biens de l'hérédité.

Remarquez que l'art. 798 énonce, d'une manière générale, que tout successible peut demander un nouveau délai, et que le tribunal, saisi de la contestation, le lui accorde ou le refuse, suivant les circonstances. En supposant qu'il y eût plusieurs héritiers, la règle serait la même : un seul, si les autres avaient fait ou acte d'adition, ou une acceptation sous bénéfice d'inventaire, pourrait réclamer isolément, soit l'avantage du terme dont il n'a pas usé, soit la faveur de la prorogation, si ce terme est passé, afin de n'être pas tenu des dettes et charges au-delà des forces héréditaires (Chabot de l'Allier, *Commentaire des Successions*, art. 800, n. 1, et Rolland de Villargues, *Répertoire du Notariat*, v° BÉNÉFICE D'INVENTAIRE, n. 74).

Par les mots, *suivant les circonstances*, le code laisse donc au juge la plus grande latitude, puisqu'il lui donne la mission de tout vérifier, de tout approfondir. Dans le tableau rétrospectif des faits et des actes, il ne lui indique d'autre

régulateur que la conscience et la conviction ; il
l'engage à les harmoniser, à les faire concourir
au même but, c'est-à-dire à la consécration de
l'équité. Reste à savoir si le juge peut proroger
à plus de quarante jours, sous ce rapport que
quarante jours sont, en comparaison des trois
mois de l'inventaire, le délai accessoire?

On en avait douté autrefois, et cette question
n'est pas sans difficulté. L'embarras vient de ce
que l'art. 795 sépare l'acceptation de l'inventaire,
et qu'il attache à chacun de ces actes un délai
spécial. Or, quand le législateur, pour premier
délai, ne laisse à l'héritier que quatre mois et
dix jours, la justice ira-t-elle en effet, dans la
prorogation, dépasser la limite légale? Ce n'est
pas possible.

Non, si l'héritier a déclaré d'abord, qu'il accepte sous bénéfice d'inventaire, il n'aura que
trois mois pour inventorier les meubles et effets
de la succession, dans le cas où, interpellé comme
héritier, il désirerait utiliser la faculté de l'inventaire ; par la même raison, s'il a commencé par
l'inventaire, il n'aura plus qu'un mois et dix jours
pour l'acceptation ou la renonciation, parce que
cet intervalle de temps est celui du délibéré, et
que si, sommé de s'expliquer, il n'a pas été à

même de répondre de suite, il le pourra pendant
les quarante jours de prorogation.

De ce qui précède, il n'en faut pourtant pas
conclure que, le délai de grâce étant épuisé, l'héritier ait dépassé le cercle du bénéfice d'inventaire ; car il peut toujours être renouvelé. Il
a été jugé, en effet, par la Cour de cassation, le
14 thermidor an IX, et par la Cour de Paris,
le 11 fructidor an XIII, que si, en vertu de
l'art. 798, il a obtenu prorogation, il est recevable, en établissant son insuffisance, à demander
un troisième délai, un quatrième, et successivement ; tout est subordonné à l'examen de l'état
des choses. Comment pourrait-on le lui refuser,
s'il n'a pu avoir les moyens de s'instruire, s'il
ignore les chances de la succession, et s'il ne peut
venir, à bon escient, formuler son acceptation?
(Sirey, tom. 1-1-476, et tom. 7-2-884, et Dalloz,
Recueil alphabétique, tom. 12, pag. 369 et 382).

C'est l'application du principe posé par
l'art. 789. La prérogative d'accepter ou de répudier une succession, ne se prescrit que par le
laps de temps requis pour la prescription la plus
longue des droits immobiliers. Au surplus,
l'art. 800 est si explicite, qu'on n'a qu'à s'y référer. Il dit que l'héritier conserve, *après l'ex-*

piration des délais prévus par les art. 795 et 796, la faculté de faire encore inventaire, et de se porter héritier bénéficiaire, s'il n'a pas fait acte d'héritier, ou s'il n'existe pas contre lui de jugement, passé en force de chose jugée, qui le condamne en qualité d'héritier pur et simple (Chabot de l'Allier, *Commentaire des Successions*, art. 798, n. 5; Dalloz, *Recueil Alphabétique*, v⁰ Successions, chap. 5, sect. 3, art. 1ᵉʳ, n. 14 et 15; Favard de l'Anglade, *Répertoire de Législation*, v⁰ Bénéfice d'inventaire, n. 1; Maleville, *Analyse du Code civil*, tom. 2, pag. 285; Rolland de Villargues, *Répertoire du Notariat*, v⁰ Bénéfice d'inventaire, n. 69 et 70, et Toullier, *Cours de Droit civil*, tom. 4, n. 369).

55. Si l'héritier meurt pendant les délais pour faire inventaire et pour délibérer, il transmet son expectative à celui ou à ceux qui lui succèdent *in universum jus*. Mais les trois mois et quarante jours qui sont réservés aux nouveaux successeurs, pour qu'ils aient à manifester leur volonté, réagissent sur la succession dévolue à leur auteur, et prorogent virtuellement la durée de l'option qu'il avait. Il est facile de démontrer, par des argumens solides, l'exactitude de cette double proposition.

D'abord, les héritiers légitimes succèdent à

tous les biens, droits et actions du défunt; ce qui fait que le bénéfice d'inventaire, qui, à titre d'éventualité, tombe dans son patrimoine, leur arrive, par voie de succession, comme préposés par lui, ou par la loi, pour tenir sa place en ce monde. Ensuite, ils ont droit, de leur chef, à des délais d'instruction et d'épreuves; il les leur faut, parce qu'ils sont en présomption d'en avoir besoin; aussi la loi les leur accorde. Les créanciers et les légataires de la première succession, qui ne peuvent les atteindre qu'en qualité d'héritier, sont donc arrêtés par l'intervalle qui les sépare, et, dès lors, par l'imminence du bénéfice d'inventaire de la seconde succession, qui agit rétroactivement sur l'autre, les délais se confondent ensemble, sans pouvoir être scindés (Chabot de l'Allier, *Commentaire des Successions*, art. 795, n. 6, et Rolland de Villargues, *Répertoire du Notariat*, v° Bénéfice d'inventaire, n. 57).

Néanmoins, tandis que, par une seule répudiation, si elle a trait à la succession nouvellement ouverte, les héritiers sont dégagés des dettes et charges relatives aux deux successions, il est indispensable qu'ils fassent un inventaire et une acceptation bénéficiaire pour chaque succession, s'ils veulent que leur auteur ne soit tenu que *pro modo emolumenti*; en d'autres termes,

l'acceptation et l'inventaire de la succession ouverte nouvellement, tout en les affranchissant
de l'action personnelle, sont pourtant impuissantes vis-à-vis de la succession antérieurement
ouverte, dont toutes les créances pèsent sur la
tête de celui dont ils ne sont que la continuité
(Dalloz, *Recueil alphabétique*, vº Successions ,
chap. 5, sect. 3, art. 1ᵉʳ, n. 20; Delvincourt,
Cours de Code civil, tom. 2, page 31, note 8;
Montvallon, *Traité des Successions*, chap. 4,
art. 26, et Vazeille, *Résumé sur les Successions* ,
art. 795, n. 4).

Si, en effet, le bienfait du législateur n'a pu
être apprécié en temps utile par le premier successible, celui qui lui succède, qui peut à son
tour exercer tous ses droits et actions, doit, pour
suivre le développement de la faculté du bénéfice d'inventaire, en observer les conditions, sans
quoi il grève la seconde succession, *ultrà vires
emolumenti*, de toutes les reprises qui réfléchissent contre la précédente; mais si le défunt,
qu'il touche par le lien, avait, de son vivant, déclaré n'accepter que sous bénéfice d'inventaire,
et fait inventorier les meubles et effets de la première succession, prenant alors les choses en
l'état, l'inventaire et l'acceptation sont exempts

de tout renouvellement. Ainsi, en matière de substitution, on tenait autrefois, pour maxime certaine, que l'acceptation bénéficiaire, faite par le grevé, profite à l'appelé. On dispensait ce dernier de recommencer les formalités prescrites en pareil cas. Les auteurs s'accordaient tous là-dessus; ils ne voulaient pas que ce qui avait préservé de l'intégralité des dettes à l'époque de l'ouverture de la succession, fût stérile et frappé d'impuissance au moment de l'ouverture de la substitution.

56. J'ai dit que, d'après l'art. 789, la faculté d'accepter une succession se prescrivait par le laps de temps requis pour la prescription la plus longue des droits immobiliers : d'où il suit, avec l'art. 2262, que trente ans écoulés depuis l'ouverture, terminent de subre-saut, sauf les exceptions, le délai assigné à un héritier pour accepter sous bénéfice d'inventaire. Est-ce de la sorte, toutefois, et sans aucune distinction, qu'il faut l'envisager? L'héritier plus proche qui, gardant la neutralité, soit qu'il ait ignoré sa vocation à la succession, soit que d'autres parens aient, comme lui, hésité d'accepter, à sa place, ne pourrait-il plus recourir au bénéfice d'inventaire? Quel est celui qui, en un mot, ayant à se débattre avec

lui, à raison de la succession, sera recevable à repousser l'exception déduite de l'acceptation bénéficiaire?

Ce n'est pas entre héritiers que le bénéfice d'inventaire existe; il n'a été introduit que contre les créanciers, et cette vérité ressort des art. 802 et 843, puisque l'héritier bénéficiaire, s'il n'est tenu des dettes et charges de la succession que jusqu'à concurrence de la valeur des biens, doit, à l'égard de son cohéritier, opérer le rapport à la masse de tout ce qu'il a reçu, à moins de pré-ciput. D'héritier à héritier, il n'y a donc point d'acceptation bénéficiaire; ainsi, il importe peu de l'avoir déclarée avant la révolution de la pé-riode trentenaire; ainsi il n'y a rien de changé entre eux, pourvu que, devancé par un autre, l'héritier retardataire ne soit pas éconduit par la prescription de l'action elle-même (Chabot de l'Allier, *Commentaire des Successions*, art. 800, n. 1, et Rolland de Villargues, *Répertoire du Notariat*, v° BÉNÉFICE D'INVENTAIRE, n. 74).

Mais abordons les créanciers. Leurs droits sont en jeu, d'une manière positive, à l'instant de l'ouverture de la succession; or, s'ils ne font pas d'acte interruptif, ou si la loi ne les protège point, ils les perdent, parce que, suivant l'art. 2251, la prescription court contre toute personne, et que,

loin de se trouver dans une hypothèse exceptionnelle, ils sont, par l'art. 2259, soumis à la
règle générale. Je suppose aussi qu'il s'agisse
d'un créancier mineur, ce qui, aux termes de
l'art. 2252, peut avoir suspendu la prescription,
même au-delà des trente années, ou d'un créancier qui puisse invoquer l'interruption de la
prescription; sera-t-il lié par le bénéfice d'inventaire, si l'héritier auquel il s'adresse juge à
propos de s'en servir?

Tout récemment, le 29 novembre 1837, la
question vient de se présenter devant l'autorité
régulatrice, à la Chambre des requêtes. « Un
arrêt avait, dit-on, validé l'acceptation bénéficiaire des héritiers de Beaucorps, quoiqu'elle
n'eût été faite que plus de trente ans à partir de
l'ouverture de la succession de leur auteur. C'est
pour cela qu'un créancier de la succession, qui
avait contesté cette acceptation, s'est pourvu en
cassation contre l'arrêt, pour violation de
l'art. 789 du Code civil. Le pourvoi, présenté
par Mᵉ Morin, son avocat, a été appuyé par les
conclusions de M. Hervé, avocat-général, et la
Cour, au rapport de M. de Menerville, conseiller,
a admis la requête » (Le Droit, *Journal général
des Tribunaux*, 2ᵉ année, n. 694).

Mon intention n'est pas certainement d'influencer, de près ni de loin, la solution qui s'attache au pourvoi : ce n'est que comme légiste, dans l'intérêt de la science, que j'étreins le principe, que je le soumets nu, dégagé de toute individualité, à l'épreuve philosophique et doctrinale. Il me semble que la Chambre civile devra se prononcer en faveur du bénéfice d'inventaire; car tel est l'effet de la conviction que je ressens, conviction que je tire d'ailleurs de la lecture et du rapprochement des divers textes qui régissent la matière, aussi bien que de la pensée du législateur, de son extrême sollicitude pour la cause des héritiers.

« Nul n'est tenu, dit l'art 775, d'accepter une succession qui lui est échue ». L'art. 800 veut que « l'héritier conserve la faculté de faire encore inventaire et de se porter héritier bénéficiaire, s'il n'a pas fait acte d'héritier, ou s'il n'existe pas contre lui de jugement passé en force de chose jugée, qui le condamne en qualité d'héritier pur et simple. » Par conséquent, il implique qu'un individu qui n'a pas accepté, qui s'est tenu en expectative, en état d'abstention, puisse, en même temps, et ne pas accepter, et être tenu d'acquitter les dettes et charges héréditaires.

En vain on excipe de l'art. 789. Oui, la faculté

d'accepter ou de répudier, est du domaine de la prescription; quoi qu'il en soit, si je n'ai pas accepté dans l'intervalle requis, s'il n'est plus en mon pouvoir d'accepter, qu'en faut-il conclure? Que je ne dois, que je ne peux pas être tenu d'une obligation qui ne tombe précisément à mon compte personnel, que parce que j'aurais accepté. Sans doute, le droit de répudier se prescrit également, et la prescription, si elle est encourue, fait que la succession appartient à l'héritier: reste à savoir à quel titre (Chabot de l'Allier, *Commentaire des Successions*, art. 789, n. 2)?

Ce n'est pas évidemment en qualité d'héritier pur et simple, puisque le successible, qui ne fait point acte d'héritier, proteste tacitement, *par son silence*, contre toute espèce d'adition, et rejette l'idée de vouloir se substituer au défunt. Serait-ce comme habile à se porter héritier, et c'est la seule version possible? Mais il le fait alors sans nuire à ses droits et actions, qu'il laisse toujours *integri statu*, et sans rien préjuger sur leur exercice. Différemment, on ouvrirait la porte à l'erreur, à la surprise, au dol des créanciers; on aggraverait sans motif légitime, au mépris des règles de l'économie sociale, la condition ambulatoire des héritiers.

Qu'un créancier, comptant sur la foi promise, puisse s'ingérer de la succession, la prendre où elle est, telle qu'elle se trouvait à la mort du débiteur, c'est-à-dire sans empiétemens, sans confusion aucune, rien de plus équitable : il lui suffit pour cela d'interpeller l'héritier, de connaître ses actes, et de voir s'il a diminué son gage, ou cherché, *d'une manière quelconque,* à vouloir se l'appliquer. Or, si, au lieu d'en être ainsi, il lui répond : « Je ne suis pas héritier; voilà la succession, je ne m'y suis point immiscé, j'invoque le bénéfice d'inventaire ; » force est à lui de respecter cette prérogative, s'il ne peut pas établir l'adition d'hérédité qu'il lui impute.

57. Bien que, pendant la durée des délais pour faire inventaire et pour délibérer, un héritier ne puisse, d'après l'art. 797, être contraint à prendre qualité, et qu'il ne doive être obtenu contre lui de condamnation, ce n'est pas une règle si absolue, que les créanciers de la succession soient inhibés d'exercer en justice, ou par toute autre voie, l'action que leur confère les titres dont ils sont nantis. L'incertitude sur le point de savoir s'il y aura ou non acceptation, et quelle en sera la forme, n'est pas un obstacle impossible à lever. Quelquefois, au contraire, il peut être très important d'agir, notamment si

un créancier est à la veille de voir prescrire son action, ou d'encourir une déchéance préjudiciable. L'art. 2259 est là, marquant l'actualité du précepte, pour en imposer le devoir (Chabot de l'Allier, *Commentaire des Successions,* art. 797, n. 2; Maleville, *Analyse du Code civil,* EOD. LOC.; Rolland de Villargues, *Répertoire du Notariat,* v° BÉNÉFICE D'INVENTAIRE, n. 64 et 66, et Toullier, *Cours de Droit civil,* tom. 4, n. 367).

On ne doit pas se méprendre sur la pensée du législateur. Il n'a eu d'autre but que d'empêcher les exécutions, avant que l'héritier eût été à même, par l'examen de l'inventaire et la combinaison des circonstances, de s'expliquer sur la position qu'il lui convient d'avoir vis-à-vis des parties intéressées; exécutions que l'art. 877 autorise, lorsqu'il existe une acceptation, et huitaine après la signification de l'engagement exécutoire. Il est d'ailleurs un cas où l'exécution peut avoir lieu, malgré les délais de l'inventaire et du délibéré; l'art. 674 du Code de procédure civile, sur la péremption du commandement de saisie immobilière, l'indique suffisamment.

En effet, ne voit-on pas que le créancier qui, avant le décès du débiteur, a engagé des poursuites, a un grand intérêt d'ôter à l'héritier, même bénéficiaire, les moyens de passer un bail valable des fonds de terre, des bâtimens qui sont extans dans la succession ? Le commandement non périmé, qui place les biens héréditaires sous l'éventualité d'une exécution, s'il contient la menace expresse de saisir, produit ce résultat avantageux ; car l'art. 691 énonce que « si les immeubles sont loués par bail, dont la date ne soit pas certaine, *avant le commandement*, la nullité pourra en être prononcée, si les créanciers ou l'adjudicataire le demandent. »

C'est donc une exception qui dérive de la force des choses ; elle trouve au besoin son corollaire dans l'art. 532 du Code de commerce, touchant l'expropriation des immeubles du failli, et, par une énergique manifestation, concilie les droits de tous : *ceux des créanciers*, puisqu'elle tend à préserver leur gage de la fraude et du dol, à les mettre en dehors des déprédations ; *ceux de l'héritier*, puisque si, n'acceptant la succession que par bénéfice d'inventaire, il est obligé de provoquer la vente de l'actif immobilier, en l'absence de tout bail, il en retirera un prix plus élevé.

D'autre part, le débiteur a endossé un billet commercial, qui, échu depuis sa mort, n'a pas été payé ; faudra-t-il que le porteur laisse s'éva-

9

nouir le recours qu'il a contre la succession ; et
qu'il perde sa garantie, parce que l'héritier est
dans les délais pour faire inventaire et pour délibérer? Il n'est pas permis de le croire. Toute
mesure de nécessité, lorsqu'elle agit contre un
dommage imminent, n'est qu'une émanation du
titre du créancier, un préservatif très licite, que
rien ne frappe de réprobation (A. Dalloz, *Dictionnaire de Législation*, v° Succession bénéficiaire, n. 24; Duranton, *Cours de Droit français*, n. 22, et Vazeille, *Résumé sur les successions*, art. 797 ; n. 1).

Par exemple, dans le dessein d'éviter des contestations ultérieures, en matière d'exécution,
pourquoi ne pourrait-on pas conclure à l'aveu
d'une promesse sous seing privé? Ce n'est là
aucune contrainte ; la demande, pas plus que
le procès-verbal de saisie-immobilière, opérant
contre la péremption du commandement, n'a
pour objet d'obliger l'héritier à prendre qualité;
les uns et les autres ne doivent être considérés
que sous l'aspect conservateur. On ne peut pas
soutenir qu'il y ait atteinte portée au droit
d'inventaire (Cassation, 10 juin 1807, Sirey,
tom. 7-1-291).

58. Un créancier qui soupçonne que l'héritier
manque d'exactitude, et que la gestion des

biens est exposée à en souffrir, est libre de déclarer qu'il intervient. Le premier point de contact qui doive l'inciter, c'est la rentrée des
créances de la succession; aussi a-t-il le pouvoir
de s'assurer par des saisies-arrêts entre les mains
des débiteurs, que les sommes en recouvrement
auront une destination convenable. Que l'inventaire ait été fait ou non, que l'héritier soit ou ne
soit pas dans les délais, peu importe; l'empêchement que la saisie apporte au détournement des
valeurs héréditaires, me paraît être en harmonie
avec la loi (A. Dalloz, *Dictionnaire de Législation,* v° SUCCESSION BÉNÉFICIAIRE, n. 96 et 115;
Delvincourt, *Cours de Code civil,* tom. 2, pag. 32,
note 3; Duranton, *Cours de Droit français,*
tom. 7, n. 37, et Vazeille, *Résumé sur les succession,* art. 803; n° 4).

On en avait pourtant douté. La Cour de Paris,
le 27 juin 1820, et la cour de Rouen, le 12
août 1826, décidèrent en effet que, permettre au
créancier d'une succession, acceptée bénéficiairement, la voie de la saisie-arrêt ou opposition,
c'est vouloir entraver la marche des affaires de
l'hérédité, compromettre le bénéfice d'inventaire,
et violer les règles qui exigent que, sous sa
responsabilité personnelle, l'héritier administre
les biens, qu'il paie lui-même les créanciers au

fur et à mesure qu'ils se présentent (Sirey,
tom. 20-2-242, et tom. 27-2-25, et Dalloz,
Recueil alphabétique, tom. 12, pag. 384, n. 2).

Convaincu que, sous les apparences de la légalité, cette opinion formulait une erreur grave
et dommageable, j'acceptai la mission de la combattre. Il est vrai que la controverse s'en était
déjà emparée, en ce sens que la Cour de cassation, le 8 décembre 1814, la Cour de Bordeaux,
le 19 avril 1822, et la Cour de Douai, le 3
mars 1830, avaient consacré une doctrine toute
différente, conforme à l'axiôme éminemment rationnel, que l'interêt est le mobile des actions
humaines (Sirey, tom. 15-1-153, tom. 22-2-197,
et tom. 30-2-298, et Dalloz, *Recueil alphabétique*, tom. 12, pag. 382, n. 1, et pag. 383, n. 2).

Voici le texte du jugement qui fut rendu, sur
ma plaidoirie, par le tribunal de Toulouse, le
15 avril 1836; il contient, avec beaucoup de
clarté, l'analyse des principes de la matière :

« Aux termes de l'art. 557 du Code de procédure civile, est-il dit, tout créancier porteur d'un
titre obligatoire peut user de saisie-arrêt au préjudice de son débiteur.

« La loi n'a pas fait de dérogation pour les
successions bénéficiaires, et si l'art. 2146 du
Code civil, en s'occupant de ces successions, a

disposé que, nul ne peut acquérir privilége ou hypothèque sur les immeubles qui en dépendent, cela ne saurait s'appliquer à l'espèce, puisqu'il ne s'agit que de sommes purement mobilières par rapport au saisissant.

« Le droit d'opposition est d'ailleurs introduit par le titre *du Bénéfice d'inventaire*, et on ne doit point aussi en priver un créancier qui est nanti d'obligations suffisantes.

« L'héritier bénéficiaire n'est qu'un administrateur comptable, soumis à un cautionnement, s'il ne présente point des garanties, et non, en aucun cas, le représentant des créanciers du défunt (Tribune provinciale , *Journal de la Science du droit et des Débats judiciaires*, tom. 2-2-134). »

59. Suit-il de là que les immeubles et les meubles d'une succession acceptée sous bénéfice d'inventaire puissent être saisis et vendus par les créanciers? Quant au premier point, la Cour de Paris décida que non, le 20 septembre 1821 : elle dit que le droit de vente était réservé à l'héritier bénéficiaire, bien que l'action eût déjà été engagée au nom d'un créancier de la succession ; que tout ce que pouvaient faire les créanciers, était, en cas de négligence ou de malversation de la part de l'héritier, de se faire subroger au

bénéfice d'inventaire (Sirey, tom. 22-2-118, et Dalloz, *Recueil alphabétique*, tom. 12, pag. 388).

La même cour, appelée de nouveau à statuer, reconnut le vice de cette doctrine; car elle déclara, les 24 février 1825 et 22 novembre 1833, que l'expropriation des fonds de terre, des bâtimens de l'hérédité, pouvait, sans nulle difficulté, être provoquée par les créanciers du défunt. C'était un grand pas de fait dans la voie de la science contentieuse, et dès-lors le précepte attributif devait, au barreau et devant la justice, avoir du retentissement (Sirey, tom. 26-2-31, et tom. 33-2-596, et Dalloz, *Recueil périodique*, année 1824-2-212).

Il en avait eu, en effet, puisque la Cour de cassation, les 29 octobre 1807 et 29 juillet 1833, s'était déjà prononcée dans le même sens; elle disait qu'en décidant que la poursuite est valable, loin de violer aucun texte de loi, l'on confirmait au contraire le principe général formellement consacré par le Code civil; qu'un créancier hypothécaire a le droit de suivre l'immeuble, gage de sa créance, et d'en poursuivre la vente par expropriation forcée (Sirey, tom. 8-1-83, et tom. 33-1-621, et Dalloz, *Recueil alphabétique*, tom. 3, pag. 303).

C'est ce que jugèrent encore les Cours de

Bourges, Toulouse et Limoges, le 15 mars 1822, 17 mars 1827 et 15 avril 1831; elles exprimèrent même qu'il importait peu que l'héritier eût pris l'initiative, parce que l'action des créanciers ne doit, en aucune façon, être interrompue, tant elle est impérieuse dans sa marche, et célère dans ses résultats; qu'ainsi le voulait la règle d'après laquelle, « quiconque s'est obligé personnellement, est tenu de remplir son engagement sur tous ses biens présens et à venir (Sirey, tom. 22-2-269, tom. 27-2-226, et tom. 31-2-174; Dalloz, *Recueil alphabétique*, tom. 12, pag. 387, et *Recueil périodique*, année 1826-2-33). »

Je pourrais citer une foule d'autres décisions; mais cela me paraît inutile: aujourd'hui, l'élan est si bien donné à la jurisprudence, l'impulsion est telle, qu'on se garderait de soutenir, sous peine d'être taxé d'absurdité, que, par l'acceptation bénéficiaire, le titre exécutoire est, entre les mains du créancier poursuivant, une arme impuissante, qui s'émousse et s'affaiblit par la résistance de l'héritier. Pour exercer une saisie de meubles, celle des immeubles, il suffit d'être porteur d'un acte ou jugement obligatoire, revêtu de la formule d'exécution. A un titre pareil, s'attache l'exécution parée; elle doit, comme

l'atteste l'art. 135 du Code de procédure civile,
être toujours ordonnée, pourvu qu'on ne soit
dans aucun cas d'exception : or, en parlant du
bénéfice d'inventaire, nos codes ont gardé, sur
ce chef, un silence absolu.

La position d'un héritier bénéficiaire, je dois
l'avouer, fait naître pourtant des incertitudes;
car les arrêts, indépendamment de ce qu'ils n'ont
pas tout prévu, la compliquent de distinctions, de
nuances plus ou moins tranchées; en voici la
preuve :

La Cour de cassation s'est déterminée en faveur du créancier hypothécaire, parce que son
hypothèque lui donne, ainsi que l'énonce l'article 2114 du Code civil, un droit de suite sur
l'immeuble.

De son côté, la Cour de Paris, tout en revenant
de son erreur, s'est un peu écartée des princi-
cipes, sous ce rapport qu'elle ne donne la primauté au créancier sur l'héritier bénéficiaire,
que lorsque celui-ci est en défaut, soit parce
qu'il n'a pas pris les devans, soit parce qu'il y a
négligence dans sa poursuite.

Les autres cours, et cela tient aux faits litigieux, quoiqu'elles aient en partie combattu
cette restriction, n'ont pas eu à émettre leur
sentiment sur la question des meubles.

Dans une telle conjoncture, il me semble que, pour faire la part de chacun, et surtout pour obéir aux exigences de la loi, il faut dire :

« Le titre du créancier, s'il est exécutoire, emporte, aux termes des art. 2213 du Code civil et 551 du Code de procédure civile, exécution forcée sur les meubles et sur les immeubles, quoiqu'il ne contienne pas hypothèque sur les biens immobiliers, parce que, suivant l'article 2093, tout ce que possède le débiteur est le gage commun de ses créanciers, qui s'en distribuent le prix entre eux.

« Pendant les trois mois et quarante jours de l'ouverture de la succession, et sauf les mesures conservatrices, il ne peut être fait contre l'héritier aucune saisie, soit mobilière, soit immobilière, à moins qu'il n'y ait péril en la demeure, ou qu'il ne s'agisse d'éviter une péremption, une déchéance dommageables.

« En effet, par l'art. 797, le législateur a exprimé le vœu qu'un héritier ne fût pas contraint à prendre qualité avant les délais, et qu'il pût, avec sécurité, sans embarras, se livrer aux opérations de l'inventaire, aux détails d'instruction et de consistance, sans lesquels il n'est pas possible de faire, en connaissance de cause, une acceptation ou une répudiation.

« Ce ne sera donc qu'après l'époque assignée à l'inventaire et au délibéré, qu'il y ait ou non acceptation, que les titres des créanciers reprendront leur force vitale; mais alors, si aucun empêchement légal n'existe, l'exécution sera entière et absolue, elle frappera toute sorte de biens, meubles et immeubles.

« Qu'on ne s'étonne point de la saisie du mobilier; car les dispositions des art. 805 du Code civil et 986 du Code de procédure civile, qui tracent des formes spéciales, ne concernent que l'héritier. Si, dans une faillite à laquelle est assimilée quelquefois l'acceptation bénéficiaire, notamment par l'art. 2146, pour l'effet des hypothèques inscrites, on ne voit pas un créancier faire vendre, par saisie, les marchandises et les meubles du failli, c'est parce que la vente est exercée au nom des syndics, et que ceux-ci sont, par la volonté de l'art. 528 du Code de commerce, les représentans de la masse chirographaire; tandis que l'héritier n'est que la continuité du débiteur, et non le mandataire des créanciers.

« Il y aura, bon gré mal gré, concurrence dans les poursuites, parce qu'il est d'usage que chaque partie mesure ses intérêts sur des données différentes; or, dans le conflit d'actions, si la justice en est nantie, elle prononcera. Les tri-

bunaux ont la prérogative, en appréciant les
circonstances, d'ordonner un sursis aux poursuites du créancier ; ils la tiennent de l'art. 1244
du Code civil, que la jurisprudence et les auteurs
ont interprété d'une manière très large.

« Toutefois, le juge qui accorde un délai à
l'héritier sous bénéfice d'inventaire, pour qu'il
puisse consommer la vente qu'il a provoquée,
doit s'environner d'une grande réserve, et concilier, s'il est possible, l'intérêt de cet héritier avec
le respect dû au titre exécutoire.

« Il doit faire attention que, souvent, la saisie-
immobilière est plus courte et moins dispen-
dieuse en frais qu'une vente sur publications et
affiches, notamment, lorsque les successibles
s'aventurent, au mépris des règles de l'acceptation bénéficiaire, dans l'action en partage de la
succession, ou la licitation des immeubles qui en
dépendent. »

60. Dans tous les cas, que les créanciers pour-
suivent la rentrée de leurs créances ou soient
inactifs, l'héritier n'en conserve pas moins, durant le cours des trente années, et même plus
tard, s'il est mineur ou dans un cas exceptionnel,
le pouvoir d'accepter bénéficiairement; il le
peut, comme l'énonce l'art. 800, jusqu'à ce qu'il
ait fait acte d'héritier, ou qu'il existe contre lui

un jugement, *passé en force de chose jugée*, qui
le condamne en qualité d'héritier pur et simple.
S'il est en retard, c'est un point incontestable, il
n'a à craindre que les frais faits avant qu'il ait
manifesté son intention d'accepter ou de répudier. Cette proposition est si évidente que, pour
en donner une énergique démonstration, il n'y a
qu'à lire les textes de loi qui la régissent.

Quand l'héritier se retranche derrière les trois
mois et quarante jours que lui assure l'art. 795,
nulle difficulté; il peut user à discrétion de cet
intervalle de temps, sans avoir rien à risquer,
puisque, indépendamment de ce que l'art. 797 le
met en dehors de toute contrainte, il ajoute : « S'il
renonce lorsque les délais sont expirés, ou avant,
les frais par lui faits légitimement jusqu'à cette
époque, sont à la charge de la succession.» Ce n'est
conséquemment que dans le cas où, le terme légal étant expiré, il a recours au terme de grâce,
que sa position devient incertaine et flottante.

Cependant on doit le reconnaître, les art. 798
et 799 ne se sont pas montrés trop sévères
contre un héritier de bonne foi, qui prouve,
d'une manière satisfaisante, que le *statu quo* qu'il
a gardé, l'absence d'inventaire et de déclaration
explicite, ne peuvent pas lui être imputés à mal.
« Les frais de poursuites, est-il dit, sont à la

charge de la succession, si l'héritier justifie, ou qu'il n'avait pas connaissance du décès, ou que les délais ont été insuffisans, soit à raison de la situation des biens, soit à raison des contestations survenues : s'il n'en justifie pas, les frais restent à sa charge personnelle. »

Mais il est une hypothèse que le législateur n'a pas nettement éclaircie; c'est celle où un héritier, en état d'abstension, n'a point, sur les poursuites d'un ou plusieurs créanciers, obtenu du répit : quelles seront, en effet, les conséquences du refus, tant par rapport à l'inventaire et à l'acceptation, que relativement aux frais, si, au lieu de renoncer, il juge à propos de suivre les chances de la liquidation des biens et droits héréditaires?

. Mon opinion, d'abord, est que l'héritier est toujours recevable, si les choses sont encore entières, à n'accepter que bénéficiairement, et à se livrer aux détails de l'inventaire et à ceux de la vente, soit des meubles, soit des immeubles de la succession, concurremment avec les créanciers ; car la décision judiciaire, qui laisse à la poursuite toute son intensité, ne saurait pouvoir compromettre et arrêter la marche simultanée du bénéfice d'inventaire, si la prescription n'est pas acquise, si ce n'est pas un autre héritier qui

vienne s'en prévaloir contre le cohéritier retardataire.

Il n'y a donc ici, de même que dans les hypothèses précédentes, que la somme des frais qui
soit en perspective; or, qui les supportera?
L'héritier, pour tout ce qui est antérieur à la
litis-contestation. Il encourra ceux qui auront lieu
postérieurement, et les siens mêmes, si le créancier l'a gagné de vitesse, et si l'inventaire, l'acceptation modifiée, la poursuite de vente sur
publications et affiches, n'ont été d'aucune
utilité.

Enfin, si, nonobstant la résistance opiniâtre
du créancier, l'héritier bénéficiaire peut, de sa
course halétante, faire jaillir un élément conservateur; s'il triomphe de l'obstacle, et qu'on re-
connaisse que sa procédure doit l'emporter sur
l'autre, les frais de la lutte qu'il a soutenue seront
répétés par lui. C'est aussi au tribunal saisi de la
double action à apprécier les circonstances et à
faire, dans la solution, tomber la balance de la
justice du côté qui lui paraîtra le plus favorable;
à rendre hommage, en un mot, à ce précepte
de morale et de haute sagesse, que, « tout fait
quelconque de l'homme, qui cause à autrui un
dommage, oblige celui par la faute duquel il est
arrivé à le réparer » (Chabot de l'Allier; *Com-*

mentaire des Successions, art. 800, n. 1er, et Rolland de Villargues; *Répertoire du Notariat*,
Vº BÉNÉFICE D'INVENTAIRE, n. 75).

⁓⁓⁓⁓⁓⁓⁓⁓⁓⁓⁓⁓⁓⁓⁓⁓⁓⁓⁓⁓⁓⁓⁓⁓⁓⁓⁓

CHAPITRE VI.

Gestion des biens à laquelle soumet l'acceptation bénéficiaire.

SOMMAIRE.

61. L'inventaire est fait; l'acceptation bénéficiaire a été déclarée : il ne s'agit plus que d'appréhender les biens héréditaires, de les régir, de les faire vendre, s'il y a lieu, d'en attribuer l'émolument aux créanciers, aux légataires, et, dans la répartition ou la délivrance en nature, de savoir concilier les droits de tous. Voilà sur quoi reposent les devoirs de l'héritier bénéficiaire. C'est à les remplir convenablement, sans dol, avec une excessive bonne foi, que consiste son office. La tâche est peu facile, entourée d'écueils, et dès-lors susceptible de le compromettre s'il n'y fait pas attention (Chabot de l'Allier, *Commentaire des Successions*, art. 803, n. 2, et Rolland de Villargues, *Répertoire du Notariat*, v° BÉNÉFICE D'INVENTAIRE, n. 97).

Cet héritier, nonobstant la prérogative du bénéfice d'inventaire, est le représentant de la succession, qu'il absorbe dans ses détails; aussi toutes les actions actives et passives doivent-elles être exercées par lui et contre lui, à moins qu'il ne soit question d'un droit à lui personnel, ce qui change sa position, comme je l'ai fait remarquer n. 53, *in fine*.

On a voulu en faire pourtant l'homme des créanciers, leur mandataire unique, lui donner

en quelque sorte une mission absolument contentieuse. D'un autre côté, des jurisconsultes
très estimables, entraînés par le beau idéal du
système pondératif, lui ont attribué des fonctions réciproques; ils l'ont fait, à la fois, l'administrateur de la succession, gérant dans ses intérêts, et le délégué des créanciers et des légataires, opérant sur leur chose propre (Cassation, 8 décembre 1814, Bordeaux, 19 avril 1822,
Toulouse, 17 août 1822, et Bourges, 15
mars, 1822; Dalloz, *Recueil alphabétique*,
tom. 12, pag. 382, n. 1, pag. 383, n. 2, pag. 386,
n. 3, et pag. 387, n. 4; Delvincourt, *Cours de
Code civil*, tom. 2, pag. 32, note 3; Duranton,
Cours de Droit français, tom. 7, n. 37, et
Vazeille, *Résumé sur les Successions*, art. 803,
n. 4).

Je ne vois là, rien de logique, rien qui puisse
aspirer aux honneurs de la vérité. En effet, les
deux propositions sont essentiellement contradictoires; elles se détruisent l'une l'autre, et font,
bon gré mal gré, une large brèche au titre du
Bénéfice d'inventaire. Par la première, l'hérédité
cesse d'être à couvert des exigences des tiers dont
elle est débitrice, et le successible, confondu avec
les réclamans, perd son point d'appui; par la seconde, la confusion est telle, qu'il n'existe plus

qu'un seul maître, un seul dispensateur, qui, de cela qu'il cumule les qualités de demandeur et de défendeur, reste frappé d'impuissance, sauf si, ne relevant que de lui-même, il préfère tout entreprendre et tout risquer.

Signaler un pareil inconvénient, c'est donc le combattre. On donne une solution plus rationnelle, la loi est mieux observée, en restreignant l'héritier au rôle de continuateur de la personne du défunt, chargé de libérer son patrimoine par le paiement des dettes et des legs. Car il n'est pas le mandataire des créanciers, non plus que des légataires ; il n'administre pas pour eux, mais pour son compte, sous leur contrôle, afin d'apurer la succession, de connaître son résidu, et de se l'appliquer : d'où la conclusion qu'un jugement rendu avec lui pourrait être attaqué de tierce-opposition par un créancier, si le litige se trouvait dans l'hypothèse de l'art. 474 du Code de procédure civile (Oui. Cassation, 22 août 1827, Sirey, tom. 28-1-107 ; Delvincourt, *Cours de Code civil*, tom. 2, pag. 93, et Rolland de Villargues, *Répertoire du Notariat*, v° BÉNÉFICE D'INVENTAIRE, n. 23 et 152.—NON. Cassation, 10 novembre 1828, et Nîmes, 8 fév. 1832, Sirey, tom. 29-1-86, et tom. 32-2-336).

Tous les devoirs peuvent, conséquemment, se

résumer ainsi: « Un héritier bénéficiaire est obligé, par l'art. 8o3 du Code civil, d'administrer en bon père de famille, et d'apporter aux affaires de la succession, ou de la communauté, le même soin qu'il donne à ses affaires particulières. Cela se rattache même aux biens qui ont été saisis avant la mort de son auteur, s'ils ne sont pas encore vendus, parce que, jusqu'à l'adjudication, ils tombent sous le lien de l'acceptation bénéficiaire, et qu'ils doivent lui suggérer une égale sollicitude. Les nuances sont ensuite à saisir, les moyens à apprécier; c'est l'économie des formes qui sert à ordonnancer son administration, à la rendre équitable, et qui la fait inoffensive dans les involutions auxquelles il convient de se livrer » (Duparc-Poulin, *Principes du Droit*, tom. 4, pag. 8o et 99, et Toullier, *Cours de Droit civil,* tom. 4, n. 373).

Il n'est pas besoin qu'il soit autorisé ni par les légataires, ni par les créanciers; aucun avis de leur part n'est prescrit, soit pour introduire des demandes, soit pour y défendre. C'est de son propre mouvement qu'il agit, ne recevant d'impulsion que de sa conscience, et de l'actualité des événemens. Seul, il est l'ayant-cause de la succession; seul aussi, il est préposé pour en développer la base et l'étendue, préservant de tout

dommage l'actif mobilier et immobilier qui a été
placé dans ses mains.

, Cela n'empêche point les créanciers, les légataires, d'attaquer par incident d'intervention;
« car, dit Chabot de l'Allier, *Commentaire des
Successions*, art. 803 n. 2, si l'héritier bénéficiaire ne faisait pas valoir les moyens qui tendent
à faire rejeter ou modifier les actions qu'on
exerce contre lui, en cette qualité, il en résulterait que, par sa négligence, les légataires et les
créanciers se trouveraient privés d'une partie de
leur gage, et n'auraient qu'un recours contre cet
héritier, qui, n'étant pas tenu de fournir caution
tout d'abord, n'offrirait peut-être pas, eu égard
à sa fortune personnelle, une garantie suffisante.» Le *Répertoire du Notariat*, ouvrage qu'on
ne saurait trop citer, tant il est profond en lumières et en science, sanctionne, v° BÉNÉFICE
D'INVENTAIRE, n. 101, du poids de son autorité,
ce principe éminemment rationnel.

Nulle disposition de loi n'oblige l'héritier à
faire vendre les meubles, pas plus que les immeubles; donc ce n'est que dans le cas de nécessité, pour acquitter les dettes et donner satis-
faction aux légataires, que la vente devient impérieuse : elle n'a d'autre but que de prévenir les
poursuites d'exécution, et de simplifier les frais.

C'est dire assez qu'il importe à l'intérêt commun
des ayants-droit, que la libération de l'hérédité
soit prompte et dégagée d'embarras. Il ne doit
néanmoins être tenu aucun compte des créanciers ordinaires, qui, quoique connus, ne se présentent point, parce qu'il n'y a que ceux qui se
montrent empressés qui prennent part aux pre-
mières distributions.

Merlin, *Questions de Droit*, v° APPEL, § 2, n. 1,
se fondant sur la loi dernière, §§ 4, 5 et 6,
Cod. de jure deliberandi, soutient que, non-
seulement un héritier bénéficiaire ne doit pas
appeler du jugement qui le condamne à payer
une créance due par la succession, mais qu'il ne
le peut pas, si le jugé ne fait que reconnaître un
privilége. « Il lui importe peu, dit-il, que la
cause de la dette soit ou non privilégiée, puisqu'il est obligé d'employer les ressources héréditaires à les payer toutes. » Or, c'est une erreur
facile à démontrer. Par la préférence qu'on accorde au créancier demandeur, s'il ne la mérite
pas, on porte préjudice aux autres créanciers.
En effet, si l'actif est insuffisant, on réduit leur
dividende, on blesse les règles d'égalité que proclame la distribution par contribution, si quelque opposant l'a rendue indispensable.

Tant que dure le bénéfice d'inventaire, l'héritier est astreint à faire toutes les réparations d'entretien ; il le doit, parce que souvent l'état de ruine s'attache à leur omission, et qu'il est possible qu'il occasionne par là, un dommage très nuisible. Sa qualité d'administrateur, plus encore la juste compensation de la prérogative de n'être tenu que *pro modo emolumenti*, veulent qu'il utilise, au profit de la masse, les revenus du patrimoine qu'il gère.

Enfin, s'il n'est pas apte lui-même à faire fructifier les biens, il faut qu'il les afferme ou les donne à bail ; qu'il congédie les locataires ou fermiers qui ne paient pas, et que, lors des stipulations, il contracte avec une loyauté scrupuleuse (Chabot de l'Allier, *Commentaire des Successions*, art. 803, n. 2 ; A. Dalloz, *Dictionnaire de Législation*, v° SUCCESSION BÉNÉFICIAIRE, n. 86 et 93 ; Denisart, v° HÉRITIER BÉNÉFICIAIRE, § 9 ; Favard de Langlade, *Répertoire de Législations*, v° BÉNÉFICE D'INVENTAIRE, n. 7 ; Rolland de Villargues, *Répertoire du Notariat*, EOD. VERB., n. 100 et 104, et Toullier, *Cours de Droit civil*, tom. 4, n. 359).

62. L'acceptation bénéficiaire n'ôte point à celui qui l'a faite, la qualité et les droits d'héritier. Il a, ainsi que je l'ai dit, la saisine légale de la succession : par conséquent, la propriété ré-

side sur sa tête. Pour le réduire à la seule perspective d'administrateur, on objecterait en vain qu'il est soumis à une comptabilité, qu'il doit liquider et faire voir tout ce qu'il a reçu, tout ce qu'il a payé par suite de sa gestion; car la gérance n'efface pas la successibilité qui s'identifie avec lui-même. Ce qu'on peut faire admettre, c'est que son droit héréditaire se trouve modifié par la règle d'après laquelle un héritier par bénéfice d'inventaire ne doit rien retenir, avant que les créanciers et les légataires ne soient complètement désintéressés.

Dans un tel héritier, il existe, si l'on veut, deux qualités adhérentes : l'une naturelle, c'est celle de successible; l'autre accidentelle, c'est celle de bénéficier. Par la première, il tire son droit ou du lien du sang, ou de la famille, ou de la volonté du testateur; par la seconde, qui est indépendante soit de la parenté, soit du testateur, à moins que celui-ci n'ait pu lui interdire d'accepter bénéficiairement, il le reçoit de la loi. Mais si, comme héritier, il représente le défunt, s'il n'est que sa continuité, il est, par l'effet du bénéfice d'inventaire, réputé étranger à la succession, en ce sens qu'il échappe à la confusion du patrimoine, et qu'il ne peut être tenu *ultra vires hæreditatis* (Chabot de l'Allier, *Commen-*

taire des Successions, art. 8o3, n. 1 ; Delvincourt, *Cours de Code civil,* tom. 2, pag. 95 ; Merlin, *Répertoire de Jurisprudence,* v° BÉNÉFICE D'IN-VENTAIRE, n. 25 ; Pothier, *Traité des Successions,* chap. 3, sect. 3, art. 2, §6 ; Rolland de Villargues, *Répertoire du Notariat,* v° BÉNÉFICE D'INVEN-TAIRE, n. 5 et 89, et Toullier, *Cours de Droit civil,* tom. 4, n. 359 et 393).

N'en concluons pas toutefois, qu'il n'agisse que dans son unique intérêt : Non, le titre et la prérogative d'administrateur que la loi lui at-tribue, combinés avec la qualité d'héritier, sont tout aussi relatifs aux intérêts des légataires, à ceux des créanciers, qu'à ses droits individuels. Ce qu'il fait dans la limite de ses pouvoirs, lie la succession, et, par la fore des choses, oblige également les créanciers et les légataires. La seule distinction possible, est que si, par rapport à lui, ce qu'il entreprend ou stipule est irrévoca-ble, il en est différemment à l'égard des légataires et des créanciers, s'il les grève d'une manière quel-conque, s'il leur enlève un droit acquis. C'est de la sorte qu'il convient d'interpréter l'art. 8o3 du Code civil, et que la jurisprudence, après bien des hésitations, l'a interprété elle-même (Cassation, 21 juillet 1811 et 22 août 1827, Paris, 20 frimaire an XIV, Aix, 31 juillet 1828, et

Bordeaux, 16 mars 1832, Sirey, tom. 12-1-305,
tom. 28-1-107, tom. 7-2-997, tom. 29-2-258;
Dalloz, *Recueil alphabétique*, tom. 12, pag. 374,
et *Recueil périodique*, 1832-2-168).

63. Surpris sur la voie extra-légale, poussé
sur le terrain de la responsabilité, « l'héritier bénéficiaire n'est tenu, dit l'art. 804, que des
fautes graves qu'il a commises dans l'administration dont il est chargé. » L'art. 132 du Code de
procédure civile, plus large par ses développemens, ajoute que, « les héritiers bénéficiaires ou
autres administrateurs, qui ont compromis les
intérêts de leur administration, peuvent être
condamnés aux dépens, en leur nom et sans répétition, même aux dommages-intérêt, s'il y a
lieu. » D'autre part, l'art. 1382 du Code civil,
exprime que, « tout fait quelconque de l'homme,
qui cause à autrui un dommage, oblige celui par
la faute duquel il est arrivé, à le réparer. »

La difficulté consiste donc à bien comprendre
ce que le législateur a entendu par les mots : *fautes
graves*, mis en parallèle avec ceux-ci : *Qui com-
promettent les intérêts de son administration ?*

En droit, on ne place point sur la même ligne
le dol, la faute et le cas fortuit. Le dol est dans le
dessein formé de nuire à son prochain ; la faute se
révèle par le manque de soins là où l'on était tenu

d'en porter; le cas fortuit est un évènement in-
attendu, qu'il n'était pas possible de prévoir.

Or, faisant l'application de ces principes à
l'espèce, les corroborant par la maxime que
l'héritier qui a accepté bénéficiairement, doit jouir
en bon père de famille, et donner aux affaires
de la succession les mêmes soins qu'il accorde
à ses propres affaires, il me semble que, proportion gardée des textes de loi plus haut cités,
il faut conclure :

1° Que cet héritier répond toujours de son
dol, quand même il aurait stipulé le contraire;

2° Que ses fautes, suivant qu'elles sont plus
ou moins grandes, sont inexcusables, si sa négligence, son imprudence, ont un certain degré
de gravité;

3° Que les cas fortuits ne tombent pas à sa
charge, à moins qu'il ne s'y soit expressément
soumis;

4° Que l'appréciation des circonstances entre
dans le domaine du juge, qui a, pour arriver à
la solution, un pouvoir illimité, dont il n'est
tenu de rendre compte qu'à sa conscience.

Ainsi, si l'héritier bénéficiaire laisse périmer,
à défaut de poursuites, des créances actives, des
inscriptions hypothécaires, des droits ou services
fonciers;

S'il a pu contraindre au paiement un débiteur, et que, ne l'ayant pas fait en temps utile, ce débiteur soit devenu insolvable;

S'il a intenté ou soutenu une contestation qui était mal fondée, et que la droite raison lui montrait sous des dehors plus que douteux;

S'il a, dans la poursuite dont la direction lui est confiée, suivi une marche insolite, réprouvée par la loi, et qui n'a servi qu'à grossir les frais;

S'il a occasionné des dégradations, en négligeant de faire soit aux bâtimens, soit aux fonds de terre, les réparations urgentes, et qu'il savait être telles;

S'il a, par des changemens inconsidérés, des améliorations inopportunes, été l'auteur d'un tort réel, et a diminué la valeur des biens, qu'il devait préserver de toute dommageabilité;

S'il a, n'importe par quel motif, abandonné la culture, lorsqu'elle était possible, et manqué de donner à bail, ou à ferme, les héritages dont la vente n'avait pas été mise en jeu;

S'il a, par dol, négligence ou autrement, compromis, en tout ou en partie, le sort du bénéfice d'inventaire, qu'il était tenu de surveiller:

Dans tous ces cas, et autres semblables, il y a faute grave, non susceptible d'excuse, et l'héritier auquel elle peut être imputée, doit être condamné à souffrir une indemnité analogue.

Ainsi, il ne saurait y avoir lieu à aucune responsabilité, quand un procès a été soutenu ou engagé avec bonne foi, avec la probabilité d'une réussite, bien qu'il y ait eu insuccès ;

Si, dans la procédure qui a été suivie pour l'apurement de la succession, le bénéficiaire a été induit en erreur, ce qui l'a soumis à des frais préjudiciaux, et exposé à des pertes;

Si, par l'effet d'un incendie qu'il n'a pu éviter, des titres de créances, des papiers importans, sont devenus la proie des flammes, ou ont été volés;

Si, croyant un bâtiment solide, bien construit, il était pourtant en état de ruine, et qu'il soit tombé à l'improviste, écrasant des effets précieux:

Dans ces hypothèses, et autres de même nature, il y a cas fortuit, excuse légitime, ou pour mieux dire absence de toute culpabilité (Chabot de l'Allier, *Commentaire des Successions,* art. 804, n. 1 et 2; A. Dalloz, *Dictionnaire de Législation,* v° SUCCESSION BÉNÉFICIAIRE, n. 91 et 92 ; Delvincourt, *Cours de Code civil,* tom. 2, pag. 32, note 2; Duranton, *Cours de Droit français,* tom. 7, n. 37; Favard de Langlade, *Répertoire de Législation,* v° BÉNÉFICE D'INVENTAIRE, n. 9; Rolland de Villargues, *Répertoire du No-*

tariat, EOD. VERB:, n. 158, et Vazeille, *Résumé sur les Successions*, art. 804, n. 1).

64. Il n'y a point solidarité dans la gestion bénéficiaire; entre les divers héritiers qui ont accepté de cette façon. « Chacun d'eux, dit l'art. 883 du Code civil, est censé avoir succédé seul et immédiatement à tous les effets compris dans son lot, ou à lui échus sur licitation, et n'avoir jamais eu la propriété des autres effets. » L'art 873 proclame, à son tour, la division des dettes et des charges; il veut, sauf pour l'action hypothécaire, qu'un héritier ne soit tenu qu'au prorata de sa part virile. C'est la conséquence immédiate de l'art. 724, qui les appelle tous à la succession, qui leur donne à tous, *en masse,* mais sans clause solidaire, la saisine légale des biens et des droits qu'a laissés le défunt. — *Vid. suprà,* n. 37 et 39.

Nul doute alors que le concours de plusieurs successibles par bénéfice d'inventaire, ne complique la marche et la liquidation des affaires communes, s'ils ne savent ou ne veulent s'accorder ensemble. L'embarras produit par l'indivision est aussi patent en cette matière, que s'il y avait eu acceptation pure et simple; car partout où la saisine existe, partout où il y a conflit d'attribution, les difficultés de l'exécution restent

imminentes. Dans une telle conjoncture, que
peut faire chaque héritier? Provoquer, non pas
accomplir, les mesures qu'il croit utiles à l'administration, à la vente des biens héréditaires,
et propres à accélérer le paiement des créances et
des legs. Il doit, en un mot, interpeller ses cohéritiers, les mettre en demeure d'accéder à ses
vœux, et les rendre passibles des dommages-intérêts. C'est à la justice qu'il appartient de faire
le reste.

En statuant sur le litige, il est permis toutefois, dans l'intérêt général de la succession, des
légataires, des créanciers, de confier à un héritier la gestion exclusive des droits, actions et
exceptions qui ressortissent de l'inventaire. Il
n'est libre à personne, par ignorance ou caprice,
peut-être parce qu'il n'a rien à redouter des
suites de son dol, de venir entraver l'administration bénéficiaire de l'hérédité. Le juge qui, s'en-
tourant des précautions d'usage, telle que le
cautionnement, si la solvabilité de l'administrateur qu'il désigne n'est pas pleinement démon-
trée, met dans la main d'un héritier unique, de
préférence aux autres, le thermomètre de l'é-
ventualité, ne blesse donc en rien les préceptes
de la morale et de la loi (Merlin, *Répertoire de
Jurisprudence*, v° BÉNÉFICE D'INVENTAIRE, n. 17,

et Rolland de Villargues, *Répertoire du Notariat,*
EOD. VERB., n. 92, 94 et 96).

La règle doit être encore la même, quoique l'héritier récalcitrant, celui dont la résistance compromet la successibilité, ait accepté purement et
simplement. Oui, sans doute, par une acceptation
restreinte, subordonnée aux effets de l'inventaire,
aucun héritier n'a le pouvoir de nuire à son cohéritier, de détruire sa prérogative, de le rejeter
hors de la famille, et de s'emparer de la part qui
lui est échue; mais en acceptant, sans modification
aucune, le patrimoine de l'auteur commun, on
ne peut pas non plus absorber une qualité différente, irrévocable, indélébile, si celui qui l'a
prise trouve bon de la garder. Ce serait d'ailleurs
porter atteinte au principe de l'art. 2093, que les
biens du débiteur sont le gage de ses créanciers.
D'où il suit que, si les circonstances l'exigent, un
héritier doit être forcé d'abandonner en faveur
d'un autre, au moins temporairement, les rênes
du bénéfice d'inventaire.

65. Autre difficulté : il existe un donataire ou
légataire universel de l'usufruit de la succession ;
l'héritier bénéficiaire qui, dans ce cas, ne peut
prétendre qu'à la nue-propriété, a-t-il néanmoins le droit de réclamer la gestion des biens
préférablement à lui, et d'annihiler de la sorte

11

la libéralité qui était destinée à concourir avec la sienne ? Jetons les yeux sur l'art. 612 ; la réponse affirmative s'y montre à pleins bords. Universel, ou à titre universel, l'usufruitier doit contribuer ainsi, avec le propriétaire, au paiement des dettes :

On estime la valeur du fonds sujet à usufruit ; on fixe ensuite la contribution à raison de la valeur qui a été constatée. Si l'usufruitier veut avancer la somme pour laquelle le fonds est tenu de contribuer, le capital lui en est restitué à la fin de l'usufruit, sans aucun intérêt. S'il ne veut pas faire cette avance, le propriétaire a le choix, ou de payer la somme, ce qui oblige l'usufruitier à lui tenir compte des intérêts pendant la durée de l'usufruit, ou de faire vendre, à due concurrence, une portion des biens dont l'usufruitier allait percevoir les revenus.

C'est là la consécration de l'axiôme que la propriété l'emporte sur l'usufruit, malgré que l'usufruit ne soit lui-même qu'une délibation du droit de propriété. Le propriétaire n'exerce-t-il pas, en effet, une prérogative immuable, en ce sens que la chose résiste au choc de la possession, et qu'elle survit à l'usufruitier ? Celui-ci, au contraire, par la nature de son intervention, ne peut en jouir qu'à la charge d'en con-

server la substance ; c'est ce qu'exprime l'art. 578.
Je crois dès-lors avoir résolu la question : qu'il y
ait un usufruit universel, ou à titre universel,
l'héritier par bénéfice d'inventaire, qui est saisi
de l'hérédité, doit en avoir la gestion, s'il s'agit
de conserver les actions qui en dérivent, de liquider l'actif et le passif (Paris, 25 juillet 1826,
Sirey, tom. 27-2-104, et Dalloz, *Recueil périodique,* 1827-2-183).

Le point de doctrine que j'élabore en ce moment, a fait, je l'avoue, planter le drapeau de la dis-
corde dans le domaine de la science, et des auteurs éminens ont combattu à futur, mon opinion. Un premier arrêt de la cour de Paris, du 28
août 1816, a formé les élémens de leur solution
inverse. Là, on a décidé qu'en présence d'une donation universelle d'usufruit, l'héritier n'est saisi
que de la nue-propriété, et qu'il n'a aucun droit,
tant que dure l'usufruit, de s'immiscer dans la
perception des revenus. C'est précisément ce que
je qualifie du nom d'erreur, ce que je signale,
sous cet aspect, à l'attention des jurisconsultes
profonds qui se sont trop vite déterminés dans le
parti à prendre (Sirey, tom. 18-2-224 ; A. Dalloz,
Dictionnaire de Législation, v° SUCCESSION BÉNÉ-
FICIAIRE, n. 82 et 83, et Rolland de Villargues,

Répertoire du Notariat, v° BÉNÉFICE D'INVENTAIRE,
n. 93).

En supposant qu'il y eût concours entre le
successible et l'usufruitier, et certes la conces-
sion est large, la justice serait appelée à prononcer. Mais il n'est pas possible qu'elle donne
la primauté au possesseur de l'usufruit, parce
qu'elle blesserait essentiellement les principes.
L'héritier, surtout s'il est réservataire, absorbe
la succession, et c'est à lui qu'il faut, aux termes
de l'art. 1004, que l'usufruitier demande la délivrance de son legs universel. D'un autre côté, en
maintenant celui-ci, on viole les dispositions de
l'art. 612, puisqu'il donne la faculté au propriétaire du sol de faire disparaître insensiblement,
par la vente, les biens grevés d'usufruit, jusqu'à ce que les dettes héréditaires aient été
acquittées.

L'usufruitier n'a à craindre, sans doute, que
l'action des créanciers et des légataires spéciaux;
il peut même les payer, si bon lui semble, et
acheter ainsi leur silence, pour éloigner la gestion
actuelle de l'héritier. N'importe, comme il ne
doit libérer le fonds de l'usufruit qu'autant que
les dettes sont légitimes, il est forcé d'interpeller
le représentant du défunt et de faire reconnaître

avec lui la quotité de la somme due. Or, s'il conteste, si plusieurs légataires, ou créanciers arrivent, si cela donne lieu à une liquidation, il est
évident que la qualité d'héritier bénéficiaire pré-
vaudra sur celle d'usufruitier. Il le faut, parce
que l'acceptation faite bénéficiairement amène
avec elle le titre d'administrateur, et que liquider
des créances qui vont, en définitive, grossir le
passif de l'héritier, c'est faire acte d'administration; il le faut, parce qu'avant que le plus clair
de la succession ait apparu franc et quitte de
toute charge, il ne doit pas y avoir lieu à usufruit, par suite de la règle: *Bona non dicuntur*,
nisi deducto ære alieno.

66. Cherchant à prévenir tout accident fâcheux, l'art. 807, en parlant de l'héritier bénéficiaire, énonce qu'il est tenu, *si les créanciers ou*
autres personnes intéressées l'exigent, de donner caution bonne et solvable de la valeur du mobilier compris dans l'inventaire, et de la portion
du prix des immeubles non déléguée aux créanciers à hypothèque inscrite. On doit entendre
par *mobilier*, soit les meubles et effets qui ont été
inventoriés, soit toutes les actions et obligations
qui ont pour but des choses exigibles, ou non exigibles, quelque origine qu'elles aient. Le cautionnement n'est qu'une garantie réelle de l'actif qui,

par sa nature mobile et flottante, peut disparaître à l'insu des ayans-droit : donc, pour que la
caution soit de rigueur, il suffit qu'il puisse y
avoir crainte, ou présomption de détournement
clandestin, défaut de recours utile contre l'héritier (Bordeaux, 6 juin 1828, Sirey, tom.
28-2-313).

Qu'on ne croie pas, cependant, qu'il soit permis de prétendre à un cautionnement illimité :
par l'éventualité de la position de celui qui le
doit, et de ceux qui sont appelés à en profiter,
on ne peut point l'appliquer à toute la gestion
bénéficiaire. Il est de principe que le cautionnement ne se présume pas ; aussi est-il de droit étroit
en France. L'art. 2013 le restreint à l'obligation
principale, ne voulant pas qu'il soit contracté
sous des conditions plus onéreuses que celles pour
lesquelles il est libre de le requérir ; sauf que,
s'il est indéfini, il s'étend, d'après l'art. 2016, à
tous les accessoires de la dette, et aux frais de
la poursuite. Or, le législateur a fixé les objets
qui en forment la base, le développement même ;
là, doivent s'arrêter toutes les exigences (Chabot
de l'Allier, *Commentaire des Successions*,
art. 807, n. 1, et Rolland de Villargues, *Répertoire du Notariat*, v° HÉRITIER BÉNÉFICIAIRE,
n. 85).

On a jugé que l'héritier par bénéfice d'inventaire, quelque riche qu'il soit en immeubles, n'en est pas moins tenu de fournir caution, parce que la loi, au titre qui le concerne, ne distingue nullement. Mais c'est une vraie pétition de principe. Que doit-on examiner en ce cas? Si les ressources personnelles de l'administrateur dépassent le débet à venir, si elles répondent convenablement à l'actif mobilier qui est perçu ou à percevoir. C'est l'hypothèse de la loi du 13 janvier 1817, sur les militaires absens; elle autorise les héritiers présomptifs, lors de l'envoi en possession provisoire, à offrir leurs biens pour garantie. Une loi relative au Trésor public, répète le même enseignement; car, dans le dessein de faciliter l'exécution de l'art. 2185, § 5, en matière de surenchère, elle lui laisse la latitude de tenir ses fonds à disposition.

Il me paraît dès lors évident que, proportion gardée, si ses possessions immobilières sont en dehors de la somme des répétitions à exercer, il doit y avoir dispense de cautionnement. Le bénéficiaire, fût-il tenu, aux termes de l'ordonnance du 3 février 1816, sur la caisse des dépôts et consignations, de déposer le montant des ventes, qu'il peut encore l'éviter, en se cautionnant lui-même. En effet, l'hypothèque qu'il donne

est tout aussi avantageuse que la contrainte par
corps à laquelle est soumise, par l'art. 2060, § 5,
la caution judiciaire reconnue solvable (Oui.
Aix, 28 novembre 1831, Dalloz, *Recueil pério-*
dique, année 1832-2-104; A. Dalloz, *Diction-*
naire de Législation, v° SUCCESSION BÉNÉFICIAIRE,
n. 209; Delvincourt, *Cours de Code civil,* tom. 2,
pag. 32, note 15, et Vazeille, *Résumé sur les*
Successions, art. 807, n. 3. — Non. Paris, 28
juin 1812, Sirey, tom. 12-2-445; Delaporte,
Pandectes françaises, tom. 3, pag. 211, et Rolland
de Villargues, *Répertoire du Notariat,* v° BÉNÉ-
FICE D'INVENTAIRE, n. 84).

«Faute par lui, dit de plus l'art. 807, de fournir une caution, les meubles sont vendus, et leur
prix est déposé, ainsi que la portion non déléguée du prix des immeubles, pour être employés
à l'acquit des charges de la succession. » Toutefois, l'insuffisance de la caution présentée n'équivaut pas à l'absence de cautionnement; de telle
sorte, que l'héritier qui a accepté la succession
par bénéfice d'inventaire, est recevable, sur la
demande d'un créancier ou d'un légataire, à proposer un supplément de caution. La loi ne prononce aucune déchéance contre lui : par conséquent, s'il est embarrassé dès l'abord, il a la faculté, quoique la vente du mobilier ait déjà été

introduite, ou que sa caution ait été rejetée,
d'accomplir cette condition par la suite, jusqu'à
l'instant du dépôt et de la distribution des deniers (Paris, 15 avril 1820, Sirey, tom. 20-2-201;
A. Dalloz, *Dictionnaire de Législation*, v° Succession bénééiciaire, n. 210, et Vazeille, *Résumé
des Successions*, art. 807, n. 2).

Quelques jurisconsultes ont enseigné que c'é-
tait une caution judiciaire, soumise, par l'article 2060, § 5, à l'exercice de la contrainte par
corps. Thomine-Desmazures, *Commentaire de la
Procédure civile*, n. 1189, combat ce sentiment.
«Nous ne pensons pas, dit-il, qu'il doive en
être ainsi, parce que nous ne regardons comme
caution judiciaire que celle qui est donnée pour
l'exécution d'un jugement. La caution à fournir
par l'héritier, comme celle due par un usufruitier, est une caution légale, non sujette à la
contrainte par corps. »

Il me semble que la distinction est erronée.
L'art. 2040, place la caution forcée sous l'empire des mêmes principes, soit qu'elle résulte de
la loi, soit qu'un jugement l'ait prescrite. En
effet, la décision du magistrat, si elle soumet au
cautionnement, ne le fait que par la sanction de
la loi. Aussi la caution légale et la caution judiciaire tiennent l'une à l'autre par un lien d'assi-

milation, gravitent ensemble autour d'un cercle unique, et en opposition de la caution volontaire ou conventionnelle.

En principe, le mot *Créanciers*, dont le Code civil fait usage, employé au pluriel, à côté de cette locution : *Ou autres personnes intéressées*, fit naître des doutes sur l'applicabilité de la disposition législative. On soutint que l'impulsion donnée par un seul manquait de puissance, et qu'il fallait, pour soumettre l'héritier au cautionnement, qu'il y eût spontanéité de la part de tous ceux qui amendent quelque droit dans la succession ou la communauté. Mais une telle incertitude, qui n'atteignit d'ailleurs que les esprits méticuleux, cessa d'exister lors de la publication de l'art. 992 du Code de procédure civile; car il exprime que, « le *créancier*, ou autre *personne intéressée*, qui voudra obliger l'héritier bénéficiaire à donner caution, lui fera sommation, à cet effet, par acte extra-judiciaire signifié à lui-même ou à son domicile » (Chabot de l'Allier, *Commentaire des Successions*, art. 807, n. 3; Delvincourt, *Cours de Code civil*, tom. 2, pag. 97, note 14; Favard de Langlade, *Répertoire de Législation*, v° BÉNÉFICE D'INVENTAIRE, n. 1, et Rolland de Villargues, *Répertoire du Notariat*, EOD. VERB., n. 82).

L'intérêt, dans les actions humaines, est le mobile de nos résolutions. On ne peut donc pas subordonner le droit d'un légataire, d'un créancier, à celui d'un autre créancier, d'un autre légataire. Chacun d'eux doit être libre d'agir quand bon lui semble, isolément ou en commun, sans quoi l'on entrerait dans des embarras inextricables. La preuve, c'est que la loi des faillites n'exerce point son empire sur le bénéfice d'inventaire, et qu'on ne retrouve plus l'élément conservateur de la majorité, attaquant, par sa prépondérance, l'opposition de la minorité. Il découle de là aussi que le créancier, le légataire qui réclame une caution de l'héritier, cesse d'être recevable dans sa demande, et qu'il n'a point à s'ingérer du légataire, du créancier, qui font retraite ou se tiennent à l'écart, si l'on paie ce qui lui est dû, ou s'il est démontré, par tout autre moyen, qu'il n'a rien à craindre pour ses répétitions (Paris, 15 avril 1820, Sirey, tom 20-2-201).

On a objecté que le légataire, notamment, ne doit pas être éconduit, sous prétexte qu'un créancier hypothécaire de la succession, d'accord avec l'héritier, lui attribuerait son rang de collocation, et consentirait à passer après lui. Il est vrai que l'art. 2019 du Code civil dispose que, « la solvabilité d'une caution ne s'estime qu'eu

égard à ses propriétés foncières, excepté en matière de commerce, ou lorsque la dette est modique. » Toutefois, indépendamment de ce que
l'hypothèque offerte est un droit réel, qui tient
de l'immobilier, les juges ont la prérogative
d'admettre ou de rejeter la garantie supplétoire;
c'est la conséquence de l'art. 2041, portant que,
« celui qui ne peut pas trouver une caution, est
reçu à donner à sa place un gage ou nantissement
suffisant. » Il n'y a point indivisibilité dans l'effet
de la demande du cautionnement; il n'est relatif
qu'au demandeur : donc, comme il pourrait se
désister, sa position seule doit être prise en considération, et être appréciée suivant les circonstances (A. Dalloz, *Dictionnaire de Législation*,
v° SUCCESSION BÉNÉFICIAIRE, n. 210, et Vazeille,
Résumé sur les Successions, art. 807, n. 2).

Le législateur a, par l'art. 807, dispensé l'héritier de donner caution, à moins qu'on ne
l'exige. C'est une innovation qui a fait disparaître
la controverse qui s'éleva sous l'ancienne jurisprudence, ainsi que je l'ai fait remarquer n. 15.
Il me semble qu'on s'est montré beaucoup trop
indulgent, et qu'il aurait fallu affecter plus de
rigueur. En effet, si la succession est purement
mobilière, si les ayans-droit sont à de grandes
distances, si l'inventaire est fait à la hâte, sans

qu'ils y soient présens, que deviendra leur gage?
Héritier, le poursuivant abusera peut-être de
la saisine légale, ou du droit d'appréhension; il
s'emparera des valeurs héréditaires, et, si quelqu'un veut les lui faire exhiber, il se retranchera
derrière la reddition du compte de gestion bénéficiaire, dont il ne paiera jamais le reliquat, s'il
est dans un état complet d'insolvabilité.

Sans doute, un notaire a mission de représenter, à l'inventaire, les absens et les défaillans; sans
doute, l'héritier pur et simple n'est pas soumis à
un cautionnement; mais ce fonctionnaire, qui
n'a d'autre pouvoir que d'assister, afin de veiller
à ce que les choses se fassent exactement, a-t-il
qualité pour agir *en nom* dans une action particulière? mais de ce que l'acceptation non modifiée par le bénéfice d'inventaire, éloigne l'obligation d'une caution (alors que l'héritier insolvable aurait dû y être assujéti, parce que c'est
la foi du défunt et non la sienne qui a présidé à
l'engagement), doit-il s'ensuivre que l'intérêt
des légataires et des créanciers soit garanti, et
que leurs droits soient mis à couvert contre le
dol qu'on voudrait exercer à leur préjudice, ou
le tort imminent qui s'attache au défaut de ressources de l'administrateur de la succession?

67. Celui qui a le droit de contraindre l'héri-

tier bénéficiaire à fournir caution, et qui veut
en user, l'interpelle par acte officiel, ainsi que le
prescrit l'art. 992 du Code de procédure civile.
L'interpellation, qui ne se lie point ordinairement à une instance préexistante, est extrajudi-
ciaire, et ne doit pas contenir constitution d'a-
voué. Il peut, toutefois, n'être pas hors de propos
qu'elle en désigne un, avec charge d'occuper,
s'il y a contestation, parce que, dans cette hypothèse, l'incident est introduit plus vite et avec
moins de difficulté que s'il fallait ajourner la
partie à personne ou domicile (Carré, *Lois de
la Procédure civile*, question 3234, et Pigeau,
Commentaire du Code de Procédure civile, article 992, note 3).

Dans les trois jours de l'acte interpellatif,
outre un jour par trois myriamètres de distance
entre le domicile du défendeur et le lieu où siége
le tribunal de l'ouverture de la succession, il faut,
d'après l'art. 993, que la caution soit présentée
au greffe. « On procède, est-il dit, dans la forme
tracée pour la réception des cautions en général. » L'héritier remet au greffier, qui en dresse
procès-verbal, les titres constatant la solvabilité
de la caution qu'il désigne; il signifie de suite
l'acte de dépôt au demandeur, afin que celui-ci
puisse se livrer à ses investigations, et qu'il

accepte ou conteste la caution présentée : telles
sont les dispositions des art. 518 et 519, au
titre *des Réceptions de caution*.

L'auteur des *Lois de la Procédure civile*, question 3235, soutient qu'il y a incorrection dans
l'art 993, en ce sens qu'il exige qu'on présente
la caution au greffe, et renvoie pourtant à l'article 518, qui énonce que « la caution sera présentée par exploit signifié à la partie, si elle n'a
pas d'avoué, et par acte d'avoué, si elle en a
constitué. » C'est là une erreur. Dans l'art. 518,
il s'agit du cautionnement ordonné par la justice,
et la partie qui y est assujétie vient, en exécution de la chose jugée, offrir elle-même sa caution. On ne doit pas, d'ailleurs, scinder le texte.
L'acte de dépôt, fait au greffe, des titres de solvabilité, et l'acte de dénonciation au demandeur,
vont toujours ensemble; ils sont inséparables :
donc, il importe peu que la caution soit présentée
plutôt dans l'un que dans l'autre, puisque tous
deux concourent au même but.

Mais une lacune qu'on n'a pas aperçue, se
montre ici sous un aspect embarrassant. En effet,
dans quel délai l'héritier par bénéfice d'inventaire verra-t-il sa caution admise ou repoussée ?
Lorsque le cautionnement est nécessité par une
décision, l'art. 517 veut que le jugement déter-

mine l'époque de la présentation, et celle de la contestation, si la caution n'est pas acceptée; l'art. 520 ajoute: « Si la partie conteste dans le délai fixé par le jugement, l'audience sera pour-suivie sur un simple acte. Mais il n'en est pas de même à l'occasion d'une succession bénéficiaire, puisque le cautionnement n'est exigé que par les créanciers ou les légataires, et qu'il est possible qu'ils n'y aient point recours. L'héritier ne doit pas, cependant, rester à la merci du demandeur; il n'est pas juste, après que la caution est connue, de le faire attendre indéfiniment la démonstra-tion de son adversaire : aussi, tout me porte à penser que, si, dans les trois jours de la signifi-cation de l'acte de dépôt, il n'y a ni acceptation expresse, ni litige engagé, le cautionnement est censé approuvé tel quel.

Pourquoi, en l'absence d'une disposition lé-gislative, la règle de la réciprocité ne serait-elle pas le guide le plus sûr? Aux termes de l'art. 993, l'héritier est tenu, avant l'expiration du troisième jour, de désigner sa caution, sous peine de voir commencer la vente des meubles de la succes-sion; or, il faut que la partie requérante s'expli-que dans un délai pareil, sous peine de voir l'hé-ritier appréhender les biens héréditaires. Ce dernier pourrait, en outre, fixer lui-même l'intervalle de l'explication, et, par la signification du dépôt des titres, mettre le demandeur en demeure de répondre. Dans l'un et l'autre cas , si aucun contact offensif n'est formulé, la caution fait sa soumission au greffe, comme l'exprime l'art. 519, et l'acte est exécutoire sans jugement, même pour la contrainte par corps, s'il y a lieu à contrainte.

La maxime *volenti non fit injuria*, protége alors l'héritier bénéficiaire; il peut, immédiatement, bien que le légataire ou le créancier requérant s'oppose ensuite, administrer la succession : ce n'est qu'à lui seul, que celui-ci doit imputer les conséquences du retard. Tout est urgent dans le bénéfice d'inventaire; l'activité est la force motrice de l'élément pondérateur qui agite, au nom de tous, les droits, actions et exceptions qui en dérivent. Il est évident, d'après cela, que si l'héritier a été empêché, par l'obstacle du cautionnement, ou de toute autre manière, de se mettre en possession de l'actif mobilier, il peut conclure à ce qu'on le lui délivre. La voie du référé lui est ouverte ; car non seulement l'art. 806, au titre *des Référés*, donne attribution au président du tribunal de première instance, mais encore, par induction de l'art. 1008 du Code civil, sur l'envoi en possession des suc-

12

cessions, la compétence de ce magistrat est établie, sauf à faire statuer plus tard, par le juge du principal, sur les débats du cautionnement.

« S'il s'élève des difficultés, dit l'art. 994 du Code de procédure civile, les créanciers provoquans seront représentés par l'avoué le plus ancien. » On ne veut pas dire par là, que tous ceux qui amendent quelque chose dans la succession ou la communauté, doivent, sur l'incident qui s'attache à la caution offerte, être présens ou représentés ; mais que l'interpellation faite à l'héritier peut être l'ouvrage de plusieurs, procédant par action collective, ou à suite d'intervention. La réception de cette caution est jugée sommairement, sans requêtes ni écritures, et le jugement s'exécute nonobstant appel. S'il y a lieu à admission, la soumission est faite ainsi qu'il vient d'être dit. C'est l'enseignement des art. 521 et 522.

Pigeau, *Commentaire du Code de procédure civile*, art. 994, note 3, est d'avis que, pour l'application de ces mots : *Les créanciers provoquans seront représentés par l'avoué le plus ancien*, on doit distinguer : « S'il y a eu, dit-il, scellé précédent, c'est l'avoué reconnu plus ancien à cette opération, qui doit l'être à celle-ci ; au contraire, s'il n'y en a pas encore eu de plus ancien re-

connu, c'est le premier sommant, avec assignation, qui a la qualité requise. » Carré, *Lois de la
Procédure civile*, question 3237, professe la
même doctrine. Or, je soutiens qu'aucun de ces
auteurs n'a senti la portée de la proposition, et
que l'un et l'autre se sont trompés ; en voici la
preuve :

Les contestations relatives aux scellés et à
l'inventaire, à moins que le cautionnement n'ait
été réclamé pendant qu'on y procède, n'ont pas
d'afférence à la solvabilité de la caution. Il est
possible que les créanciers ou les légataires opposans aux scellés, soient restés silencieux après
l'inventaire, et que rien, de leur part, n'annonce
l'intention de concourir à l'examen du cautionnement. Ce n'est aussi que les provoquans qui
sont mis en scène. Pourquoi l'avoué, mandataire
de la masse, ne doit-il pas être celui qui a signifié
le premier la sommation ? c'est parce qu'il peut
être le plus jeune par rapport aux autres ; que le
législateur ne reconnaît, entre les requérans, aucun droit de préférence, et qu'il s'en réfère à
l'ordre du tableau. Cette locution : *avoué le plus
ancien*, s'attache donc à l'officier ministériel, et
non à la chose litigieuse ; elle est directe à lui,
car il est à présumer que son ancienneté lui
donne plus d'expérience, et que l'intérêt com-

mun sera mieux défendu ; ce qui n'empêche point,
d'ailleurs, chaque créancier de concourir individuellement, à la charge de perdre les frais de son
intervention (Thomine-Desmazures, *Commentaire de la Procédure civile*, n. 1189).

68. Si, avant que la caution ait été exigée,
l'héritier bénéficiaire s'est mis en possession du
mobilier du défunt, et de la portion non déléguée du prix des immeubles, le procès qui se
développe ultérieurement n'est pas un empêchement à ce qu'il administre la succession.
L'obstacle n'existe, en effet, que lorsque la condition du cautionnement a surgi de l'inventaire,
à une époque où les biens meubles n'étaient pas
encore entrés dans la main de l'héritier ; dans ce
cas, durant le cours du litige, qui aura l'administration ? Il y sera pourvu par un séquestre ; c'est
ce qui ressort de l'art. 1961 du Code civil, ainsi
conçu : « La justice peut ordonner le séquestre,
1° des meubles saisis sur un débiteur ; 2° d'un
immeuble ou d'une chose mobilière, dont la
propriété ou la possession est litigieuse entre
plusieurs personnes. »

Il est certain que le légataire et le créancier qui
soumettent un héritier, par suite de son acceptation modifiée, au bail de caution, et qui débat-
tent la solvabilité de la caution offerte, revendi-

quent leur part du mobilier de l'hérédité. Sans doute, ils ne peuvent pas se prévaloir du *jus in re*, parce qu'ils ne sont point propriétaires ; mais c'est avec raison qu'ils invoquent le *jus ad rem*, parce qu'aux termes de l'art. 2094, les biens du débiteur sont le gage de ses créanciers. D'ailleurs, « faute de donner caution, dit l'art. 807, les meubles sont vendus, et leur prix déposé, ainsi que la portion non déléguée du prix des immeubles, pour être employés à l'acquit des charges de la succession. » C'est ce qui démontre au moins que la *possession* est flottante, non convenue, et que, jusqu'à solution définitive, aucun des contendans ne doit l'avoir. L'héritier, tant que sa caution n'est pas reçue, perd éventuellement les choses au sujet desquelles elle est prescrite (Chabot de l'Allier, *Commentaire des Successions*, art. 807, n. 6, et Rolland de Villargues, *Répertoire du Notariat*, v° BÉNÉFICE D'INVENTAIRE, n. 86).

« La veuve et l'héritier, dit Pigeau, *Commentaire du Code de procédure civile*, art. 992, n. 4, se disputent la succession ; en supposant que le droit de la veuve soit douteux, on doit dire que celui de l'héritier l'est aussi, et que, par conséquent, la possession de la succession est légitime. » Delvincourt, *Cours de Code civil*, tom. 3, pag. 436, note 4, contrairement à l'opinion émise par A. Dalloz, *Dictionnaire de Législation*, v° Séquestre, n. 27, pense que la disposition de l'art. 1961 du Code civil n'est pas restrictive, et que le juge a le pouvoir d'ordonner le séquestre toutes les fois qu'il le croit convenable. C'est dans ce sens que la jurisprudence l'a interprétée (Cassation, 28 avril 1813 et 6 mars 1834, Bourges, 8 mars 1822, et Bordeaux, 17 mai 1831, Dalloz, *Recueil alphabétique* tom. 1, pag. 245, et tom. 5, pag. 78; *Recueil périodique*, année 1834-1-137, et année 1831-2-126).

Soit par l'acte où l'on requiert le cautionnement, soit par celui où l'on conteste la caution qui a été offerte, même dans l'intervalle qui s'écoule entre l'un et l'autre, si l'héritier ne répond pas, on prend la voie du référé, et le président, dont la compétence est établie par l'art. 806 du Code de procédure civile, statue sur la nomination du séquestre. « On se livre à cette mesure de sûreté, ai-je dit, *Traité des Référés*, n. 89, dans l'action en délaissement d'un immeuble ou d'un meuble, à quelque titre que le demandeur la forme, et toutes les fois que, du jugement à rendre sur le fond, il résulte, pour l'une ou l'autre partie, le droit de recevoir tel ou tel objet.

« Il y a là, acte provisoire, disposition conservatrice, et le juge des référés a mission d'en connaître. L'incident est nécessité par l'urgence, par la nature même du différend qui l'occasionne, et parce qu'il ne saurait aboutir au principal. C'est ce qui a été décidé par la Cour de Paris, le 16 février 1816, sur vente à suite de folle-enchère. Si la Cour de Liége a refusé, le 13 février 1809, la compétence au président, pour le séquestre réclamé au nom d'une femme mariée, pendant l'instance en séparation de corps, elle ne l'a fait que par le motif que la propriété des biens ne pouvait point être litigieuse, le lien marital n'étant pas encore relâché » (Sirey, tom. 17-2-47, et tom. 9-2-295).

Carré, *Lois de la Procédure civile*, question 3236, prévoyant le cas où l'héritier ne répondra point à l'interpellation, qu'une première caution a été rejetée, ou que la caution admise n'a pas fait encore sa soumission, s'exprime en ces termes : « On l'assigne devant le tribunal, pour voir dire que les dispositions de l'art. 807 du Code civil, seront exécutées contre lui. Alors il lui incombe de se présenter sur cette assignation, pour fournir de suite la caution prescrite ; autrement, on prononce les condamnations auxquelles il a été conclu. » Mais une telle involution de procédure, qui peut susciter de l'embarras ,

surtout si le jugement se fait attendre, est-elle
rationnelle? Je ne le pense pas ; car rien dans la
loi ne l'exige. Il suffit au créancier ou au légataire d'avoir mis, en vertu du titre dont il est
porteur, l'héritier en demeure, pour être recevable à annoncer la vente du mobilier, et contraindre l'acquéreur des immeubles, dont le
prix n'a pas été délégué, à verser les fonds qu'il
détient dans la caisse des dépôts et consignations.

69. Notre système hypothécaire a reçu, par
l'effet de la législation nouvelle, de notables
changemens. Il ne pivote plus, comme autrefois,
sur la seule maxime *qui potior est tempore, potior
est jure*, qu'on trouve inscrite au digeste *de
Hypothecis*. La publicité, qui peut, à bon droit,
être appelée la *patrone des créanciers*, sauf l'exception relative aux femmes mariées, aux mineurs, aux interdits, en forme maintenant le
type. On reconnaît trois sortes d'hypothèques, la
légale, la *judiciaire*, la *conventionnelle*; mais la
première n'a pas trait à l'héritier bénéficiaire :
quant à la seconde, il faut un jugement pour lui
donner l'être ; la troisième, par sa dénomination,
est l'œuvre des parties, et encore ne dérive-t-elle
que d'un acte authentique. C'est une lacune pro-
fonde que le législateur devrait fermer. Je ne

vois pas pourquoi les tuteurs et les maris ont été placés sous l'empire de l'hypothèque légale, tandis que le successible par bénéfice d'inventaire en a été affranchi : n'est-il pas, à leur image, l'administrateur des biens qui lui sont confiés ? — *Vid. suprà*, n. 16.

On pourrait, ce me semble, attribuer à l'acceptation bénéficiaire, le germe de l'hypothèque. Tout héritier, en acceptant de la sorte une succsssion, une communauté, prend la qualité de comptable, et est, dès lors, par la fiction de la loi, réputé débiteur. La difficulté ne consiste donc qu'à savoir quel est le genre d'hypothèque qu'il sera possible de lui appliquer. L'hypothèque conventionnelle, art. 2129, n'est valable que lorsque, soit dans le titre constitutif de la créance, soit dans un acte postérieur, elle déclare spécialement la nature et la situation de chacun des immeubles affectés. Ce ne peut être aussi que l'hypothèque judiciaire, parce qu'elle est générale. L'art. 2123 ne résiste point, en effet, à cette solution ; car s'il exige un jugement, il ne dit pas que le procès-verbal du greffier, vrai délégué du tribunal auprès duquel il exerce, n'en pourra pas tenir lieu.

En instrumentant, ce fonctionnaire remplit une mission de justice ; c'est comme si le tribunal

lui-même était là présent, pour donner à l'héritier, acte de son acceptation. Sans doute, il n'y
aura qu'éventualité dans l'hypothèque; n'importe,
ce caractère, reconnu d'ailleurs par l'art. 2125,
est loin de l'annuler. J'invoque ici le témoignage
des maîtres de la science, de Delvincourt, *Cours
de Code civil*, tom. 3, pag. 158, note 7, et de Duranton, *Cours de Droit français*, tom. 19, n. 337.
Ces deux professeurs enseignent, contrairement
à A. Dalloz, *Dictionnaire de Législation*, v° HY-
POTHÈQUE JUDICIAIRE, n. 2, que l'acte de greffe,
qui constate la soumission de la caution, emporte hypothèque contre elle. Or, il n'existe aucune différence avec notre espèce. Mesure inoffensive, l'hypothèque n'a d'autre but que de conserver : par conséquent, il y a, à moins de vouloir
tomber dans l'arbitraire, raison suffisante pour
la maintenir, toutes les fois qu'il peut être démontré qu'elle a été utile.

Les créanciers de la succession, et les légataires, ont en outre hypothèque sur les biens personnels de l'héritier, soit par le jugement qui
statue sur l'incident relatif à la réception de la
caution, soit par le jugement qui ordonne la
reddition du compte bénéficiaire. Ce point de
droit, je m'empresse de le déclarer, quoique
d'une grande évidence, a fait naître des doutes

parmi les auteurs. Il est facile de les lever, en disant que l'art. 2123, par le mot *jugement*, n'exprime pas qu'il y aura condamnation actuelle à payer, à faire ou ne pas faire quelque chose ; mais simplement expectative de créance, présomption qu'une partie est ou sera un jour débitrice de l'autre (Oui. Cassation, 21 août 1810 et 4 juin 1828, Dalloz, *Recueil alphabétique*, tom. 9, pag. 176, et *Recueil périodique*, année 1828-1-263 ; A. Dalloz, *Dictionnnaire de Législation*, v° Hypothèque judiciaire, n. 12 et 22 ; Delvincourt, *Cours de Code civil*, tom. 3, pag. 158, note 7, et Duranton, *Cours de Droit français*, tom. 19, n. 337. — Non. Bourges, 31 mars 1830, Sirey, tom. 30-2-187 ; Merlin, *Questions de Droit*, v° Hypothèque judiciaire, § 1er ; Persil, *Régime hypothécaire*, art. 2123, n. 13, et Troplong, *Commentaire des Hypothèques*, tom. 2, n. 438, 439 et 444).

70. Il n'est pas nécessaire, ainsi qu'on le pratiquait sous l'ancienne jurisprudence, d'appeler par des publications, à son de trompe, les individus qui sont intéressés au bénéfice d'inventaire : les frais de ces formalités inutiles, si elles étaient encore observées, seraient réputés frustratoires, parce que c'est aux créanciers à se faire connaître. « S'ils ont ignoré, dit Toullier, *Cours de Droit*

civil, tom. 4, n. 372, le décès de leur débiteur, c'est
une négligence qu'ils doivent s'imputer; ils ont
dû s'informer quels étaient les héritiers; ils ont
pu s'assurer, au greffe, si ceux-ci ont renoncé,
ou à quel titre ils ont accepté. »

Tout légataire, tout créancier a, par lui-
même, les moyens de s'instruire et de veiller à
la conservation de ses droits : la loi ne lui en refuse aucun. On a vu que l'art. 909 du Code de
procédure civile, leur permet de faire apposer
les scellés; que l'art. 926 les autorise à consigner leur opposition, soit sur le procès-verbal
de scellés, soit dans un acte signifié au greffier
de la justice de paix, et visé par lui. Dès cet instant, on ne peut point procéder à leur levée,
sans les appeler; ils ont même la faculté de la
requérir, conjointement avec l'inventaire, et,
dans tous les cas, d'assister en personne ou par
mandataire, à la vérification des meubles et
effets à inventorier. Telles sont les dispositions
des art. 930, 931, 932, 933 et 941. Il n'y a d'exception que pour les créanciers de l'héritier, et
ceux d'un créancier de la succession, à moins
qu'ils ne déclarent agir au nom de leur débiteur,
et comme exerçant ses droits. — *Vid. suprà*,
n. 41.

Celui qui a accepté bénéficiairement une succession, et qui, par suite de la clôture de l'inventaire, s'est mis en possession des biens héréditaires, n'a donc plus qu'à garder le *statu quo*, s'il n'est pas interpellé directement. Son office est restreint à une simple surveillance, en d'autres termes, à l'entretien, à l'administration des meubles et des immeubles du défunt. Quand même il existerait des créanciers hypothécaires inscrits, et des légataires; que, par la délivrance du certificat d'inscriptions, et la remise de l'expédié du testament, il serait prouvé qu'il les a connus, ce ne serait pas un motif pour le blâmer de ne les avoir point fait prévenir.

71. «En effet, s'il n'y a pas de créanciers opposans, dit l'art. 808 du Code civil, l'héritier bénéficiaire paie les créanciers et les légataires, à mesure qu'ils se présentent. » C'est avec l'argent et les valeurs de la succession ou de la communauté. Il ne peut retarder en aucune manière, même en alléguant qu'il existe d'autres légataires et créanciers. Le créancier, le légataire, qui comparaît et établit ses droits, n'a point à attendre, qu'il ait où non une hypothèque à faire valoir, si l'héritier a en mains des fonds disponibles, ou des biens susceptibles d'être vendus, à moins d'obstacle légal, et dont on est tenu de justifier. Ce serait autrement un prétexte pour

prolonger indéfiniment le bénéfice d'inventaire, alors que tout est urgent en pareil cas (Bretonnier, *Questions de Droit*, v° HÉRITIER, pag. 57; Chabot de l'Allier, *Commentaire des Successions*, art. 808, n. 4: A. Dalloz, *Dictionnaire de Législation*, v° SUCCESSION BÉNÉFICIAIRE, n. 197; Lebrun, *Traité des Successions*, liv. 3, chap. 4, n. 19; Rolland de Villargues, *Répertoire du Notariat*, v° BÉNÉFICE D'INVENTAIRE, n. 131 et 132, et Toullier, *Cours de Droit civil*, tom. 4, n. 383).

Il est pourtant à remarquer que, par le paiement au légataire ou au créancier qui se présente, on ne peut pas nuire à un créancier, à un légataire qui ne s'est pas encore présenté, s'il est à même d'exercer un privilége spécial. Par exemple, la créance pour loyers, qui porte à plein et avant tout autre, ainsi que l'énonce l'art. 2102, sur les meubles et effets contenus dans les locaux loués, ne peut point s'effacer devant le droit d'un créancier ordinaire. Si l'héritier bénéficiaire doit éteindre les créances, aussitôt qu'on l'exige, pourvu qu'elles soient légitimes, sans même examiner si d'autres créances non réclamées doivent avoir la préférence, cela ne peut raisonnablement se rapporter qu'aux priviléges généraux. Dans cette hypothèse, le créancier privilégié est astreint d'agir, parce que, en faisant

retraite, il ne saurait pouvoir préjudicier ceux
qui, plus diligens que lui, veulent être payés de
suite. Interpréter différemment l'art. 808, c'est
ouvrir la porte à la fraude, et nier le respect dû
aux droits acquis.

Quelles ne seraient pas les conséquences de
l'arrêt de la Cour de Paris, du 25 juin 1807, s'il
fallait s'en tenir à la doctrine perverse qu'il consacre? On décide qu'un héritier bénéficiaire est
à l'abri de tout recours, lorsqu'il a distribué aux
créanciers et aux légataires l'entier actif mobilier
et immobilier, bien qu'il n'ait pas eu égard à
une inscription hypothécaire antérieure. Cet
arrêt, je ne peux le taire, est destructif des principes les plus solennels. L'art. 2114 dit que
l'hypothèque est, de sa nature, indivisible, et
subsiste en entier sur tous les immeubles affectés, sur chacun et sur chaque portion de ces immeubles. Elle les suit dans quelques mains qu'ils
passent. L'art. 2134, sauf l'exception au profit
des femmes mariées, des mineurs, des interdits,
dispose qu'entre les créanciers, l'hypothèque soit
légale, soit judiciaire, soit conventionnelle, a rang
du jour de l'inscription prise sur les registres du
conservateur. Or, la loi, art. 2180, à part l'extinction de l'obligation principale et la renonciation
du créancier, impose l'accomplissement des

formes et conditions pour la purge des hypothèques (Sirey, tom. 7-2 996; Dalloz, *Recueil
alphabétique*, v° Succcessions, chap. 5, sect. 3,
art. 3, n. 20, et Vazeille, *Résumé sur les successions*, art. 808, n. 2).

Un créancier de la succession s'est fait connaître, et il se trouve en concours avec un légataire à titre particulier d'un immeuble; comment
procédera-t-on ? La Cour de Bordeaux a jugé, le
8 juillet 1828, que la délivrance du legs devait
avoir lieu, et qu'aucune résistance, si elle ne
venait pas du créancier, ne pouvait être opposée
au légataire; voici le texte de l'arrêt :

« Attendu que l'héritier est tenu de faire aux
légataires particuliers, la délivrance de leurs
legs, et que, suivant l'art. 1017, il est personnellement obligé de les acquitter;

« Qu'aux termes de l'art. 1024, le légataire
n'est point tenu des dettes de la succession, sauf
la réduction du legs, au cas où il excéderait la
quotité disponible;

« Qu'il suit évidemment, de ces deux dispositions combinées, que l'héritier bénéficiaire n'a
pas le droit de faire vendre l'immeuble légué,
soit en propriété, soit en usufruit, pour acquitter les dettes de la succession;

« Que, s'il est vrai que, par l'art. 1020, il n'est

point tenu de dégager l'immeuble légué, de l'hypothèque dont il est grevé, cette disposition, qui le soustrait au recours du légataire poursuivi par le créancier hypothécaire, ne lui confère nullement le droit d'agir, en son nom, pour faire vendre l'immeuble hypothéqué, objet du legs particulier, et se mettre ainsi au lieu et place du créancier » (Sirey, tom. 29-2-243).

Dès l'abord, l'art. 809 semble légitimer cet arrêt; car il dit que, « les créanciers non opposans, qui ne se présentent qu'après l'apurement du compte et le paiement du réliquat, n'ont de recours à exercer que contre les légataires : » d'où il résulte qu'un legs peut être remis avant que les créanciers aient été payés. Mais l'interprétation est trop rigoureuse. Il n'y a de biens, que lorsque les charges et les dettes sont éteintes; c'est la maxime : *Bona non dicuntur, nisi deducto ære alieno.* Sans doute, si l'héritier ne sait pas qu'il existe des créanciers, son devoir est de désintéresser les légataires, de ne pas différer l'exécution des dispositions à cause de mort; toutefois, l'espèce change, quand il a la certitude que les legs sont absorbés par les dettes. Il doit refuser la délivrance au légataire, et, s'il n'existe point d'autres valeurs, provoquer la vente de l'immeuble légué. Le principe s'attache égale-

13

ment aux meubles, parce que la raison de décider est la même. C'est l'héritier, en effet, que
les art. 803, 806 et 808, investissent du droit d'administrer les biens, de les faire vendre, et de
libérer le défunt; quant aux art. 1017, 1020
et 1024, ils ne s'appliquent, par la force des
choses, qu'au cas où la succession a été acceptée
purement et simplement.

L'héritier peut se trouver au nombre des
créanciers; faudra-t-il qu'il renvoie son paiement
à la distribution des derniers fonds, à une
époque où les autres créanciers et les légataires
auront tout pris? Je ne le pense pas. Un des
effets du bénéfice d'inventaire, ainsi qu'on le
verra au chapitre VII, est de ne pas confondre
les dettes. Nul doute dès-lors que l'héritier ne
puisse se payer de ses propres mains. Une difficulté surgit pourtant de l'art. 996 du Code de
procédure civile, sous ce rapport que les actions
à intenter par lui, contre la succession, doivent
l'être, à défaut de co-héritiers, contre un curateur au bénéfice d'inventaire. Cependant, par le
mot *action*, le législateur n'a entendu parler que
d'un droit incertain, litigieux peut-être, de nature à exiger l'intervention du juge: donc l'héritier, créancier par acte authentique, ou par obligation sous signature privée, n'importe, a la

prérogative de retenir, sur les fonds dont il est nanti, le montant de ce qui lui est dû (A. Dalloz, *Dictionnaire de Législation*, v° Succession béneficiaire, n. 199; Duranton, *Cours de Droit français*, tom. 7, n. 35, et Vazeille, *Résumé sur les Successions*, art. 808, n. 6).

Ce n'est pas seulement après l'inventaire, et son acceptation modifiée, qu'il est autorisé à commencer les paiemens. La Cour de Paris a jugé, le 11 fructidor an XIII, qu'il le pouvait même pendant les délais pour faire inventaire et délibérer, s'il obtenait la sanction de la justice. On ne doit qu'applaudir à cette solution. Si l'art. 796 du Code civil, prévoyant les cas d'urgence, a permis qu'un héritier pût, sans prendre qualité, procéder à la vente des objets susceptibles de dépérir ou dispendieux à conserver, il n'a fait que poser la règle; aussi le juge peut-il la mettre en action toutes les fois que les circonstances l'exigent. Je crois même que l'héritier, se plaçant sous l'égide protectrice de l'acceptation bénéficiaire à futur, a le droit, sauf réserves, de payer avec l'argent trouvé sous les scellés, ou de consentir à ce qu'un tiers débiteur paie au nom de la succession (Sirey, tom. 7-2-884).

72. Qu'a voulu dire l'art. 808, en employant la locution : *Créanciers opposans*? Toullier,

Cours de Droit civil, tom. 4, n. 381, croit que
cela s'entend de tous ceux qui ont fait connaître
leurs droits, et qui ont formé, par un acte juridique, leur *opposition* à ce qu'il ne soit rien fait
à leur préjudice. Mais est-ce de la sorte qu'il faut
raisonner ? La définition me paraît beaucoup
trop restreinte : il y aurait danger à se renfermer
dans ce cercle, car il est vicieux.

L'opposition dont il est parlé, n'a et ne peut
avoir d'autre portée que celle de mettre le créancier en contact avec l'héritier ; c'est, en d'autres
termes, *un avertissement que la créance existe*,
et qu'elle est encore à payer. On aurait tort de
soutenir le contraire. La loi n'oblige point à employer le mot *opposition*, plutôt que celui de
sommation, et celui de *sommation*, plutôt que
celui d'*interpellation*. Dans l'art. 808, en effet,
on ne commande pas d'expression sacramentelle ;
il peut, par conséquent, être observé par des
synonymes, équivalant à une opposition, et qui
arrivent au même but. Il suffit que le créancier,
le légataire, fassent signifier leurs titres, qu'ils déclarent, par acte officiel, amender telle ou telle
chose dans la succession, pour que l'héritier doive
être réputé instruit, et soit tenu d'assimiler leur
communication à une demande positive.

Ainsi, une distribution par contribution a

été ouverte judiciairement : plusieurs légataires et créanciers ont fourni leur acte d'allocation ; cet acte équipollera à une opposition ; il produira ses effets non seulement dans la distribution qui l'a suscité, mais même dans celles qui auront lieu plus tard. Une opposition aux scellés, quoiqu'elle n'ait en vue qu'une simple mesure de conservation, n'en obligera pas moins l'héritier à tenir compte de l'avertissement, et à ne faire aucun paiement aux autres créanciers, en l'absence de celui qui s'est fait connaître. Il est sans importance, quant au résultat, qu'un créancier hypothécaire se présente à l'occasion du mobilier, et qu'un créancier chirographaire accoure à la distribution d'un immeuble ; car si l'héritier l'a connu, par quelque voie que ce soit, il lui est défendu de le laisser à l'écart.

73. « S'il y a des créanciers opposans, dit en outre l'art. 808, on ne peut payer que dans l'ordre et de la manière réglés par le juge. » L'art. 990 du Code de procédure civile continue ainsi : « Le prix de la vente du mobilier sera distribué entre les créanciers opposans, suivant les formalités indiquées au titre *de la Distribution par contribution.* » Quant au prix des immeubles, l'art. 991 ordonne qu'il soit distribué suivant l'ordre des priviléges et hypothèques. Or,

peut-on induire de là, qu'une opposition de la part d'un ou plusieurs créanciers, arrête les paiemens ultérieurs ?

Rigoureusement parlant, à s'en tenir au sens littéral de l'art. 808 du Code civil, dès qu'il y a opposition, l'héritier ne devrait plus payer sans y être autorisé. Telle n'a pu être, néanmoins, l'intention du législateur. Sans doute, comme le dit Rolland de Villargues, *Répertoire du Notariat*, v° Bénéfice d'inventaire, n. 150, de ce que l'héritier bénéficiaire n'est pas le mandataire des créanciers et des légataires, de ce qu'il n'est pas saisi du droit d'exercer leurs actions, il suit que les légataires et les créanciers peuvent et doivent même, en certains cas, former des oppositions entre ses mains, ou en celles des débiteurs de la succession ; toutefois, ne peut-il pas arriver que l'opposant soit mal fondé dans sa réclamation, et que le caprice seul le fasse agir ?

Oui, aux termes de l'art 808, une opposition arrête les paiemens, mais ce n'est que dans le seul intérêt de celui dont elle émane, afin de lui assurer, s'il est créancier légitime, que ce qui reste de la succession ne sera point absorbé sans qu'il ait sa part. L'héritier conserve, à tout événement, la faculté d'apprécier le mérite de l'obstacle qu'on jette dans son administration, et de le rejeter d'ores et déjà, s'il le juge à propos. En effet, parce qu'il a plu à un individu de se prétendre créancier, et de faire signifier son opposition, quoiqu'il ne lui soit rien dû, faudra-t-il que l'administrateur des biens et droits héréditaires, sacrifiant les intérêts de la masse et les siens propres, aille s'aventurer dans une distribution judiciaire, ou que, pour ne pas plaider, il attribue à l'opposant une somme à laquelle il n'est pas tenu?

Chabot de l'Allier, *Commentaire des Successions*, art. 808, n. 2, est de cet avis; car il enseigne que l'héritier par bénéfice d'inventaire qui, nonobstant les oppositions, paie arbitrairement quelques créanciers, au préjudice des autres, est déchu de la prérogative que lui donnait l'acceptation bénéficiaire, et obligé, dès-lors, *ultrà vires hæreditatis*. On ne peut certes, de quelque influence que soit l'autorité de ce savant jurisconsulte, admettre une opinion aussi tranchée. L'héritier est tout au plus, sauf répétition, assujéti à une indemnité, si, examen fait des titres de l'opposant, il vient à être reconnu que ce dernier est réellement créancier de la succession. C'est la règle de l'art. 1242 (Cassation, 27 décembre 1820, Sirey, tom. 21-1-385; A Dalloz, *Dictionnaire de Législation*, v° SUCCESSION BÉNÉ-

FICIAIRE, n. 198; Duranton, *Cours de Droit français*, tom. 7, n. 33, et Vazeille, *Résumé sur les
Successions*, art. 808, n. 5).

74. Il ne résulte pas des art. 990 et 991 du
Code de procédure civile, qu'il soit toujours nécessaire de recourir au juge. Occupons-nous
d'abord du mobilier, puis nous passerons à
l'emploi du prix des immeubles. Quand il y a
suffisance de deniers, pourquoi se livrerait-on à
la distribution par contribution? L'héritier, dans
ce cas, assigne à chaque créancier son contin-
gent. Si, parmi les opposans, il en est quelqu'un
dont la créance ne soit pas avouée, il lui suffit
de prendre des précautions dans l'intérêt du
soi-disant créancier, et d'attendre, ou de faire
attendre, pour savoir le parti qu'il convient de
suivre à son égard, qu'il ait été statué par l'autorité compétente. C'est par oubli que Favard
de Langlade, *Répertoire de Législation*, v° BÉNÉ-
FICE D'INVENTAIRE, n. 11, a omis de faire cette
distinction importante.

La position de la succession se complique,
lorsque les fonds saisis-arrêtés, ou frappés d'opposition vis-à-vis de l'héritier, manquent à l'acquit des dettes pour lesquelles les légataires et
les créanciers se sont opposés : chaque partie
étant réduite à un dividende, l'embarras est de

le fixer, surtout si, parmi les intervenans, il y en a qui excipent d'un privilége. Mais je répéterai ici ce que je disais il n'y a qu'un instant : « Il ne faut pas que, pour l'intérêt particulier, l'intérêt général en souffre. » L'héritier, comme administrateur, doit tenter la voie amiable, assembler les créanciers, leur faire des représentations, et même au besoin les constituer en demeure ; de telle sorte, qu'on puisse mettre à la charge du récalcitrant les frais occasionnés par un injuste refus de s'accorder. Il est évident que les formes judiciaires étant facultatives, à moins qu'il n'existe des mineurs, des interdits, celui qui, par son obstination, oblige à les employer, s'il est dans son tort, doit en subir lui-même les conséquences (Chabot de l'Allier, *Commentaire des Successions*, art. 808, n. 3 ; Dalloz, *Recueil alphabétique*, v° Successions, chap. 5, sect. 3, art. 3, n. 11 ; Delaporte, *Pandectes françaises*, tom. 3, pag. 208 ; Delvincourt, *Cours de Code civil*, tom. 2 pag. 32, note 8 ; Malpel, *Traité des Successions*, n. 476 ; Rolland de Villargues, *Répertoire du Notariat*, v° Bénéfice d'inventaire, n. 127, et Toullier, *Cours de Droit civil*, tom. 4, n. 380).

S'il s'agit de distribuer les sommes qui sont provenues des immeubles, il faut faire la même

distinction : y a-t-il *suffisance* ou *insuffisance ?*
« L'héritier est tenu, dit l'art. 806 du Code civil,
d'en déléguer le prix aux créanciers qui se sont
fait connaître. » C'est le certificat d'inscriptions
à la main, qu'il acquiert cette connaissance,
parce qu'un créancier à hypothèque inscrite, n'a
pas à former opposition par acte extra-judiciaire. Or, point de difficulté, si le montant de
la vente dépasse le total des créances hypothécaires à inscription valable ; s'il est inférieur,
cela empêchera-t-il l'héritier de faire des délégations, et d'exiger qu'on paie les créanciers
premiers inscrits ?

Il n'est pas possible d'élever des doutes sérieux contre la négative. L'acquéreur ne voudra
certainement accepter aucune délégation, s'il
reste après elle quelque chance de poursuite.
« S'il est troublé, dit l'art. 1653, ou a juste sujet
de craindre d'être troublé par une action, soit
hypothécaire, soit en revendication, il peut suspendre le paiement du prix jusqu'à ce que le
vendeur ait fait cesse le trouble, si mieux n'aime
celui-ci donner caution, ou à moins qu'il n'ait
été stipulé que, nonobstant le trouble, l'acquéreur paiera. » C'est ce qui démontre aussi que les
délégations ne sont jamais obligatoires, lorsque
tous les créanciers hypothécaires ne sont pas in-

tégralement payés. Voilà pourquoi il est rare de
ne point voir, dans les cahiers de charges, cette
clause banale : « L'adjudicataire paiera le prix de
son adjudication aux créanciers inscrits, sur les
délégations qui auront été faites, ou d'après
l'ordre qui sera réglé en justice. »

Ne concluons pas, au surplus, de l'art. 991 du
Code de procédure civile, qu'il y ait nécessité,
dans tous les cas, de faire procéder à un réglement des créanciers à hypothèque inscrite; car,
par les mots : « Le prix de la vente des immeubles sera distribué suivant l'ordre des priviléges
et hypothèques, » le législateur n'a pu détruire
ni l'art. 809 du Code civil, touchant les délégations, si elles offrent de l'opportunité, ni l'art. 749,
au titre de *l'Ordre*, qui ne prescrit de s'adresec
au juge que sur une tentative préalable de conciliation (Carré, *Lois de la Procédure civile*,
question 3232; Chabot de l'Allier, *Commentaire
des Successions*, art. 806, n. 3, et art. 888, n. 2;
Demieu-Crouzilhac, *Explication du Code de
procédure civile*, pag. 664 et 665; Pigeau, *Commentaire de la Procédure civile*, tom. 2, art. 991,
note 1, et Thomine-Desmazures, *Commentaire du
Code de procédure civile*, n. 1187).

75. Un procès soutenu par l'héritier, ou dont
il pourrait être menacé, ne doit pas être un motif

pour lui faire ajourner les paiemens, s'il a, d'un
autre côté, des biens suffisans pour y faire face.
Supposons, en effet, qu'il plaide avec le dessein
de se faire absoudre d'une action dirigée contre
la succession; faudra-t-il que, jusqu'à la conclusion du litige, les sommes disponibles qu'il a en
son pouvoir, ou qui sont chez un débiteur du
défunt, restent sans destination? On ne peut
raisonnablement le penser. Tout ce qu'il est en
droit d'exiger, s'il n'existe point d'autres valeurs
héréditaires, c'est de retenir par-devers lui ce
qu'il en coûtera pour fournir à la défense, ou
pour parer aux frais de l'attaque, si c'est lui qui
l'a provoquée.

« Le paiement des créanciers hypothécaires
sur certains biens, dit Toullier, *Cours de Droit
civil*, tom. 4, n. 391, ne doit pas être retardé
par les procès relatifs aux autres biens; en un mot,
les procès ne peuvent pas entraver la distribution des deniers existans. On ne doit pas attendre
l'apurement du bénéfice d'inventaire, pour faire
cette distribution. » Cependant, comme l'héritier n'est qu'administrateur, qu'il est fondé à
reprendre ses avances, et qu'il est soumis à la
reddition d'un compte, il n'est pas juste qu'il se
dénantisse de tous les fonds, et que, par un
excès de générosité, il s'expose à faire des pertes,

Ainsi, par la même raison, le débat judiciaire, l'apparence d'un droit contestable ou contesté, entre l'héritier et un créancier ou un légataire, n'a pas l'effet de suspendre la marche de la distribution, soit mobilière ou immobilière, soit amiable ou forcée. On remédie à l'inconvénient de l'éventualité, en affectant une somme analogue à l'objet en discussion, et qui est prise ensuite par celui qui triomphe. Il est dans l'esprit de notre législation, que les distributions se fassent à mesure qu'il rentre des fonds, et que les créanciers, les légataires, sauf les exceptions que j'ai signalées, soient payés au fur et à mesure qu'ils se présentent (Rolland de Villargues, *Répertoire du Notariat*, v° BÉNÉFICE D'INVENTAIRE, n. 133 et 134).

76. La transaction et l'arbitrage, vont avec l'acceptation bénéficiaire. C'est une proposition, j'en conviens, qui est vivement combattue; mais le choc de la controverse, les lumières qu'elle a répandues, ne l'ont rendue que plus évidente. Que faut-il, en effet, pour pouvoir compromettre ou transiger? Avoir la capacité de contracter, plus la libre disposition de l'objet compris dans la transaction ou le compromis; c'est le vœu de l'art. 2045 du Code civil, et de l'article 1003 du Code de procédure civile.

Toute la base est là; il n'y a aucune distinction à établir, du moins quant à l'héritier par bénéfice d'inventaire, bien que l'art. 1989, au titre *du Mandat*, énonce que le pouvoir de transiger ne renferme pas celui de compromettre.

Merlin, le maître des jurisconsultes français, a examiné la question sous un point de vue complexe; écoutons-le parler, *Répertoire de Jurisprudence*, v° BÉNÉFICE D'INVENTAIRE, n. 26; que dit-il? « Toutes personnes peuvent, aux termes de l'art. 1003 du Code de procédure civile, compromettre sur les objets dont elles ont la libre disposition. L'héritier peut donc compromettre, s'il a la libre administration des valeurs qui dépendent de la succession; il ne le peut pas, dans l'hypothèse contraire. Mais, cette disposition, l'a-t-il ou ne l'a-t-il pas? Il ne l'a point dans l'intérêt des créanciers; car, à leur égard, il n'est qu'administrateur. Il l'a dans son intérêt personnel; car, en ce qui le concerne, il est propriétaire. »

Ainsi, qu'il s'agisse de compromis ou de transaction, l'héritier bénéficiaire aurait et n'aurait pas le pouvoir de les consentir. Pour lui, abstraction faite des créanciers et des légataires, l'acte est valable; il ne l'est pas, néanmoins, par

rapport aux légataires et aux créanciers, parce
que le bénéfice d'inventaire, sa qualité d'administrateur, impliquent d'une manière sensible
(Cassation, 20 juillet 1814, et Paris, 22 fév. 1814,
Sirey, tom. 15-1-32, et tom. 14-2-384; A. Dalloz,
Dictionnaire de Législation, v° SUCCESSION BÉ-
NÉFICIAIRE, n. 184; Delvincourt, *Cours de Code
civil*, tom. 2, pag. 302, n. 2; Duranton, *Cours
de Droit français*, tom. 7, n. 55; Favard de Langlade, *Répertoire de Législation*, v° BÉNÉFICE
D'INVENTAIRE, n. 10; Malpel, *Traité des Successions*, n. 237, et Vazeille, *Résumé sur les
Successions*, art. 803, n. 6).

Toullier n'est pas tout-à-fait du sentiment des
auteurs que je viens de citer. Dans son *Cours de
Droit civil*, tom 4, n. 361, après avoir enseigné
que l'héritier par bénéfice d'inventaire fait nécessairement acte d'héritier pur et simple, en
hypothéquant les biens à ses créanciers personnels, ajoute :

« Il en est autrement des compromis et des
transactions qui ont pour but de terminer des
contestations et des procès, et, par conséquent,
de liquider la succession. L'héritier bénéficiaire
peut donc transiger et compromettre, *sans déroger à sa qualité;* les compromis et transactions
qu'il fait sont valides, sauf aux créanciers ou lé-

gataires à faire prononcer la déchéance contre lui, s'il est jugé qu'il ait excédé ses pouvoirs en qualité d'administrateur. »

C'est, comme on le voit, de cette expression: *S'il est jugé qu'il ait excédé ses pouvoirs en qualité d'administrateur*, que dérive la solution. Tout est subordonné à la condition d'user de la transaction et du compromis avec une grande réserve, et lorsque les intérêts de la succession ou de la communauté l'exigent impérieusement. Le premier devoir de l'héritier qui a accepté par forme bénéficiaire, est d'administrer en bon père de famille; aussi est-il répréhensible, et ce qu'il a fait doit être annulé, s'il viole ce précepte de morale et d'étroite justice.

En droit, on le sait, «toute personne peut contracter, si elle n'en est pas déclarée incapable par la loi; » c'est le texte de l'art. 1123 du Code civil. L'art. 1124 complette la disposition, en indiquant les incapacités; mais voyons. « Les incapables de contracter sont, est-il dit, les mineurs, les interdits, les femmes mariées, dans les cas exprimés, et généralement tous ceux à qui la loi interdit certains contrats. » Telle est la règle générale.

Or, le législateur, au titre *des Transactions*, et à celui *des Arbitrages*, a-t-il introduit quelque exclusion pour l'héritier sous bénéfice d'inventaire? Pas du tout. L'art. 2045 énonce seulement que, « le tuteur ne peut transiger pour le mineur ou l'interdit que conformément à l'article 467, au titre *de la Minorité, de la Tutelle et de l'Emancipation*; qu'il ne peut transiger avec le mineur devenu majeur, sur le compte de tutelle, que conformément à l'art. 472, au même titre; que les communes et les établissemens publics, ne peuvent transiger qu'avec l'autorisation expresse du roi. »

Le Code de procédure civile a aussi, en matière d'arbitrage, ses exclusions; l'art. 1004 les énumère ainsi:

« On ne peut compromettre sur les dons et les legs d'alimens, logement et vêtemens; sur les séparations d'entre mari et femme, divorces, questions d'état; ni sur aucune des contestations qui seraient sujettes à communication au ministère public. »

Reste à savoir si l'héritier bénéficiaire est, à raison des droits et actions litigieux qui concernent l'hérédité, soumis lui-même à cette communication? La négative résulte de l'art. 83.

« Seront, dit cet article, communiquées au procureur du roi, les causes suivantes:

« 1° Celles qui concernent l'ordre public, l'état, le domaine, les communes, les établissemens publics, les dons et legs au profit des pauvres;

« 2° Celles qui concernent l'état des personnes et les tutelles;

« 3° Les déclinatoires sur incompétence;

« 4° Les règlemens de juges et les récusations;

« 5° Les renvois pour parenté et alliance;

« 6° Les prises à partie;

« 7° Les causes des femmes non autorisées par leurs maris, ou même autorisées, lorsqu'il s'agit de leur dot, et qu'elles sont mariées sous le régime dotal;

« 8° Les causes des mineurs, et toutes celles où l'une des parties est défendue par un curateur;

« 9° Les causes concernant ou intéressant les personnes présumées absentes;

« 10° Celles relatives à l'instruction et au jugement du faux incident civil;

« 11° Celles en désaveu;

« 12° Celles qui tendent à requête civile.»

Ainsi, hors ces cas, et tous autres qui pourraient être prévus par une loi spéciale, l'héritier par bénéfice d'inventaire peut, de son propre mouvement, compromettre et transiger, sans qu'il y ait contradiction avec sa qualité d'administrateur, et sans qu'il ait besoin d'être autorisé par qui que ce soit.

Il est d'autant plus certain que cet héritier en a la faculté, que l'art. 83 précité, en soumettant les curateurs à communiquer leurs actions au ministère public, sans parler de lui, a bien voulu qu'il eût le droit de transiger et de compromettre. S'il avait dû en être autrement, le législateur s'en serait évidemment expliqué; mais s'il l'avait fait, il aurait nui à la poursuite du bénéfice d'inventaire, car il est des circonstances où il est avantageux de compromettre et de transiger (Bordeaux, 16 mars 1832, Dalloz, *Recueil périodique*, année 1832-2-168).

Le système opposé me paraît si inconciliable avec l'esprit de notre législation, que l'art. 51 du Code de commerce veut que « toute contestation entre associés, et pour raison de leur société, soit jugée par des arbitres. » Que fera dès-lors l'héritier qui a accepté bénéficiairement la succession de son auteur, si celui-ci était commerçant? Il n'est certes pas permis de croire qu'on l'affranchise de l'arbitrage forcé, parce qu'il n'a que l'administration des biens et des droits successifs.

A. Dalloz, *Dictionnaire de Législation*, v° Succession bénéficiaire, n. 186, et Vazeille, *Résumé sur les Successions*, art. 803, n. 7, poussent peut-être plus loin les conséquences de leur doctrine.

En effet, ils vont jusqu'à déclarer que si l'héritier par bénéfice d'inventaire sollicitait du procureur du roi, la désignation des trois jurisconsultes qui, d'après l'art. 467, doivent donner leur avis sur la transaction proposée par le tuteur, un seul créancier pourrait s'y opposer. Donc, l'héritier bénéficiaire aurait moins de latitude qu'un tuteur, puisque, sur l'avis de la famille de son pupille, le tuteur peut transiger; donc un créancier, quelque modique que fût sa créance, aurait plus de pouvoir qu'un parent, puisque, dans un conseil de famille, une voix dissidente n'est comptée pour rien, et qu'elle serait tout pourtant en matière d'acceptation bénéficiaire!

77. Même controverse à l'occasion de la vente amiable des biens meubles et immeubles qui font partie du bénéfice d'inventaire. On a vu, n. 17, que, sous l'ancienne jurisprudence, les opinions étaient partagées là-dessus. Il y avait des endroits où l'absence des formes de procédure était indifférente, tandis qu'elle était essentielle, en d'autres lieux. C'est pour cela que la Cour de cassation décida, le 26 janvier 1818, que, pour l'appréciation d'une vente pareille, il fallait s'en référer au statut local; c'est pour cela encore que la Cour de Metz jugea, le 5 août 1819, qu'avant la publication du Code de

procédure civile, l'héritier qui acceptait bénéficiairement, n'était pas inhibé de consentir les
ventes volontaires (Sirey , tom. 18-1-256, et
tom 21-2-7).

La dissidence se montre aujourd'hui avec autant d'intensité. Cependant, la Cour régulatrice
semble avoir nettement tranché l'objection ; car
elle a consacré le principe, le 26 juin 1828, que,
la vente faite par un héritier, sous bénéfice d'inventaire, d'immeubles dépendans de la succession, ne lui fait par perdre la qualité d'héritier
bénéficiaire, si elle n'a été contractée que sous
la condition qu'elle ne préjudicierait point à cette
qualité, et qu'il pourrait la rendre sans effet
en renonçant à la succession d'où provenaient les
immeubles vendus. C'est , il me semble, faire
une sage et rationnelle application des art. 988
et 989 du Code de procédure civile, dont voici la
transcription littérale : « Il sera procédé à ladite
vente, suivant les formalités prescrites au titre
des Partages et Licitations. L'héritier bénéficiaire sera réputé héritier pur et simple, s'il a
vendu des meubles et des immeubles sans se con-
former aux règles énoncées dans le présent titre.»
Tout gît donc dans la pensée qui a présidé à
la vente volontaire, soit des immeubles, soit
des meubles. « L'intention de la loi et la souve-

raine équité, doivent toujours prédominer dans les questions qui naissent à cette occasion, parce que l'intention de la loi est qu'il ne puisse être fait aucun tort aux créanciers. Une faute de l'héritier, qui prive les créanciers de la connaissance de l'état de la succession, ou d'une partie de son produit, doit le priver du bénéfice que la loi lui accorde. Mais si des créanciers prétendent constituer en faute l'héritier, lorsqu'il est évident qu'ils n'ont rien perdu, ils doivent être rarement écoutés, d'après la maxime : *Etsi non facilè recedendum est à solemnibus, tamen ubi evidens equitas poscit, subveniendum est »* (Thomine-Desmazures, *Commentaire de la Procédure civile*, n. 1182).

Il suffit de dire, pour le moment, que les auteurs sont presque unanimes sur ce point, que la vente non formalisée, que se permet l'héritier bénéficiaire, est hors du cercle tracé par le bénéfice d'inventaire. Un tel sentiment, que je ne partage pas, me conduirait à anticiper sur la discussion des causes de déchéance, et à approfondir dès-lors ce que c'est qu'un acte d'héritier; aussi je renvoie au chap. 8, où la question est traitée (Carré, *Lois de la Procédure civile*, question 3225 ; Chabot de l'Allier, *Commentaire des Successions*, art. 796, n. 3, et art. 806, n. 2 ;

A. Dalloz, *Dictionnaire de Législation*, v° SUCCES-
SION BÉNÉFICIAIRE, n. 103 et 108; Delvincourt,
Cours de Code civil, tom. 2, pag. 95, note 7; Du-
ranton, *Cours de Droit français*, tom. 7, n. 26
et 28; Favard de Langlade, *Répertoire de Légis-
lation*, v BÉNÉFICE D'INVENTAIRE, n. 10 et 14;
Malpel, *Traité des Successions*, n. 233; Merlin,
Répertoire de Jurisprudence, v° BÉNÉFICE D'INVEN-
TAIRE, n. 25; Rolland de Villargues, *Répertoire
du Notariat*, EOD. VERB., n. 110 et 119; Toullier,
Cours de Droit civil, tom. 4, n. 360, et Vazeille,
Résumé sur les Successions, art. 805, n. 1,
et art. 806, n. 1).

Je me bornerai à répéter, avec un des rédac-
teurs de nos codes : « Sous l'empire de la coutume de Paris, dit Pigeau, *Commentaire de la
Procédure civile*, art. 988, note 3, n. 1, l'héritier qui vendait les immeubles n'était pas pour
cela déchu de sa qualité d'héritier sous bénéfice
d'inventaire. On aurait dû établir la même chose
dans le droit actuel, sauf à accorder aux créanciers le droit de surenchérir, ou une action hypothécaire; autrement, on oblige l'héritier, qui ne
veut pas le devenir pur et simple, à faire des
frais qu'on aurait évités. »

78. Passons à la vente judiciaire des meubles
et effets de la succession. De quelle manière y

est-il procédé? Il existe deux dispositions législatives sur la matière : l'une, c'est l'art. 986 du Code de procédure civile, qui exprime que, « si l'héritier veut, avant de prendre qualité, conformément au Code civil, se faire autoriser à procéder à la vente d'effets mobiliers dépendans de la succession, il présentera, à cet effet, requête au président du tribunal de première instance dans le ressort duquel la succession est ouverte, et que la vente sera faite par un officier public, après les affiches et publications prescrites pour la vente du mobilier; » l'autre, c'est l'art. 989, portant que, « s'il y a lieu à faire procéder à la vente du mobilier dépendant de la succession, la vente sera faite suivant les formes prescrites.»

Ce n'est pas évidemment pour le même cas, que ces articles ont été rédigés; car il y aurait double emploi. L'art. 986 n'a trait qu'à la vente d'objets dépérissables ou dispendieux à conserver, objets que l'art. 796 du Code civil donne le droit à l'héritier de faire vendre, avant d'avoir pris qualité; l'art. 989, qui se rattache à l'art. 805, forme le complément de l'acceptation bénéficiaire, et n'est que la consécration de la prérogative qu'a l'héritier de se livrer à la vente, quand il veut, de tout ou partie du mobilier qu'il a trouvé dans la succession. Il résulte de là aussi que tandis que, dans la première hypothèse, une autorisation de la justice est utile, elle est superflue dans la seconde hypothèse, et que les frais qu'elle entraîne doivent être rejetés.

Duranton, *Cours de Droit français*, tom. 7, n. 26, est d'un autre sentiment; il croit que l'autorisation est toujours nécessaire. La distinction est pourtant facile à saisir. En effet, la différence d'application est dans la différence des termes. Par l'art. 796 du Code civil, le législateur prévoit que, pendant les trois mois et quarante jours dont l'héritier est à même d'user, sans faire connaître ses intentions, des objets peuvent dépérir, ou coûter trop cher d'entretien; c'est pour cela que, dans l'art. 986 du Code de procédure civile, il se sert de la locution restreinte d'*Effets mobiliers;* au contraire, par l'art. 805, il embrasse la généralité des meubles, et, dans l'art. 989, il dit dès-lors: *Mobilier et Rentes* (Carré, *Lois de la Procédure civile,* question 3217; A. Dalloz, *Dictionnaire de Législation,* v° SUCCESSION BÉNÉFICIAIRE, n. 103; Demiau-Crouzilhac, *Explication du Code de procédure civile,* page 662; Lepage, *Questions de Procédure civile,* pag. 664; Pigeau, *Commentaire du Code de procédure civile,* art. 986, note 1; Thomine-Desmazures, *Commentaire de la Procédure civile*, n. 1179, et Vazeille, *Résumé sur les Successions*, art. 805, n. 1).

La position du successible ayant d'ailleurs changé, sa règle de conduite doit changer également. Qu'avant que l'inventaire soit fait, à une époque où il n'a pas délibéré sur le parti définitif qu'il a à prendre, on l'ait assujéti à l'autorisation du président, cela se conçoit; car un héritier présomptif ne pouvant rien faire sans être en présomption d'accepter purement et simplement, il a bien fallu que, par sa demande même, il annonçât une autre intention. Or, ce motif de prudence n'existe plus, l'intérêt des créanciers et des légataires est à couvert, à l'instant où, par l'inventaire et l'acceptation faite bénéficiairement, il y a chose arrêtée entre tous les ayans-droit. Astreindre donc un héritier bénéficiaire à la permission préalable dont il s'agit, c'est le mettre sous le lien d'un refus. Certes, il n'est pas possible que, s'il juge à propos de vendre, ou puisse l'en empêcher, sans compliquer la marche du bénéfice d'inventaire, et compromettre l'administrateur vis-à-vis des légataires, des créanciers, qu'il est tenu de payer.

Remarquez, au reste, que la loi paraît n'avoir entendu assujétir aux formalités des ventes publiques, que le mobilier ou les meubles proprement dits; quant aux grains en gros ou en détail, ainsi que les vins, rien ne s'oppose à ce qu'ils soient vendus de gré à gré, pourvu que le prix ne s'écarte pas du taux des mercuriales. Ces objets ont toujours une valeur égale pour les personnes qui les achètent dans le but de les consommer. Il n'y a qu'un spéculateur qui puisse excéder le prix ordinaire, et l'on en trouve rarement. Des meubles, une fois vendus, il serait difficile d'administrer la preuve d'infériorité de vente avec la valeur réelle, au lieu que celle du vin, du blé, du bois, et autres récoltes détachées du sol, est déterminée par l'autorité publique. Nul doute que les mots *objets*, *meubles* et *mobilier*, qu'on trouve dans les art. 796 et 805 du Code civil, et 986 et 989 du Code de procédure civile, ne leur soient tout-à-fait étrangers (Carré, *Lois de la Procédure civile*, question 3225; Chabot de l'Allier, *Commentaire des Successions*, art. 805, n. 1; Rolland de Villargues, *Répertoire du Notariat*, v° Bénéfice d'inventaire, n. 112, et Thomine - Desmazures, *Commentaire de la Procédure civile*, n. 1185).

Quand il a été reconnu que le mobilier d'une succession acceptée sous bénéfice d'inventaire doit être vendu, le juge ne peut donner l'option à l'héritier, ou de faire faire la vente, ou de con-

server les choses qui sont à vendre, sous la seule
condition de payer le montant de l'estimation.
Il est évident que les meubles et effets n'ont
qu'une valeur arbitrairement fixée par l'inventaire, parce qu'à raison du goût, de la conve-
nance des acheteurs, de la recherche même qu'il
peut y avoir dans le travail de l'ouvrier, la concurrence en fait souvent hausser le prix. L'estimation a dû être faite sans doute à juste valeur,
et sans crue; l'art. 943 remédie sous ce rapport
à l'inconvénient qui existait, autrefois, par les
variantes que produisait la crue ; mais comme,
indépendamment du prix intrinsèque, il y a le
prix relatif ou d'affection, il n'est pas permis de
s'en tenir aux énonciations de l'inventaire (Cassation, 19 février 1821, Sirey, tom. 21-1-208;
Carré, *Lois la Procédure civile*, question 3230;
Denisart, v° CRUE; A. Dalloz *Dictionnaire de Législation*, v° SUCCESSION BÉNÉFICIAIRE, n. 14 et 104;
Duranton, *Cours de Droit français*, tom. 7, n. 26,
et Locré, *Législation civile, commerciale et
criminelle*, tom. 10, pag. 167).

Dans tous les cas, soit qu'on exerce la vente
dont il est parlé dans l'art. 986, soit qu'on se
réfère à celle qui est prescrite par l'art. 989,
on observe les formes tracées par le titre *de la
Vente du mobilier*. L'art. 945 renvoie, à son

tour, au titre *des Saisies-exécutions*, c'est-à-dire
qu'il est ordonné de vendre les effets et les meubles sur publication et affiches, aux enchères
publiques. On ne peut pas soutenir qu'il faille,
ainsi que l'indiquent les art. 946 et 947, avoir
recours à l'ordonnance du président, et appeler
les parties qui ont droit d'assister à l'inventaire,
parce que cela n'est relatif qu'aux ventes mobilières qui se font entre cohéritiers, aux termes
de l'art. 826 du Code civil. Il suffit, pour procéder légalement, d'accomplir les formalités des
art. 617, 618, 619 et 620 du Code de procédure civile, sauf le droit d'intervention de la
part des tiers. S'il est question d'une coupe de
bois et d'autres récoltes encore pendantes par
les racines, c'est le titre *de la Saisie-brandon*
qui, pour la désignation, l'annonce et la publicité, contient les règles à suivre (Pigeau, *Commentaire de la Procédure civile*, art. 989,
note 2).

« Vendre des meubles, des effets, est quelquefois un écueil pour les personnes qui procèdent.
Les affiches, les annonces qu'on doit faire, dans
le but de prévenir le public, réveillent les susceptibilités, les ressentimens de ceux qu'elles
atteignent. Des tiers, qui ont pu croire, par
suite d'un long silence gardé, qu'on respectait

leurs droits, viennent aussitôt les mettre en mouvement.

« Il résulte de tout cela un conflit d'actions qui se croisent et se gênent, et l'opération qu'on se proposait, critiquée, soutenue, de part et d'autres, n'offre plus que des élémens de discussion. C'est pour tâcher de les rendre moins intenses, de hâter leur solution, s'il est possible, que la loi en attribue la première connaissance au juge des référés, mais sans lui imposer le devoir de les approfondir. L'art. 948, qui en fournit la preuve, est ainsi conçu : « S'il s'élève des difficultés, *il pourra être statué* provisoirement, en référé, par le président du tribunal de première instance » (*Traité des Référés*, n. 97).

Dans les successions, il est de regle, comme l'attestent les art. 50 et 59, que les demandes, avant partage, sont portées au tribunal de l'ouverture. Cependant, si la vente se fait ailleurs, il n'est pas possible de croire que le référé, qui constitue une mesure urgente, doive être engagé devant le président de ce tribunal. On procède alors comme sur exécution provisoire de titres, et l'art. 554 permet de s'adresser au président du lieu où est le mobilier dont la vente est poursuivie : il statue par préalable, sur le renvoi de l'officier public, ou après ajournement, sauf à renvoyer pour le surplus au tribunal du fond. Toute autre interprétation serait inconciliable avec la nature de l'action et la force des circonstances (Berriat-Saint-Prix, *Cours de Procédure civile*, pag. 704, note 9; Carré, *Lois de la Procédure civile*, question 3160, et Pigeau, *Traité de la Procédure civile*, tom. 2, pag. 645).

« Les greffiers, dit Thomine - Desmazures, *Commentaire du Code de procédure civile*, n. 1122, même ceux des justices de paix et les notaires, plus les huissiers, furent substitués, par les lois des 26 juillet 1790 et 17 septembre 1793, aux commissaires-priseurs, pour faire concurremment les prisées et les ventes de meubles. Nonobstant le rétablissement des commissaires-priseurs, ils ont été maintenus dans cette attribution, excepté dans le chef-lieu où les commissaires-priseurs sont établis. » On peut citer à l'appui de nombreuses autorités, et la jurisprudence paraît affirmative sur ce point (Rouen, 20 mars 1807, Paris, 4 décembre 1823, et Bordeaux, 6 août 1835, Sirey, tom. 7-2-1249, tom. 24-2-77, et tom. 36-2-60).

Il y a plus de difficulté pour le bois, le blé, le vin, et autres produits de la terre étant encore debout; car les art. 520 et 521 du Code civil, tant qu'ils sont sur leurs racines, les assimilent à des immeubles. Cependant, les huissiers, les commissaires-priseurs et les greffiers, n'ont reçu d'attribution, en matière de ventes aux enchères publiques, que pour les objets mobiliers. Je crois dès-lors qu'aux notaires seuls, préposés par la loi du 25 ventôse an XI, art. 1er, pour donner aux conventions des parties le caractère authentique, appartient le droit de vendre les récoltes qui n'ont pas été détachées du sol (Oui. Cassation, 1er juin 1822 et 18 juillet 1826, et Douai, 7 mai 1818, Sirey, tom, 22-1-308, tom. 27-1-93, et tom. 20-2-58.—Non. Cassation, 2 mars 1820, Sirey, tom. 20-1-277).

« C'est aussi aux notaires, a dit la Cour de cassation, le 23 mars 1836, qu'est réservé le pouvoir d'ouvrir les enchères sur un fonds de commerce, et de passer acte de l'adjudication. » On a considéré les denrées et marchandises comme l'accessoire de la clientelle. Mais n'y a-t-il pas là une vraie subtilité? Il est certain que je n'aurais pas jugé de cette manière. La renommée d'un marchand, d'un fabricant, n'est qu'idéale, et doit, sous cet aspect aventureux, s'unir à l'objet matériel dont elle ne forme que le cortége inséparable (Sirey, tom. 36-1-161).

79. L'art. 989 du Code de procédure civile, s'occupant des rentes du bénéfice d'inventaire,

exige qu'elles soient vendues suivant les formes particulières à ces sortes de biens. Il est donc démontré, qu'il faut recourir au titre *de la Saisie des rentes constituées sur particuliers*, et aux lois spéciales des 24 mars 1806 et 11 janvier 1808, relatives au transfert des rentes sur l'Etat. Je ne sache pas qu'il existe d'autres textes qui, de près ou de loin, soient de nature à les régir (A. Dalloz, *Dictionnaire de Législation*, v° Succession bénéficiaire, n. 107 ; Delvincourt, *Cours de Code civil*, tom. 2, pag. 96 ; Favard de Langlade, *Répertoire de Législation*, v° Bénéfice d'inventaire, n. 14 ; Pigeau, *Commentaire du Code de procédure civile*, art. 989, note 2 ; Rolland de Villargues, *Répertoire du Notariat*, v° Bénéfice d'inventaire, n. 116 ; Thomine-Desmazures, *Commentaire de la Procédure civile*, n. 1184 ; Toullier, *Cours de Droit civil*, tom. 4, n. 374, et Vazeille, *Résumé sur les Successions*, art. 805, n. 4).

RENTES SUR PARTICULIERS. — Sous cette dénomination, il faut comprendre les rentes foncières, les rentes constituées et les rentes viagères, dont les articles 530, 1909 et 1968 du Code civil, fournissent et les exemples et les définitions. Le titre 10 du Code de procédure civile, énumère les diverses formalités qu'on doit

15

remplir. C'est d'abord un commandement à la
personne obligée, ou à son domicile; l'art. 636
le dit formellement. Mais cette personne étant
ici le défunt, il n'est pas possible que son héritier se signifie à lui-même.

L'art. 637 exige un procès-verbal de saisie
entre les mains du débiteur de la rente, avec
assignation en déclaration; l'art. 641 veut en'
outre, que la saisie soit dénoncée à la partie saisie,
et que le saisissant lui indique le jour de la première publication. Même observation que la
précédente; j'ajoute que, si le procès-verbal de
saisie et l'assignation en déclaration sont impérieux, lorsque c'est un créancier qui poursuit,
afin de connaître le titre et la nature de la rente,
ils sont inutiles quand la poursuite est faite au
nom de l'héritier, puisqu'il a par-devers lui
tous les documens qui lui sont nécessaires.

Ainsi, par la force des choses, l'art. 643 est le
point de départ de la procédure requise en pareil cas. Un cahier de charges est dressé, déposé
au greffe; un extrait, imprimé en forme de pla-
card, est affiché dans les lieux voulus par la loi,
inséré dans un journal, et remis au greffier
avant la publication de l'enchère; une première
publication est faite, et à la seconde, qui est
distante de huitaine, la rente peut être adjugée

préparatoirement; enfin, une troisième publication est annoncée ; c'est là l'époque de la conclusion : la rente peut être adjugée définitivement.

RENTES SUR L'ÉTAT. — Cette nature de biens est régie par des formes toutes différentes. Une loi du 24 mars 1806, concernant les tuteurs, a déterminé la manière dont ils pourront transférer les rentes inscrites sur le grand-livre de la dette publique. Voyons : si elles sont au-dessous de 50 francs, toute formalité est superflue; car l'article 1er veut qu'un tuteur puisse en faire le transfert, en suivant le cours constaté du jour. Si elles sont d'une valeur supérieure, l'art. 3 de la loi veut autre chose : « Les inscriptions, est-il dit, ou promesses d'inscriptions au-dessus de 50 francs de rente, ne pourront être vendues par les tuteurs ou curateurs, qu'avec l'autorisation du conseil de famille, et suivant le cours du jour légalement constaté; dans tous les cas, la vente pourra s'effectuer sans qu'il soit besoin d'affiches, ni de publications. »

Pour le bénéfice d'inventaire, voici ce qui a été statué: « L'héritier bénéficiaire ne peut faire le transfert des inscriptions de rente au-dessus de 50 francs, sans y être préalablement autorisé; » c'est ce qu'exprime un avis du Conseil d'état, du 17 novembre 1807, approuvé le 11 janvier 1808, et qui, étant inséré au *Bulletin des Lois*, est devenu obligatoire.

Mais qui donnera l'autorisation? Le Conseil d'état n'a rien dit là-dessus. Dans les motifs qui ont déterminé sa résolution, il rappelle seulement l'art. 3 de la loi du 24 mars 1806, relative aux tuteurs. Faudra-t-il donc avoir recours au conseil de famille? Je ne le pense pas, si l'héritier qui a accepté la succession, bénéficiairement, n'est lui-même mineur.

Ce n'est pas non plus au tribunal de première instance, parce que, à cause de la position flottante du crédit public, le cas peut requérir célérité, et que ce point d'attribution rentre par suite dans le cercle des référés. On peut d'autant moins en douter, que l'art. 986 du Code de procédure civile, pour la vente des meubles dépérissables ou dispendieux à conserver, renvoie au président. Ce magistrat ne donne pas, à vrai dire, une autorisation; il accorde plutôt acte de la demande, dans le but de constater l'authenticité de sa date, et la quotité des rentes à transférer.

80. Nous venons de parcourir les ventes de meubles, d'effets mobiliers et des rentes; arrivons à celles des immeubles, de leurs accessoires et des droits immobiliers. «L'héritier bénéficiaire,

dit l'art. 806 du Code civil, ne peut vendre les immeubles que dans les formes prescrites par les lois sur la procédure.» Or, sous le terme générique d'*immeuble*, on comprend non seulement les fonds de terre et les bâtimens, qui le sont par leur nature, mais encore les biens réputés tels, soit par leur destination, soit par l'objet auquel ils s'appliquent.

Ce qui n'est immeuble que temporairement, par destination, est vendu presque toujours comme accessoire du sol, sauf pour les récoltes pendantes par racines, les fruits des arbres non encore cueillis, et les coupes ordinaires des bois taillis ou des futaies mises en coupes réglées : j'en ai parlé n. 78, en m'occupant des ventes de meubles, et je les ai classés sous le titre *de la Saisie-brandon*.

Ce qui est immeuble par application, c'est-à-dire par la nature même de la chose à laquelle il s'incorpore, forme un droit immobilier, et peut faire la matière d'une vente spéciale; tels seraient, par exemple, l'usufruit d'un bâtiment ou d'un fonds de terre, et l'action qui tendrait à revendiquer un immeuble.

Voilà l'analyse la plus brève qu'on puisse donner du titre *de la Distinction des biens*, et des rapports qui existent entre eux et les personnes qui les possèdent.

« S'il y a lieu, ajoute l'art. 987 du Code de procédure civile, à vendre des immeubles dépendans de la succession, l'héritier bénéficiaire présentera au tribunal de première instance, une requête où ils seront désignés : cette requête sera communiquée au ministère public; sur ses conclusions, et le rapport d'un juge nommé à cet effet, il sera rendu un jugement qui ordonnera préalablement que les immeubles seront vus et estimés par un expert nommé d'office. »

L'art. 988 complète la disposition; il porte que, « si le rapport est régulier, il sera entériné sur requête, par le même tribunal; que, sur les conclusions du ministère public, le jugement ordonnera la vente, et qu'il y sera procédé suivant les formalités prescrites au titre *des Partages et Licitations*. »

Une première objection se présente : quel est ce tribunal? L'art. 59, au titre *des Ajournemens*, l'exprime sans retour : « En matière de succession, est-il dit, sur les demandes entre héritiers, jusqu'au partage inclusivement; sur les demandes qui seraient intentées par les créanciers du défunt, avant le partage; sur les demandes relatives à l'exécution des dispositions à cause de mort, jusqu'au jugement définitif; le défendeur sera assigné devant le tribunal du lieu où la succession est ouverte. »

Ainsi, nul doute, le jugement qui désigne l'expert, celui qui, examen fait du rapport de vérification et d'estimation, ordonne la vente, et toute décision qui statue sur des droits héréditaires, appartiennent exclusivement aux juges de l'ouverture de la succession, n'importe où les droits et les biens soient situés, n'importe où les parties intéressées aient leur domicile.

En est-il de même de l'ordonnance d'adjudication; en d'autres termes, doit-elle émaner, dans tous les cas, du tribunal de l'ouverture, alors qu'il existerait des immeubles situés en divers arrondissemens ? Ce n'est pas mon opinion.

On sait que l'art. 988 laisse l'héritier bénéficiaire au moment où la vente des biens immobiliers a été décidée, et que, pour ce qui reste à faire, il le soumet aux règles des partages et licitations: d'où il suit, qu'il faut reprendre à l'article 972. En effet, c'est là où la procédure trouve le travail des experts sanctionné par la justice (Carré, *Lois de la Procédure civile*, question 3223, et Pigeau, *Commentaire du Code de procédure civile*, art. 988, note 2).

Mais, ni le titre *des Partages et Licitations*, ni le titre *de la Vente des biens immeubles*, auxquels on renvoie encore, ne s'expliquent sur l'attribution de juridiction; tout ce qu'on y voit, est que la vente doit être faite devant un membre du tribunal, ou devant un notaire commis à cet effet. C'est donc un retour aux principes généraux. Les actions réelles, qui les approfondit? Le tribunal de la situation de l'objet litigieux. Telle est la disposition de l'art. 59 pré-mentionné. Une loi du 14 novembre 1808, sur les expropriations forcées, veut que l'adjudication ne puisse être consentie que par le tribunal dans le ressort duquel les immeubles sont situés, à moins que les bâtimens d'exploitation ne soient dans un autre arrondissement. Ce n'est que ce tribunal qui, d'après l'art. 2159 du Code civil, a compétence pour fixer le sort des inscriptions hypothécaires.

Je conviens que l'usage froisse un peu mes enseignemens; car il est des tribunaux qui s'arogent la prérogative de vendre tous les immeubles des successions les plus opulentes, quoique séparés, et placés à de très grandes distances. L'erreur est toutefois évidente. C'est au juge territorial, à celui sous la puissance duquel tombent les droits réels, qu'appartient la mission dévolutaire ; lui seul doit l'exercer , et , au besoin , l'art. 554 du Code de procédure civile confirme la règle : « Si, est-il dit , les difficultés élevées sur l'exécution des jugemens ou actes requièrent célérité, le tribunal du lieu y statuera provisoirement, et renverra la connaissance du fond au tribunal d'exécution »(Cassation; 8 avril 1809, Sirey, tom. 9-1-226; Paris, 26 janvier 1818, Dalloz, *Recueil alphabétique*, tom. 12, pag. 389, et Thomine-Desmazures, *Commentaire de la Procédure civile*, n. 1181).

Ceci me conduit à réfuter un point de doctrine assez étrange. Carré, *Lois de la Procédure civile*, question 3221, tout en convenant, d'une manière implicite, il est vrai, que le lieu de l'ouverture de la succession ne doit être compté pour rien, lorsqu'il s'agit de faire vendre des biens fonds, attribue pourtant au même juge, quoiqu'il ne soit pas celui de l'ouverture, le pouvoir d'adjuger les immeubles que le défunt possédait en plusieurs ressorts. Pourquoi cela ? « Parce que, dit-il, cela pourrait occasionner une contrariété de jugemens. » Or, raisonner ainsi, c'est violer toutes les règles.

Il est à remarquer que, dans l'espèce, il s'agit d'une succession ouverte en pays étranger. Un tribunal de France, dégagé du lien domiciliaire , n'est pas préférable à un autre; tous deux ne tirent leur attribution de juridiction que de la circonférence locale. Il n'est donc point possible que, de cela que le défunt possédait un hôtel à Paris, on puisse faire vendre devant le tribunal de la Seine, soit cette propriété, soit un héritage sis à Toulouse, *et vice versâ.* On présente à chaque tribunal, non le jugement qui a prescrit la vente, car il doit l'ordonner lui-même, à suite d'un rapport d'expert, mais des conclusions qui tendent à ce que, sur la vente que l'héritier se propose de faire, un expert vérifie et estime les biens.

« Si le tribunal, dit Demiau-Crouzilhac, *Explication du Code de procédure civile,* pag. 662, reconnaît la nécessité de vendre, il ordonne, avant dire droit, que les immeubles seront vus et estimés par l'expert qu'il choisit d'office. L'objet de cette disposition est de mettre la justice à même de connaître d'avance la valeur des biens, comme aussi d'avoir une base pour l'ouverture des enchères, qui, sans cela, eût été arbitraire. On a vu, au titre *des Rapports d'experts,* quelles sont les formes qui doivent être remplies. » Thominé-Desmazures, *Commentaire de la Procédure civile,* n. 1180, croit également que le tribunal est juge de l'opportunité de la vente.

Voilà ce que je ne peux admettre. En effet, l'héritier bénéficiaire, chargé de liquider la succession de son auteur, avec le pouvoir de retenir ce qu'il reste de libre, est seul appréciateur de la nécessité. Il peut lui convenir d'ailleurs, pour éviter tout débat avec les créanciers et les légataires, de recourir à la publicité des formes.

Un refus, je l'ai fait remarquer au sujet de la vente des meubles, lui serait très nuisible. Il l'obligerait, bon gré mal gré, ou à vendre volontairement, et à s'exposer à ce qu'on le déclarât héritier pur et simple, ou à souffrir les poursuites des légataires, des créanciers, et à voir perdre en frais le plus clair du patrimoine. C'est ce qui n'a pas échappé à la pénétration du législateur.

Il suit de là, que les art. 987 et 988 ne donnent point au tribunal la prérogative de répondre que la vente ne se fera pas; mais qu'ils le restreignent à l'examen de la procédure. S'il en eût été autrement, il aurait dû émettre son opinion sur la première requête, tandis qu'il ne l'exprime que sur l'exhibition du rapport de l'expert nommé. Ce n'est qu'à l'accomplissement de telles ou telles formalités judiciaires, que l'héritier est tenu.

Les art. 955 et 970, combinés avec l'art. 988,

permettent d'ouvrir les enchères, soit devant
un juge-commissaire, soit devant un notaire : à
qui appartient le droit d'option ? Si les parties
prenantes ne sont pas intervenues, ou si, étant
là, pour la conservation de leurs intérêts, elles
s'opposent, il n'y a que la justice qui doive se
prononcer; au contraire, si, en concours avec
l'héritier qui le requiert, les créanciers, les
légataires, consentent ou gardent le silence, la
vente sera faite au désir du demandeur, ou devant
le juge-commissaire, ou devant le notaire, en un
mot, comme cela lui paraîtra le plus avantageux,
à moins de circonstances extraordinaires (Paris,
29 mars 1816, et Bordeaux, 29 septembre 1835,
Sirey, tom. 17-2-48, et tom. 36-2-141; A. Dalloz,
Dictionnaire de Législation, v° SUCCESSION BÉNÉ-
FICIAIRE, n. 112, et Rolland de Villargues, *Répertoire du Notariat*, v° BÉNÉFICE D'INVENTAIRE,
n. 121).

Il a été jugé que le créancier d'une succession
acceptée bénéficiairement, est sans qualité pour
s'opposer à la vente judiciaire qui a été entreprise par l'héritier. La raison est que si l'immeuble appartient au bénéfice d'inventaire, un
créancier n'a rien à dire, puisque, en vendant, on
hâte la libération du défunt. Dans le cas où la
propriété serait à un tiers, celui-ci est encore

seul recevable à impétrer, parce que lui seul peut en éprouver un préjudice. La question des frais, bien que le créancier ait qualité pour l'approfondir, ne saurait faire dévier dans l'application de la règle; car elle ne peut s'agiter que lors du compte à rendre, et, à cet instant, les frais sont, s'il y a lieu, réputés frustratoires (Bordeaux, 1⁷ juin 1832, Dalloz, *Recueil périodique*, 1833-2-28).

Enfin, en traçant les formes de la vente sur publications et affiches, le Code de procédure civile n'enlève pas à l'héritier par bénéfice d'inventaire, s'il est lui-même créancier, la faculté de renoncer à cette vente, pour se livrer, en vertu de ses titres, à l'expropriation forcée. On a vu, n. 59, qu'un tel genre de poursuite n'est point incompatible, et qu'il est légal d'en user. En vain dirait-on, avec la Cour de Toulouse, qui l'a ainsi jugé, le 17 mars 1827, qu'un héritier bénéficiaire, de cela qu'il est comptable, est présumé reliquataire, et qu'une telle présomption le frappe d'impuissance pour agir; il suffit que l'un des effets du bénéfice d'inventaire soit de ne pas confondre les dettes, et que la compensation ne puisse s'opérer, aux termes de l'article 1291 du Code civil, qu'entre deux obligations certaines, liquides et exigibles, pour que l'objection ne doive pas être écoutée (Sirey, tom. 27-2-226).

81. Il n'est pas douteux non plus que, malgré son acceptation modifiée, l'héritier ne puisse se rendre adjudicataire des biens dont il poursuit la vente, soit par bénéfice d'inventaire, soit sur expropriation. Pour la saisie-immobilière, l'article 698 du Code de procédure civile l'énonce en termes exprès, puisqu'il dit que, « le poursuivant demeurera adjudicataire sur la mise à prix, s'il ne se présente pas de surenchérisseur. » L'art. 883 du Code civil, pour la vente judiciaire, donne un droit semblable ; car il dispose que, « chaque cohéritier est censé avoir succédé seul et immédiatement à tous les effets compris dans son lot, *ou à lui échus sur licitation*, et n'avoir jamais eu la propriété des autres effets de la succession. » C'est une vraie licitation que la vente sur publications et affiches ; le successible qui l'entreprend est, sauf la prérogative de l'inventaire, un véritable héritier : donc il n'est pas possible de lui ôter le pouvoir d'enchérir (Cassation, 27 mai 1835, Dalloz, *Recueil périodique*, année 1835-1-286, et Vazeille, *Résumé sur les Successions*, art. 806, n. 7).

On a pourtant essayé cette distinction : « Il le peut, si la vente est faite les créanciers présens ou dûment appelés. Chacun d'eux est là, pour prévenir ou déjouer la collusion. Peu importe qu'en principe, nul ne puisse à la fois être vendeur et acheteur. L'héritier, par le bénéfice d'inventaire, est *sustinet duas personas ;* ses intérêts et ceux de la succession sont entièrement séparés. Mais si les créanciers n'ont pas été appelés à l'adjudication, il n'en est pas de même, vu la trop grande facilité qu'il y aurait d'écarter les enchérisseurs, et de faire fraude ainsi aux créanciers. Qu'on ne dise point que, lors de la purge des hypothèques, ces derniers pourront surenchérir : outre que la surenchère, par ses formalités, est extrêmement rigoureuse, elle ne peut s'appliquer aux créanciers chirographaires (Delvincourt, *Cours de Code civil,* tom. 2, pag. 32, note 6, et Rolland de Villargues, *Répertoire du Notariat,* vᵒ Bénéfice d'inventaire, n. 135). »

Dalloz, *Recueil alphabétique,* vᵒ Successions, chap. 5, sect. 3, art. 3, n. 9, ne distingue pas du tout; il dénie à l'héritier bénéficiaire le droit d'acquérir, aux enchères publiques, les biens de la succession. « Cette distinction, dit-il, que l'équité approuve, se concilie difficilement avec l'art. 1596, portant, en termes généraux : « Ne pourront se rendre adjudicataires, *sous peine de nullité,* ni par eux-mêmes, ni par personnes interposées, les tuteurs, les mandataires, les administrateurs, des biens qu'ils sont chargés de vendre. » Carré, *Lois de la Procédure civile*, question 2392, paraît être de cet avis.

Il suffit de faire remarquer que l'héritier n'est ni mandataire, ni administrateur dans le sens de l'article précité, et qu'il n'est pas besoin de distinguer si les créanciers sont ou ne sont pas présens, soit parce qu'ils ne sont jamais appelés à la vente, soit parce que le dol et la fraude faisant exception à toutes les règles, l'art. 1116 veut qu'ils soient prouvés avant qu'on soit reçu à se plaindre. Or, s'ils existent, la nullité est admise; elle atteint non seulement l'adjudicataire, qu'il soit héritier poursuivant, ou non, mais même tous ceux qui ont participé à l'éloignement des enchérisseurs, comme l'atteste l'art. 412 du Code pénal.

82. Quelle est la surenchère qu'il est permis d'exercer : est-ce celle que l'art. 710 du Code de procédure civile, au titre *de la Saisie immobilière*, attribue à tout venant, ou celle que l'art. 2185 du Code civil réserve aux créanciers hypothécaires inscrits? Ne doit-on pas, dans l'intérêt de la masse, et faisant la part la plus large des droits compromis par l'acceptation faite bénéficiairement, admettre les deux surenchères?

1re SURENCHÈRE. — Après que la vente des immeubles de la succession a été ordonnée, l'art. 988 du Code de procédure civile, au titre *du Bénéfice d'inventaire*, renvoie, pour y procéder, aux formalités prescrites par le titre *des Partages et Licitations*; l'art. 972, qui est précisément celui qui reprend, au cahier des charges, la poursuite de l'héritier bénéficiaire, renvoie lui-même au titre *de la Vente des biens immeubles*. Là, en effet, se trouve la nomenclature des conditions de forme qu'il faut accomplir; elle n'est que là, parce qu'au bénéfice d'inventaire, aux partages et licitations, il n'y a rien qui s'y rattache. Eh bien! que dit l'art. 965? « Seront observées, au surplus, relativement à la réception des enchères, à la forme de l'adjudication et à ses suites, les dispositions contenues dans les art. 707 et suivans, du titre *de la Saisie-immobilière*. »

Il me semble, dès-lors, de la plus grande évidence que, par ces mots : *relativement à la réception des enchères, à la forme de l'adjudication et à ses suites*, la surenchère dont parle l'art. 710 ne saurait être exceptée; qu'ainsi, « toute personne pourra, dans la huitaine du jour où l'adjudication aura été prononcée, faire au greffe du tribunal, par elle-même ou par un fondé de procuration spéciale, une surenchère,

16

pourvu qu'elle soit du quart au moins du prix principal de la vente. » L'art. 711 veut qu'on en fasse, à peine de nullité, la dénonciation dans les vingt-quatre heures, aux avoués de l'adjudicataire, du poursuivant et de l'héritier bénéficiaire, si quelqu'un poursuit pour lui; mais cette dénonciation n'est pas nécessaire, si les parties n'ont pas d'avoué. Quand même la vente aurait eu lieu devant un notaire, la surenchère serait recevable. C'est au greffe qu'elle est faite, dans tous les cas, parce qu'il n'y a que le tribunal qui ait compétence pour en apprécier les formes, et décider si elle est valable ou nulle. Le juge-commissaire, pas plus que le notaire-commissaire, n'est autorisé, sans jugement préalable, à ordonner la réouverture des enchères, ou à éconduire le surenchérisseur, soit pour incapacité, soit pour irrégularité dans l'acte de surenchère (Oui. Turin, 8 septembre 1809, Dalloz, *Recueil alphabétique*, tom. 11, pag. 767; Delvincourt, *Cours de Code civil*, tom. 3, pag. 372, note 5; Toullier, *Cours de Droit civil*, tom. 4, n. 378, et Vazeille, *Résumé sur les Successions*, art. 806, n. 2.—Non. Rouen, 28 janvier 1828, Sirey, tom. 28-2-129; Dalloz, *Recueil alphabétique*, v° SUCCESSIONS, chap. 5, sect. 3, art. 3, n. 10, et Duranton, *Cours de Droit français*, tom. 7, n. 29).

La jurisprudence, je ne sais trop par quel motif, a fait, à l'occasion de l'exercice du droit de
surenchère touchant les ventes sur publications
et affiches, ou ventes judiciaires, deux catégories
tout-à-fait différentes : d'une part, elle a placé
les mineurs ; de l'autre, elle a mis les majeurs.
Quant aux premiers, pas le moindre doute, ils
ont latitude entière ; c'est ce qui résulte de trois
arrêts de la Cour de cassation, des 4 avril 1827,
18 mai 1830 et 2 janvier 1833, et d'un arrêt de
la Cour de Grenoble, du 25 juin 1825. Quant
aux seconds, c'est-à-dire les majeurs, elle les
exclut, si, dans la poursuite, ils ne concourent
point avec des mineurs ; c'est ce qui a été jugé
par la Cour de cassation, le 19 novembre 1819,
et par la Cour de Paris, le 23 décembre 1830.
L'art. 972, en renvoyant au titre *de la Vente des
biens immeubles*, n'a fait néanmoins aucune distinction ; or, si la position d'un mineur a paru
favorable aux magistrats, la même faveur
n'existe-t-elle pas pour la succession régie par le
bénéfice d'inventaire (Sirey, tom. 27-1-385,
tom. 30-1-227, tom. 33-1-137, tom. 26-2-172,
tom. 21-1-271, et tom. 32-2-542)?

2ᵉ Surenchère. — Celle-ci a rapport aux
créanciers inscrits. « Le vendeur, dit l'art. 2182
du Code civil, ne transmet à l'acquéreur que la

propriété et les droits qu'il avait lui-même sur la chose vendue; il les transmet sous l'affectation des mêmes priviléges et hypothèques dont il était chargé. » Si le nouveau propriétaire veut se garantir des poursuites autorisées par les art. 2166 et suivants, l'art. 2183 l'oblige, soit avant les poursuites, soit dans le mois, au plus tard, à compter de la première sommation qui lui est faite, à notifier aux créanciers, aux domiciles par eux élus dans leur inscription :

1° Extrait de son titre, avec les indications prescrites en pareil cas ;

2° Extrait de la transcription, ce qui démontre que, seule, elle ne purge point ;

3° Extrait des inscriptions, avec offre d'acquitter le prix de la vente.

Lorsqu'il a fait cette notification dans le délai, tout créancier dont le titre est inscrit, peut, aux termes de l'art. 2185, requérir la mise de l'immeuble aux enchères et adjudications publiques, à la charge particulièrement de se soumettre à porter ou faire porter le prix à un dixième en sus de celui qui a été stipulé dans le contrat, ou déclaré par l'acquéreur. Soit les communications auxquelles ce dernier est tenu, soit la surenchère, doivent être faites par un huissier commis à cet effet par le président du tribunal de première instance, ainsi que l'exprime l'art. 832 du Code de procédure civile. C'est une prérogative que la loi identifie avec l'inscription, et qui ne peut être exercée que par le créancier à hypothèque inscrite, frappant, en temps utile, sur la propriété aliénée.

En matière de faillite, l'art. 565 du Code de commerce, restreint également au dixième la surenchère des créanciers chirographaires. La raison est qu'il y a en général, chez le commerçant, où tout gît dans la confiance personnelle qu'il inspire, peu de créances inscrites. Par l'effet du jugement déclaratif de la faillite, les hypothèques tombent quelquefois; aussi a-t-il fallu ne pas priver le créancier, qui voyait disparaître son inscription, du droit de concourir à hausser le prix des ventes, et de retrouver par là, dans l'actif partageable, un dividende plus avantageux. Mais cette surenchère, qui peut n'être que du dixième, qui est directe à chaque créancier, doit être faite dans les huit jours de l'adjudication; elle n'enlève pas au créancier dont l'inscription est maintenue, le pouvoir de surenchérir encore après la signification de l'acte translatif, tout comme celui qui n'est pas créancier, n'est point admis à en profiter.

CUMUL DES SURENCHÈRES. — En donnant, par

l'art. 710 du Code de procédure civile, la surenchère du quart à toute personne, dans le délai
de huitaine, le législateur ne s'est pas occupé
des créanciers, et, par voie de suite, en donnant
aux créanciers, au moyen de l'art. 2185 du Code
civil, la surenchère du dixième durant les quarante jours de la dénonciation, outre l'augmentation à raison des distances, il n'a pas eu l'intention de s'occuper des tiers qui, quoique non
intéressés à la vente, voudraient surenchérir:
donc cela constitue deux droits distincts, droits
qui n'ont rien d'incompatible, et que le même individu, agissant en autant de qualités, est libre
de cumuler.

La Cour de Paris l'a jugé, le 11 mai 1835,
au sujet d'une succession acceptée sous bénéfice
d'inventaire; la Cour de cassation a consacré le
principe, le 4 août de la même année, dans une
vente de biens de mineurs; il suffit, par conséquent, de se référer à leurs décisions :

« Attendu, est-il dit, qu'aux termes de l'article 2185 du Code civil, lorsque le nouveau
propriétaire d'un immeuble a fait aux créanciers
la notification prescrite par l'art. 2183, tout
créancier dont le titre est inscrit, peut requérir
la mise aux enchères de l'immeuble, à la charge
notamment de porter le prix de l'immeuble au

dixième en sus de celui stipulé dans le contrat;

« Que cette disposition n'est pas incompatible avec l'art. 710 du Code de procédure civile, et que la faculté de surenchérir du quart, puis du dixième du prix principal, n'est point interdite par la loi;

« Que, s'il en était autrement, les créanciers pourraient être privés des droits et avantages qu'elle leur confère, et que, dès-lors, l'arrêt attaqué, en le jugeant ainsi, n'a aucunement violé les art. 710 et 965, par suite desquels la surenchère du quart avait d'abord été faite (Sirey, tom. 35-1-791, et 2-370). »

83. Thomine - Desmazures, *Commentaire de la Procédure civile*, n. 1187, dit avec raison qu'il n'en est pas du produit de la vente des immeubles comme de celle du mobilier. Ce prix est dû, en effet, aux créanciers privilégiés ou hypothécaires, par préférence aux autres; car leurs droits réels, leurs inscriptions, réclament et veillent pour eux. La plupart des créanciers chirographaires viennent par concours; chacun d'eux, si les fonds ne sont pas suffisans pour acquitter l'intégralité des dettes, prend au moins quelque chose, et l'intérêt commun les oblige à couper court aux difficultés. — *Vid. suprà*, n. 71 et 73.

Les art. 990 et 991 du Code de procédure civile, en disposant que le prix des ventes mobilières sera distribué entre les créanciers opposans, suivant les formalités indiquées au titre *de la Distribution par contribution*, et le prix de la vente des immeubles suivant l'*ordre des priviléges et hypothèques*, s'en sont référés au droit commun; mais les formes judiciaires nuisent beaucoup aux parties. C'est alors qu'une foule d'incidens se développent. Tantôt la distribution est contestée, parce qu'au lieu d'être engagée devant le tribunal de l'ouverture de la succession, ainsi que l'exige l'art. 59, elle l'a été devant celui où la vente a été faite, où les fonds sont dus ou déposés; tantôt c'est le juge nommé pour procéder à l'ordre hypothécaire, qui est attaqué d'incompétence, parce qu'il est du tribunal de l'ouverture de la succession, tandis que, d'après la loi du 14 novembre 1808, et l'art. 2159 du Code civil, combiné avec les principes sur les hypothèques, il n'y a que le juge de la situation qui puisse en connaître.

Si, péchant par trop de vitesse, l'héritier bénéficiaire introduit, avant l'expiration des délais portés en l'art. 775 du Code de procédure civile, le règlement des sommes qui proviennent des immeubles vendus, il s'expose à une action en nullité : or, ce débat, indépendamment des frais préjudiciaux qu'il occasionne, fait perdre un temps précieux à la succession et aux créanciers. Il a été jugé, sans doute, que le créancier sommé de produire dans l'ordre ouvert, quoiqu'il n'eût pas été à même d'exercer son droit de surenchère, devait, sous peine de déchéance, impétrer dans le mois ; mais cette décision, en la supposant rationnelle, n'enlève rien à l'imminence du rejet des poursuites (Colmar, 15 juin 1816, Sirey, tom. 17-2-165).

C'est quelquefois avec l'adjudicataire, que le litige s'engage. L'héritier qui soupçonne que, n'ayant pas les fonds disponibles, il a donné l'impulsion aux difficultés qui existent, veut le forcer à consigner. Qui triomphera ? C'est évidemment l'adjudicataire. Quand même l'héritier aurait, dans le cahier des charges, stipulé la consignation, elle n'est point obligatoire. La raison est que les créanciers ne sont pas représentés par le poursuivant ; qu'ils ont droit au prix principal, plus aux intérêts de ce prix, et que l'art. 689 veut que la distribution du tout se fasse par ordre d'hypothèques : d'où il suit, que soixante jours d'intérêt perdus par l'entrée dans les caisses du Trésor public, et la réduction de 5 à 3 p. 0[0, d'après les lois sur la matière,

suffisent pour qu'on dispense de toute consignation (Carré, *Lois de la Procédure civile*,
quest. 3233).

Ne peut-il pas arriver, d'ailleurs, que le contact
qui s'opère judiciairement, n'excite les mauvaises
passions ou les susceptibilités de ceux qui luttent ensemble ? Alors, abusant de l'attaque et de
la défense, chaque partie est exposée à dévier
du sujet, à manquer son but. L'héritier donnera
trop d'extension au pouvoir qu'il a de tout critiquer, de tout débattre, même le rang des créanciers et la validité de leurs inscriptions ; entraînés
par ce fâcheux exemple, les créanciers se pour-
suivront l'un l'autre : ce feu croisé d'actions et
d'exceptions, qui étreint, qui consume, ne laissant que des regrets tardifs, n'aura d'autre effet
que d'absorber la plus forte portion de l'actif
héréditaire (Paris, 15 novembre 1828, Sirey,
tom. 29-2-14).

84. Je soutiens donc qu'en droit, comme en
morale et en équité, un héritier bénéficiaire est
tenu de prendre des précautions pour empêcher
que la distribution et l'ordre soient portés devant
le juge. Ce n'est pas tant pour lui qu'il doit le
faire, bien que le résidu de la succession puisse
un jour lui revenir ; mais par rapport aux légataires et aux créanciers, qui, de sa qualité d'ad-

ministrateur, sont fondés à exiger une attention scrupuleuse, et des soins tout particuliers. Lui, en effet, par la connaissance plus intime qu'il a des affaires du défunt, est à même de tout prévoir, de tout mesurer graduellement, et de ne laisser rien échapper à son œil scrutateur. Il a tort aussi, s'il recourt à l'intervention des formes juridiques, sans avoir la certitude qu'un accord est entièrement impossible.

Par l'art. 806 du Code civil, l'héritier est autorisé à déléguer le prix des immeubles aux créanciers hypothécaires qui se sont fait connaître, c'est-à-dire qui ont inscrit leurs hypothèques avant l'ouverture de la succession, puisque l'art. 2146 veut que, jusqu'à cette époque, elles puissent frapper utilement; qu'il exerce dès-lors la prérogative qu'il tient de la loi. Les délégations de ce genre, si les fonds dépassent le montant des créances inscrites, en capitaux et accessoires, hâtent les paiemens; elles agrandissent le cercle des distributions mobilières, car les frais, cet élément destructeur des règles de la justice, cessent de porter sur le résidu auquel les autres parties intéressées, et lui-même, sont appelés à prendre part (Pigeau, *Commentaire du Code de procédure civile*, art. 991, note 1; Rolland de Villargues, *Répertoire du Notariat*, v° Bénéfice d'inventaire, n. 127 et 128; Thomine-Desmazures, *Commentaire de la Procédure civile*, n. 118, et Toullier, *Cours de Droit civil*, tom. 4, n. 379).

Quand il y a insuffisance, je l'ai fait remarquer n. 74, les délégations n'ont, il est vrai, aucune force ni contre l'adjudicataire, ni vis-à-vis des créanciers et des légataires; mais pourquoi l'héritier, s'étayant de la sollicitude du législateur, s'unissant à sa pensée, de cœur et d'âme, n'en ferait-il pas le thème d'un projet d'ordre volontaire, qu'il chercherait ensuite à faire rendre forcé? Par exemple, un ou plusieurs créanciers, majeurs et maîtres de leurs droits, pénétrés qu'ils ne se trouvent pas en rang utile, ne se rendent point chez le notaire, à l'invitation qui leur est faite de se concilier, ou, s'ils comparaissent, s'y montrent dissidens, parce qu'ils espèrent par là, imposer quelque sacrifice; ne sera-t-il pas permis de dresser un état provisoire de collocation, conforme aux titres et aux pièces, et de les contraindre à y adhérer, sous peine d'être passibles des frais de procédure? « Tout fait quelconque de l'homme, dit l'art. 1382, qui cause à autrui un dommage, oblige celui par la faute duquel il est arrivé, à le réparer.»

85. Comme administrateur, l'héritier par bé-

néfice d'inventaire doit apporter le plus grand
soin et une extrême diligence aux affaires de la
succession ; il est répréhensible s'il ne le fait pas.
Les légataires, les créanciers, dont l'intérêt va
toujours croissant par l'incertitude où ils sont
d'être payés intégralement, peuvent l'y contraindre, parce que la gestion de cet héritier détermine, pour eux, l'obligation de donner. Dans
l'espèce, l'art. 1142 leur ouvre une action directe:
« Toute obligation de faire ou de ne pas faire,
est-il dit, se résout en dommages-intérêts, en cas
d'inexécution de la part du débiteur. » Je ne mets
pas en doute aussi que, sur un acte de constitution en demeure, ce qui, aux termes de l'article 1139, s'entend d'une sommation ou acte
équivalent, l'héritier négligent, morose, mal in-
tentionné, ne fût soumis à un dédommagement
analogue.

Rolland de Villargues, *Répertoire du Notariat*, v° Bénéfice d'inventaire, n. 174, est de
ce sentiment ; il enseigne qu'un héritier bénéficiaire peut, à titre de peine, être contraint, sur
ses biens personnels, à satisfaire au paiement de
la créance. En effet, les dommages-intérêts dus
au créancier sont, en général, de la perte qu'il a
faite, et du gain dont il a été privé: l'art. 1149
est topique sur ce point. Créancier de l'hérédité,

le réclamant n'en est pas réduit toutefois à attaquer, à poursuivre le successible ; car, indépendamment de l'inefficacité qui s'attache parfois à
l'insolvabilité, l'art. 2093 lui donne, pour premier gage, les biens du défunt.

Si un créancier a donc cru, au moins dès
l'abord, devoir respecter le bénéfice d'inventaire, et se confier à la foi de l'administrateur, il
faut qu'il trouve une garantie, une juste compensation, dans le droit de réciprocité. La latitude accordée à l'héritier ne lui nuit en rien ;
maître de surveiller et même d'intervenir, il peut,
s'il y a retard, demander à être subrogé à la
procédure en vente et liquidation, ou à l'entreprendre suivant les formes de l'inventaire, dans
le cas où elle n'aurait pas encore été commencée.
C'est un principe qui ne supporte pas de contradiction, lorsque son application est basée sur
une interpellation préalable (Paris, 20 septembre
1821, Sirey, tom. 22-2-118 ; Rouen, 12 août 1826,
Dalloz, *Recueil périodique*, année 1828-2-256, et
Cassation, 3 décembre 1834, Sirey, tom. 35-1-559,
et Dalloz, *Recueil périodique*, année 1835-1-43).

86. La subrogation au bénéfice de l'inventaire, que le juge n'a guère le pouvoir de refuser, s'il lui apparaît qu'une faute d'administration existe, n'est par conséquent pas exclusive

des voies de rigueur que la loi met à la disposition
des créanciers. On est d'autant moins porté à le
contester, qu'elle ne saurait être de quelque
utilité, qu'en l'absence de tout acte exécutoire.
Porteur d'une obligation sous signature privée,
le créancier en souffrance est forcé, bon gré mal
gré, de subir la nécessité de l'inventaire, et, pour
n'être point injuste, il faudra le subroger, parce
qu'il n'a que ce moyen de sortir d'embarras.

Or, avec un engagement revêtu de la formule
d'exécution, il n'en est plus de même : la loi
protége l'acte authentique ; elle le rend invincible, s'il porte l'intitulé des lois, s'il est terminé
par un mandement aux officiers de justice. « Il
ne sera procédé à aucune saisie mobilière ou
immobilière, dit l'art. 551 du Code de procédure
civile, qu'en vertu d'un titre exécutoire, et pour
choses liquides et certaines : si la dette exigible
n'est pas d'une somme d'argent, il sera sursis,
après la saisie, à toutes poursuites ultérieures,
jusqu'à ce que l'appréciation en ait été faite. »
Donc, par argument *à contrario sensu*, il suffit
que ce titre existe ; que la créance actuellement
due soit en numéraire, ou que, si elle est en
denrées, sa fixation résulte des mercuriales ré-
digées par les soins de l'autorité locale, pour que
toute exécution puisse être entreprise et soit de

nature à n'être pas discontinuée (Pigeau, *Commentaire de la Procédure civile*, art. 992, note 3).

Exécution vis-à-vis de l'héritier par bénéfice d'inventaire, portant à plein sur son patrimoine, pour s'être mis en défaut à l'occasion de son administration bénéficiaire; exécution directe, contre les biens meubles et immeubles de la succession; saisissement des valeurs recouvrables, temps d'arrêt sur les paiemens à faire par des tiers débiteurs; règle invariable: *le bénéfice d'inventaire est impuissant pour lier les créanciers, si l'héritier en a méconnu les préceptes;* ainsi la subrogation, qui continue les entraves de l'acceptation faite bénéficiairement, est purement facultative, à moins que, par sa position particulière, le créancier ne soit obligé d'y recourir; ainsi, quelque résistance que l'héritier oppose, il devra être passé outre, si l'exécution directe a été précédée d'un commandement. — *Vid. suprà,* n. 58 et 59.

87. Mais que doit-on penser du créancier personnel d'un héritier qui, peut-être pour ne point payer, s'entoure, au sujet d'une succession qui lui est échue, de la prérogative et des formes du bénéfice d'inventaire? La Cour de Limoges a jugé, le 15 avril 1831, que ce créancier est recevable à faire saisir et vendre les biens hérédi-

taires, si l'héritier ne fait lui-même aucune démarche à cet effet. Je transcris le texte de l'arrêt,
mon intention étant de le réfuter :

« Attendu, est-il dit, que les précautions
prises dans le seul intérêt des créanciers du défunt, ne changent rien à la qualité d'héritier,
abstractivement considérée, qualité qui réside sur
la tête du bénéficiaire, depuis son acceptation,
comme sur la tête de l'héritier pur et simple ;

« Que, dès l'instant qu'il est constant que le
bénéficiaire est héritier, et qu'il recueille à ce
titre, tous les biens, qui tombent ainsi sous sa
main, peuvent, si cet héritier bénéficiaire ne fait
aucune démarche pour les faire vendre, être
saisis réellement sur lui par ses créanciers, *sauf
le droit des créanciers de la succession bénéficiaire de se présenter à l'ordre*, lors de la distribution du prix qui est leur gage, et sur lequel
sont acquittées leurs créances par préférence ;

« Que ces créanciers n'ayant pas d'autre droit
que celui de se faire payer par toutes les voies
légales, y compris la saisie, ils ne sauraient se
plaindre qu'un tiers ait usé de cette voie de rigueur, à leur défaut, pourvu que leur gage
ne disparaisse pas à leur insu, et que le prix ne
soit distribué en leur absence ;

« Que ce qui peut avoir jeté quelque confu-

17

sion dans les idées sur la question, ce sont les
termes d'*administrateur* et d'*administration*,
employés dans les art. 8o3 et 8o4 du Code civil,
relativement à l'héritier bénéficiaire ;

« Que, cependant, ces termes ne prouvent
autre chose que la nécessité où s'est trouvé le
législateur d'exprimer qu'un compte devrait
être rendu aux créanciers par l'héritier bénéficiaire, surtout pour le cas d'insuffisance, qui est
le cas qu'on doit supposer le plus ordinaire (Dalloz, *Recueil périodique*, année 1831-2-152). »

Raisonner de la sorte, c'est fouler aux pieds
les principes les plus rationnels ; c'est détruire,
renverser audacieusement, les colonnes d'airain
qui soutiennent le dôme de l'inventaire ; c'est
expulser l'héritier de la retraite qu'il s'est choisie,
et que la loi l'autorise à garder, tant qu'il ne
fait pas acte d'adition ; c'est jeter, enfin, le désordre et la confusion dans l'hérédité acceptée
bénéficiairement.

Qui ne sait, en effet, qu'un des priviléges
les moins contestables est que, suivant l'art. 8o2,
l'héritier par bénéfice d'inventaire, tant qu'il
conserve cette qualité, ne confond pas ses biens
personnels avec ceux du défunt, et qu'il a la
prérogative de réclamer le paiement de ses
créances ? Là, il y a deux patrimoines distincts :

celui qui est renfermé dans le cercle bénéficiaire,
appartient, d'une manière exclusive, aux créanciers de la succession ; à ce point qu'il est en état
de division continuelle. Celui de l'héritier, tenu
à l'écart par le bénéfice d'inventaire, n'est qu'à
lui et à ses créanciers. Nul doute, dès-lors, qu'en
permettant à ces derniers, d'exécuter sur les biens
successifs, on n'y joigne ceux du bénéficiaire,
et qu'on ne fasse, d'une acceptation modifiée, une
acceptation pure et simple ; car, de même que les
créanciers de l'hérédité ne peuvent arriver au
patrimoine de l'héritier, sans le faire déchoir,
de même les créanciers de l'héritier ne peuvent
arriver au patrimoine héréditaire, sans que la
déchéance ait été prononcée.

Je le reconnais, le créancier d'un héritier a
intérêt à faire apurer la succession, pour en saisir le résidu ; c'est une vérité que démontre
l'art. 2092, en disant que, « quiconque s'est
obligé personnellement, est tenu de remplir son
engagement sur tous ses biens mobiliers et immobiliers, présens et à venir. » Mais, dans ce cas,
l'art. 1166 vient en aide du créancier qui réclame, puisqu'il lui apprend que, « les créanciers
peuvent exercer tous les droits et actions de
leur débiteur, à l'exception de ceux qui sont
exclusivement attachés à la personne. » D'où il

suit que, créancier direct de l'héritier, le réclamant doit suivre en son nom, comme il l'aurait
fait lui-même, le bénéfice d'inventaire; qu'il
n'est pas possible, sans se mettre en rébellion
contre la loi, de le subroger à la procédure, et
surtout de lui laisser saisir le gage qui est réservé aux créanciers du défunt.

88. « L'héritier bénéficiaire, dit l'art. 803,
doit rendre compte de son administration aux
créanciers et aux légataires. » C'est une obligation qui, en principe, ne peut guère souffrir
de difficulté; toutefois, son accomplissement
n'est pas toujours facile. Dans l'application, en
effet, des nuances d'action, des différences de
position, laissent beaucoup d'incertitude, et trois
hypothèses, qui peuvent ordinairement se ren-
contrer en cette matière, viennent compliquer
la solution. Il s'agit donc de les examiner une à
une, de les approfondir, et d'émettre sur chacune d'elles, un avis rationnel, qui s'harmonise
avec la pensée du législateur (Chabot de l'Allier,
Commentaire des Successions, art. 803, n. 3;
A. Dalloz, *Dictionnaire de Législation*, v° Succession bénéficiaire, n. 194; Favard de Langlade,
Répertoire de Législation, v° Bénéfice d'inventaire, n. 6; Toullier, *Cours de Droit civil*,
tom. 4, n. 388, et Vazeille, *Résumé sur les
Successions*, art. 803, n. 8).

Au sujet du cautionnement, j'ai démontré, n. 66, que, par le mot *créanciers*, on n'avait pas voulu exclure un créancier isolé, un légataire unique, et qu'il était recevable à exiger une caution, parce qu'il y avait intérêt; or, la même règle régit la demande en reddition de compte. Pas de doute qu'un légataire, un créancier, sans s'occuper des autres, ne puisse, dans le but d'être payé, chercher à connaître le véritable état de la succession, pour savoir s'il existe ou non un reliquat; pas de doute encore que, par la crainte que le débat lui inspire, et voulant l'éviter, l'héritier n'éloigne l'action, en désintéressant le créancier ou le légataire qui l'interpelle; mais s'il existe plusieurs héritiers qui aient accepté bénéficiairement, celui auquel le compte est réclamé pourra-t-il éconduire le légataire ou le créancier, en lui offrant sa part de la dette?

C'est ce qui a été jugé par la Cour de cassation, le 22 juillet 1811. « L'héritier bénéficiaire, porte l'arrêt, n'est point réputé administrateur, ni obligé, comme tel, de compter aux créanciers de tout ce qu'il a recueilli, ou d'abandonner tout ce qui est échu dans son lot, ou de payer toutes les dettes. » Je n'aborde pas, quant à présent, la question relative à la divisibilité des droits héréditaires et à l'acquit des engagemens

contractés par le défunt, car il en est parlé au
chapitre 7; seulement, je dois faire observer que,
bien que la gestion des héritiers ne soit pas solidaire, il faut, surtout pour économiser les
frais, que chaque bénéficiaire soit là, présent,
afin de s'expliquer sur ce qu'il a perçu pour le
compte de la succession. Il est possible qu'il y
ait dissidence entre eux; que l'un ait pris plus
que l'autre, et que, par suite du compte rendu,
il ne soit même établi que l'héritier qui a payé
sa portion a, par-devers lui, tous les biens (Sirey,
tom. 12-1-305, et Dalloz, *Recueil alphabétique*,
tom. 12, pag. 374).

Supposons, au contraire, que ce soit l'héritier
qui veuille liquider, et qu'il ne connaisse ni
créancier, ni légataire; comment procédera-t-il
sur le compte? Un légataire ou un créancier
s'étant fait connaître, ira-t-il compter avec lui et
courir les chances d'autant de redditions de
compte qu'il se présentera plus tard de créanciers ou de légataires? Faudra-t-il que, jusqu'à
ce que la prescription des actions lui soit acquise,
il garde en mains le résidu des biens, et qu'il
laisse à ses successibles la perspective d'un
procès ?

Carré, *Lois de la Procédure civile*, quest. 3240,
et Rolland de Villargues, *Répertoire du Notariat*,

(263)

V° COMPTE DE BÉNÉFICE D'INVENTAIRE, n. 6, enseignent que, s'il n'y a pas de légataires, de créanciers connus, l'héritier bénéficiaire qui veut rendre son compte poursuit la reddition contre ses cohéritiers; que, s'il n'y a que lui d'héritier, il fait nommer un curateur au bénéfice d'inventaire, et qu'alors le compte est rendu avec ce dernier; qu'ainsi le proclame l'art. 996 du Code de procédure civile, touchant les actions de l'héritier vis-à-vis de la succession.

Tel n'est pas mon sentiment. L'acceptation bénéficiaire ne se rapporte qu'aux créanciers et aux légataires; quant à la propriété et aux charges qui la grèvent, elle est sans influence d'héritier à héritier. Malgré le bénéfice d'inventaire, l'héritier ne cesse pas d'être héritier : donc, à ce titre, il ne doit aucun compte à la succession; l'art. 803 du Code civil exprime qu'il administre dans l'intérêt des créanciers et des légataires, puisqu'il est tenu à un compte à leur égard : donc ce n'est qu'à eux qu'il peut rendre le compte. L'intervention du curateur ne produit aucun effet, car tout est restrictif en matière d'attribution; aussi l'art. 996 précité, qui ne s'applique qu'aux actions à exercer contre la succession, est loin de pouvoir donner un contradicteur légal dans les actions qui réfléchissent vers les légataires et les créanciers.

Au lieu de s'agiter entre un héritier, des légataires, des créanciers, la reddition du compte
bénéficiaire est provoquée par un héritier, contre
son cohéritier; cette demande devra-t-elle être
admise? Il faut distinguer : si chaque héritier a
géré les biens et les droits héréditaires, si l'un et
l'autre ont concouru à l'administration; il est évident que, dans le réglement qui interviendra, il n'y
aura qu'un partage déguisé. Considéré sous le
point de vue de l'adition d'hérédité, cet acte
pourra peut-être amener des conséquences fâcheuses. S'il n'y a que le défendeur qui ait admi-
nistré, et que le demandeur, après avoir accepté
par bénéfice d'inventaire, ne se soit plus occupé
de rien, ce sera une vraie reddition de compte.

Qu'on ne dise pas que cela implique avec la
nature de l'acceptation bénéficiaire. Oui, accepter
une succession de la sorte, ce n'est pas perdre
la qualité d'héritier; oui, par le bénéfice d'inventaire, l'on ne fait que tracer une ligne de
démarcation à l'encontre des créanciers et des
légataires; mais cela fait-il que le cohéritier qui
n'a pas géré la succession, ne puisse pas forcer
son cohéritier gérant à lui donner l'état de ce
qui a été reçu et payé? Il importe beaucoup en
ce cas, notamment s'il est à craindre que des
légataires ou des créanciers arrivent par-la suite,
de ne point manifester l'intention d'appréhender

les biens comme héritier. En se tenant ainsi à l'écart, on reste dans la position du bénéficiaire, et l'on n'est pas en présomption d'avoir voulu aliéner la prérogative qui s'y rattache.

8°. La loi ne fixe aucun délai à l'héritier bénéficiaire pour rendre le compte d'administration; elle dit seulement, art. 803 : « Il ne peut être contraint sur ses biens personnels, qu'après avoir été mis en demeure de présenter son compte, et faute par lui d'avoir satisfait à cette obligation. » Mais quelle sera la contrainte qu'on lui infligera? Comment l'exercera-t-on, et quel délai faudra-t-il lui donner avant de le poursuivre (Chabot de l'Allier, *Commentaire des Successions*, art. 803, n. 7 ; A. Dalloz, *Dictionnaire de Législation*, v° SUCCESSION BÉNÉFICIAIRE, n. 195; Favard de Langlade, *Répertoire de Législation*, v° BÉNÉFICE D'INVENTAIRE, n. 8; Pigeau, *Commentaire du Code de procédure civile*, art. 995, note 1, n. 5 ; Rolland de Villargues, *Répertoire du Notariat*, v° BÉNÉFICE D'INVENTAIRE, n. 174, et Vazeille, *Résumé sur les Successions*, art. 803, n. 10)?

Quant à la mise en demeure, sa durée est laissée à l'arbitrage du créancier. Cependant, l'héritier doit avoir un délai moral, soit pour assigner en reddition de compte, soit pour le

présenter ensuite au réclamant. Il est énoncé en
l'art. 807 du Code civil, que, faute par lui de
fournir caution, les meubles du bénéfice d'inventaire sont vendus, et l'art. 992 du Code de
procédure civile veut que, dans les trois jours,
outre l'augmentation à raison des distances, la
caution soit présentée; or, pourquoi aurait-il,
dans l'espèce, un plus long terme ? La contrainte
pourrait, selon moi, être utilisée immédiatement
après, sauf à l'héritier à demander un nouveau
délai au juge. Il a été jugé par la Cour de Paris,
le 17 mai 1829, que la provision accordée à un
créancier, peut être exécutée avant toute reddition de compte (Chabot de l'Allier, *Commentaire
des Successions*, art. 803, n. 7; Carré, *Lois de la
Procédure civile*, quest. 1866, et Dalloz, *Recueil
périodique*, année 1829-3-183).

Toullier, *Cours de Droit civil*, tom. 4, n. 387,
exprime qu'il convient de donner au bénéficiaire une assignation à l'audience, pour le faire
condamner personnellement, s'il n'a pas déféré
à l'interpellation. Il me semble qu'une telle doctrine, prise à la lettre, est trop circonscrite, et
qu'il y aurait préjudice pour les créanciers et les
légataires, de l'admettre sans distinction. Dans
le cas où la partie qui poursuit n'a qu'une obligation par acte sous seing privé, force est à elle,

sans doute, de recourir à l'autorité du tribunal,
si elle veut exercer sa contrainte; car le titre
authentique et exécutoire, sans lequel il lui est
interdit d'exécuter, n'est point à sa disposition.
En sera-t-il ainsi dans le cas opposé? Je ne le crois
pas. L'héritier sait qu'il peut être contraint; que
s'il laisse passer l'intervalle requis, le légataire, le
créancier, sont autorisés à le considérer comme
débiteur : donc, s'il veut éviter une exécution
directe, en vertu de l'acte exécutoire, il doit se
mettre en mesure de procéder au compte.

Il n'y a pas, en effet, violation de la prérogative
qui s'attache à l'inventaire, parce qu'on n'a le
pouvoir d'en invoquer le bénéfice, qu'en accom-
plissant les conditions qui la constituent. Les
méconnaître ces mêmes conditions, c'est reprendre, au moins pour le moment, jusqu'à ce que le
juge ait relevé de la déchéance, la position de
l'héritier pur et simple. On trouve la consécration du principe dans un arrêt de la Cour de
cassation, du 8 frimaire an xi. Il est vrai que
c'était à la suite d'un jugement qui avait ordonné
la reddition; mais il y a identité de raison, et dès-
lors même motif de décider. Peu importe que
ce soit avant ou après que l'héritier a été condamné à compter avec les créanciers et les légataires; il n'y a que cette différence : après un

second jugement qui l'a déclaré déchu, il ne peut plus être relevé de l'exécution, tandis qu'il l'est quand elle a été faite après la mise en demeure de rendre le compte (Dalloz, *Recueil alphabétique*, tom. 4, pag. 461).

Les auteurs sont partagés sur le point de savoir si un héritier bénéficiaire, en retard de compter, est contraignable par corps? C'est de l'art. 2060, § 4, du Code civil, qu'est née la difficulté : « La contrainte par corps a lieu, est-il dit, pour la représentation des choses déposés aux séquestres, commissaires et gardiens. » Indiquer ce texte, c'est faire connaître l'argument. On a répondu que l'héritier n'était ni séquestre, ni commissaire, ni gardien, et que, s'il était permis de l'y assimiler, il n'en avait pas le caractère essentiel, celui d'être gardien, commissaire ou séquestre de justice. L'art. 534 du Code de procédure civile, lève le doute ; car, prévoyant le cas que le compte n'aura pas été présenté dans le délai déterminé par le jugement, il ajoute: « Le rendant y sera contraint par saisie et vente de ses biens, jusqu'à concurrence d'une somme que le tribunal arbitrera; il pourra même *y être contraint par corps*, si le tribunal l'estime convenable. » (Oui. Carré, *Lois de la Procédure civile*, quest. 1869, et Pigeau, *Commentaire de la*

Procédure civile, art. 527, note 1.—Non. Lepage,
Questions de Procédure civile, pag. 365, et
Thomine-Desmazures, *Commentaire du Code
de Procédure civile*, n. 1190).

Une controverse s'est encore élevée sur l'opportunité de la condamnation. Demiau-Crouzilhac, *Explication de la Procédure civile*,
pag. 369, professe qu'il est indispensable de faire
rendre deux jugemens : l'un, qui ordonne la
reddition du compte; l'autre, qui impose la
contrainte, s'il y a retard à le présenter. Carré,
Lois de la Procédure civile, quest. 1870, pense
au contraire que rien dans la loi ne l'exige. Il
observe, avec raison, que la disposition pénale
d'un jugement peut n'être qu'éventuelle. C'est
d'ailleurs plus économique, plus bref, en ce sens
qu'on évite des frais et les lenteurs d'un incident.
Tout est subordonné, alors, aux circonstances
de l'exécution entreprise; c'est le créancier, le légataire qui, dans l'exercice de la voie rigoureuse
dont on l'a fait dépositaire, apprécie l'actualité,
sauf ses dommages-intérêts, s'il est jugé qu'il a
mal exécuté la décision. — *Vid. suprà.* n. 24.

90. Quel est le tribunal devant lequel l'action du
compte doit être portée et jugée? L'art. 995 du
Code de procédure civile veut que, pour la reddition du compte de bénéfice d'inventaire, on ob-

serve les formes prescrites au titre *des Redditions de comptes*. Mais l'art. 527, auquel on renvoie, est loin d'offrir les élémens d'une solution positive. Que dit-il, en effet? « Les comptables commis par justice seront poursuivis devant les juges qui les auront commis; les tuteurs devant les juges du lieu où la tutelle a été déférée; tous autres comptables, devant les juges de leur domicile. »

Or, dans quelle catégorie placerons-nous l'héritier bénéficiaire? « A prendre au pied de la lettre la généralité du principe établi par l'article 527, dit Rolland de Villargues, *Répertoire du Notariat*, v₀ COMPTE, n. 20, il faudrait tenir pour certain que cet héritier doit toujours être poursuivi devant son domicile; car bien qu'obligé de se faire autoriser par le tribunal à procéder à quelques actes, il n'est cependant pas commis par la justice. » Telle est la règle que consacre l'art. 59, au titre *des Ajournemens*, pour les actions personnelles, et c'est précisément la nature de celle-ci. Néanmoins, il exprime d'une manière tout aussi explicite, qu'en matière de succession, sur les demandes qui sont intentées par les créanciers du défunt, avant partage, le défendeur doit être assigné devant le tribunal du lieu où la succession est ouverte. Il me paraît donc que l'attribution de juridiction à cause de l'objet litigieux l'emporte sur l'attribution de juridiction à cause de la personne, et que l'art. 527 doit être ainsi modifié (Cassation, 1ᵉʳ juillet 1817, Sirey, tom. 17-1-315, et Dalloz, *Recueil alphabétique*, tom. 3, pag. 308; Carré, *Lois de la procédure civile*, question 3238; Pige au, *Commentaire du Code de procédure civile*, article 995, note 4, et Thomine-Desmazures, *Commentaire de la Procédure civile*, n. 1190).

Si l'héritier était assigné devant le tribunal de son domicile, il serait recevable à proposer le déclinatoire, pourvu que ce fût avant toutes autres exceptions et défenses, comme l'y astreint l'art. 169. On opposerait à tort que la disposition des art. 59 et 527 combinés, est visiblement dans l'intérêt de la partie au profit de laquelle le compte doit être rendu, et que, si l'action est portée au tribunal du domicile du comptable, celui-ci n'a aucun motif de se plaindre, puisqu'il est traduit devant ses juges naturels. Ce raisonnement, bien que logique, ne saurait être admis. Le législateur moderne, à la différence de l'article 2, titre 29, de l'ordonnance de 1667, emploie le mot impérieux *sera*, au lieu de la locution dubitative *pourra*, et crée dès-lors un droit que chaque partie peut invoquer (Favard de

Langlade, *Répertoire de Législation*, vᵒ Compte,
§ 1, n. 1; Rolland de Villargues, *Répertoire du
Notariat*, EOD. VERB., n. 18, et Thomine-Desmazures, *Commentaire du Code de Procédure
civile*, n. 576).

Le lien attributif est-il relâché, dans le cas où
le comptable conclut lui-même à la reddition du
compte, et qu'il assigne, à cet effet, l'oyant en
justice? C'est le sentiment de l'auteur du *Répertoire du Notariat*, vᵒ Compte, n. 20; il dit qu'on
doit rentrer dans la règle générale, qui veut que
le défendeur, en matière personnelle, soit traduit
devant le juge de son domicile. Or, je nie l'exactitude de la proposition. C'est à raison de la
chose, on vient de le voir, pour faciliter l'instruction de la demande, que le Code, art. 59
et 527, détermine la compétence. Il n'est donc
pas possible que l'inversion des rôles puisse
changer le caractère de l'action, et la fasse pi-
voter sur d'autres documens. Quand même l'héritier bénéficiaire n'aurait à résister à l'action
du compte que réconventionnellement, il ne
serait pas permis de le distraire du juge de la
succession, s'il tenait à y rester soumis, parce
que c'est là seulement où le débat peut être sai-
nement apprécié (Bourges, 10 décembre 1830,
Sirey, tom. 31-2-165).

« En cas d'appel d'un jugement qui aurait rejeté une demande en reddition de compte, porte l'art. 528, l'arrêt infirmatif renverra, pour la reddition et le jugement du compte, au tribunal où la demande avait été formée, ou à tout autre tribunal de première instance que l'arrêt indiquera. » Ç'a été le thême d'une vive controverse. Quelques jurisconsultes ont vu là, une dérogation à l'art. 472, au titre *de l'Appel, et de l'Instruction sur l'appel*, où il est dit que, « si le jugement est confirmé, l'exécution appartiendra au tribunal dont est appel, et que si le jugement est infirmé, l'exécution, entre les mêmes parties, appartiendra à la cour royale qui aura prononcé, ou à un autre tribunal qu'elle indiquera par le même arrêt. »

On a objecté, au contraire, que l'art. 472 était confirmé par l'art. 528. « C'est une erreur, a-t-on répondu, la Cour ne peut retenir le compte, quoiqu'elle infirme, parce que la reddition est, comme toute instance, sujette aux deux degrés de juridiction. » Mais que devient alors la disposition finale de l'art. 528? « Si le compte, est-il dit, a été rendu et jugé en première instance, l'exécution de l'arrêt infirmatif appartiendra à la cour qui l'aura rendu, ou à un autre tribunal qu'elle aura indiqué. » Il n'en a pas fallu davantage pour que, rapprochant la fin du commencement de l'article, on n'y ait vu une contradiction flagrante, qui forçait à s'en tenir à l'article 472 (Carré, *Lois de la Procédure civile*, question 1851 ; Delaporte, *Pandectes françaises*, tom. 2, pag. 109 ; Pigeau, *Commentaire du Code de procédure civile*, art. 528, note1, et Thomine-Desmazures, *Commentaire de la Procédure civile*, n. 577).

Il me semble qu'on a très mal argumenté. L'art. 528 ne contient point d'antinomie ; car il ne fait que rendre hommage au principe qui exige, à défaut d'exception formelle, que toute action civile passe par deux degrés de juridiction. En effet, en disant qu'en cas d'appel d'un jugement qui a *rejeté une demande en reddition de compte*, l'arrêt infirmatif renverra au tribunal où la demande avait été formée, ou à tout autre tribunal de première instance, on prévoit le cas où les premiers juges se seront *déclarés incompétens*, *ou auront écarté l'action par une fin de non recevoir*, ce qui les aura empêchés de l'examiner et de statuer au fond : d'où la nécessité, pour la cour, de nantir un tribunal, afin qu'il en connaisse. Mais il en est autrement, lorsque le compte a été rendu et jugé, et qu'il n'y a eu d'appel que sur son plus ou moins d'étendue : dans ce cas,

la demande a épuisé le premier degré de juridiction, et la Cour peut, en infirmant le jugé,
se réserver l'exécution de son arrêt. C'est ainsi
que les art. 472 et 528 doivent être entendus,
parce que, expliqués l'un par l'autre, ils se donnent un mutuel appui.

91. Le compte est rendu aux formes de droit.
Rien n'empêche toutefois, si les parties sont
majeures et capables de contracter, qu'il le soit
devant notaire, et même par acte sous seing
privé. Cependant cela n'est possible que dans
une hypothèse assez rare, celle où les créanciers,
les légataires, d'accord entre eux d'éviter les
frais de poursuite, n'élèvent aucune contestation
sur la balance du compte : la preuve est que
l'héritier n'en vient en général à compter, que
parce qu'il y est contraint, et qu'il existe encore
des légataires, des créanciers qui ont des pré-
tentions à faire valoir sur l'actif de la succession. Une reddition non authentique, ou par
acte non enregistré, présente d'ailleurs l'inconvénient de ne pas faire foi de sa date contre les
tiers qui se présentent plus tard, à moins qu'elle
n'ait reçu une date certaine par les autres circonstances dont parle l'art. 1328 du Code civil
(Chabot de l'Allier, *Commentaire des Successions*, art. 803, n. 3; Delvincourt, *Cours de*

Code civil, tom. 2, pag. 97, note 16; Favard de Langlade, *Répertoire de Législation*, v° Bénéfice d'inventaire, n. 6; Rolland de Villargues, *Répertoire du Notariat*, Compte de Bénéfice d'inventaire, n. 2 et 4, et Toullier, *Cours de Droit civil*, tom. 4, n. 388).

. Pigeau, *Commentaire du Code de procédure civile*, art. 995, note 1, enseigne que la demande du compte n'est pas soumise au préliminaire de la conciliation, tandis que Carré, *Lois de la Procédure civile*, question 1818, veut qu'on ait recours à cette voie tutélaire ; mais ni l'un ni l'autre n'ont dit le pourquoi de leur opinion. L'art. 48 ordonne qu'aucune demande principale, introductive d'instance, entre parties capables de transiger, et sur des objets qui peuvent faire la matière d'une transaction, ne sera reçue devant les tribunaux de première instance, que le défendeur n'ait été préalablement appelé en conciliation devant le juge de paix, ou que les parties n'y aient volontairement comparu. J'ai démontré, n. 76, que l'héritier bénéficiaire pouvait transiger; qu'un pareil acte n'impliquait pas avec sa qualité : donc l'action en reddition de compte, sauf les exceptions que renferme l'art. 49, doit être rejetée, si le demandeur n'a pas satisfait à l'épreuve concilia-

trice (Bordeaux, 16 mars 1832, Dalloz, *Recueil
périodique*, année 1832-2-168).

Faut-il que toutes les parties intéressées à la
succession ou à la communauté, soient sommées
d'intervenir au débat? Rolland de Villargues,
Répertoire du Notariat, v° COMPTE DE BÉNÉFICE
D'INVENTAIRE, n. 10, et 11, formule ainsi la solution : « De ce que, dit-il, l'héritier doit appeler les
créanciers à l'inventaire, on conclut qu'il doit
rendre son compte en présence de tous les
créanciers qui se sont fait connaître par des oppositions aux scellés, ou par tous actes postérieurs. L'usage est constant. Si le compte est
provoqué par un créancier ou un légataire,
l'héritier appelle les ayans-droit à la succession,
à la reddition du compte. » Cette opinion, que
je partage entièrement, ne peut-elle pas laisser
de l'incertitude ? Il n'est pas besoin que les
légataires, les créanciers se soient fait connaître,
pour que l'héritier, s'il les connaît lui-même, ait
un grand avantage de procéder avec eux : cela
évite une involution de procédure et le circuit
d'actions qu'une réclamation, de leur part,
pourrait susciter par la suite.

Oyant, en matière de compte, est celui qui
reçoit le compte. L'art. 529 exprime que les
oyans qui auront le même intérêt, nommeront

un seul avoué; faute de quoi, le plus ancien occupera. Chacun des oyans peut en constituer un; mais les frais occasionnés par cette constitution particulière, et faits tant activement que passivement, sont supportés par lui. Carré, *Lois de la Procédure civile*, question 1852, dit avec raison que l'identité d'intérêt existe, dès l'instant que la gestion de l'héritier s'applique à tous, et si aucun d'eux n'est en droit d'exiger un compte de gestion particulière. Quant à l'avoué le plus ancien, c'est celui qui, parmi ceux qui ont été constitués, a un rang plus avancé sur le tableau. L'art. 932 s'en explique ainsi, au titre *de la Levée du scellé*. Il n'est donc pas possible d'agir différemment, sans vouloir blesser les règles de la prérogative ministérielle, et faire violence à la pensée du législateur.

Plusieurs individus ont, par des actes séparés, engagé la demande du compte qui les compète; à qui la poursuite appartiendra-t-elle? « On doit, d'après Carré, *loco citato*, question 1850, par induction de l'art. 967, l'accorder à celui qui a fait viser le premier l'original de son exploit par le greffier du tribunal, et qui a soin de dater ce visa du jour et de l'heure. » C'est, à mon avis, une étrangeté doctrinale. Peut-on supposer, en effet, une formalité que la loi ne permet point, et donner surtout à celui qui la remplit, quand il n'y est pas tenu, une préférence que rien n'autorise ? Le titre *des Partages et Licitations*, où est compris l'art. 967, ne concerne qu'une procédure spéciale : par conséquent, il n'est pas permis de conclure par l'exception à l'exception; car, avec ce système, on irait beaucoup trop loin.

Oui, sans doute, la poursuite en reddition de compte ne doit point être divisée au gré des demandeurs; mais de quoi s'agit-il? De prononcer sur la priorité de l'officier ministériel qui occupera. La partie n'y a, par la force des choses, aucun intérêt, puisqu'elle doit toujours rester présente au litige. Entre avoués, la préférence doit rester dès-lors au plus ancien; c'est l'analogie que l'art. 529 fournit, et certes, elle est bien rationnelle, en ce sens qu'elle s'échappe du titre *des Redditions de comptes*, de celui-là même qui donne naissance à la difficulté.

Veut-on une autre induction, non moins explicite ? Qu'on la prenne au titre *de la Distribution par contribution*, et au titre *de l'Ordre*. Le compte à rendre ne tend qu'à ce but. Eh! bien, les art. 95 et 130 du décret du 16 février 1807, sur la taxe des frais et dépens, exige que les avoués se retirent par-devers le président, pour qu'il décide la question de préférence.

« Tout jugement portant condamnation de rendre un compte, est-il dit en l'art. 530 du Code de procédure civile, fixera le délai dans lequel le compte sera rendu, et commettra un juge. » L'omission du délai, ni la non commission du juge, n'exercent pas néanmoins d'influence fâcheuse sur la décision. Il est écrit dans l'art. 1030, qu'aucun exploit ou acte de procédure ne peut être déclaré nul, si la nullité n'en est pas formellement prononcée par la loi. Cette nullité existe-t-elle? Pas du tout. Il est exact aussi que, par un acte judiciaire postérieur, émanant de la même autorité, l'oubli est réparable (Cassation, 11 novembre 1828 et 28 mars 1835, Sirey, tom. 30-1-80, et Dalloz, *Recueil périodique*, année 1835-1-151).

Un point très important par rapport à ses conséquences, c'est la durée du terme accordé à l'héritier pour présenter le compte; car, s'il expire sans qu'il en ait profité, l'art. 534 le livre à l'omnipotence du tribunal, et l'expose à la saisie, à la vente de ses biens, à la contrainte par corps. Thomine - Desmazures , *Commentaire de la procédure civile*, n. 579, croit qu'il faut distinguer entre le jugement par défaut et le jugement contradictoire : « Dans le premier cas, dit-il, le délai ne court qu'après la signification; dans le second cas, le délai court, sans significa-

tion préalable, à partir du jugement. » Cet auteur
se fonde sur l'art. 123, où il est écrit : « Le délai
courra du jour du jugement, s'il est contradictoire,
et de celui de la signification, s'il est par défaut. »
Il y a là erreur évidente. On ne doit pas dé-
tacher l'art. 123 de l'art. 122 ; l'un et l'autre n'ont
trait qu'au sursis à l'exécution ordonnée contre le
débiteur, et non au délai pendant lequel on
pourra contraindre à exécuter la disposition.
L'art. 122 énonce que, dans les cas où les tribunaux sont autorisés à accorder des délais pour
l'exécution de leurs jugemens, ils le font par le
jugement même qui statue sur la contestation,
et qui exprime la cause du délai. C'est pour cela
que, dans l'intérêt commun du débiteur et du
créancier, l'art. 123 introduit une exception à la
règle. Il ne veut pas, en effet, qu'on fasse de nouveaux frais durant le terme de grâce, lorsqu'il
est connu de la partie qui doit en profiter ; tout
comme il s'oppose à ce que cette partie vienne
en réclamer le bénéfice, si, instruite par la signification qui lui a été faite, elle a gardé le silence
jusqu'à l'exécution. S'il en était autrement, on
effacerait du Code les art. 147, 155, 449 et 457,
qui consacrent le principe que, les jugemens
ne peuvent pas être exécutés avant d'avoir été
signifiés ; qu'il est interdit d'en appeler dans la

huitaine de leur prononciation, et que l'appel est
suspensif, pourvu que l'exécution provisoire
n'ait pas été permise (Carré, *Lois de la Procédure civile*, question 1853).

Le compte, aux termes de l'art. 533, contient
les recettes et les dépenses effectives; il est terminé par la récapitulation de leur balance, et
l'on fait un chapitre particulier des objets à
recouvrer. Par l'art. 532, il est interdit au rendant
compte d'employer pour dépenses communes,
autre chose que les frais de voyage, s'il y a lieu;
les vacations de l'avoué qui aurait mis en ordre
les pièces du compte, les grosses et copies; les
frais de présentation et affirmation. Demiau-
Crouzilhac, *Explication de la Procédure civile*,
pag. 369, soutient que ces pièces sont suivies
d'un inventaire de production; Carré, *Lois de la
Procédure civile*, question 1862, émet une autre
opinion. A s'en tenir strictement à la loi, il ne faut
pas d'inventaire; mais la prudence dont il est utile
de s'environner, et plus encore l'extrême bonne
foi que les formes judiciaires doivent faire apparaître, le recommandent puissamment à l'héritier
bénéficiaire, afin qu'on ne puisse pas le soup-
çonner d'avoir usé de réticence.

RECETTE.— Elle détermine le premier chapitre
du compte, et comprend :

1° Toutes les sommes et tous les effets mobiliers qui ont été inventoriés ;

2° Le montant des recouvremens pour la succession, en capitaux, intérêts et arrérages ;

3° Le prix de la vente des meubles et des immeubles ;

4° Les fruits et revenus des biens ;

5° Tout ce que l'héritier a trouvé dans la succession, ou reçu à cause d'elle.

Lebrun, *Traité des Successions*, liv. 3, chap. 8, sect. 2, n. 4, et Rolland de Villargues, *Répertoire du Notariat*, v° COMPTE DE BÉNÉFICE D'INVENTAIRE, n. 14, pensent que l'héritier n'est pas tenu de porter en recette les réparations civiles qu'il aurait obtenues, dans le cas où la succession n'est ouverte que par l'effet d'un meurtre. Une pareille indemnité s'applique plutôt à la douleur de la famille, qu'à la qualité de successible. Il en est de même du prix de la cession du bénéfice d'inventaire; rien n'oblige à la rapporter. Je renvoie au n. 134, pour connaître les développemens de ce point de droit.

DÉPENSE. — Elle détermine le second chapitre, et comprend :

1° Les frais funéraires pour le défunt, sauf réduction, s'il y a eu excès ;

2° Les frais de scellés et d'inventaire ;

3° Les droits de mutation payés à la régie de l'enregistrement ;

4° Toutes les sommes remises en l'acquit de la succession, si elles sont justifiées ;

5° Toutes les avances nécessaires faites pour l'entretien et la jouissance des biens ;

6° Tous les frais faits également à l'occasion des ordres et distributions, pour la portion qui n'aurait pas été allouée par le juge-commissaire ;

7° Ceux des procès que l'héritier a soutenus pour la succession, lors même qu'il aurait succombé, à moins qu'il n'y ait été condamné en nom personnel ;

8° Ceux du compte rendu aux créanciers et aux légataires ;

9° Enfin, tout ce qu'il a utilement déboursé pour les affaires héréditaires (Carré, *Lois de la Procédure civile*, quest. 1861 ; Chabot de l'Allier, *Commentaire des Successions*, art. 803, n. 3 ; A. Dalloz, *Dictionnaire de Législation*, v° Succession bénéficiaire, n. 194 ; Rolland de Villargues, *Répertoire du Notariat*, v° Compte de bénéfice d'inventaire, n. 16 ; Thomine - Desmazures, *Commentaire du Code de procédure civile*, n. 582, et Toullier, *Cours de Droit civil*, tom. 4, n. 388).

L'héritier est-il autorisé à porter en dépense,

soit les sommes qui lui étaient dues par le défunt, et dont, aux termes de l'art. 802, il peut réclamer le paiement, soit les dettes de la succession, qu'il a acquittées de ses propres deniers, et pour lesquelles l'art. 1251 le subroge de plein droit aux créanciers qu'il a payés ? « Comme ceux-ci, dit Chabot de l'Allier, *Commentaire des Successions*, art. 803, n. 5, il est assujéti à réclamer son allocation dans l'ordre et la distribution par contribution. Il est soumis, s'il y a lieu, à une perte proportionnelle, et il n'a pas le privilége de prélever sur ce qu'il a reçu pour la succéssion, les sommes qui lui sont dues. » Or, je crois avoir établi le contraire, n. 71, et j'aurai l'occasion, ñ. 101, de soutenir, par les principes de la compensation, l'exactitude de la doctrine que je professe.

Un point de droit sur lequel les auteurs paraissent s'accorder, est que le bénéficiaire n'est pas recevable à exiger sa nourriture et son logement sur les biens dont il a l'administration. On oppose que tout appartient aux créanciers et aux légataires ; qu'ainsi, il ne peut rien prendre avant qu'ils soient eux-mêmes entièrement désintéressés. Il ne me paraît pas qu'on doive affecter autant de rigueur. L'entretien d'un héritier, lorsqu'il est pris en nature, n'est pas un objet

excessif; par conséquent, je préfère m'en tenir
à l'exacte justice. *Vid. suprà*, n. 5 et 23. Remarquez, d'ailleurs, que cette dépense ne vient qu'en
déduction des revenus, et qu'elle ne figure jamais
dans le compte. Quelle ne serait donc pas la dé-
faveur du créancier, du légataire, qui voudrait
conclure à un forcement de recette? (Bretonnier,
Questions de Droit, v° Héritier, pag. 58; Chabot de l'Allier, *Commentaire des Successions*,
art. 8o3, n. 4; Denisart, *Répertoire de Jurisprudence*, v° Compte, pag. 55, n. 6; Duparc-Poullain, *Principes du Droit*, tom. 4, pag. 93, et
Toullier, *Cours de Droit civil*, tom. 4, n. 389).

Il en serait autrement d'une indemnité pécu-
niaire. Le temps qu'a employé l'héritier bénéficiaire, les soins qu'il s'est donnés pour régir les
affaires et les valeurs de la succession, y eût-il
absorption par les créances et les legs, ne sont
point un motif suffisant pour qu'on lui attribue
une somme quelconque. En effet, comme il n'a
voulu courir aucun risque, il ne doit avoir
aucun profit. Il y a lui-même intérêt, puisque,
après l'acquit des charges et des dettes, le résidu
est sa propriété exclusive (A. Dalloz, *Dictionnaire
de Législation*, v° Succession bénéficiaire,
n. 89; Delvincourt, *Cours de Code civil*, tom. 2,
pag. 33, note 1; Malpel, *Traité des Successions*,

n. 228, et Vazeille, *Commentaire sur les Succes-sions*, art. 803, n. 9).

Si les créanciers prétendent que le compte rendu est infidèle, que la recette est déguisée, que la dépense est l'œuvre du dol de l'héritier; ils ont le droit de le combattre, et de prouver qu'il y a exagération d'une part, et omission de l'autre. La légalité de chaque article est alors mise en jeu; toute partie prenante qui, par l'examen de la comptabilité du bénéfice d'inventaire, voit sa part ébréchée, ou perdue, est fondée à proposer telle exception que bon lui semble. A défaut de document écrit, quand les invraisemblances, les contradictions du compte, laissent à désirer quelque chose pour arriver à la solution, la preuve testimoniale du dol est, par la volonté de l'art. 1116 du Code civil, le meilleur complément qu'on puisse avoir (Duranton, *Cours de Droit français*, tom. 10, n. 415, et Rolland de Villargues, *Répertoire du Notariat*, v° COMPTE DE BÉNÉFICE D'INVENTAIRE, n. 15),

Le Code de procédure civile indique plus spécialement les formes. On y voit que le législateur est dominé par cette pensée, qu'un compte doit, autant que possible, être bref et apuré avec économie. L'art. 531, tranchant le fil de l'abus, circonscrit l'étendue de l'exposition. Il est ordonné à l'héritier bénéficiaire, par l'art. 534, de présenter et affirmer son compte en personne ou par un fondé de procuration, au jour fixé par le juge-commissaire, les oyans présens, ou appelés à personne ou à domicile, et par acte d'avoué, s'ils en ont constitué. « Le compte présenté et affirmé, dit l'art. 535, si la recette excède la dépense, l'oyant pourra requérir, du juge-commissaire, exécutoire de cet excédant, sans approbation du compte.»

Jusque-là, le contact n'a ordinairement rien d'acerbe, parce que le compte est, pour ainsi dire, un mystère, sous ce rapport qu'il n'a cessé de rester en la possession du rendant. Mais, à partir de l'affirmation, le procès prend un caractère plus sérieux. L'art. 536 veut qu'on donne connaissance du compte par copie littérale, et qu'on le signifie à l'avoué de l'oyant; que les pièces justificatives soient cotées et paraphées par l'avoué du rendant; qu'elles soient ensuite communiquées sur récépissé, et qu'on les réintègre dans le délai qui a été donné par le juge, sous peine de dommages-intérêts, et même d'interdiction temporaire contre l'avoué qui les a reçues.

Le compte s'instruit par l'intermédiaire d'officiers ministériels, et les parties n'ont droit à

aucune communication ou signification directe.
Du côté des oyans, s'ils ont le même intérêt, la
copie du compte et la délivrance des pièces est
faite à l'avoué plus ancien, et s'ils ont des intérêts
différens, à chaque avoué en particulier. Quant
aux créanciers et aux légataires qui sont intervenus, n'importe leur nombre et leur intérêt in-
dividuel, ils n'ont qu'une communication du
compte et des pièces, sans copie antérieure, et
c'est entre les mains du plus ancien des avoués
qu'ils ont constitués qu'elle s'opère. L'art. 537,
prévoyant le cas où, parmi les pièces communiquées, il existera des quittances de fournisseurs,
d'ouvriers, de maîtres de pensions, et autres de
même nature, les dispense de l'enregistrement.

Vient peu après l'époque des explications.
C'est le juge-commissaire qui, suivant l'art. 538,
assigne un jour aux parties pour qu'elles fournissent les débats et les soutènemens. Si elles ne
comparaissent pas, la cause est portée à l'audience,
sur un simple acte. L'art. 539, pour le cas où les
parties, comparaissant, ne s'accorderaient pas,
veut que le juge fasse son rapport au tribunal,
et que, sans sommation, elles soient tenues de
s'y trouver. Il est exprimé, par l'art. 540, que le
jugement contiendra le calcul de la recette et de
la dépense, et qu'il fixera le reliquat précis, s'il

19

en existe un. L'art. 541 ajoute : « Il ne sera procédé à la révision d'aucun compte, sauf aux
parties, s'il y a erreur, omission, faux ou doubles
emplois, à en former leurs demandes devant les
mêmes juges. »

Rolland de Villargues, *Répertoire du Notariat,*
v° COMPTE DE BÉNÉFICE D'INVENTAIRE, n. 20, dit
que, lorsque le compte est apuré, le jugement,
signifié à tous les créanciers en cause, acquiert
force de chose jugée ; que le créancier de la
succession, qui ne s'est pas fait connaître à l'héritier bénéficiaire, par la voie de l'opposition,
somme celui-ci de rendre compte ; que l'héritier
dénonce l'apurement du compte au créancier,
lui communique même le compte, s'il en est
requis, et que le créancier ne peut demander son
paiement que sur le reliquat actif qui a été déclaré. Mais cela me paraît s'écarter des principes
de la matière ; car les légataires, les créanciers,
ne sont pas ici mandataires les uns des autres
(Cassation, 22 août 1827, Dalloz, *Recueil périodique,* année 1827-1-477).

Le compte eût-il été rendu contre un curateur
au bénéfice d'inventaire, que le droit ne changerait point. En effet, le curateur représente la
succession, et non les créanciers ; aussi, pour ce
qui les concerne, le jugement du compte est-il

res inter alios judicata. Donc l'art. 474 du Code de procédure civile, sur l'exercice de la tierce-opposition, est en tout point applicable. Tout ce que peut faire l'héritier, est d'interpeller le le créancier intervenant, pour savoir s'il adhère au compte rendu, ou le conteste, et mettre à sa charge, en cas de difficulté, les frais nécessités par la reddition d'un compte nouveau. Il n'y a que ce moyen terme, on le conçoit, qui soit de nature à concilier les intérêts du bénéficiaire et le respect dû à la propriété.

92. Si, par suite de la liquidation des biens héréditaires, examen fait du compte, un reliquat se trouve dû, il est payé soit aux créanciers, soit aux légataires qui l'ont provoqué. On rentre dans le cercle tracé par l'art. 808 du Code civil, c'est-à-dire que, si le numéraire et les valeurs qui restent, ne suffisent pas, s'il n'y a point accord, l'héritier doit libérer la succession dans l'ordre et de la manière réglés par le juge. S'il y a un résidu, il lui est acquis, sauf l'éventualité du concours d'autres créanciers, d'autres légataires, qui se présenteraient plus tard. Il peut, en outre, se l'appliquer comme créancier, et, dans ce cas, il le retient pour lui, sans pouvoir être recherché, à moins qu'il ne se fût rendu coupable de dol (Rolland de Villargues, *Répertoire du Notariat,* v° BÉNÉFICE D'INVENTAIRE, n. 144).

On s'est demandé si le reliquat de compte produisait intérêt. Cette question n'a pas été résolue d'une manière bien satisfaisante, et plus on cherche à l'approfondir par la jurisprudence et les auteurs, plus il s'élève des doutes. D'abord, l'art. 542 du Code de procédure civile, qui termine le titre *des Redditions de comptes*, est loin de les faire disparaître. Après avoir déclaré que, si l'oyant est défaillant, le commissaire fera son rapport au jour par lui indiqué, et que les articles seront alloués, s'ils sont justifiés, il continue ainsi : « Le rendant, s'il est reliquataire, gardera les fonds sans intérêts, et, s'il ne s'agit point d'un compte de tutelle, il donnera caution, si mieux il n'aime consigner. »

Résulte-t-il de là, que, jusqu'au paiement, l'héritier bénéficiaire est affranchi de tout intérêt? La Cour de cassation a jugé, le 22 août 1827, que le reliquat de compte ne donnait le droit d'en réclamer que du jour de la demande, et seulement à celui qui avait constitué l'héritier en demeure. Or, est-ce de la sorte qu'on doit entendre l'art. 542 pré-mentionné? Je ne le pense pas. Ce texte, par sa lettre et son esprit, n'a trait qu'au légataire, au créancier, qui n'ont pas conclu à la reddition du compte, mais contre lesquels, sans qu'ils aient comparu, la reddition a été instruite. Il n'est parlé que de l'oyant qui a fait

défaut : par conséquent, la disposition le concerne lui seul (Dalloz, *Recueil périodique*,
année 1827-1-477).

Il n'est pas possible de contester que, par
la protestation directe d'un ayant-droit, le bénéficiaire qui n'a pas payé ne soit en faute, s'il est
reconnu débiteur ; car l'art. 1139 du Code civil
nous apprend qu'on peut être astreint de se
libérer, soit par une sommation expresse, soit par
tout autre acte équivalent. L'art. 1996 ajoute à
son tour : « Le mandataire doit l'intérêt des
sommes qu'il a employées à son usage, à dater
de cet emploi, et *de celles dont il est reliquataire,*
à compter du jour qu'il est mis en demeure. »
Considéré donc comme administrateur, pris en
qualité de représentant de la succession, l'héritier
est tenu, s'il a été provoqué en reddition de
compte, de faire raison des intérêts de ce qu'il
doit, non depuis l'apurement, mais à partir de la
première interpellation.

Dans l'espèce, et par la force des choses, les
intérêts, qui ne font que grossir le capital,
tournent même à l'avantage du créancier, du
légataire qui s'est tenu à l'écart, pourvu qu'il
arrive avant la distribution. Son opposition, en
temps utile, arrête le paiement ; c'est ce qui fait
que la somme due par l'héritier, étant distribuée

à tous les intervenans qui sont en position de
pouvoir y prétendre, s'agglomère, et qu'on est
obligé de la répartir proportionnellement, principal et accessoires. Différemment, la loi est violée,
les droits des créanciers, des légataires, essentiellement compromis; la balance de la justice
ne reçoit son impulsion que de l'arbitraire, et
devient, pour les citoyens, un objet de surprise
et d'écueil.

La Cour de Bourges a décidé, le 18 juillet 1828,
que « l'enfant naturel qui exerce ses droits sur la
succession de son père, ne peut pas exiger de
l'héritier bénéficiaire de ce dernier, qu'il lui rapporte l'intérêt des sommes existantes en nature,
ou par lui recouvrées depuis le décès, si elles
n'ont pas été placées, et que, dans le cas où elles
l'auraient été, l'héritier n'est tenu d'en payer
l'intérêt qu'au taux par lui perçu, fût-il inférieur au taux légal. » Cette solution n'a rien de
contradictoire avec l'opinion que je viens d'é-
mettre; elle la confirme ou la corrobore, plutôt
qu'elle ne la détruit. On oblige l'héritier à faire
compte de ce qu'il a reçu, à ne pas remettre ce
dont il n'a point tiré avantage, et certes les
parties prenantes n'ont pas autre chose à exiger
(Dalloz, *Recueil périodique*, année 1829-2-127).

Il y a plus d'embarras à raison de l'anatocisme.

« Les intérêts échus des capitaux, dit l'art. 1154, peuvent produire des intérêts, ou par une demande judiciaire, ou par une convention spéciale, pourvu que, soit dans la demande, soit dans la convention, il s'agisse d'intérêts dus au moins pour une année entière. » Pourra-t-on dès-lors appliquer cette disposition au bénéfice d'inventaire? La Cour de Paris a été d'avis, le 14 mai 1819, qu'il y avait impossibilité. Je crois pourtant qu'elle s'est montrée beaucoup trop absolue, et qu'il est des cas où, comme l'enseigne Vazeille, *Résumé sur les Successions*, art. 804, n. 4, l'héritier doit être condamné à la souffrir. Par exemple, lorsque après avoir été requis de présenter son compte, ce qui a suffi pour faire courir les intérêts du reliquat, les parties sont restées plus d'un an à se débattre, l'un des créanciers ou des légataires n'aura-t-il pas le droit de conclure à la capitalisation des intérêts? Dans l'hypothèse, le retard apporté à la libération est une faute; aussi, en soumettant l'héritier à l'intérêt de l'intérêt, on rend hommage à cette maxime : « Tout fait quelconque de l'homme, qui cause à autrui un dommage, oblige celui par la faute duquel il est arrivé, à le réparer » (Dalloz, *Recueil alphabétique*, tom. 12, pag. 380, n. 2).

93. Un héritier qui a trop payé, peut se faire

restituer. Il dirigera son recours vers les créanciers et les légataires qui, les derniers, auront reçu le montant de leurs créances et de leurs legs. La restitution, pour être régulière, suivra le même ordre que les paiemens. Dans une telle doctrine, il n'y a rien d'exagéré; c'est la loi qui la commande, qui lui donne le mouvement, et la prérogative du bénéfice d'inventaire se lie intimement à son adoption. Il est certain que l'erreur que cet héritier a commise, en acquittant une dette héréditaire, quand il n'y était pas tenu, soit qu'il n'eût pas des fonds appartenant au défunt, soit que la dette ne fût pas exigible, ne doit lui nuire en aucun cas (Rolland de Villargues, *Répertoire du Notariat*, v° BÉNÉFICE D'INVENTAIRE, n. 145).

En proclamant le principe, que « tout paiement suppose une dette, et que ce qui a été payé sans être dû, est sujet à répétition, » l'art. 1235 continue, il est vrai, en disant : « La répétition n'est pas admise à l'égard des obligations naturelles qui ont été valablement acquittées; mais ce n'est pas ainsi qu'on doit l'entendre par rapport à l'héritier bénéficiaire. Il est réputé étranger à la succession qu'il est chargé d'administrer; sa qualité de successible est scindée : la loi, par une volonté ferme, inébranlable, a relâché le lien naturel, qui s'oblitère même en présence des légataires et des créanciers. La présomption est que l'héritier n'a payé que comme administrateur, sous l'influence du compte à rendre : donc, il n'est pas permis d'interpréter à son détriment, la facilité avec laquelle il a libéré la succession ; et, à moins de preuve contraire, tout exige qu'on admette l'action. On ne porte aucun préjudice aux créanciers, aux légataires, puisqu'ils n'avaient à prétendre qu'à l'actif de l'hérédité, tandis que le bénéficiaire ferait une perte certaine.

C'est le vœu de l'art. 1377. « Lorsque une personne, est-il dit, qui, par erreur, se croyait débitrice, a acquitté une dette, elle a le droit de répétition contre le créancier. » Il n'y a pas lieu à rechercher si, quant à celui-ci, la somme était due ou non, ni à s'appuyer de l'axiome : *Repetitio nulla est, ab eo qui suum recepit*, qui s'échappe de la loi 44, ff. *de Condictio indebiti* ; il ne faut pas distinguer non plus, entre l'erreur de droit et l'erreur de fait, distinction subtile qui a divisé nos meilleurs jurisconsultes ; mais il faut s'en tenir à la disposition législative telle quelle, et voir si, en effet, vérification faite du compte bénéficiaire, l'héritier a trop payé (Oui.Duranton, *Cours de Droit français*, tom. 10,

n. 127; Rolland de Villargues, *Répertoire du Notariat*, v° RÉPÉTITION, n. 57, et Toullier, *Cours de Droit civil*, tom. 11, n. 63. — Non. Delvincourt, *Cours de Code civil*, tom. 3, pag. 679, note 4, et Pothier, *Traité des Obligations*, n. 161).

94. « Les créanciers non opposans, dit l'art. 809, qui ne se présentent qu'après l'apurement du compte et le paiement du reliquat, n'ont de recours à exercer que contre les légataires. » Pouvait-on introduire l'action récursoire, sans blesser le principe écrit dans l'art. 808, qui donne le pouvoir à l'héritier, à défaut d'opposition, de payer les créanciers à mesure qu'ils se présentent ? La négative est évidente. En vain objecterait-on que la même disposition existe pour les légataires, et que cependant on les a soumis à rendre ce qu'ils ont reçu ; la réponse est facile : la différence de condition, est dans la différence des titres. Or, il importerait peu que le créancier négligent, celui qui ne s'est pas fait connaître par une opposition antérieure, vînt avant le solde du reliquat, puisque, dans l'hypothèse, il ne serait pas recevable à faire rapporter ce que les autres créanciers ont pris avant lui (Cassation, 4 avril 1832, et Nîmes, 8 février 1832, Dalloz, *Recueil périodique*, 1832-1-136, et 2-73).

Ce point de doctrine a été, toutefois, l'occa-

sion d'une divergence de sentiment. On a soutenu
que l'art. 809, par ces mots : *après l'apurement
du compte et le paiement du reliquat*, ne peut
avoir trait aux créanciers qui se présentent durant l'instruction du compte, et avant que le
reliquat ait été payé : *inclusio unius, exclusio
alterius.* « En général, les droits respectifs des
créanciers sont régis, dit-on, par la loi des priviléges et hypothèques ; il faut un texte formel
pour déroger à cette règle : donc tout créancier
qui réclame lorsque l'apurement du compte et
le paiement du reliquat n'ont pas eu lieu , est
fondé, ou par voie de contribution, ou par voie
de privilége, à poursuivre et faire réduire les
créanciers déjà payés. Le projet de l'art. 809,
avait, en effet, une addition ainsi conçue : *Ceux
qui se présentent avant l'apurement du compte,
peuvent exercer un recours subsidiaire contre les
créanciers payés à leur préjudice.* La disposition
a été retranchée comme inutile » (Chabot, de l'Allier, *Commentaire des Successions* , art. 809, n. 3;
A. Dalloz, *Dictionnaire de Législation*, v° Succession bénéficiaire , n. 165 ; Malpel, *Traité des
Successions*, n. 235; Toullier, *Cours de Droit
civil*, tom. 4, n. 383, et Vazeille, *Résumé sur
les Successions*, art. 809, n. 1).

N'y a-t-il pas erreur flagrante ? La maxime :

In pari causâ, melior est conditio possidentis,
doit concourir, dans l'hypothèse, avec celle de la
loi dernière, §4, *Cod. de Jure deliberandi,* portant: *Eis satisfaciat qui primi veniunt creditores
et si nihil reliquum est, posteriores venientes
repellantur;* car, toutes deux agissent sur l'application de l'art. 809 du Code civil, d'une manière très rationnelle et conforme à l'intention
manifestée par le législateur. Aucun recours n'est
dès-lors ouvert ni contre l'héritier bénéficiaire,
qui n'a fait qu'user de sa prérogative en payant
au fur et à mesure qu'on s'est fait connaître; ni
contre les créanciers qui ont touché, et qui,
n'ayant reçu que ce qui leur était effectivement
dû, sont à même de répéter, avec la loi 24, *Quæ in
fraudem creditorum: vigilavi meum recepi, jus
civile vigilantibus scriptum.* Telle était l'ancienne doctrine. Les auteurs ne distinguaient pas,
avec raison, entre les paiemens faits avant l'apurement du compte, et ceux où ils étaient d'une
date postérieure (Delvincourt, *Cours de Code
civil,* tom. 2, pag. 102, note 6; Denisart, *Répertoire de Jurisprudence,* vᵒ SUCCESSION, § 9; Duranton, *Cours de Droit français,* tom. 7, n. 35;
Favard de Langlade, *Répertoire de Législation,*
v BÉNÉFICE D'INVENTAIRE, n. 11; Lebrun, *Traité
des Successions,* liv. 3, chap. 4, n. 19; Ricard,

Traité des Donations et *Testamens*, 4ᵉ partie,
chap. 1o, n. 2, et Rolland de Villargues, *Réper-*
toire du Notariat, vᵒ Bénéfice d'inventaire,
n. 138).

Il est pourtant vrai que les opinions contradictoires que je viens d'analyser, manquent l'une
et l'autre de précision, peut-être de clarté, en ce
sens que tous les créanciers sont confondus ensemble, tandis qu'il est indispensable de les faire
marcher séparément. Un créancier hypothécaire
inscrit, un créancier privilégié sur les immeubles
de l'hérédité, par exemple, le vendeur non payé
de son prix, n'ont que faire des dispositions de
l'art. 8o9; quant à eux, si la purge des hypothèques n'a pas existé, si les déchéances dont parle
le titre *de l'Ordre*, et pour la conclusion desquelles la loi prescrit des formes spéciales., ne
sont point acquises, si la prescription du droit,
si des fins de non recevoir sont impuissantes
pour les atteindre, l'héritier par bénéfice d'inventaire ne doit pas être admis à pouvoir les lier
par un paiement antérieur. Dans ce cas, l'action
réfléchit vers le tiers-détenteur du fonds hypothéqué, ou grevé de privilége, sauf la récursion sur
le bénéficiaire, s'il a conseillé ou hâté le paiement.

Entendre différemment l'article qui nous occupe, c'est en méconnaître l'esprit et la portée;

c'est faire violence à tous les principes. Son effet
actif a été restreint aux créanciers chirographaires. Ceux-là, dans l'appel qu'ils font à l'héritier, peuvent lui dire : *In pari causá, melior
est conditio possidentis.* La faute est au créancier retardataire, elle n'est qu'à lui ; car il doit
s'imputer à mal un silence qui lui est tout personnel. Privé d'inscription hypothécaire, de privilége particulier, il sait que la conservation de
sa créance l'oblige à tenir l'œil aux événemens.
Donc il est en contravention , pour n'avoir pas
comparu plus tôt, et tout ce qui a été fait, à
moins de droit constaté à l'avance, doit être res-
pecté, maintenu par lui.

Le Code de commerce, au titre *de la Vérification des créances,* fournit une assimilation digne
de remarque. « A défaut de comparution et affirmation dans le délai fixé par le jugement, dit
l'art. 5ι3, les défaillans ne seront pas compris
dans les répartitions à faire. La voie de l'opposition leur sera ouverte jusqu'à la dernière distribution des deniers inclusivement, mais sans
que les défaillans, quand même ils seraient des
créanciers inconnus, puissent rien prétendre aux
répartitions consommées, qui, à leur égard, seront réputées irrévocables, et sur lesquelles ils
seront entièrement déchus de la part qu'ils au-

raient pu prétendre. » Pourquoi la règle chan-
gerait-elle ? Par rapport à la faillite, les formes
de la vérification équipollent à celles de la présentation en matière d'acceptation bénéficiaire ;
les unes comme les autres, ont leurs effets heureux et malheureux.

Qu'on ne suppose pas que les invitations de
se présenter, faites aux créanciers d'un négociant
failli, soient un motif pour déroger à l'art. 809
du Code civil, puisque dans les faillites, de même
que dans les successions acceptées bénéficiairement, on rencontre des créanciers inconnus ou
non opposans, qui n'ont pu être interpellés.
Les recevoir à se plaindre, ce serait, on le conçoit, tout bouleverser. Dans le bénéfice d'inventaire, notamment, il n'y aurait jamais de distribution stable ; car un créancier caché, tirant
le rideau, apparaîtrait, et sa présence, le replaçant
avec les premiers arrivés, jetterait la succession
dans des difficultés inextricables. En effet,
comment procéderait-on, si les créanciers payés
avaient disparu, s'ils étaient devenus insolvables,
s'ils ne voulaient pas subir les rapports à la
masse? Faudrait-il faire autant de procès pour
les contraindre? qui supporterait alors les in-
solvabilités? pendant la lutte, quelle attitude
devrait prendre l'héritier bénéficiaire?

Il importe peu que cet héritier puisse, par la force des choses, exercer des préférences dans les paiemens qu'il est autorisé à faire aux créanciers; c'est une faculté exorbitante que lui donne l'art. 808, et qu'il n'est pas permis de lui ravir. Le seule précaution qui soit licite, est l'opposition de la part des créanciers non inscrits, ou sans privilége singulier, qui veulent concourir à la distribution. Tout est là, et aussi, hors de là, au lieu de légalité, il n'y a plus qu'arbitraire et déception. Le dol, la fraude, mis en contact avec les actes de liquidation de l'hérédité, sont, j'en conviens, de nature à vicier le paiement, si la créance n'était pas due ; mais la diligence du bénéficiaire, sa prédilection pour tel ou tel créancier, ne sauraient avoir ce caractère malencontreux, parce que la loi, en l'absence de toute opposition, ou de mesure équivalente, lui laisse la plus grande latitude. —*Vid. suprà*, n. 18 et 71.

Ainsi, le créancier non opposant ne peut jamais venir que sur ce qui reste à distribuer. L'art. 809 me paraît sans réplique, bien qu'on ait critiqué sa rédaction, et qu'on l'ait accusé d'emphibologie. Il ouvre seulement un recours contre les légataires payés; c'est la consécration de l'axiome : *Bona non dicuntur, nisi deducto ære alieno*. Ce recours se prescrit par le laps de

trois ans, à compter du jour de l'apurement du
compte et du paiement du reliquat. Quand
même les légataires seraient insolvables, l'héritier
ne s'en trouverait pas moins à l'abri des poursuites des créanciers ; car il ne contracte d'autre
obligation, en acceptant par bénéfice d'inventaire, que d'employer la succession à l'acquit des
créances et des legs. Par voie de suite, il ne serait
point reçu à proposer cette prescription trien-
nale, parce qu'elle est exclusive aux légataires
(Rolland de Villargues, *Répertoire du Notariat*,
v° BÉNÉFICE D'INVENTAIRE, n. 142, et Toullier,
Cours de Droit civil, tom. 4, n. 385).

On a beaucoup disserté sur le recours des
créanciers, sans dire un mot sur celui des légataires entre eux. Eh bien! que fera le créancier
en retard : n'attaquera-t-il que le légataire qui
a obtenu, le dernier, la délivrance de son legs,
ou les comprendra-t-il tous dans son action?
D'un autre côté, si un légataire ne réclame l'exécution de la disposition testamentaire qui le
gratifie, qu'après que ses co-légataires auront été
remplis de ce qui leur a été légué, lui accordera-
t-on un recours? Si son droit n'est pas encore
prescrit, contre qui devra-t-il l'exercer? Ces
questions, qui se lient étroitement à l'acceptation
bénéficiaire d'une succession, restent cependant

20

inaperçues et dans le Code, et dans les élabora-
tions auxquelles se sont livrés les auteurs, quoique la science contentieuse eût dû les leur
suggérer.

Il n'est pas juste, assurément, qu'un seul légataire désintéresse le créancier qui comparaît,
lorsque les fonds du bénéfice d'inventaire sont
épuisés : tous les légataires ont un titre unique,
le testament du défunt. Existât-il deux testamens, ou un plus grand nombre, même à des
époques différentes, que la règle ne devrait point
changer, puisque les dispositions mortuaires ne
peuvent être mises à exécution qu'à l'instant où
la cause qui les a produites, est elle-même en
mouvement. Chaque légataire ne sera donc responsable que de sa part contributive : si, en face du
créancier, l'un d'eux n'a pas à opposer l'exception
de division, en ce sens qu'il ne doit rien retenir
de la succession avant l'acquit des dettes, il
remédie à l'inconvénient, par un appel en intervention ; il fait réfléchir de la sorte, sur les autres
légataires, proportions gardées, le choc de la
demande dont il a été l'objet. C'est la règle que
trace, en matière de réduction de legs, l'art. 926,
pour le cas où la quotité disponible a été dépassée;
or, il y a parité de raison avec notre espèce.
L'art. 927 n'admet d'exception, qu'autant que le

testateur a exprimé quel serait le légataire qui était affranchi de contribuer au paiement.

Partant de ce principe, qu'un légataire ne peut pas, sans injustice, supporter l'entier fardeau des créances passives qu'on découvre par la suite, il me semble avoir démontré que le légataire qui, par un motif quelconque, n'a point conclu à la délivrance de son legs, ne saurait être primé par ses co-légataires, de cela qu'ils se sont présentés plus tôt que lui. L'art. 809, au titre *du Bénéfice d'inventaire*, ne touche que les créanciers retardataires, ceux qui se font connaître après l'apurement du compte et le paiement du reliquat. Il est aussi hors de doute, qu'un légataire doit être reçu, tant que dure l'acceptation de son legs, à contraindre les légataires payés, de venir ensemble à contribution, pour que chacun ait une part de la libéralité, sauf le cas où le défunt a indiqué l'ordre dans lequel les legs seront délivrés. Inutile de dire, au surplus, que l'héritier n'a pas à se mêler de la querelle, et qu'il tire sa neutralité de l'art. 808, qui, comme on l'a déjà vu, lui permet de payer les créanciers et les légataires dès qu'ils l'exigent, s'il n'existe pas d'opposition.

95. Épuisé de fatigue, le voyageur s'arrête, sa course étant finie, pour suivre encore de l'œil

le long espace qu'il a parcouru , tout étonné des
obstacles qu'il a rencontrés, et qu'il est parvenu
à vaincre. L'héritier aussi, lorsqu'il touche au
terme de la gestion bénéficiaire, et que, trompé
dans son attente, il a fait une course inutile, sans
espoir d'émolument, rétroagit en pensée sur les
actes qui le lient comme administrateur : il se
demande si, sa conscience étant pure, ses intentions exemptes de blâme, il pourra au moins
retenir les frais nécessités par l'exploration de la
route sinueuse, et mal nivelée, qu'il était chargé
de tenir ? Ce n'est pas sans embarras qu'il aborde
la solution. La loi , en effet, semble s'être
montrée d'un laconisme inquiétant. Ni les
art. 532 et 533 du Code de procédure civile, au
titre *des Redditions de comptes*, ni les art. 8o3
et 8,1o du Code civil, qui prévoient l'administration d'une succession régie par le bénéfice d'inventaire, ne contiennent rien de bien précis là-
dessus.

Cependant, la difficulté doit être tranchée;
elle peut l'être en disant : *Il s'agit de frais de
justice.* L'art. 2101, qui les considère comme un
privilége sur la généralité des meubles, l'art. 2104,
qui l'étend sur les meubles et sur les immeubles,
les placent, par conséquent, en première ligne
dans l'ordre des allocations. Ce sont des frais

faits pour la conservation de la chose ; l'héritier
a dû y pourvoir, les faire à propos : sous tous
ces rapports, il faut qu'il en soit remboursé
intégralement, sans quoi il y aurait préjudice
pour lui, incompatibilité avec les règles de l'acceptation bénéficiaire, qui relèvent l'héritier
indemne de tout ce qu'il a dépensé. Il est vrai
que, de cette manière, on convertit des créances
ordinaires, en créances privilégiées, notamment
les frais de procès, soit en demandant, soit en
défendant ; que des créances qui n'ont de privilége que sur une partie des biens héréditaires,
par exemple, les droits de mutation dus à la
régie de l'enregistrement, qu'une loi du 12 novembre 1808 limite aux fruits et revenus des immeubles ; mais il n'est pas possible que cela soit
autrement.

Le législateur apporte, toutefois, un juste tem-
pérament aux exigences de l'administrateur bénéficiaire ; car, par l'art. 804 du Code civil, il le
rend passible des fautes graves de son administration, et dès-lors la faute pouvant dériver de
frais préjudiciaux et frustratoires, ces frais sont
perdus pour lui. Il est écrit, en outre, dans
l'art. 1382, que « tout fait quelconque de
l'homme, qui cause à autrui un dommage, oblige
celui par la faute duquel il est arrivé, à le réparer. »

C'est ce qui prouve indubitablement, que des frais dommageables doivent rester au compte du bénéficiaire. Le principe est consacré par par l'art. 132 du Code de procédure civile : « Un héritier sous bénéfice d'inventaire, qui aura compromis les intérêts de son administration, pourra, est-il dit, être condamné aux dépens en son nom et sans répétition, même aux dommages-intérêts, s'il y a lieu. »

Pour faire l'application de ces divers textes de loi, il convient de diviser les frais, savoir :

1° En frais de gestion pure et simple, tels que ceux de scellés, d'inventaire, de vente des biens, et de compte ;

2° En frais extraordinaires, tels que ceux des actions contentieuses, et autres qui, de près ou de loin, peuvent s'y rattacher.

Quant à la première série, pas de doute, puisque les art. 810 du Code civil, et 532 et 533 du Code de procédure civile, les accordent sans retour, ce qui s'entend sous l'approbation du juge pour ce qui est relatif à la quotité, et même, soit à leur opportunité, soit à leur utilité. Tout acte, toute dépense, n'importe l'objet auquel ils s'appliquent, s'ils offrent de l'exagération, un préjudice quelconque, sont susceptibles d'être censurés. Non seulement l'autorité qui est ap-

pelée à en connaître, peut les rectifier, les rejeter
de son propre mouvement, mais elle le doit, si,
contestés par les créanciers, les légataires, les
autres héritiers, ils ne sont pas légitimes, et si
une décision préexistante ne les a pas maintenus
(Chabot de l'Allier, *Commentaire des Successions,*
art. 810, n. 2, et Rolland de Villargues, *Répertoire du Notariat,* v° BÉNÉFICE D'INVENTAIRE, n. 78).

Quant à la seconde série, aux frais de procès,
un examen méticuleux a jeté les esprits dans une
grande perplexité. S'emparant des détours de
l'ancienne jurisprudence, variantes que j'ai signalées, n. 22, il est des auteurs qui veulent que l'héritier bénéficiaire n'engage aucun procès, ou qu'il
n'y défende, sans s'être environné des conseils d'un
jurisconsulte éclairé. Or, indépendamment de ce
que la loi ne l'exige point, cela ne fait qu'accroître les charges de l'administration bénéficiaire (A. Dalloz, *Dictionnaire de Législation,*
v° SUCCESSION BÉNÉFICIAIRE, n. 84; Malpel, *Traité
des Successions,* n. 237, et Toullier, *Cours de
Droit civil* n. 390).

Il est plus simple de s'en tenir à l'application
de l'art. 132 du Code de procédure civile. Vazeille, *Résumé sur les Successions,* art. 803, n. 2,
repousse la nécessité de recourir à l'avis préala-
lable dont il vient d'être parlé, parce que ce

serait lier la conscience des juges. A tort aussi,
on prescrirait le consentement des parties intéressées. Il est contre l'esprit du Code, de multiplier
les frais, en convoquant les créanciers pour délibérer au sujet d'un procès, sur lequel ils sont presque
toujours hors d'état d'avoir une opinion raison-
née. On ne doit faire supporter les frais à l'héritier,
qu'autant qu'il est prouvé que le litige était insou-
tenable (Delaporte, *Pandectes françaises,* tom. 3,
pag. 204; Duranton, *Cours de Droit français,*
tom. 7, n. 36, et Favard de Langlade, *Répertoire de
législation,* v° BÉNÉFICE D'INVENTAIRE, n. 8).

Mais pourra - t - on, en tout temps, jusqu'à
l'apurement du compte, mettre les dépenses d'un
procès nuisible, dénué de toute probabilité, à la
charge de l'héritier bénéficiaire? Je ne le crois
pas. L'art. 132 pré-mentionné, serait étrangement
méconnu, si, après le jugement prononcé, devenu irrévocable, on remettait en question la
faute et la responsabilité de l'héritier. Ce n'est
qu'à l'instant, sous l'impression même que produit
le débat, qu'une condamnation personnelle aux
frais, est de nature à être raisonnablement formulée. Là, d'ailleurs, il y a nécessité de le faire;
car il est avantageux à la partie qui a gain de
cause, contre le bénéficiaire, d'avoir un recours
direct : donc si elle ne l'obtient pas, c'est une

preuve que le tort n'est pas assez grave, ce qui
éloigne toute idée de dommageabilité (Bretonnier, *Questions de Droit*, v° Héritier, pag. 58 ;
Denizart, *Répertoire de Jurisprudence*, v° Compte,
pag. 54, et Rolland de Villargues, *Répertoire
du Notariat*, v° Bénéfice d'inventaire, n. 162).

On ne doit pas, en effet, perdre de vue qu'une
erreur de la part de l'héritier, lorsqu'il a agi de
bonne foi, sans mauvaise intention, ne tire jamais
à conséquence, bien qu'il n'ait pas triomphé dans
l'action juridique qu'il a provoquée, ou qu'il s'est
vu forcé de combattre. Toute dépense faite à
l'occasion des procès du bénéfice d'inventaire,
si elle n'est point disproportionnée, passera aussi
dans le compte. Ce qu'il en aura coûté pour
faire nommer, accidentellement, un curateur à
la succession, pour fournir à l'honoraire sup-
plétif des avocats, des officiers ministériels, et
autres individus qui auront été employés, aura
le même sort ; enfin, le successible pourra le répéter (Favard de Langlade, *Répertoire de Législation*, v° Bénéfice d'inventaire, n. 8, et Rolland de Villargues, *Répertoire du Notariat*,
v° Compte de bénéfice d'inventaire, n. 9).

CHAPITRE VII.

Effets qui sont attachés au bénéfice d'inventaire.

SOMMAIRE.

96. *S'il est vrai que l'ouverture de la succession fixe les actions des parties intéressées.*

97. *Par le droit naturel, l'héritier n'est pas obligé au-delà des biens héréditaires.*

98. *C'est le principal effet que produit l'acceptation faite bénéficiairement.*

99. *Elle empêche toute confusion entre les biens de l'héritier et ceux du défunt.*

100. *L'héritier bénéficiaire est autorisé à répéter ses créances personnelles.*

101. *Il peut compenser ce qui lui est dû avec ce qu'il doit lui-même à la succession.*

102. *Raisons qu'on oppose à la compensation entre l'héritier et les créanciers.*

103. *En payant un créancier du défunt, il est mis de plein droit à sa place.*

104. *Tant que dure le bénéfice d'inventaire, la prescription ne peut l'atteindre.*

105. *Comme l'héritier pur et simple, il a la saisine légale de l'hérédité.*

106. *Vis-à-vis des autres héritiers, il est assujéti à faire le rapport à la masse.*

107. *Quelles conséquences doit avoir le partage des biens de la succession.*

108. *C'est comme siens, qu'il prend et transmet ceux qui entrent dans son lot.*

109. *De quelle manière sont payées les dettes et les charges après le partage consommé.*

110. *Étant direct aux créanciers, le bénéfice d'inventaire opère contre eux.*

111. *On l'assimile, sous plusieurs rapports, à une faillite proprement dite.*

112. *Néanmoins, il y a cette différence, qu'il ne rend pas les dettes exigibles.*

113. *La division des patrimoines ressort évidemment de l'acceptation bénéficiaire.*

114. *Si l'inscription prise par un créancier périme faute de renouvellement.*

115. *A part l'héritier, chaque créancier est soumis aux règles de la prescription.*

116. *Ce qu'il faut penser de la péremption, notamment de celle qui attaque l'héritier.*

96. Les auteurs professent la doctrine, qu'en matière de bénéfice d'inventaire, l'état des biens

et des dettes est fixé, d'une manière invariable, à l'instant de l'ouverture de la succession; qu'ainsi, les créanciers ne peuvent plus acquérir depuis, une préférence, une hypothèque, un droit quelconque. Or, je nie la proposition. En effet, le mot *fixé*, est beaucoup trop absolu; pris dans l'acception qu'on lui donne, il tient de l'immobilité, et c'est là, notamment, ce que je ne peux admettre, parce qu'il n'y a rien de stationnaire dans une hérédité acceptée bénéficiairement. La péremption, la prescription, modifient, anéantissent les obligations; elles les rendent mobiles et variables (Delvincourt, *Cours de Code civil,* tom. 3, pag. 354; Lebrun, *Traité des Successions*, liv. 4, chap. 2, sect. 1, n. 22; Rolland de Villargues, *Répertoire du Notariat*, v° Bénéfice d'inventaire, n. 19 et 187; Rousseau de Lacombe, *Jurisprudence civile*, v° Hypothèque, sect. 2, n. 4, et Toullier, *Cours de Droit civil*, tom. 4, n. 392).

Il n'y a que l'hypothèque non inscrite, qui soit frappée d'interdit. L'art. 2146 du Code civil, par un lien d'assimilation avec le titre des *Faillites*, s'oppose à ce que les immeubles héréditaires puissent, à nouveau, être grevés hypothécairement. On sait que le législateur, dans tout ce qu'il a fait, s'est montré sobre d'exclusions;

qu'un principe éminemment rationnel proclame, qu'à défaut de volonté exprimée, la
règle générale reste obligatoire : donc, l'hypothèque seule ayant été rendue inutile, seule elle
marque la fixité du droit qu'avait le créancier à
l'époque de la mort du débiteur. Qu'il s'agisse,
ou non, de succession échue à un mineur, il suffit
du bénéfice d'inventaire, pour que l'inscription
ultérieure soit impuissante, et privée de tout effet
(Oui. Persil, *Régime hypothécaire*, art. 2146,
n. 13.—Non. Grenier, *Traité des Hypothèques*,
n. 122).

Ainsi, sauf cette exception, la maxime de
l'art. 2093, que le prix des biens se distribue
entre les créanciers par contribution, à moins
qu'il n'existe des causes légitimes de préférence,
est palpitante d'actualité. On doit d'autant plus le
reconnaître, que, suivant l'art. 808, l'héritier
bénéficiaire est autorisé à payer le créancier qui
s'est présenté le premier, et que l'art. 809, en
affranchissant ce créancier de rapporter ce qu'il
a reçu, atteste qu'il peut, même après l'ouverture de la succession, être établi une priorité
de droits. Tout créancier est libre, d'autre part,
d'user de saisie-arrêt; on l'a déjà vu, n. 58 : par
conséquent, s'il la fait déclarer valable, et que le
jugement ordonne la remise des sommes saisies,

il sera encore préféré. Dans ce cas, les créanciers retardataires sont en faute; car ils auraient dû venir plus tôt (Cour de cassation, 28 février 1822 et 14 juin 1826, Cour de Nancy, 23 août 1824, Cour de Lyon, 24 août 1827, et Cour d'Angers, 3 avril 1830, Sirey, tom. 22-1-217, tom. 26-1-435, tom. 24-2-358, tom. 27-2-260, et tom. 30-2-147).

97. Personne n'est tenu d'acquitter les dettes d'autrui; mais le patrimoine qu'un homme laisse en mourant, est affecté à toutes ses obligations: l'art. 2092 en contient le précepte. C'est pour cela qu'en succédant, l'héritier prend l'engagement de supporter les charges. Il est vrai qu'il n'a pas l'intention d'être assujéti à plus que la valeur des biens; son but étant d'augmenter sa fortune, et non pas de la diminuer. On ne peut pas croire qu'il veuille, sans autre manifestation, s'engager à payer plus qu'il ne reçoit. Ce qu'il doit aux créanciers, c'est le compte exact de la succession (Toullier, *Cours de Droit civil*, tom. 4, n. 352).

Naturellement aussi, un héritier n'est soumis à la successibilité que jusqu'à concurrence de l'actif. Principe fondé sur la raison, que l'équité commande; mais que la mauvaise foi fit disparaître du sanctuaire de la justice, comme désastreux pour les créanciers. Dans le but de prévenir les fraudes et les procès, la loi 8 , ff. *de Acquirendâ vel omittendâ hœreditate*, disposa que l'héritier serait indéfiniment tenu aux stipulations du défunt, quand même les biens ne suffiraient pas pour les solder : *Hœreditas, quin obliget nos œri alieno, etiamsi non sit solvendo, plus quàm manifestum est.*

Mais cette déviation du droit naturel, avait elle-même de graves inconvéniens, puisque la qualité d'héritier, considérée sous l'aspect du dol, éloignait souvent le successible. En toutes choses, les deux extrêmes nuisent. On n'avait cherché à protéger, contre l'éventualité du dommage, que ceux qui avaient traité avec le défunt ; il ne fallait pas, dès-lors, qu'une mesure protectrice, changeant de caractère, fût pour l'héritier une véritable aggravation. Un créancier, que peut-il exiger ? Le produit des biens héréditaires : si le débiteur était vivant, il n'aurait rien au-delà de ce qu'il possédait. Donc, en régularisant la liquidation de la succession, le bénéfice d'inventaire a su concilier, par un retour à la loi de la nature, l'intérêt réciproque des créanciers et de l'héritier (Merlin, *Répertoire de Jurisprudence*, vᵒ BÉNÉFICE D'INVENTAIRE, n. 18 ; Rolland de Villargues, *Répertoire du Notariat*, EOD. VERB., n. 2, et Wolff, *Traité du Droit naturel*, 7ᵉ part., § 968.

98. De la combinaison des art. 724, 802 et 803 du Code civil, il résulte, en effet, que l'acceptation bénéficiaire d'une succession diffère, sous plusieurs rapports, de l'acceptation pure et simple :

1º En ce que l'héritier qui accepte purement et simplement, devient, à l'instant même, libre de disposer comme bon lui semble de tous les biens de la succession, tandis que l'héritier bénéficiaire en est constitué l'administrateur jusqu'à ce que la succession ait été liquidée, et qu'il ne peut les vendre qu'en remplissant les formalités prescrites par la loi, à la charge de rendre compte aux créanciers et aux légataires de son auteur;

2º En ce que l'héritier pur et simple, est obligé d'acquitter toutes les dettes et charges de la succession, lors même qu'elles en excéderaient l'actif, non seulement sur les biens de l'hérédité, mais encore sur ses biens personnels, comme s'il était lui-même obligé, tandis que l'héritier bénéficiaire n'est tenu des charges et des dettes de la succession que jusqu'à concurrence des biens qu'il a recueillis, et qu'il peut en outre s'affranchir du paiement des dettes, en abandonnant, aux créanciers et aux légataires, tous les biens de la succession;

3° En ce que l'acceptation faite purement et simplement, opère une confusion des droits et obligations de l'héritier avec ceux du défunt, sans qu'il soit possible de les diviser, tandis que, par l'acceptation bénéficiaire, l'héritier a l'éminent avantage de ne pas confondre ses biens personnels avec ceux de la succession, et de conserver contre elle le droit de réclamer le paiement de ses créances.

On doit conclure, de cette division constante de droits et de qualités, qui s'attache au bénéfice d'inventaire, que l'héritier peut, en son nom, s'il y est intéressé, exercer toutes les actions et proposer toutes les exceptions qui appartiennent à un créancier. Par exemple, il est recevable à critiquer un acte sous seing-privé qui émane du défunt, à le faire rejeter, s'il n'a pas une date certaine, soit par l'enregistrement, soit par les autres circonstances qu'indique l'art. 1328. Il n'est point tenu de respecter la maxime : *Quem de evictione tenet actio, eumdem agentem repellit exceptio*; aussi lui est-il permis de demander de son chef, étant créancier, la nullité des aliénations mal à propos consenties par son auteur, quoiqu'il soit en même temps héritier (Cassation, 22 juin 1818, et Grenoble, 28 mars 1835, Sirey, tom. 19-1-111, et Dalloz, *Recueil périodique*, année 1836-2-88 ; Denisart, *Répertoire de Juris-prudence*, v° Bénéfice d'inventaire, pag. 396 ; Lebrun, *Traité des Successions*, liv. 3, chap. 4, n. 71 ; Pothier, *eod. Tract.*, chap. 3, § 7, et Toullier, *Cours de Droit civil*, tom. 4, n. 357).

Il a été jugé, toutefois, par la Cour d'Aix, le 31 juillet 1828, que, dans le cas où la reven-dication de biens dotaux est obtenue par des en-fans, du chef de leur mère, et héritiers bénéfi-ciaires de leur père, vendeur, il y a lieu d'auto-riser les tiers acquéreurs à conserver, par droit d'insistance, les immeubles revendiqués, jusqu'à l'apurement du compte ou la renonciation à la succession. « C'est, a-t-on dit, parce que l'héritier bénéficiaire, quoique non obligé personnellement, ne laisse pas d'être comptable, et présumé débi-teur. » L'application du principe ne comporte point une pareille distinction ; elle n'est pas dans la loi, et le juge qui la fait, substitue l'arbi-traire à la légalité (Dalloz, *Recueil périodique*, année 1829-2-298).

Rolland de Villargues, *Répertoire du Nota-riat*, v° Bénéfice d'inventaire, n. 165, voit, dans le paiement des dettes et des charges, un engagement personnel. « Ce n'est pas, dit-il, comme on pourrait le croire au premier aspect, une obligation purement réelle sur les biens de la succession. En effet, les lois qui ont introduit l'acceptation bénéficiaire, n'ont pas entendu donner à l'héritier une qualité différente de celle que confère l'acceptation pure et simple; car il représente la personne du défunt : *Gerit perso-nam defuncti.* »

Voilà qui détruit, de fond en comble, ce me semble, les règles du bénéfice d'inventaire, qui sape la loi dans sa base, et la rend illusoire. Il est évident que l'héritier ne se trouve plus protégé, puisque l'obligation personnelle qu'on lui attribue, arrive jusqu'à ses biens. Or, cet argument n'est-il pas sans réplique? Que si, par le lien personnel dont on parle, on veut dire qu'un créancier a le droit, après qu'il s'est fait connaître, d'exiger que l'héritier le paie ou qu'il rende compte, et que, faute de venir à compte, il peut le poursuivre personnellement, rien n'est plus rationnel; mais que, sans ce préalable, on veuille permettre au créancier d'arriver, par exécution, sur le patrimoine personnel de l'héritier, c'est ce qui blesse tous les principes.

A quelque époque que soit faite l'acceptation bénéficiaire, pourvu qu'il n'y ait pas eu addition d'hérédité, elle rétroagit jusqu'au jour du décès; de telle sorte que l'héritier est entièrement à couvert de toute action directe, soit de la part des créanciers, des légataires, soit du chef des autres héritiers ; il les oblige à subir les chances dè son acceptation modifiée. Par la règle : *Le mort saisit le vif*, il acquiert sans doute, de plein droit, la propriété et la possession de tous les biens successifs ; mais il faut pour cela qu'il y consente, et qu'il annonce sa volonté, ou par le fait, ou par une déclaration formelle. C'est une nécessité de l'art. 775, suivant lequel nul n'est héritier qui ne veut.

Si au lieu d'accepter la succession, il la répudie, les effets de la répudiation se reporteront au moment même de son ouverture ; l'héritier cessera de l'être, et sera censé n'avoir jamais été saisi de rien : donc, s'il accepte sous bénéfice d'inventaire, cette acceptation rétroagit, et ce n'est que comme héritier bénéficiaire qu'il est réputé avoir recueilli les biens dès le principe (Favard de Langlade, *Répertoire de Législation*, v° BÉNÉFICE D'INVENTAIRE, n. 1 ; Delvincourt, *Cours de Code civil*, tom. 2, pag. 100 ; Merlin, *Questions de Droit*, v° SUCCESSION VACANTE, § 1, pag. 156 ; Rolland de Villargues, *Répertoire du Notariat*, v° BÉNÉFICE D'INVENTAIRE, n. 190, et Toullier, *Cours de Droit civil*, tom. 4, n. 358).

99. Par ces mots, de l'art 802 : « Le bénéfice d'inventaire donne à l'héritier, l'avantage de ne

pas confondre ses créances personnelles, » toute
espèce de confusion de droits et de biens est
impossible. Un héritier bénéficiaire qui, avant
l'ouverture de la succession, a acquis une hypothèque sur les immeubles du défunt, peut, par
voie de suite, l'exercer et s'en prévaloir envers
et contre tous. Il n'est pas lié non plus par les
actes qu'a souscrits le défunt, s'ils lui sont pré-
judiciables. Lors même qu'on eût disposé de
sa chose, avec la condition de ratifier, sous
peine de n'être point héritier, il aurait encore la
prérogative de s'affranchir de la stipulation, et
de se porter héritier par bénéfice d'inventaire.

La prohibition d'accepter bénéficiairement,
et la clause par laquelle le testateur prie son
héritier de maintenir bonne la promesse qu'il a
faite pour lui, ou le lui ordonne, diffèrent beaucoup entre elles; car la désobéissance qui résulte de l'action en nullité, n'efface pas, en général, la successibilité. Reste à savoir si le principe
peut changer, quand l'héritier est obligé ou de
respecter ce qui a été fait par son auteur, ou de
perdre la qualité de successible. Je ne le pense
pas. Le bénéfice d'inventaire n'est qu'une expectative, une sorte d'abstension de succession;
aussi, tant qu'il dure, l'héritier a une entière
liberté. Si, néanmoins, il y avait ordre d'accepter

purement et simplement ou de répudier, la disposition pourrait, suivant les circonstances, être
obligatoire.—*Vid. suprà*, n. 30.

« En un mot, dit Rolland de Villargues, *Ré-*
pertoire du Notariat, v° BÉNÉFICE D'INVENTAIRE,
n. 178, cet héritier est recevable à exercer contre
les créanciers et sur la succession, toutes les
actions et tous les droits qui lui sont personnels,
de même que s'il n'était pas héritier, sans être
tenu de faire la déduction d'une part égale à sa
portion virile. » Il a été jugé par la Cour de cassation, le 1er décembre 1812, qu'il avait le pouvoir
d'arriver jusqu'à la discussion des biens de la
caution héréditaire. C'est la consécration la plus
évidente du principe qui tient la succession et
l'héritier bénéficiaire, en état permanent de
division (Sirey, tom. 19-1-111, et Dalloz, *Recueil*
alphabétique, tom. 9, pag. 447).

100. Donc tout héritier, en usant du bénéfice d'inventaire, peut répéter les créances dont
il est porteur, soit qu'il les ait obtenues directement, soit qu'elles dérivent de la subrogation. La
règle est hors de doute. Elle a éprouvé cependant,
des résistances difficiles à comprendre. Tout en
convenant qu'en matière de succession bénéficiaire, la confusion de droits est extrà-légale,
en le proclamant même, on la fait ressortir,

avec ses attributs, d'une forme de procéd ^re.

Ainsi, la Cour de Toulouse a décidé, le 17 mars 1827, qu'un héritier par bénéfice d'inventaire est empêché de faire saisir, comme créancier, les biens de l'hérédité, parce qu'il est comptable, et que, jusqu'à l'apurement du compte, étant présumé reliquataire, ses titres, quoique exécutoires, sont amortis dans leur exécution (Sirey, tom. 27-2-226);

Ainsi, partant de la même erreur, la Cour d'Aix a cru, le 31 juillet 1828, qu'après avoir admis l'héritier bénéficiaire à revendiquer un immeuble vendu par le défunt, il fallait surseoir à l'exécution tant que le compte n'aurait pas été rendu, et le subordonner à la non existence du reliquat (Dalloz, *Recueil périodique*, année 1829-2-298).

Or, n'y a-t-il pas là, un contre-sens pénible? Si la condition de compter est un obstacle aux actions personnelles d'un héritier qui adopte la forme du bénéfice d'inventaire, c'est en vain que l'art. 802 du Code civil l'aura préservé de la confusion. En effet, comme il n'y a pas de succession bénéficiaire sans comptabilité, l'héritier sera toujours arrêté dans ses poursuites; de telle sorte que, tandis que le législateur, par une volonté expresse, lui accorde la répétition de ses créances, il ne pourra jamais les répéter, s'il ne se débarrasse du compte d'inventaire.

Il n'est pas possible, on le conçoit, de s'unir à la pensée des cours d'Aix et de Toulouse; leurs décisions, que j'appellerai *l'œuvre de la subtilité*, sont trop inconciliables avec les principes reçus. Qui pourrait vouloir les accréditer? Certes, elles ne sont pas de nature à faire vaciller l'esprit du jurisconsulte, de l'homme qui, chargé d'appliquer la loi, s'en montre le rigide observateur. Je ne le tairai point, le plus grand mal que la science contentieuse éprouve, elle le reçoit de la propension novatrice de certains corps judiciaires à se renfermer, bon gré mal gré, dans l'appréciation des faits, et à faire tout fléchir devant elle.

Non, l'héritier bénéficiaire n'a pas à redouter, dans l'exercice de ses actions, l'influence du compte auquel il est soumis. La liquidation de la succession, quelque résultat qu'elle offre en perspective, est impuissante pour faire surseoir à l'exécution d'un acte authentique et exécutoire. C'est, sans doute, la contre-partie de l'attaque de l'héritier; mais comme la demande qui tend à faire liquider les biens et droits héréditaires, ne constitue, jusqu'à l'apurement, qu'une prétention de créance plus ou moins vague, non liquide,

non exigible, il est vrai de dire que, ne pouvant
servir de base à la compensation, elle est sans
force pour arrêter l'exécution.

Peu importe que l'héritier procède plutôt en
vertu d'un acte d'obligation auquel il a concouru,
ou dont il était, avant la mort du défunt, reconnu
propriétaire, qu'aidé par celui que lui a remis
un créancier du bénéfice d'inventaire, lorsqu'il
l'a payé de ses propres deniers ; car, par le
paiement, s'il est constaté, il se trouve subrogé
aux droits et actions de ce créancier, ainsi qu'on
le verra bientôt : d'où il suit, qu'aucune distinction ne saurait raisonnablement être faite. Je sais
que, dans l'hypothèse de la subrogation légale,
on peut soutenir qu'il y a incertitude sur l'origine
des fonds qui ont servi à payer le créancier; qu'il
est possible que l'héritier, donnant d'une main
ce qu'il avait pris de l'autre, fasse servir les ressources pécuniaires de la succession à exproprier
la succession. L'argument n'est pas solide, puisque la preuve du paiement existe, et que celle
du reliquat de compte est encore à faire.

Il suffit, enfin, à l'héritier bénéficiaire, d'avoir,
quand il agit contre la succession, un contradicteur légitime. L'art. 996 du Code de procédure
civile le lui indique : ce sont les autres héritiers,
et, s'il n'y en a point, un curateur au bénéfice

d'inventaire. J'en ai parlé, n. 53; aussi je m'y réfère. Néanmoins, j'ajouterai que la Cour de Paris a jugé, le 15 floréal an x, que l'action ne doit pas être dirigée vers les créanciers, sous ce rapport qu'ils ne représentent pas le défunt. Mais qui a le droit de s'opposer aux poursuites de l'héritier acceptant sous bénéfice d'inventaire? Les autres héritiers et les créanciers : par consé-quent, en l'absence d'héritiers, la décision lie les créanciers avec lesquels elle a été rendue (Sirey, tom. 2-2-175).

101. Si, par l'effet de l'acceptation bénéficiaire, la confusion de biens et de droits ne peut jamais avoir lieu entre l'héritier et la succession, il en est autrement de l'action compensatoire. C'est un moyen d'éteindre deux dettes réciproques, lorsqu'elles existent au même instant ; les art. 1234 et 1289 du Code civil, s'en expliquent, et rien n'empêche qu'on le mette en usage, puis-qu'il concourt, suivant les hypothèses, à une double libération. « Un héritier sous bénéfice d'inventaire ne pouvait en Bretagne, dit Toullier, *Cours de Droit civil,* tom. 4, n. 394, compenser ce qu'il devait à la succession avec les crédits qu'il acquérait, en payant les créanciers depuis son ouverture, vu qu'il n'était qu'un économe, et qu'il n'avait pas le droit de payer un créancier

plutôt qu'un autre. » Toutefois, ce n'est pas de la sorte qu'on doit l'entendre maintenant.

Étranger à la succession, pour ce qui est relatif aux dettes et aux charges, l'héritier reste soumis à la loi commune : on est dès-lors fondé à lui opposer la compensation, tout comme il peut en profiter lui-même, si les conditions prescrites en pareil cas ont été accomplies. Il importe peu que sa créance ait été, ou non, déclarée avant le décès ; car, aux termes de l'art. 1291, si les dettes compensables ont également pour objet une somme d'argent, ou une certaine quantité de choses fongibles de la même espèce, liquides et exigibles, ou qui puissent, s'il s'agit de prestations en grains ou denrées non contestées, être liquidées à l'aide des mercuriales, on n'a rien de plus à exiger. L'obstacle à redouter, après que les caractères compensatoires ont été reconnus, c'est l'opposition de la part des créanciers du défunt. En effet, « la compensation, dit l'art. 1298, n'a pas lieu au préjudice des droits acquis à un tiers. »

Ainsi, à défaut d'opposition, et pourvu que le cas le permette, les créances actives et passives de l'hérédité peuvent s'éteindre par la compensation. Ce n'est pas seulement entre le bénéficiaire et la succession, mais en outre entre la

succession et tout autre créancier. Ce genre de
libération s'opère de plein droit, par la seule
force de la loi, même à l'insu du débiteur : tel
est le vœu de l'art. 1290. Cela démontre, comme
je l'ai dit, n. 91, que, pour établir la balance
du compte d'inventaire, on doit inscrire au
chapitre de la dépense, les sommes qui étaient
dues au rendant compte, et qui ont été compensées avec celles qui figurent au chapitre de la
recette (Delvincourt, *Cours de Code civil*, tom. 2,
pag. 575, note 4; Duranton, *Cours de Droit
français*, tom. 7, n. 50; Rolland de Villargues,
Répertoire du Notariat, v° COMPENSATION , n. 193,
et Toullier, *Cours de Droit civil*, tom. 4, n. 394).

Il s'agit ici de compensation légale; quant à la
compensation conventionnelle ou facultative, si
l'héritier qui a accepté bénéficiairement est recevable à y avoir recours, elle manque souvent de
lien. Par exemple, lorsque la créance dont il est
porteur contre la succession, est actuellement
liquide et exigible, et que celle de la succession
ne l'est pas contre lui; que l'obligation d'un autre
créancier envers la succession étant échue, il peut
être poursuivi, tandis que la succession a encore
du terme; nul doute que l'héritier n'ait le pouvoir,
en exerçant sa prérogative , de déclarer à la succession débitrice, ou au créancier débiteur, qu'il

compense ce qui lui est dû par la succession , et
que la succession en fait autant pour ce que lui
doit le créancier. Or, il n'en est pas de même
dans l'hypothèse inverse.

L'héritier n'a pas le droit d'imposer la compensation au créancier qui peut se faire payer
aussitôt ; tout comme la déclaration qu'il compense une dette non exigible avec celle que la
succession est autorisée à réclamer de lui, para-
lysant des fonds disponibles, dont la destination
est de tourner au profit des créanciers qui se
présentent, ne saurait pouvoir être sanctionnée
par le juge. C'est une distinction très utile, que
je n'ai point aperçue chez les auteurs qui
ont parlé de la compensation. N'est-il pas évident que, si avant que la dette de la succession, contre le créancier, vienne à échéance,
celui-ci transporte la sienne à quelqu'un, toute
exception compensatoire peut, aux termes de
l'art. 1690, être impossible ; que, par la même
raison, si, avant que la dette de l'héritier contre
la succession, soit échue, un créancier signifie
son opposition, l'art. 1298 empêchera qu'elle
puisse être compensée? (A. Dalloz, *Dictionnaire
de Législation,* v° COMPENSATION, n. 152; Delvincourt, *Cours de Code civil,* tom. 2, pag. 581;
Rolland de Villargues, *Répertoire du Notariat,*

v° Compensation n. 192, et Toullier, *Cours de Droit civil*, tom. 7, n. 397 et 398).

Ainsi, à moins de consentement formel et valable de la part de tous ceux qui y ont intérêt, il y a prohibition de compenser des dettes qui ne produisent point d'action, ou dont on ne peut poursuivre le paiement sans avoir à craindre une exception péremptoire : telle serait une obligation naturelle, car il n'est pas permis de la réclamer en justice, et le seul effet qu'elle produise est de repousser la répétition, quand on l'a payée volontairement (Duranton, *Cours de Droit français*, tom. 12, n. 406);

Ainsi, d'après la maxime de la loi 14, ff. *de Compensationibus*, où il est dit : *Quæcumque per exceptionem perimi possunt, in compensationem non veniunt*, une dette sujette à rescision par incapacité, erreur, dol ou violence, ne donne pas lieu à la compensation : tel est l'engagement qui a été souscrit par un mineur, et qu'on voudrait l'astreindre à compenser avec un autre dont il serait nanti (Rolland de Villargues, *Rép. du Notariat*, v° Compensation, n. 19 et 20);

Ainsi, des dettes, dont l'une est nulle pour défaut de consentement de la part de celui qui l'a contractée, ne sauraient pouvoir être compensées, si la partie qu'on soutient à tort être débitrice, s'y oppose, et conclut à ce qu'elle soit annulée : telle serait la créance qui émane d'une femme mariée, si l'autorisation du mari n'a pas été requise par le créancier, et obtenue avant toute stipulation de dette (Cassation, 27 décembre 1828, Dalloz, *Recueil périodique*, année 1831-1-218);

Ainsi, par suite du principe que j'élabore en ce moment, une dette qui a été frappée par la prescription, est impuissante pour donner naissance à la compensation, si, avant le dernier jour du terme, ne serait-ce que d'une manière fortuite, elle n'a concouru sous un aspect actif avec celle qu'on veut compenser : tel est l'engagement du débiteur failli, parce que son nouvel état l'a rendu exigible (Merlin, *Répertoire de Jurisprudence*, v° COMPENSATION, § 3).

102. L'examen de la compensation entre l'héritier bénéficiaire et les créanciers de la succession, *aut vice versâ*, offre, dans l'application, des difficultés graves. Il est certain, qu'en règle générale, sauf le cas où les parties sont consentantes et marchent d'accord, la personnalité des créances résulte de la disposition légale sur le droit de compenser. C'est ce qui démontre aussi que, lorsque le débiteur et le créancier n'ont pas à recevoir et à payer pour eux, en leur nom

propre, aucune compensation forcée ne doit pouvoir intervenir (A. Dalloz, *Dictionnaire de Législation*, v° COMPENSATION, n. 90; Pothier, *Traité des Obligations*, n. 596; Rolland de Vil-largues, *Répertoire du Notariat*, v° COMPENSA-TION, n. 121, et Toullier, *Cours de Droit civil*, tom. 7, n. 375).

Cependant, quoiqu'un créancier de la succession ne puisse point, au regard de la division des biens et des dettes, invoquer l'exception compensatoire à raison de ce qu'il doit, si l'héritier a accepté bénéficiairement, celui-ci a la faculté, quand il le veut, de compenser sa créance personnelle sur le créancier avec la créance qui est due par la succession; car, indépendamment de ce qu'il n'exerce là, que la compensation facultative, il est toujours libre, avec ses propres fonds, de libérer le bénéfice d'inventaire. La Cour de Lyon l'a proclamé, le 18 mars 1831, et cette solution est en tout conforme à la loi. Il n'est donc pas indifférent d'en connaître le texte :

« Attendu, est-il dit, que Dugas s'est porté héritier bénéficiaire de son père, et que l'effet du bénéfice d'inventaire est de donner à l'héritier l'avantage de ne pas confondre ses biens avec ceux du défunt, et de n'être pas tenu d'acquitter les dettes avec son propre patrimoine;

« Qu'ainsi, Dugas ne pouvait être contraint de payer la créance de Madame de Seltier, contre la succession de son père, avec le montant de sa créance personnelle sur Nogret;

« Qu'à la vérité, il pouvait l'opposer en compensation, mais que c'était une chose essentiellement subordonnée à sa volonté;

« Que, dès-lors, la compensation ne s'est point opérée de plein droit, du moment simultané de la dette et de la créance, et seulement du jour où Dugas en a fait la demande (Sirey, tom. 31-2-229, et Dalloz, *Recueil périodique*, année 1831-2-103). »

Duranton, *Cours de Droit français*, tom. 12, n. 421, reconnaît qu'il ne peut y avoir aucune confusion du patrimoine successif avec celui de l'héritier qui a accepté bénéficiairement, et n'en propose pas moins un mode de compensation qui a un effet tout opposé. « Je pourrai, dit-il, éteindre la dette que j'ai avec cet héritier, jusqu'à concurrence de ce dont il est tenu d'après l'inventaire, et toujours dans la proportion de sa part héréditaire. » C'est là, en d'autres termes, assujétir un héritier, malgré la prérogative et les formes du bénéfice d'inventaire, à faire servir ses créances à libérer la succession, puisqu'il est indubitable qu'il a, dans tous les cas,

22

la possession des meubles et valeurs inventoriés; c'est, comme on le voit, confondre ses ressources particulières avec celles de l'hérédité, avant que, par la reddition de compte, il ait été déclaré reliquataire.

Le savant auteur que je combats, dont le nom seul grandit la science, s'est évidemment jeté dans une utopie doctrinale. Il a senti lui-même qu'il ne pouvait éviter l'écueil de cette innovation; aussi a-t-il essayé d'en adoucir le choc, à l'aide d'un pondérateur, car il ajoute : « La compensation n'a pas lieu de plein droit, dès l'exigibilité de l'une et l'autre dettes, attendu qu'il peut y avoir lieu à une évaluation de ce que doit l'héritier suivant l'inventaire, ce qui empêche, dans beaucoup de cas du moins, que son obligation, en qualité d'héritier bénéficiaire, soit liquide, tant que l'appréciation n'a pas été faite. » Mais n'était-il pas plus rationnel de poser la règle que voici : « Pas de compensation possible, allant du créancier de la succession à l'héritier bénéficiaire, pris en dehors de sa qualité, tant que dure la gestion qu'on lui a remise; seulement, après que le compte a été apuré, s'il ne paie point le reliquat, comme il existe alors une condamnation personnelle, la compensation s'établit à l'instant entre ce qu'il doit et ce qui lui est dû ? »

Un autre légiste, que sa réputation a illustré, Delvincourt, en un mot, si tôt enlevé aux nombreux admirateurs de l'excellent *Cours de Code civil* qu'il nous a légué, ne s'attachant qu'à la lettre du titre du *Bénéfice d'inventaire*, est d'avis, tom. 2, pag. 575, note 4, que le débiteur de la succession a le droit d'invoquer la compensation contre l'héritier, bien qu'il s'agisse, par rapport à ce dernier, d'une créance directe. « La raison de douter se tire, dit-il, de ce qui a été enseigné à l'occasion du tuteur, auquel le débiteur du pupille ne peut opposer la compensation. En effet, l'un et l'autre sont administrateurs. Mais la raison de décider, est que l'acceptation bénéficiaire n'est relative qu'aux créanciers et aux légataires de la succession; qu'à l'égard de tous autres, l'héritier est censé propriétaire : donc la compensation doit pouvoir lui être opposée. »

Je ne partage pas du tout ce sentiment. On arrive ainsi, par une voie détournée, à réunir les deux patrimoines, et dès-lors à la confusion que le législateur, par l'art. 802, a voulu prévenir. L'héritier paie, dans ce cas, la dette du défunt avec son argent, puisque celle qui est compensée, inscrite à l'inventaire, et considérée comme active, a pour objet de solder le passif. C'est le forcer, quand il n'a mission que d'administrer, ce qui suppose qu'il ne fera point d'avances, à éteindre, avec des fonds qui lui appartiennent, qu'il tire de son patrimoine, une dette qui ne le concerne pas. Bon gré, mal gré, il y a cumul des deux qualités distinctes, incompatibles, d'héritier et d'administrateur; or, il n'est pas possible de faire à la loi une telle violence, et d'obtenir indirectement ce qu'elle prohibe directement, si le bénéficiaire s'y refuse. En toutes choses, pour bien connaître l'application, c'est le but, l'intention qu'il faut approfondir.

La Cour de Toulouse, je ne l'ignore pas, a jugé, le 21 juin 1832, que lorsqu'un tuteur est créancier de la succession dévolue à ses pupilles, héritiers sous bénéfice d'inventaire, et en même temps, débiteur de deniers de cette succession, qu'il a reçus en qualité de tuteur, la compensation s'opère de plein droit. Mais si, dès l'abord, cette solution paraît diamétrale avec mon opinion, elle ne fait pourtant que la confirmer. De qui s'agit-il, en effet? D'un créancier de la succession bénéficiaire, qui acquitte ou éteint sa créance avec l'argent du défunt. Il en est comme de l'héritier, qui, débiteur et créancier, ne peut conserver en lui ces deux qualités contradictoires, destructives l'une de l'autre (Dalloz, *Recueil périodique*, année 1832-2-195).

Qu'un héritier par bénéfice d'inventaire, étant débiteur de la succession , et créancier d'un créancier de la même succession , puisse , s'il le veut, compenser avec ce créancier la créance qu'il a sur lui, pour en reporter les conséquences vers la dette à laquelle il est tenu ; qu'il puisse également, débiteur d'un débiteur de la succession bénéficiaire , avoir la chance de se soustraire aux poursuites de son créancier, en offrant de compenser avec lui, cela est très exact ; car, dans les deux hypothèses, l'on retrouve la compensation facultative.

Ne dépend-il pas de tout administrateur , de libérer, avec de l'argent qui lui appartient en propre, l'administration dont il est chargé ; de plus, ayant le droit de recevoir, et ses quittances étant obligatoires, quel obstacle y a-t-il à ce que, sauf l'éventualité du compte, au lieu de prendre du numéraire, il n'exige qu'une contre-libération, et la remise de son engagement ? Il est de principe que ce genre de compensation s'opère , quoique les créances réciproques ne soient pas personnelles aux deux parties (OUI. Delvincourt, *Cours de Code civil*, tom. 2, pag. 582, et Toullier, *Cours de Droit civil*, tom. 7, n. 403. — NON. A. Dalloz, *Dictionnaire de Législation* , v° COMPENSATION, n. 73, et Duranton, *Cours de Droit français*, tom. 12, n. 414).

Mais qu'on veuille, parce que l'héritier bénéficiaire est préposé au recouvrement des créances
actives de la succession, l'obliger, avant l'apurement de son compte, sans savoir s'il est ou non
débiteur d'un reliquat, à fournir un acquit et à
le compenser avec une créance qu'il doit lui-
même, c'est faire une loi d'une simple faculté;
c'est mettre à la disposition d'un tiers, ce qui
doit rester dans la main du bénéficiaire; c'est
violer impunément la prérogative de celui-ci, et
bouleverser tous les principes. «Si un tuteur me
poursuit en son nom personnel, dit A. Dalloz,
Dictionnaire de Législation, v° COMPENSATION,
n. 90, je ne puis lui opposer la compensation
avec une créance sur ses pupilles, *et vice versâ.*»
Or, il n'y a aucune différence entre un tuteur et
l'héritier qui a accepté la succession bénéficiairement, puisque l'un et l'autre sont administrateurs (Pothier, *Traité des Obligations*, n. 632;
Rolland de Villargues, *Répertoire du Notariat*,
v° COMPENSATION, n. 121, et Toullier, *Cours de
Droit civil*, tom. 7, n. 375).

103. En payant, de ses deniers, un créancier
du défunt, l'héritier par bénéfice d'inventaire est
subrogé de plein droit à l'utilité du paiement.
L'art. 1251 du Code civil, § 4, en contient le
précepte. C'est une dérogation à la règle générale tracée par l'art. 875, en matière de succession.

« Le co-héritier, est-il dit, ou successeur à titre universel, qui, par l'effet de l'hypothèque, a payé au delà de sa part de la dette commune, n'a de recours contre les autres cohéritiers ou successeurs à titre universel, que pour la part que chacun d'eux doit personnellement en supporter, même dans le cas où le cohéritier qui a payé la dette se serait fait subroger aux droits du créancier. » Telle est l'expression de la loi 19, ff. *Qui potiores in pignore*, et la maxime : *Nec emere, nec donatum adsequi, quisquam compellitur*, qui ne régit toutefois que l'héritier pur et simple (A. Dalloz, *Dictionnaire de Législation*, v° Subrogation, n. 103, et Duranton, *Cours de Droit français*, tom. 12, n. 167).

Quelle conclusion faut-il en tirer ? Qu'on a rendu un nouvel hommage à la division des biens et des dettes entre le bénéficiaire et la succession à laquelle il concourt ; qu'on n'a eu d'autre pensée que d'en faire un administrateur, en le laissant héritier en perspective, tant qu'il n'aurait pas fait adition d'hérédité. On peut d'autant moins en douter, que, tandis qu'aux termes de l'art. 802, l'acceptation bénéficiaire a été introduite contre les créanciers, elle lie, quant à la subrogation, les héritiers entre eux, ainsi que l'énonce, par ces mots, l'art. 875 : « Sans pré-

judice des droits du cohéritier qui, par l'effet
du bénéfice d'inventaire, aurait conservé la faculté de réclamer sa créance personnelle, comme
tout autre créancier. » Je puise là, un très fort
argument, pour démontrer qu'on s'est trompé,
en soutenant, qu'après partage, le bénéficiaire
n'est assujéti à payer que sa part virile de la dette,
quoiqu'il possède des biens successifs d'une valeur supérieure.

On a donc assimilé, par l'art. 1251, l'héritier
à un étranger, quand il accepte sous bénéfice
d'inventaire. « S'il profite de la subrogation légale, c'est, dit-on, par des motifs de justice et
d'équité. Elle l'excite à démêler plus vite, les affaires de la succession; elle procure surtout, une
diminution de frais. » Mais je ne vois pas jusqu'à
quel point ces deux propositions sont vraies.
Je crois, que la prérogative n'a été accordée au
bénéficiaire, que parce que, sans être tenu au
paiement, il s'y trouve intéressé. C'est un droit
qui résulte pour lui de l'art. 1236, et que le
Code, au titre *de la Subrogation*, régularise par
un stimulant né de la chose même, abstraction
faite de l'individu. La différence est facile à
saisir : si le bénéficiaire avait pu absorber sa qualité d'administrateur par celle d'héritier, il est
évident que la subrogation aurait disparu pour

faire place à l'action *negotiorum gestorum* ou *familiæ erciscundæ*, sauf le cas de la solidarité (Rennes, 26 avril 1834, Dalloz, *Recueil périodique*, année 1836-2-107; Renusson, *Traité de la Subrogation*, chap. 3, n. 54, chap. 5, n. 17, et chap. 7, n. 76; Rolland de Villargues, *Répertoire du Notariat*, v° SUBROGATION, n. 142, et Toullier, *Cours de Droit civil*, tom. 7, n. 155).

Au surplus, la subrogation donne des droits, des priviléges, des préférences; car elle substitue le subrogé au créancier: d'où il suit, qu'au moyen d'une hypothèque antérieurement inscrite, l'héritier bénéficiaire primera une foule de créanciers qui, par le bénéfice d'inventaire, ont été privés d'un rang de collocation utile. Il est dès-lors très important de savoir comment s'applique le principe subrogatif, par quel moyen cet héritier peut le mettre en usage. Quelques recherches que j'aie faites, je n'ai trouvé cependant ni document explicite, ni lien d'affinité. Suffira-t-il dès-lors de la quittance du créancier? Faudra-t-il que l'héritier prouve l'origine des deniers? Devra-t-on l'astreindre à donner au moins un aperçu de son compte d'inventaire? Sera-t-on obligé de s'en tenir à la déclaration faite par lui, à l'instant du paiement, qu'il a avancé les fonds?

L'on oppose qu'une quittance pure et simple, bien qu'elle énonce que le bénéficiaire a payé, est impuissante pour formuler, à l'aide de l'art. 1251, la subrogation légale, et, conséquemment, la subrogation conventionnelle, parce qu'elle doit être expresse. La présomption serait-elle, dans ce cas, que l'administrateur de la succession, payant comme tel, n'a rien avancé? Mais on ne peut point, à mon avis, exiger d'autre preuve que celle qui résulte de la déclaration que les deniers payés sont à l'héritier par bénéfice d'inventaire. C'est à lui, en effet, qu'on est obligé de s'en rapporter, par la raison que, demander tout d'abord un compte, même provisoire, ou la réalité de l'origine des fonds reçus par le créancier, ce serait compliquer la gestion, et la surcharger de frais, d'incidens ruineux. On ne peut donc qu'attendre l'apurement de la succession, en protestant contre les poursuites faites en vertu du titre quittancé.

104. Tant que dure le bénéfice d'inventaire, la prescription n'atteint pas l'héritier; elle est assoupie, dès qu'il déclare s'entourer de la prérogative qui s'attache à la division des biens et des dettes. « La prescription ne court point contre l'héritier bénéficiaire, dit l'art. 2258, à l'égard des créances qu'il a contre la succession. » On

enseigne que c'est parce que cet héritier jouit du patrimoine du défunt, dans l'intérêt de toutes les personnes qui ont des droits, et que, jouissant aussi pour lui-même, sa possession repousse la prescription. Pourquoi les créanciers n'en sont-ils pas affranchis? La proposition, comme on le voit, est peu en harmonie avec la vérité (Rolland de Villargues, *Répertoire du Notariat*, v° Béné-fice d'inventaire, n. 183, et Toullier, *Cours de Droit civil*, tom. 4, n. 393).

Je ne peux admettre non plus, que la possession de l'héritier soit la cause qui ait fait suspendre le cours de la prescription; car le législateur n'a été guidé que par la maxime : *Contrà non valentem agere, non currit prescriptio*. En effet, lors de la publication du Code civil, la position du bénéficiaire était encore mal définie, peut-être ignorait-on les formes que devait comporter le nouveau droit sur le bénéfice d'inventaire. On croyait qu'étant l'homme de la succession, la continuité de son auteur, cet héritier ne pouvait pas exercer contre lui-même les actions qui lui appartiennent en propre. Ce qui le prouve irré-sistiblement, c'est que la prescription court en matière de succession vacante, quoique non pourvue de curateur, ainsi que pendant les trois mois pour faire inventaire, et les quarante jours pour délibérer. En faisant nommer à la vacance de la succession, on a de suite un contradicteur, et il en est de même vis-à-vis de l'héritier présomptif, avant qu'on puisse le forcer à prendre qualité : les actes qui lui sont signifiés, sont de nature à interrompre la prescription.

Il est vrai que le Code de procédure civile, art. 996, a levé l'obstacle qui s'opposait au libre cours de la prescription par rapport à l'héritier sous bénéfice d'inventaire ; mais reste l'exception préexistante, et elle n'a pu disparaître par l'antinomie que je signale. Il n'est donc pas possible de soutenir que la possession ait été comptée pour quelque chose. D'après l'art. 2236 du Code civil, l'usufruitier possède au nom du nu-propriétaire, débiteur des créances et des actions à exercer. Néanmoins, l'usufruit n'est point une cause suspensive de la prescription des créances que l'usufruitier peut avoir à exercer contre le nu-propriétaire, sur le meuble ou l'immeuble affecté par cette possession. Il a été décidé, par exemple, que l'usufruit légué à la femme, venant de son époux, sur une quotité des biens de la succession, ne suspend pas, à l'égard des héritiers, l'action en restitution de la dot constituée (Oui. Cassation, 17 août 1819, et Aix, 21 avril 1836, Sirey, tom. 20-1-60, et tom. 36-2-463. — Non. Cassa-

tion, 6 mars 1822, Sirey, tom. 22-1-298, et
Proudhon, *Traité de l'Usufruit*, tom. 2, n. 759).

105. « Les héritiers légitimes, dit l'art. 724,
sont saisis de plein droit, des biens, droits et actions du défunt, sous l'obligation d'acquitter
toutes les charges de la succession. » Par ces
mots : *Héritiers légitimes,* la loi entend parler
de tout successible qui, soit par le lien de la nature, soit par institution contractuelle, soit par
testament, succède *in universum jus.* Quant au
légataire à titre universel, il n'a point la saisine
légale, bien qu'il puisse, à l'image du légataire
universel, être réputé héritier, et avoir besoin
du bénéfice d'inventaire, ainsi que je l'ai exprimé, n. 28, pour n'être pas tenu, *ultrà vires
hæreditatis,* des dettes et charges existantes. —
Vid. suprà, n. 99 et 103.

C'est par suite de ces principes, que Chabot
de l'Allier, *Commentaire des Successions,*
art. 724, n. 11, enseigne qu'un des effets de la
saisine, est de donner à l'instant même à l'héritier, le pouvoir de transmettre la succession qui
lui est échue ; « en sorte que, ne mourût-il qu'une
minute après celui auquel il a été appelé à succéder, ses héritiers personnels ont le droit de
recueillir la succession dont il était saisi en mourant ; et en sont saisis comme lui. » Un héritier

bénéficiaire n'est pas dans une autre catégorie.
Toullier, *Cours de Droit civil*, tom. 4, n. 359,
rend hommage à cette vérité, en reconnaissant
qu'il est, comme l'héritier pur et simple, saisi
de plein droit, des biens, droits et actions de
l'hérédité. « C'est contre lui, dit-il, que doivent
être dirigées les actions des créanciers et des
légataires (Bacquet, *Traité des Droits de justice*, chap. 15, n. 32, et Loiseau, *Traité du Déguerpissement*, liv. 2, chap. 3, n. 6).

En effet, les deux espèces d'acceptations ont
cela de commun, que, sous l'un et sous l'autre
modes, les acceptans sont également héritiers;
qu'ils sont également investis des biens et droits
héréditaires, tant actifs que passifs, sauf les distinctions que j'ai faites, n. 98 : d'où la conclusion,
que la propriété réside sur la tête de l'héritier
par bénéfice d'inventaire, de même que s'il était
héritier pur et simple, sous la seule modification qui résulte de l'administration bénéficiaire.
L'obligation de leur rendre compte ne détruit
point sa qualité primitive. Tout ce qu'on peut
dire, c'est qu'il lui est défendu de rien s'approprier avant que les légataires et les créanciers
soient payés (Cassation , 8 décembre 1814,
23 mai 1815 et 18 novembre 1816, Sirey, tom. 15-
1-153, et Dalloz, *Recueil alphabétique*, tom. 2,

pag. 672; Merlin, *Répertoire de Jurisprudence*, v° BÉNÉFICE D'INVENTAIRE, n. 25; Pothier, *Traité des Successions*, chap. 3, sect. 3, art. 2, et Rolland de Villargues, *Répertoire du Notariat*, v° ACCEPTATION DE SUCCESSION, n. 11).

106. Tout héritier bénéficiaire est donc tenu, à l'égard de ses cohéritiers, de faire le rapport à la masse, des dons et avantages qu'il a reçus en avancement d'hoirie. Cependant, par la renonciation à la succession, serait-il affranchi de cette condition impérieuse? Il n'est autorisé, dans aucun cas, à garder l'entier émolument de la libéralité, s'il dépasse la quotité disponible, quoiqu'en renonçant, il pût, autrefois, tout retenir par-devers lui (OUI. Furgole, *Traité des Testamens*, chap. 10, n. 72, et Lebrun, *Traité des Successions*, liv. 3, chap. 4, n. 34.—NON. Merlin, *Questions de Droit*, v° BÉNÉFICE D'INVENTAIRE, § 5, art. 4; Pothier, *Traité des Successions*, chap. 3, § 8, et Tronçon, *Commentaire de la Coutume de Paris*, art. 342).

Nous verrons au chap. 9, si cet héritier est en droit de renoncer, ou non, et quelles sont les conséquences du système qui tend à le lui interdire. J'enregistre ici, sans commentaire, l'obligation du rapport, et un arrêt de la Cour de Paris, du 26 décembre 1815, qui l'a lui-même consacrée :

« Attendu, est-il dit, que le privilége donné à l'héritier sous bénéfice d'inventaire, par l'art. 802, n'est relatif qu'aux créanciers et aux légataires de la succession ;

« Que la faculté d'abandonner les biens, n'est pas la faculté de renoncer à la succession après l'avoir acceptée, quoique cet abandon ait des effets équivalens à ceux d'une renonciation ;

« Que, dans le concours de plusieurs héritiers, l'acceptation bénéficiaire de la succession lie irrévocablement les uns et les autres ;

« Que l'un d'eux, une fois héritier, ne peut plus cesser de l'être, ni présenter comme un titre de créance, la donation qu'il a abdiquée par son acceptation de la succession ;

« Que c'est lors du partage seulement, que les droits des héritiers peuvent être réglés, soit par les prélèvemens, soit par les rapports à la succession (Sirey, tom. 16-2-41). »

D'anciens auteurs, au nombre desquels on peut citer Despeisses, *Droit français*, tom. 2, pag. 480, n. 23, soutenaient qu'un héritier était astreint à faire le rapport aux créanciers. Mais l'art. 857 lève aujourd'hui toute espèce de doute; car il dit qu'il n'est dû que par le cohéritier à son cohéritier, et qu'il n'est pas dû aux légataires ni aux créanciers de la succession. Il suit de là, que le bénéficiaire n'est pas obligé de contribuer aux dettes et aux charges héréditaires, sur les objets qui proviennent du retranchement d'une donation, et qu'il ne faut pas comprendre, dans les biens du bénéfice d'inventaire, sa part des rapports qui sont faits par les autres cohéritiers (Chabot de l'Allier, *Commentaire des Successions*, art. 802, n. 5; A. Dalloz, *Dictionnaire de Législation*, v° SUCCESSION BÉNÉFICIAIRE, n. 50; Delaporte, *Pandectes françaises*, tom. 3, pag. 201 ; Duranton, *Cours de Droit français*, tom. 7, n. 44; Rolland de Villargues, *Répertoire du Notariat*, v° BÉNÉFICE D'INVENTAIRE, n. 167, et Vazeille, *Résumé sur les Successions*, art. 802, n. 7).

107. Il implique qu'un héritier bénéficiaire conclue au partage de la succession. On ne saurait guère concevoir, qu'il y ait même lieu de le demander, parce que la composition et l'attribution des lots détruisent, au moins en général, les effets du bénéfice d'inventaire. J'ai vu introduire cette action en justice, et des juges l'admettre sans plus ample examen. C'est pourtant une vérité évidente, la division des biens et des droits héréditaires, la mise en possession des cohéritiers, sont des actes de propriété libre, qui peuvent avoir des conséquences très graves, et de

nature à renverser, parfois, la prérogative de l'acceptation déclarée bénéficiairement.

« Sous le droit romain, comme sous le Code civil, a dit la Cour de cassation, le 8 mars 1830, le fait, de la part des successibles, de s'être partagé, en majorité, les biens de la succession paternelle dont ils avaient joui par leur tuteur, pendant l'état de minorité, doit les faire réputer héritiers purs et simples. Il importe peu qu'il soit prouvé que, ces biens se trouvant confondus avec d'autres qui leur étaient personnels, et dont leur père avait l'usufruit, ils soient en présomption de n'avoir pas voulu consentir à un acte d'héritier. » La Cour de Paris a pensé également, le 30 décembre 1837, qu'une demande en compte, liquidation et partage, quoique formée en qualité d'habile à se dire et porter héritier, est une adition d'hérédité proprement dite ; qu'ainsi, elle est un obstacle au bénéfice d'inventaire (Dalloz, *Recueil périodique*, année 1830-1-160, et Ledru-Rollin, *Journal le Droit*, n. 718).

Rolland de Villargues, *Répertoire du Notariat*, v° BÉNÉFICE D'INVENTAIRE, n. 203, contrairement à l'opinion émise par A. Dalloz, *Dictionnaire de Législation*, v° SUCCESSION BÉNÉFICIAIRE, n. 229, répond que le partage entre héritiers par bénéfice d'inventaire, n'est pas un acte qui les rende héritiers purs et simples; qu'héritiers et propriétaires, en même temps que bénéficiaires, ils ont le droit de conserver définitivement les biens, après l'acquit des dettes et des charges de la succession.. « N'est-ce pas assez, dit-il, pour justifier un tel partage, qui, d'ailleurs, est soumis aux chances qui peuvent résulter de la nécessité du paiement des charges et des dettes? L'affirmative a été jugée par un arrêt du parlement de Paris, du 27 juillet 1786. Denisart, *Répertoire de Jurisprudence*, v° HÉRITIER BÉNÉFICIAIRE, § 1, est du même avis. »

Or, quant à moi, je n'adopte ni l'une ni l'autre de ces opinions, parce que toutes deux, mais dans un sens inverse, me paraissent exagérées. Je reconnais que les auteurs se sont montrés, en matière de succession, d'un rigorisme effrayant pour les héritiers sous bénéfice d'inventaire. L'élite de la science du droit, entraînée par la même propension, a proclamé qu'un héritier pareil, en faisant acte de propriété, n'est point reçu à protester contre. «En vain, ajoute-t-on, déclarerait-il qu'il n'entend pas se départir de son acceptation bénéficiaire, il n'en serait pas moins héritier pur et simple. Il est de principe, en effet, qu'une protestation est réputée non écrite, lorsqu'elle est démentie par l'acte même qu'elle accompagne (Chabot de l'Allier , *Commentaire des Successions,* art. 778, n. 28; Lebrun, *Traité des Successions,* liv. 3, chap. 8, sect. 2; Merlin, *Répertoire de Jurisprudence,* v° BÉNÉFICE D'INVENTAIRE , n. 26, et Pothier, *Traité des Successions,* chap. 3, sect. 3, art. 1er, § 1). »

J'ai exprimé, n. 77, que tout gît dans la pensée qui a présidé à l'acte d'où l'on veut inférer l'adition. Nul doute qu'une protestation, si elle est suffisamment formulée, ne mette l'héritier bénéficiaire à l'abri d'être recherché à l'occasion du partage des biens du défunt. Ce moyen terme neutralise la force et les effets de l'acte d'héritier ; il est alors facile de comprendre le pourquoi de son existence. Quelque répugnance que j'éprouve à voir procéder à un partage de succession sous bénéfice d'inventaire, il m'est donc impossible d'y reconnaître une véritable adition d'hérédité, parce qu'il n'y a que l'intention du successible, de se porter héritier pur et simple, qui puisse lui ôter sa qualité de bénéficiaire (Cassation, 19 janvier 1826 et 11 janvier 1831, Dalloz, *Recueil périodique,* année 1826-1-119, et année 1831-1-353).

108. Partant de ce point, que tout héritier par bénéfice d'inventaire est recevable, sans se nuire, pourvu qu'il déclare agir comme tel, et sous les

réserves accoutumées, à provoquer la division
du patrimoine du défunt, ou à y adhérer; il faut
tenir pour certain que, sauf l'éventualité des
dettes, et *pro modo emolumenti*, c'est comme
siens qu'il prend les biens héréditaires. «Chaque
cohéritier, dit l'art. 883, est censé avoir succédé,
seul et immédiatement, à tous les effets compris
dans son lot, et n'avoir jamais eu la propriété
des autres effets de la succession. » Il possède,
dans ce cas, sous l'égide de l'inventaire ; sa gestion se continue, au même titre, et vient aboutir
au terme où, par suite de la prescription des
créances, ainsi que des legs, il n'a plus à redouter
aucune réclamation (Rolland de Villargues , *Répertoire du Notariat*, vᵒ BÉNÉFICE D'INVENTAIRE,
n. 11, et Toullier, *Cours de Droit civil*, tom. 4,
n. 393).

C'est ce qui démontre, d'ailleurs, que l'héritier
bénéficiaire exerce toutes les actions qui dérivent du pacte de famille, notamment le retrait
successoral. « Toute personne, est-il dit en l'article 841, même parente du défunt, qui n'est pas
son successible, et à laquelle un cohéritier aurait
cédé son droit à la succession, peut être écartée
du partage, soit par tous les cohéritiers, soit par
un seul, en lui remboursant le prix de la cession.»
En vain le cessionnaire opposerait-il que, par

l'effet du bénéfice d'inventaire, la division des biens est illusoire ; que les légataires et les créanciers, arrivant en temps utile, feront tout changer de face : il n'en faudra pas moins passer outre, car, d'après la loi, un partage de succession, fût-il éventuel, devant toujours être ordonné, l'ayant-cause de l'héritier, s'il n'est point héritier lui-même, est inhibé d'y concourir (Cassation, 1er décembre 1806, et Bordeaux, 16 mars 1832, Sirey, tom. 6-2-948, et tom. 32-2-473 ; Chabot de l'Allier , *Commentaire des Successions* , article 841, n. 13 ; Rolland de Villargues, *Répertoire du Notariat,* v° RETRAIT SUCCESSORAL, n. 9, et Toullier, *Cours de Droit civil*, tom. 4, n. 437).

La propriété, quoique modifiée par l'acceptation, passe sur la tête des héritiers du bénéficiaire, qui, à leur tour, ainsi qu'on l'a vu, n. 105, en sont saisis par la seule force de la loi. Dans l'ancienne jurisprudence, la règle n'était pas différente, puisqu'il transmettait, non comme acquêts, mais comme propres, les biens successifs dont il se rendait adjudicataire. On tenait pour maxime, à cette époque, et l'art. 883 pré-mentionné, l'a reproduite, que l'adjudication ne lui donnait point la saisine, parce qu'il la tenait de sa qualité d'héritier. L'art. 1402, au titre *du Contrat de mariage et des Droits respectifs des*

époux, contient encore, sur le caractère trans-
missif, un principe tout-à-fait identique.

109. Comment acquittera-t-on les dettes, lorsqu'il aura été procédé au partage de la succession
bénéficiaire? Tous les auteurs, à l'exception de
Lebrun, *Traité des Successions*, liv. 3, chap. 4,
n. 65, professent la doctrine qu'on doit faire l'application de l'art. 873, portant : « Les héritiers
sont tenus des dettes et charges de la succession,
personnellement pour leur part et portion virile,
et hypothécairement pour le tout. » Or, est-ce
bien ainsi, qu'il faut interpréter le titre *du Bénéfice d'inventaire?* Je ne le pense pas. Mon opinion
isolée, je le crains, sera peu influente, dédaignée
peut-être. Eh bien! j'ai le courage de le dire,
l'erreur n'en sera que plus grave, parce qu'on
décidera alors, non d'après les principes, démon-
trés par des raisons solides, mais par une force
d'inclinaison pour le sentiment d'hommes re-
marquables, qu'on croira sur parole, sans
chercher à les approfondir, à comprendre même
le fond de leur pensée.

En effet, pour contre-balancer l'immense prérogative que l'art. 802 accorde à l'héritier bénéficiaire, de ne pas confondre son patrimoine
avec celui du défunt, et de pouvoir réclamer ses
créances, en un mot, de n'être point tenu *ultrà*

vires emolumenti; l'art. 803 constitue cet héritier administrateur comptable, lui interdit tout acte de propriété pour lui, avant que les dettes n'aient été intégralement épuisées. Dans l'espèce, la reddition et l'apurement du compte, sont un préalable nécessaire; car, sans eux, la position de l'héritier, qui se prévaut du droit d'inventaire, ne saurait être fixée par rapport aux créanciers. Un tel héritier délibère perpétuellement; c'est un héritier en expectative, qui ne court aucun risque : donc, tant qu'il délibère, tant qu'il conserve la qualité d'administrateur, l'acquit des dettes et charges est indivisible, en ce sens, qu'à la différence du recours à exercer contre l'héritier pur et simple, il ne peut frapper que sur les valeurs héréditaires, et qu'il les absorbe entièrement.

C'est ce qu'a jugé la Cour de Paris, le 25 août 1810, à une époque où la difficulté, quoique soulevée, n'avait pas encore été résolue. Il y eut un pourvoi, et l'honorable procureur-général Merlin, ayant à choisir entre les deux systèmes, adopta celui qui tendait à la cassation. La cour régulatrice, s'unissant elle-même à la conviction de l'illustre jurisconsulte, cassa, le 22 juillet 1811, l'arrêt entrepris. De là, c'est une vérité incontestable, date la consécration de la règle que, nonobstant l'acceptation faite bénéficiairement, le passif de la succession doit être divisé entre tous les héritiers (Sirey tom. 10-2-357, et tom. 12-1-305).

« Il est inutile d'objecter, disait-on, que l'article 802 oblige l'héritier bénéficiaire à payer les dettes jusqu'à concurrence des biens qu'il a recueillis, et qu'il ne peut rien retenir tant qu'il reste des dettes à payer. Ce n'est pas précisément ce qu'énonce cet article. Il dit, sans doute, qu'un héritier par bénéfice d'inventaire n'est tenu des dettes de la succession que jusqu'à concurrence de la valeur des biens qu'il a recueillis; mais il ne dit point qu'il en est, dans tous les cas, tenu jusqu'à concurrence de cette valeur.

« Vous sentez, continuait le procureur-général, quelle différence il y a entre ces deux propositions. Il résulterait de la première, qu'il faut que toutes les dettes soient payées, pour que l'héritier bénéficiaire puisse s'approprier définitivement quelque chose, tandis que la seconde n'a pas un sens aussi étendu. L'art. 802, en disant que l'héritier par bénéfice d'inventaire n'est tenu des dettes que jusqu'à concurrence de la valeur des biens, ne déroge pas dès-lors à la règle générale, qui veut qu'un héritier ne soit tenu personnellement des dettes que pour sa part et portion virile : d'où il suit, qu'il la laisse subsister pour l'héritier bénéficiaire, comme pour l'héritier pur et simple.

« On le conçoit, c'est comme s'il avait été dit : « L'héritier par bénéfice d'inventaire n'est tenu, de la part qu'il doit supporter dans les dettes, suivant la règle écrite dans l'art. 873, que jusqu'à concurrence de la valeur des biens, et si sa part excède cette valeur, il n'en sera pas tenu; de même, si la valeur des biens est supérieure aux dettes, l'excédant lui demeurera franc et quitte. » Un bénéfice de droit, ne peut jamais tourner au préjudice de la personne au profit de laquelle il est établi; et c'est ce qui arriverait néanmoins, si, lorsque l'actif d'une succession en excède le passif, un héritier pouvait être tenu des dettes au-delà de sa part et portion virile, sous le prétexte qu'il aurait eu recours au bénéfice d'inventaire.

« Une semblable considération acquiert, ajoute-t-on, d'autant plus de force, que l'art. 461 défend au tuteur d'accepter autrement que sous la forme bénéficiaire, les successions qui échoient à son pupille. Quoi! il faudrait conclure qu'un héritier mineur ne jouit pas du droit que l'article 873 assure à tout héritier, de n'être tenu personnellement des dettes que pour sa part et portion virile! Oui, sans doute, il le faudrait aux termes de l'arrêt du 25 août 1810, et le mineur n'aurait aucun moyen de l'empêcher. Mais un système qui conduit à une conséquence aussi absurde, qui accuse aussi manifestement le Code civil d'avoir empiré la condition des mineurs, quand il voulait veiller à leurs intérêts, ne tombe-t-il point par cela seul, et peut-on le soutenir sérieusement ? »

Voilà de quelle manière s'est exprimé Merlin, *Répertoire de jurisprudence*, v° BÉNÉFICE D'INVENTAIRE, n. 25, et ce qu'on a répété après lui. « L'arrêt qui précède, dit Delvincourt, *Cours de Code civil*, tom. 2, pag. 167, note 1, a confondu l'exception avec le droit. En effet, le créancier ne peut, en principe, assigner l'héritier que pour sa part dans la dette. Si ce dernier, pour se soustraire au paiement, oppose le bénéfice d'inventaire, c'est alors qu'il devient comptable, et qu'il est obligé de prouver que ce qu'il a reçu de la succession, ne suffit pas pour payer sa part de la dette. Au contraire, s'il n'oppose pas l'acceptation bénéficiaire, et paie sa part, le créancier n'a pas de compte à lui demander (Colmar, 23 novembre 1811, et Paris, 26 mars 1831, Sirey, tom. 11-2-77, et Dalloz, *Recueil périodique*, année 1831-2-138; Chabot de l'Allier, *Commentaire des Successions*, art. 873, n. 11; A. Dalloz, *Dic-*

tionnaire de Législation, v° Succession bénéficiaire, n. 53; Delaporte, *Pandectes françaises*,
tom. 3, pag. 186; Duranton, *Cours de Droit français*, tom. 7, n. 41; Favard de Langlade, *Répertoire de Législation*, v° Bénéfice d'inventaire,
n. 13; Malpel, *Traité des Successions*, n. 289,
et Rolland de Villargues, *Répertoire du Notariat*,
v° Bénéfice d'inventaire, n. 9 et 166).

Il est certain qu'on s'est étrangement trompé.
Les distinctions, à l'aide desquelles les dettes et
les charges devraient se répartir entre héritiers
bénéficiaires, sont extrà-légales, et l'argument qui
présente l'héritier pur et simple sous des dehors
plus favorables, quant au résultat, manque
d'exactitude, n'est qu'un sophisme ingénieuse-
ment combiné. Ce n'est, à vrai dire, qu'en se jetant dans un conflit d'idées, qu'on a cru arriver
à une solution rationnelle. Je crois donc que la
doctrine de Lebrun, et la première opinion manifestée par la Cour de Paris, sont préférables
au sentiment de la Cour de cassation, et à tout
ce qu'on a enseigné ultérieurement.

D'abord, il ne faut pas assimiler, touchant
l'acquit des charges et des dettes, l'héritier par
bénéfice d'inventaire à l'héritier qui est tenu
ultrà vires hæreditatis; car les art. 802 et 873,
qui régissent l'un et l'autre héritiers, contiennent

des règles tout-à-fait diamétrales. Un héritier qui a accepté la succession, purement et simplement, est l'image absolue du défunt; mis à sa place, il le représente activement et passivement: c'est la continuité de sa personne. L'héritier bénéficiaire, quoique successible, n'en est pas moins affranchi des obligations héréditaires, puisqu'il ne contracte pas d'engagement personnel, et qu'il n'est tenu que jusqu'à concurrence de la valeur des biens.

Cette précision ainsi marquée, que doit-il en ressortir? Que le législateur a fait un tranche-court, un traité à forfait avec l'héritier qui invoque le bénéfice d'inventaire, et qu'il lui a dit: « Vous ne voulez pas courir les chances de payer au-delà des forces de la succession, je le permets; mais à condition que les ressources qu'elle renferme serviront à éteindre toutes les charges, avant que vous puissiez rien retenir. » C'est ce qui explique pourquoi cet héritier ne peut point, comme l'héritier pur et simple, prétendre d'ores et déjà à sa part héréditaire: il l'a compromise, dans l'intention de ne pas devenir le débiteur personnel des légataires et des créanciers. Sans doute, par le bénéfice d'inventaire, on lui impose un sacrifice, tandis que l'acceptation ordinaire, prise à sa naissance, n'en exige aucun; n'importe, ce n'est que le juste équivalent de la prérogative de ne pouvoir être soumis que *pro modo emolumenti*.

N'implique-t-il pas, en effet, qu'un héritier auquel la loi donne la mission de liquider les biens et droits héréditaires, tant activement que passivement, ce qui suppose que l'actif doit éteindre, libérer le passif, commence par s'attribuer lui-même une part relative? Il me semble que c'est un contre-sens dont il n'est guère possible de se défendre. L'héritier bénéficiaire, qui ne l'emporte sur l'héritier qui a accepté purement et simplement, qu'en ce qui s'applique à la division des patrimoines, obtiendrait-il donc le double avantage, 1° de repousser la confusion, lorsqu'il s'agit de n'être point responsable des dettes et des charges; 2° d'appeler la confusion, pour accroître son patrimoine de ce qu'il amende en qualité d'héritier? Cette conséquence est condamnée par toutes les règles de la logique.

Que dit-on, au surplus? Qu'un héritier par bénéfice d'inventaire, obligé d'abandonner sa part entière de succession, serait moins favorisé que l'héritier pur et simple, attendu que ce dernier a le pouvoir de conserver tout ce qui excède sa contribution à la dette qu'on réclame. Or, l'objection est vicieuse; elle faiblit du côté de la vérité : par l'acceptation non modifiée, un héritier se soumet à tout le passif, proportionnellement, à quelque somme qu'il puisse monter, tandis que, par l'acceptation bénéficiaire, l'héritier n'a jamais à craindre cet inconvénient. C'est, je crois, une différence bien visible ; elle constitue, pour ce qui se rattache à l'héritier ordinaire, une compensation équitable entre la perte et le gain qu'il assume sur lui ; elle n'est que le parallèle de la compensation que formule, entre le gain et la perte, l'héritier qui a recours au bénéfice d'inventaire.

Je ne conçois pas que Merlin, le maître de la science, celui dont l'autorité fut si grande, que nos meilleurs auteurs se courbèrent aveuglément sous la puissance de sa raison, ait pu, comme élément de conviction, faire valoir l'intérêt palpitant des mineurs, et soutenir que, contraints d'accepter bénéficiairement les successions qui leur échoient, ils auraient tout à perdre là où les majeurs ont tout à gagner. N'ai-je point répondu, d'une manière victorieuse, avec les aperçus auxquels je viens de me livrer ? Tout décèle, par conséquent, que ce grave jurisconsulte, au lieu de démontrer sa proposition, est arrivé à une pétition de principe.

A-t-il été plus heureux, lorsqu'il a dit qu'il

répugnait de voir qu'une succession dont l'actif était au-dessus du passif, exposât l'héritier bénéficiaire à la nécessité de ne rien retenir, et de payer lui-même, au défaut de ses cohéritiers, la totalité de la dette exigible ? Dans ce cas, il est évident que l'héritier interpellé, n'ayant plus besoin de la protection de l'inventaire, n'a qu'à se porter héritier pur et simple, et qu'alors il n'est soumis qu'à une contribution. En distinguant le droit de l'exception, Delvincourt n'a, pour ce qui le concerne, rien appris de nouveau; car la faculté que s'est réservée un héritier, en acceptant bénéficiairement, n'a d'autre effet que de le mettre à même de s'en référer à l'inventaire, s'il veut payer avec les biens de la succession, ou de refuser d'en faire connaître les développemens, s'il préfère payer sans venir à compte avec les créanciers et les légataires.

Interpréter le titre *du Bénéfice d'inventaire*, de façon à donner la prérogative de prendre la part de succession, nonobstant les charges et les dettes, c'est, en dernière analyse, assimiler l'héritier qui en use à un héritier pur et simple, en ce sens qu'il fait acte d'adition, et qu'il renonce ainsi, sans pouvoir l'éviter, à ne pas confondre ses biens avec ceux du défunt ; bon gré, mal gré, il est tenu *ultrà vires hæreditatis.* En effet, l'art. 803 l'établit

administrateur de l'hérédité, sous la condition
de rendre compte; l'art. 807 offre la totalité des
meubles et des immeubles, comme le gage des légataires et des créanciers; l'art. 808 oblige le bénéficiaire à payer, au fur et à mesure, toute partie
intéressée qui le requiert, et l'art. 809, après que
le compte a été apuré, fixe l'emploi du reliquat
de compte; mais aucune disposition ne renvoie
à l'art. 873, qui n'est placé que sous la dénomination *du paiement des dettes,* et n'est relatif qu'à
l'action en partage et aux rapports entre cohéritiers. Ces objets sont absolument distincts des
formes prévues par le bénéfice d'inventaire, qui
vient lui-même à la suite de la répudiation, et
qu'on peut, à bon droit, considérer comme son
corollaire. — *Vid. suprà,* n. 21 et 88.

110. Rolland de Villargues, *Répertoire du Notariat,* v° Bénéfice d'inventaire, n. 21, oppose que
la faculté de procéder bénéficiairement n'a été
introduite qu'en faveur des héritiers, et que les
créanciers de la succession, loin de pouvoir en
tirer un avantage quelconque, sont primés par
elle. Merlin, *Répertoire de Jurisprudence,* eod.
verb., n. 25, continue en disant : « Donc les
créanciers ne peuvent pas avoir, contre un héritier bénéficiaire, des droits qu'ils n'auraient
pas, s'il était héritier pur et simple. » Or, tout

consiste à savoir si l'opinion que j'ai émise, sur la non-rétention des biens, avant la libération des charges et des dettes héréditaires, contrarie ce principe, dont je conviens, d'accord avec les profonds jurisconsultes que je fais comparaître ici.

Ne s'attachant qu'à l'individualisme, on doit le reconnaître, un créancier isolé ouvre, par le bénéfice d'inventaire, une large voie de développement, plus prospère pour lui que dans le cas où les héritiers auraient accepté d'une manière pure et simple : il peut s'adresser à un seul héritier, et lui demander l'acquit de sa créance entière, ou le contraindre à désemparer les meubles et les immeubles, quoique sans hypothèque sur les biens immobiliers. C'est aussi, en apparence, une aggravation pour l'héritier, qui, s'il eût accepté dans la forme ordinaire, aurait le droit de lui répondre, avec l'art. 873 du Code civil : « Les héritiers ne sont tenus des dettes et charges de la succession, personnellement, que pour leur part et portion virile, et, pour le tout, qu'hypothécairement. »

J'ai déjà fait remarquer, n. 98, en réfutant le système professé par l'auteur du *Répertoire du Notariat*, vᵒ Bénéfice d'inventaire, n. 165, que les créanciers, réduits à la perspective des biens, n'avaient point d'action personnelle à diriger vers l'héritier bénéficiaire : d'où il suit que, sous ce seul rapport, l'art. 873 est inapplicable à notre espèce. Le législateur, en parlant, au titre *du Bénéfice d'inventaire*, de l'acceptation modifiée, a, d'un autre côté, employé la double locution de *créanciers* et d'*héritier*. Que doit-il résulter de là? Que, par le mot : *Héritier*, pris au singulier, mis en parallèle avec celui-ci : *Créanciers*, pris sous la dénomination complexe, il a été entendu que toute la succession, représentée par les bénéficiaires, était dévolue à tous les créanciers. C'est le droit qui s'échappe de l'art. 2093, et qui porte : « Les biens du débiteur, sont le gage commun de ses créanciers. »

Qu'on ne distingue plus, dès lors, entre le cas où l'hérédité bénéficiaire n'a qu'un successible, et celui où elle en a plusieurs, quelques-uns d'entre eux eussent-ils, d'ailleurs, accepté purement et simplement; car, dans tous les cas, c'est l'intérêt général de la succession qu'il faut considérer, mettre en présence de l'intérêt des créanciers en masse. Avec ce moyen, on arrive à démontrer que, par le bénéfice d'inventaire, il n'y a pas chance de gain pour les créanciers, mais chance de perte, puisqu'ils perdent le droit personnel que l'acceptation ordinaire leur aurait donné vis-à-vis de la successibilité de leur débi-

teur. L'hypothèse du créancier qui, dans sa spécialité, paraît s'agrandir à l'aide du contact de la
gestion bénéficiaire, n'est qu'une exception fortuite, et qui ne doit ses élémens qu'aux conséquences inévitables de ce mode de succéder; une
exception, enfin, qui s'évanouit, quand il existe
des oppositions entre les mains de l'héritier, et
qu'il peut rendre lui-même illusoire, en faisant
concourir les autres créanciers.

Ainsi, règle constante: *Les créanciers d'une*
part, la succession de l'autre. C'est l'unique division qui s'harmonise avec la loi. Oui, le bénéfice
d'inventaire agit à l'encontre des créanciers;
mais, s'il ne doit point leur profiter, il ne peut
leur nuire. Par le décès du débiteur, c'est une
vérité indélébile, ils n'ont droit qu'aux biens
extans; la personne a disparu, le lien de la réalité
est tout ce qu'on laisse: donc, qu'un héritier bénéficiaire ne vienne point, en répudiant sa qualité
d'héritier pur et simple, exiger une portion du
patrimoine à laquelle il n'est appelé qu'en faisant
acte d'héritier; donc, que cet héritier, en rentrant
dans le cercle de l'inventaire, en prenant l'obligation de tout restituer, ne voulant pas être tenu
au delà des forces de la succession, ne vienne
point chercher à se ressaisir de ce qu'il n'a abandonné que pour être dégagé de l'acceptation

ultrà vires emolumenti. C'est aux créanciers qu'il
appartient de tout avoir, de tout posséder ; ce
sont eux qui sont les surveillans légitimes de l'héritier par bénéfice d'inventaire : par conséquent,
tout ce qui tendrait à leur nuire, à leur enlever des
droits acquis, acte ou jugement, dépossession,
n'importe, serait impuissant pour les atteindre,
et devrait être annulé.

111. La succession bénéficiaire est assimilée,
sous plusieurs rapports, à une faillite proprement dite. On voit, en effet, que l'art. 2146,
après avoir exprimé que les inscriptions hypothécaires ne produisent aucun résultat, si elles sont
prises dans le délai pendant lequel les actes faits
avant l'ouverture des faillites sont déclarés
nuls, ajoute : « Il en est de même des créanciers
d'une succession, si l'inscription n'a été faite par
l'un d'eux que depuis l'ouverture, et dans le cas
où la succession n'a été acceptée que par bénéfice d'inventaire. » L'insuffisance des biens héréditaires, est encore un point de similitude ; car
les créanciers chirographaires, surtout s'ils ont
usé de la voie de l'opposition, n'ont qu'un dividende à prendre. Un autre cas identique, est
celui de la forclusion prononcée par l'art. 809,
en matière de succession bénéficiaire, contre les
créanciers qui ne se présentent que les derniers;

disposition répétée, pour ainsi dire, par l'art. 513
du Code de commerce, au titre *de la Vérification
des créances*.

Cette assimilation a été généralement aperçue
par les auteurs, sauf qu'ils se sont déterminés, en
grande partié, par le principe qui régit les hypothèques à inscrire, et qui, dans les faillites, comme
dans les successions bénéficiaires, a une égale
application. Je citerai, notamment, Merlin, *Questions de Droit*, v° Succession vacante, § 1er;
Montvallon, *Traité des Successions*, chap. 4,
art. 31; Rolland de Villargues, *Répertoire du Notariat*, v° Bénéfice d'inventaire, n. 18; Rousseau
de Lacombe, *Jurisprudence civile*, v° Hypothèque,
sect. 2, n. 4, et Toullier, *Cours de Droit civil*,
tom. 7, n. 381. Une question peu digne d'examen,
a été soulevée par Delvincourt, *Cours de Code
civil*, tom. 3, pag. 354 : « N'aurait-il pas fallu
excepter, a-t-il dit, le cas où la succession doit
être nécessairement acceptée sous bénéfice d'inventaire? »

Il me semble qu'il eût été bien plus à propos
de rechercher quel est le sort de l'hypothèque
qui, quoique inscrite durant le bénéfice d'inventaire, à une époque où elle est frappée de nullité,
n'est pourtant mise en jeu que lorsque l'héritier
a accepté la succession purement et simplement,

ou qu'il a été déclaré déchu de la prérogative
bénéficiaire. C'est là , que la sollicitude du jurisconsulte peut s'agiter grandiose , puisqu'elle
touche à une cause de préférence susceptible de
mettre en émoi la plupart des créanciers. Une
pareille hypothèque sera-t-elle donc vivifiée par
l'acte d'adition que voudra faire l'héritier, postérieurement ? Ne tenant son être que du change-
ment opéré dans la qualité de ce dernier, de quel
jour ses effets dateront-ils ? S'ils rétroagissent,
n'a-t-on pas à craindre d'exciter les plaintes des
créanciers dont elle compromet les droits ?

On a vu , n. 98, que l'acceptation bénéficiaire
remonte toujours à l'ouverture de là succession ;
c'est le vœu de l'art. 777. Aussi , il doit en être de
même dans le cas où l'acceptation n'est point
modifiée par l'inventaire, ou qu'elle cesse de
l'être. L'inscription récente, prise par un créancier, n'était inefficace que par la volonté de l'héritier, pour avoir accepté bénéficiairement ; nul
doute dès lors que, par la force de cette même
volonté, l'hypothèque ne doive être maintenue,
et c'est la règle : *Cessante causâ, cessant effectus*,
qui le proclame de la sorte. L'héritier sous bénéfice d'inventaire peut abuser, je l'avoue, de sa
rétractation , et, dans le dessein de favoriser un
créancier, avec lequel il collude, faire absorber

le gage des autres créanciers; mais si le dol est prouvé, l'hypothèque ne produira point de lien. Une opposition signifiée au bénéficiaire, qu'il est prudent de ne pas négliger, forme d'ailleurs la pierre d'achoppement, si, plus tard, on veut édifier l'œuvre de la surprise. *Vid. infrà*, n. 124.

112. Bien que le bénéfice d'inventaire puisse être comparé à un véritable état de faillite, il en diffère en ce qu'il ne rend pas les créances exigibles, si elles ne le sont point. L'art. 1188, qui prive le débiteur du terme restant à courir, n'énonce pas l'acceptation bénéficiaire; il ne parle que du négociant failli, et de la diminution des sûretés que le débiteur avait promises, par le contrat, à son créancier : par conséquent, il n'est pas possible de déclarer qu'il y a exigibilité anticipée. Duranton, *Cours de Droit français*, tom. 7, n. 33, met la faillite et la déconfiture sur la même ligne; or, comme le bénéfice d'inventaire tient un peu de l'insolvabilité, il va jusqu'à croire que toutes les créances peuvent être réclamées à l'instant. C'est une erreur que je signale, et qui ne saurait offrir la plus légère incertitude (Cassation, 27 mai 1829, Dalloz, *Recueil périodique*, année 1829-1-363; Rolland de Villargues, *Répertoire du Notariat*, v° BÉNÉFICE D'INVENTAIRE, n. 20, et Vazeille, *Résumé sur les Successions*, art. 808, n. 3).

L'héritier bénéficiaire peut, d'après cela, ne pas avoir à redouter les poursuites des créanciers, dans le cas où leurs titres ne seraient pas échus: si l'on se permettait, contre lui, quelque acte d'exécution, il aurait le droit de s'y opposer et de faire surseoir. Mais cet héritier, pour jouir du terme, doit garder le *statu quo;* il faut que les choses restent entières. Il est évident que, s'il fait procéder à la vente, soit des meubles, soit des immeubles de la succession, ou de l'une des valeurs existantes, il diminue les sûretés sur lesquelles les créanciers fondent leur sécurité, et qu'il est redevable envers eux du montant de leurs créances. C'est le principe que consacre l'art. 124 du Code de procédure civile, et qu'on doit même étendre au cas où, sans aliéner les immeubles, ou les meubles, le bénéficiaire paie, avec le numéraire qu'il a trouvé dans la succession, quelques-uns des créanciers qui se sont fait connaître.

« Il est injuste, dit Duranton, *ubi suprà,* que ceux dont les créances sont échues soient payés, tandis que les autres ne doivent pas l'être. Tous les biens du débiteur sont le gage commun des créanciers; l'art. 2093 du Code civil en contient le précepte. » Cette décision est d'autant plus légale, que l'art. 2146 place tous les créanciers chirographaires dans la même catégorie, et leur interdit d'acquérir hypothèque sur les immeubles. Néanmoins, l'héritier, s'il payait l'un au préjudice de l'autre, établirait, en nuisant à celui qui ne peut pas agir, la préférence qu'on a voulu empêcher.

Par voie de suite, la créance conditionnelle n'est pas rejetée non plus de la distribution; car elle constitue un droit, à ce point que le créancier est autorisé, par l'art. 1180, à faire, avant que la condition soit accomplie, tous les actes conservatoires. Cette créance rétroagit au jour du contrat, s'incorpore avec la cause même qui l'a occasionné, et a tous les caractères d'un titre obligatoire. Il n'y a, il est vrai, dans l'allocation qui est faite, qu'une admission subordonnée; mais elle ne cesse pas d'être de rigueur: s'il en était autrement, l'on violerait le pacte convenu. La seule précaution qu'on doit prendre, en ce cas, est de s'assurer de la répétition, si le créancier s'y trouve ultérieurement assujetti, et du service annuel des intérêts, si la créance n'en contient point la stipulation expresse et actuelle.

113. Tout créancier peut, aux termes de l'article 878, se prévaloir de la séparation du patrimoine du défunt d'avec le patrimoine de l'héritier. C'est le moyen de prévenir que les biens de la succession tournent au profit des créanciers des

successibles. « Les créanciers et légataires, dit
l'art. 2111, qui demandent cette séparation, conservent leur privilége sur les immeubles de la
succession, par les inscriptions faites, sur chacun
d'eux, dans les six mois à compter de l'ouverture.
Avant l'expiration de ce délai, aucune hypothèque
ne peut être établie avec effet sur lesdits biens,
par les héritiers ou représentans, au préjudice
des légataires et créanciers qui ont conclu à la séparation des patrimoines. »

Un pareil droit est-il, par l'art. 802, au titre
du Bénéfice d'inventaire, affranchi de la formalité de l'inscription, c'est-à-dire, l'acceptation que
fait l'héritier dans la forme bénéficiaire, ne tient-
elle pas le patrimoine auquel il succède et le sien
propre, en état permanent de division? Dans le
cas de l'affirmative, s'il y a plus tard déchéance
du bénéfice d'inventaire, ou si le bénéficiaire accepte la succession purement et simplement, la
confusion des biens fera-t-elle disparaître la séparation préexistante? Comment règle-t-on d'ailleurs
le rang d'allocation des créanciers du défunt, mis
en contact avec les créanciers de l'héritier? Faut-
il observer les mêmes règles, quoiqu'il existe
plusieurs héritiers, si les uns ont accepté bénéficiairement, et les autres d'une manière absolue?

A. Dalloz, *Dictionnaire de Législation*, v° Suc-

CESSION BÉNÉFICIAIRE, n. 71; Delvincourt, *Cours de Code civil*, tom. 2, pag. 33, n. 2, et Duranton, *Cours de Droit français*, tom. 7, n. 47, soutiennent, contrairement à la doctrine professée par Delaporte, *Pandectes françaises*, tom. 3, pag. 201; Grenier, *Traité des Hypothèques*, n. 433; Malpel, *Traité des Successions*, n. 240; Persil, *Régime hypothécaire*, art. 2111, n. 13, et Rolland de Villargues, *Répertoire du Notariat*, v° BÉNÉFICE D'INVENTAIRE, n. 189, que l'art. 2111 du Code civil ne fait pas de distinction au sujet des successions sous bénéfice d'inventaire et de celles acceptées purement et simplement;

Que l'art. 802 n'a établi la séparation des patrimoines que dans l'intérêt de l'héritier, sans s'occuper des contestations entre ses propres créanciers et ceux de la succession;

Qu'ainsi, c'est en vain qu'on a signalé une contradiction dans les art. 2111 et 2146, parce que l'art. 2146 ne prononce la nullité que de l'inscription prise par le créancier de la succession bénéficiaire, vis-à-vis de ses co-créanciers, au lieu que l'art. 2111 donne effet à la même inscription lorsqu'elle ne frappe que les créanciers de l'héritier.

« Or, est-il ajouté, après un long temps d'administration, les personnes qui contractent avec l'héritier, ne peuvent-elles pas facilement se per-

suader que tous les biens qu'il possède lui appartiennent également libres?

« Elles auront pris inscription sur les immeubles de la succession, et des créanciers, dont elles
ne prévoyaient point le privilége, viendront,
dans dix ou vingt ans, par une inscription tar-
dive, primer tous ceux envers lesquels l'héritier
se serait personnellement obligé !

« L'inscription a été requise, même dans l'intérêt des créanciers de la succession bénéficiaire;
car si l'héritier vient, par un acte d'adition, à être
déchu de ce bénéfice, s'il lui plaît de vendre, sans
aucune formalité, les biens de la succession, ce
qui, selon l'art. 988 du Code de procédure civile,
entraîne la déchéance du droit d'inventaire, que
deviendra, sans inscription, le privilége des créanciers de la succession? Il est évident que les
créanciers de l'héritier le primeront, en vertu de
la règle de l'art. 777 du Code civil, qui fait re-
monter, au jour de l'ouverture, l'effet de l'acceptation pure et simple. Cette interprétation, enfin,
concilie mieux les intérêts des divers créanciers,
et prévient la fraude. »

Je ne le crois pas ainsi. La dispense de l'inscription prescrite par l'art. 2111, me paraît
sans difficulté. Il suffit de faire remarquer, en
effet, que ce texte de loi ne dispose que pour les

cas généraux, et qu'il ne peut s'appliquer dès-lors, pas plus que l'art. 878, à la succession régie par le bénéfice d'inventaire, qui, de plein droit, est empêchée de se confondre avec les biens de l'héritier. C'est ce qui a été jugé par la Cour de Paris, le 8 avril 1826, et par la Cour de Riom, le 8 août 1828. Il n'est pas à ma connaissance, que l'opinion inverse ait été consacrée par d'autres cours (Dalloz, *Rec. périodique*, année 1827-2-68, et année 1829-2-51).

Un seul point avait pu faire naître des doutes; je veux parler du cas où l'héritier, postérieurement à son acceptation bénéficiaire, est déchu, ou a fait acte d'héritier. La Cour de Rouen, le 5 décembre 1826, et la Cour de Bordeaux, le 24 juillet 1830, décidèrent que, par la confusion des deux patrimoines, les créanciers du défunt étaient obligés à l'inscription dont il s'agit, et qu'ils rentraient dans le cercle tracé par l'article 2111. Je conviens qu'alors la position des parties intéressées se compliquait, parce qu'avec le principe de la rétroactivité, la séparation est illusoire; qu'en accordant six mois, à partir de l'acceptation, ou de la déchéance, pour requérir inscription, l'on se jette dans des distinctions subtiles, embarrassantes, et tout-à-fait arbitraires (Dalloz, *Recueil périodique*, année 1827-2-69, et

Sirey, tom. 31-2-190; Grenier, *Traité des Hypo-thèques*, n. 433; Malpel, *Traité des Successions*, n. 240, et Persil, *Régime hypothécaire*, art. 2111, n. 17).

Mais la Cour de cassation, les 8 juin et 10 novembre 1833, a coupé court à la controverse, et dissipé toutes les incertitudes; car, en reportant à l'ouverture de la succession les conséquences de la division des biens et des dettes, elle a dû, comme elle l'a fait, les déclarer irrévocables, quels que soient le nombre des héritiers, la disparate des acceptations, et les actes d'adition intervenus depuis. On ne peut qu'applaudir à la fixité de la solution; elle s'harmonise merveilleusement avec la loi, et, en posant la base d'une jurisprudence rationnelle, stable, elle détruit les détours sinueux que ne manquait jamais de prendre l'héritier de mauvaise foi.

« Attendu, est-il dit, que la séparation des patrimoines opérée par l'acceptation sous bénéfice d'inventaire passée au greffe, et par l'inventaire qui en est la conclusion essentielle, ne peut, par rapport aux créanciers de la succession, disparaître et cesser d'avoir effet par la suite, et moins encore plusieurs années après, par le fait de l'héritier;

« Que la peine d'être, en ce cas, considéré comme héritier pur et simple, est établie en faveur des créanciers du défunt, et ne doit ni tourner contre eux, ni les priver de leur gage exclusif;

« Que cette déchéance n'existant que pour eux, ils peuvent seuls l'invoquer, ce qui démontre que l'héritier bénéficiaire et ses créanciers ne sont pas recevables à se créer un droit qui leur est tout personnel;

« Qu'une doctrine contraire, ouvrirait carrière à des fraudes qu'il serait impossible de constater, puisque cet héritier pourrait, par un fait même secret, à l'insu des créanciers de la succession, avantager ses propres créanciers;

« Que l'héritier aurait ainsi le pouvoir, en faisant acte d'héritier postérieurement aux six mois, délai de rigueur prescrit par l'art. 2111, de fermer aux créanciers de la succession la voie de la demande en séparation de patrimoines;

« Qu'en vain, on a cherché à éluder, dans l'espèce, l'application du principe, par la circonstance que, de plusieurs héritiers, les uns avaient accepté purement et simplement, et les autres bénéficiairement, à cause de leur minorité;

« Que cette circonstance, n'a pu rien changer à la disposition de l'art. 2146, qui ne distingue pas entre le cas où la succession est, en totalité,

acceptée sous bénéfice d'inventaire, et celui où
elle ne l'est que partiellement;

« Que l'inventaire est fait, nécessairement, de
l'intégralité de la succession par ceux qui n'ont
accepté que dans la forme bénéficiaire, qu'il fixe
la consistance entière du patrimoine du défunt,
et donne à ses créanciers le droit de s'y rapporter;

« Que ce n'est donc que dans le cas d'une acceptation pure et simple de l'hérédité, par tous
les appelés, qu'il peut y avoir lieu à demander la
séparation des patrimoines, en se conformant à
l'art. 2111 (Sirey, tom. 31-1-730 et 817). »

114. Revenons encore à l'art. 2146: il exprime
que, « les inscriptions se font au bureau de la
conservation des hypothèques, dans l'arrondissement duquel sont situés les biens soumis au
privilége ou à l'hypothèque; qu'elles ne produisent aucun effet, si elles sont prises dans le
délai pendant lequel les actes faits avant l'ouverture des faillites, sont déclarés nuls; qu'il en
est de même entre les créanciers d'une succession, si l'inscription n'a été faite par l'un d'eux
que depuis l'ouverture, et dans le cas où la succession n'est acceptée que par bénéfice d'inventaire. » Peu importe que l'acceptation n'ait été
déclarée qu'à un long intervalle, et que le créancier ait inscrit son hypothèque antérieurement,

même hors des dix jours dont parle l'art. 443 du Code de commerce; l'inscription n'en est pas moins nulle, parce que, pour valoir, elle doit précéder la mort du débiteur, si sa succession n'est pas acceptée purement et simplement (A.Dalloz, *Dictionnaire de Législation*, v° INSCRIPTION HYPOTHÉCAIRE, n. 114; Grenier, *Traité des Hypothèques*, n. 120, et Merlin, *Questions de Droit*, v° SUCCESSION VACANTE, § 1).

C'est là une innovation législative. Sous l'édit de 1771, ainsi que sous la loi du 11 brumaire an VII, tout créancier d'une succession acceptée bénéficiairement, pouvait exercer l'hypothèque qu'il avait acquise. On en a conclu qu'une hypothèque ancienne, par suite du principe de non rétroactivité que proclame l'art. 2 du Code civil, échappe à la prohibition de l'art. 2146, et qu'elle doit être utile au créancier, quoique inscrite tout récemment (Cassation , 5 septembre 1810 et 31 décembre 1821, Turin, 2 octobre 1811, Colmar, 1er mai 1823, et Bordeaux, 7 juillet 1831, Sirey, tom. 13-1-148, tom.22-1-160, tom. 12-2-257, et Dalloz, *Recueil périodique*, année 1827-2-55, et année 1831-2-228).

Distinguer de la sorte, me semble inconciliable avec la lettre et l'esprit de la loi: *la lettre*, parce que le législateur a la volonté qu'aucune inscrip-

tion hypothécaire ne puisse, à nouveau, être valablement requise ; *l'esprit*, parce qu'il est injuste
que, lorsque l'héritier s'efface devant l'action des
créanciers, et que la succession, en état d'insolvabilité, leur reste seule, les immeubles soient
grevés d'une manière inégale. D'ailleurs, la loi
ne rétroagit point, de cela que, pour la conservation d'un droit acquis, elle impose telle ou telle
condition. La loi de l'an vii, par exemple, en as-
sujettissant l'hypothèque à être inscrite, modifia
bien le système existant, et toutefois l'on a décidé
qu'à défaut d'inscription, le créancier, quelle que
soit l'ancienneté de son titre de créance conférant
hypothèque, doit être primé par les créanciers
qui se sont fait inscrire. Pourquoi donc n'en
serait-il pas ainsi de l'applicabilité de l'art. 2146,
puisqu'il se borne à prescrire une condition de
forme, celle de requérir inscription pendant la
vie du débiteur, si l'on veut, après sa mort, concourir hypothécairement dans sa succession bénéficiaire?

Il a été jugé par la Cour de Toulouse, le 2
mars 1836, et par la Cour de Bordeaux, le 24 juin
de la même année, que la défense de prendre inscription sur une succession qui a été acceptée
sous bénéfice d'inventaire, est générale et absolue;
qu'elle concerne toute succession de cette nature,

quand même, étant échue à des mineurs, l'acceptation bénéficiaire serait forcée. Cependant, il est vrai de dire que la Cour de Caen, donnant une saine interprétation dé la loi, a reconnu, le 1ᵉʳ juillet 1834, que l'inscription n'est pas absolument nulle, et qu'elle peut devenir valable, produire ses effets, du jour où elle a été prise, si l'héritier vient à être déchu du bénéfice d'inventaire, ou fait acte d'héritier pur et simple. Une règle invariable proclame que, lorsque la cause cesse, ses conséquences doivent cesser également (Dalloz, *Recueil périodique*, année 1826-2-186 et 221, et année 1835-2-184).

La multiplicité des héritiers, la différence qui existe entre leurs acceptations, ne changent rien au principe; c'est une démonstration positive: je m'en suis déjà expliqué dans le numéro précédent, au sujet de la division des patrimoines. Mais suit-il de là, qu'en concours avec l'adition d'hérédité qui émane d'un autre successible, l'acceptation bénéficiaire empêche, tant qu'elle dure, d'inscrire l'hypothèque contre l'héritier qui a accepté purement et simplement? Le 1ᵉʳ mars 1817, la cour de Rouen a adopté l'affirmative; elle est même allée plus loin, car elle a pensé que l'inscription ne pouvait pas ressortir d'un jugement obtenu après l'ouverture de la succession. Or, je crois que c'est une double erreur : *erreur*, parce qu'on ne saurait prétendre que les droits des créanciers soient fixés irrévocablement par le décès du débiteur ; *erreur*, parce que l'héritier qui a dédaigné le bénéfice d'inventaire, s'il possède des biens personnels, les a affectés au créancier poursuivant (Sirey, tom. 17-2-173 ; A. Dalloz, *Dictionnaire de Législation*, vᵒ Inscription hypothécaire, n. 117, et Troplong, *Commentaire sur les Hypothèques*, tom. 3, n. 660).

De quelque créance qu'il s'agisse, la prohibition de l'art. 2146 reçoit son à-propos. Ainsi, le vendeur, n'importe qu'il soit créancier privilégié, ne peut recourir à l'inscription de sa créance. Grenier, *Traité des Hypothèques*, n. 122 et 125, est d'un autre sentiment ; mais la doctrine qu'il professe, incompatible avec la loi, a été condamnée par la Cour de cassation, le 16 juillet 1818, et par la Cour de Nîmes, le 25 juin 1829. En vain objecterait-on que ce créancier arrive, par l'action résolutoire que lui donne l'art. 1654, à un résultat identique, et souvent plus onéreux pour la succession, puisqu'il reprend l'immeuble vendu ; cela est très vrai : toutefois, il suffit de remarquer que la rigueur des principes lui dénie complètement le droit de se faire inscrire (Sirey, tom. 19-1-27, et tom. 30-2-45).

Je ne laisserai point passer inaperçue, une solution assez relâchée que se permit la Cour de Paris, sans doute avec de bonnes intentions, le 15 novembre 1828. Que décida-t-elle? Que le créancier régulièrement inscrit, au moment de l'ouverture d'une succession bénéficiaire, pour le capital de sa créance et les intérêts lors échus, peut plus tard requérir inscription afin de conserver les intérêts postérieurs. « Cette inscription, est-il dit, se rattache essentiellement à la première; elle n'est donc pas frappée d'inefficacité, parce que l'art. 2146 n'a eu en vue qu'une créance constitutive d'élémens nouveaux » (Sirey, tom. 29-2-14, et Dalloz, *Recueil périodique*, année 1829-2-65).

Enoncer un tel précédent, c'est le détruire; car, indépendamment de ce que l'art. 2151 exige des inscriptions particulières pour la conservation des intérêts annuels non compris dans la première inscription, ce qui fait qu'il existe autant de créances isolées, il est certain qu'on aggrave le bénéfice d'inventaire, et que, par suite, l'intention du législateur est méconnue. Pourquoi, en effet, un créancier n'a-t-il pas la faculté de faire inscrire sa créance, dans le cas où la succession débitrice est acceptée bénéficiairement? C'est parce qu'on a senti qu'il impliquait, alors que les biens héréditaires étaient dévolus, en l'état, à tous les créanciers, sans distinction, que l'un d'eux pût, au moyen d'une préférence, rompre l'équilibre de l'égalité.

Toute inscription qui, pour la première fois, apparaît dans le bénéfice d'inventaire, est donc impuissante et non avenue; elle laisse le créancier avec les chirographaires, le soumet à la contribution, si d'autres viennent concurremment, pourvu que, par ailleurs, il n'ait pas quelque privilége à exercer. La nullité de cette inscription n'est pourtant relative qu'aux créanciers de la succession bénéficiaire; c'est pour eux seuls que la disposition de l'art. 2146 a été conçue : d'où la conséquence obligée que, s'il ne s'en présente aucun, le tiers détenteur de l'immeuble hypothéqué, l'héritier bénéficiaire, et ses créanciers personnels, seront contrains à la souffrir (A. Dalloz, *Dictionnaire de Législation*, v° Inscription hypothécaire, n. 90; Delvincourt, *Cours de Code civil*, tom. 3, pag. 168, n. 6 et 9; Persil, *Régime hypothécaire*, art. 2146, n. 11 et 15; Rolland de Villargues, *Répertoire du Notariat*, v° Inscription hypothécaire, n. 160, et Troplong, *Commentaire sur les hypothèques*, tom. 3, n. 5 et 658).

Ainsi, partant de ce principe, les inscriptions antérieures à l'ouverture de la succession acceptée sous bénéfice d'inventaire, peuvent toujours être renouvelées; car, les droits restant les mêmes, pas le moindre préjudice n'est occasionné. C'est ce que jugea la cour de Grenoble, le 28 janvier 1818. On ne saurait blâmer un créancier de prendre telles précautions qu'il croit utiles, dans le dessein de se soustraire à une perte imminente, et de faire maintenir, par tous les moyens que la loi met en son pouvoir, un droit qui lui était déjà acquis. « Les inscriptions, dit l'art. 2154, conservent l'hypothèque et le privilége pendant dix années, à compter du jour de leur date; mais leur effet cesse, si elles n'ont été renouvelées avant l'expiration de ce délai. » (Dalloz, *Recueil alphabétique*, tom. 9, pag. 127).

Reste à savoir si, par la force de l'acceptation bénéficiaire, le créancier à hypothèque inscrite a son rang de collocation assuré, et si, conséquemment, son inscription ne périme plus, malgré qu'il ne la renouvelle point. Ce n'est pas mon opinion. Je sais que, s'il fallait admettre, comme on l'a prétendu, qu'à l'instant de la mort du débiteur, tous les droits de ses créanciers sont fixés d'une manière irrévocable, la dispense de renouvellement devrait s'ensuivre; or, c'est ce qui n'est rien moins qu'établi.

L'art. 2154 ne fait pas de distinction; il n'é-

nonce point que le bénéfice d'inventaire pivote
sur une base différente; qu'il est influent sur
l'efficacité des inscriptions existantes. Et pourquoi
la succession bénéficiaire ferait-elle exception à
la règle générale ? Le Code garde, à ce sujet, le
plus grand silence. D'un autre côté, les rapports
des créanciers et de l'héritier sont si peu arrêtés,
qu'ils peuvent changer d'un instant à l'autre, si
la déchéance est encourue, si une condamnation
expresse fait défaillir la prérogative de l'inventaire.

Tenons aussi pour certain, que l'obligation de
renouveler les inscriptions avant l'expiration des
dix ans, est toujours impérieuse, et que, manquer
de l'accomplir, c'est perdre l'hypothèque (Oui.
Cassation, 17 juin 1817 et 29 juin 1830, Dijon,
26 février 1819, Caen, 19 février 1825, et Bordeaux, 15 décembre 1826, Sirey, tom. 17-1-287,
et tom. 30-1-253; Dalloz, *Recueil alphabétique*,
tom. 9, pag. 313, et Sirey, tom. 26-2-65, et tom.
27-2-221; A. Dalloz, *Dictionnaire de Législation*,
v° INSCRIPTION HYPOTHÉCAIRE, n. 434; Grenier,
Traité des Hypothèques, n. 114, et Troplong,
Commentaire sur les Hypothèques, tom. 3, n. 660.
— NON. Rouen, 18 mars 1820, Sirey, tom. 25-2-
231; Delvincourt, *Cours de Code civil*, tom. 3,
pag. 168, note 3; Pardessus, *Cours de Droit commercial*, n. 1123; Persil, *Régime hypothécaire*,

art. 2154, n. 7, et Merlin, *Questions de Droit,*
v.° INSCRIPTION HYPOTHÉCAIRE, § 4).

Quand même il s'agirait d'hypothèques an-
ciennes, le renouvellement n'en serait pas moins
indispensable. Il importe peu qu'autrefois, les
créanciers fussent recevables à s'inscrire lorsqu'ils
le jugeaient à propos; car, je l'ai déjà dit, le législateur moderne a pu, sans violer la règle de la
non-rétroactivité, soumettre, pour l'exercice d'un
droit, d'une action quelconque, à des conditions
de forme. Donc tout créancier, abstraction faite
de l'origine du titre de créance, voit disparaître
son inscription, s'il ne la renouvelle pas dans le
délai prévu par l'art. 2154 pré-mentionné. Il n'y
a qu'un obstacle invincible, tel, par exemple, que
la mise en état de siége, qui soit de nature à le
relever du défaut de renouvellement, et pourvu
que toute communication, entre son domicile et
le bureau de la situation des biens, ait été rendue
impossible (Cassation, 14 novembre 1826, et
Bordeaux, 24 juin et 15 décembre 1826, Sirey,
tom. 27-1-329, tom. 26-2-306, et tom. 27-2-221).

115. Un créancier n'a pas seulement à redouter
la prescription de l'inscription qui donne rang à
l'hypothèque; il est encore exposé à la prescription de la créance qu'il a à reclamer au bénéficiaire, s'il ne se livre point, en temps utile, à des

actes interruptifs. « La prescription, dit l'art. 2251, court contre toutes personnes, à moins qu'elles ne soient dans quelque exception établie par une loi. » Elle n'est pas suspendue pendant les trois mois pour faire inventaire, et les quarante jours pour délibérer; c'est ce qu'atteste l'art. 2259 (Rolland de Villargues, *Répertoire du Notariat*, v° BÉNÉFICE D'INVENTAIRE, n. 184, et Toullier, *Cours de droit civil*, tom. 4, n. 393).

En vain la cour de Paris décida-t-elle, le 12 pluviôse an XII, que la prescription des dettes d'une succession était suspendue, tant que l'héritier n'a point pris qualité, parce que les créanciers sont empêchés de faire valoir les actions et les droits qui les compètent; l'erreur est trop évidente, pour que j'aie besoin de la réfuter. Par un arrêt du 24 floréal an XIII, la cour de Colmar jugea tout différemment; elle fit une application exacte des principes d'alors, que notre code, par imitation de l'ordonnance de 1667, a reproduits presque d'une manière littérale (Sirey, tom. 5-2-658, et tom. 7-2-1116).

Il est vrai qu'en Bretagne, on tenait pour maxime que le bénéfice d'inventaire arrêtait, dans l'intérêt de tous, les effets de la prescription; mais l'art. 2258 ne s'occupe maintenant que de l'héritier bénéficiaire : d'où la conclusion for-

cée, que les créanciers, vis-à-vis de la succession
et par rapport à cet héritier, sont assujettis à la
règle générale (Duparc-Poullain, *Principes du
Droit*, tom. 5, pag. 94).

Par la même raison, puisque l'exception n'est
relative qu'aux créances de l'héritier sous bénéfice d'inventaire, contre la succession qu'il est
chargé d'administrer, cela ne s'applique pas non
plus aux débiteurs du défunt et aux tiers qui ont
des droits, des actions à invoquer. Il est hors de
doute aussi, qu'ils peuvent, au moyen de la prescription, acquérir et se libérer, s'ils en remplissent
les conditions. C'est la disposition de l'art. 2219,
et, sauf les modifications qui naissent des circonstances, son exécution est imminente (Dalloz ,
Recueil alphabétique, v° SUCCESSION BÉNÉFICIAIRE,
pag. 368 , n. 11; Despeisses, *Droit français* ,
tom. 2, pag. 480; Lebrun, *Traité des Successions*, liv. 3, chap. 4, n. 7, et Pothier, *eod. tract.*,
chap. 3).

Les créanciers eussent-ils obtenu la possession
des biens meubles et immeubles de la succession
bénéficiaire, par suite de l'abandon que l'héritier
leur en aurait fait, aux termes de l'art. 802, § 1,
que la prescription viendrait les atteindre. Dans
ce cas, la maxime : *contrà non valentem agere,
non currit præscriptio*, que l'art. 2257 proclame,

serait sans influence, parce que la succession a été abandonnée par le bénéficiaire pour être vendue, et non pour être gardée. La Cour de cassation, je le reconnais, a jugé, le 14 mars 1809, qu'après plus de trente ans, l'héritier n'était plus recevable à exercer le retrait; mais il y a là, violation de l'art. 2236, qui déclare que ceux qui détiennent la chose précairement du propriétaire, ne peuvent la prescrire (Dalloz, *Recueil alphabétique*, tom. 11, pag. 283, n. 4, et Sirey, tom. 10-1-94).

En effet, la possession est impuissante. Le possesseur n'a pas le pouvoir d'y puiser une suspension de la prescription qui le menace, s'il a par-devers lui les moyens d'agir, surtout sur les biens possédés. Ainsi, la Cour de cassation a pensé, le 25 août 1835, qu'une action hypothécaire, grevant des immeubles soumis à usufruit, est prescriptible au profit du propriétaire de la nue-propriété, nonobstant la jouissance qu'a eue l'usufruitier créancier. C'est à tort qu'on citerait un arrêt de la Cour de Toulouse, du 27 mars précédent, qui a jugé que la prescription est suspendue dans l'intérêt du légataire de l'usufruit de la succession, pendant la durée de son usufruit, pour les créances qu'il a contre elle; car l'exception que celui qui est inhibé d'agir, ne peut pas prescrire, était, dans l'espèce, privée de toute actualité (Dalloz, *Recueil périodique*, année 1835-2-142, et Sirey, tom. 36-1-742; Proudhon, *Traité de l'Usufruit*, n. 528 et 754; Troplong, *Commentaire sur la Prescription*, tom. 1, n. 262, et Vazeille, *Traité de la Prescription*, tom. 1, n. 31).

116. Si, par l'art. 2258, l'héritier bénéficiaire est soustrait à la perte résultant de la prescription de ses créances, l'est-il également à celle de ses hypothèques inscrites, dans le cas où il négligerait de renouveler les inscriptions? Cela ne me paraît point rationnel. On a vu, n. 104, pourquoi la prescription du titre lui-même était suspendue; mais c'est autre chose quant à la péremption de l'inscription. L'art. 2154, je le répète, est absolu; faute de renouvellement, l'hypothèque inscrite disparaît à toujours, puisque l'art. 2146 s'oppose à ce qu'on lui donne une date postérieure à l'ouverture de la succession. Ici, l'héritier par bénéfice d'inventaire est assimilé aux autres créanciers ; comme eux, en perdant son inscription, il rentre dans la classe des chirographaires, et, s'il y a lieu à distribution juridique, il peut n'avoir à retirer qu'un simple dividende.

Je reconnais qu'argumenter de la sorte, c'est

reproduire, sous une autre forme, ou à peu près, la prescription de la créance de l'héritier, tandis que le législateur a ordonné qu'elle serait assoupie tant que durerait sa gestion bénéficiaire. Telle est, néanmoins, la conséquence de l'art. 2258. Ce texte de loi n'a trait qu'à la créance, c'est-à-dire, au fond du droit; or, en matière d'exception, tout est limitatif. Remarquez d'ailleurs que les motifs qui avaient pu faire absoudre l'héritier par bénéfice d'inventaire, des exigences de la prescription, ne militent plus pour lui à l'occasion de l'hypothèque. Il n'y a pas, en effet, de poursuites à faire, de frais dispendieux à exposer, en matière de renouvellement d'inscription ; aucun contradicteur, soit créancier, soit curateur, soit cohéritier, n'a à intervenir : tout consiste en une réquisition, que l'art. 2149 permet de faire sous la simple dénomination du débiteur décédé.

Le Code de procédure civile, au titre *de la Péremption*, ne laisse pas, d'autre part, que d'aboutir jusqu'à l'héritier bénéficiaire. Après avoir énoncé, dans l'art. 397, que toute instance, encore qu'il n'y ait pas eu constitution d'avoué, est éteinte par discontinuation de poursuites pendant trois ans, sans préjudice de la prorogation pour le cas de l'action en reprise; l'art. 398 continue ainsi : « La péremption courra contre l'État, les établissemens publics, et *toutes per-sonnes*, MÊME. LES MINEURS , sauf leur recours contre les administrateurs et tuteurs. » Comment donc le bénéficiaire serait-il affranchi de la péremption d'instance, puisque le mineur, *être essentiellement incapable*, toujours dans l'impossibilité de procéder en nom , s'y trouve lui-même assujetti ?

Pigeau , *Commentaire de la Procédure civile*, art. 398, note 1, n. 3, est d'un avis opposé. Il convient bien que l'action engagée avec le défunt, peut être régularisée par l'appel en cause des héritiers, même bénéficiaires , s'il en existe en concours avec l'héritier créancier , ou par la désignation du curateur dont parle l'art. 996 ; au titre *du Bénéfice d'inventaire;* cependant, par induction de l'art. 2258 du Code civil, il se détermine en faveur de l'héritier, et contre la péremption de l'instance. « Le législateur n'a pas voulu, dit-il, mettre un héritier bénéficiaire dans la nécessité d'agir à l'égard de la succession, et d'en consommer une partie en frais. » Quelle étrange théorie ! Est-il possible qu'une considération de ce genre, puisse, au mépris des termes de la loi, effacer une déchéance, lorsqu'elle est déclarée acquise?

Mais A. Dalloz, *Dictionnaire de Législation*, v° PÉREMPTION, n. 58, et Toullier, *Cours de Droit civil*, tom. 4, n. 393, n'hésitent pas à infliger au bénéficiaire, la peine de la péremption. C'est qu'en effet, cette peine est légale; qu'elle est compatible avec le bénéfice d'inventaire, et qu'il est même utile de s'en servir, ne serait-ce que pour ne point perpétuer les contestations judiciaires. Un procès, une action, n'importe laquelle, engagés entre l'héritier bénéficiaire et la succession, ainsi qu'à l'encontre des créanciers, et l'action, le procès, quel que soit son but, engagés entre les créanciers, la succession et cet héritier, tombent incontestablement sous le lien de la pénalité exprimée par l'art. 398 du Code de procédure civile.

Il n'y a qu'une distinction à faire, c'est que, par rapport à l'héritier, la péremption de la poursuite n'éteindra jamais le fond du litige, parce qu'il est protégé par l'art. 2258 du Code civil, à moins que le bénéfice d'inventaire ne disparaisse à son tour. Toute autre interprétation serait arbitraire. L'exception d'imprescriptibilité ne concerne que la créance; aussi ne peut-on pas, sans blesser les principes, l'étendre à une forme ou acte de procédure, à des objets non déterminés, quelque analogie qu'on veuille établir.

26

CHAPITRE VIII.

Déchéance du droit de se prévaloir de l'acceptation bénéficiaire.

SOMMAIRE.

117. « Une succession, dit l'art. 774 du Code civil, peut être acceptée purement et simplement, ou sous bénéfice d'inventaire. » L'acceptation, ou adition d'hérédité, est un acte par lequel celui qui est habile à se porter héritier

d'une personne morte naturellement ou civile-
-ment, fait connaître qu'il s'est déterminé à
prendre qualité. En matière d'absence, la succession de l'absent s'ouvre, parfois; sauf l'éventualité de son retour. C'est ce qui résulte de
l'art. 123, où il est dit : « Lorsque les héritiers présomptifs auront obtenu l'envoi en possession
provisoire, le testament, s'il en existe un, sera
ouvert à la réquisition des parties intéressées, ou
du procureur du roi près le tribunal; et les légataires, les donataires, ainsi que tous ceux qui
avaient sur les biens de l'absent, des droits sub-
ordonnés à la condition de son décès, pourront
les exercer provisoirement, à la charge de donner caution. »

On voit, dans les art. 778 et 780, comment intervient l'acceptation pure et simple; elle peut
être *expresse* ou *tacite*. Quant à l'acceptation
sous bénéfice d'inventaire, les art. 793 et 794,
s'en sont occupés. Pour qu'il y ait acceptation,
il faut que la succession soit ouverte. L'exception
au sujet de l'absence, ne détruit pas la règle;
elle est d'autant moins influente, qu'aux termes
de l'art. 128, tous ceux qui ne jouissent qu'en
vertu de l'envoi en possession provisoire, ne
peuvent aliéner ni hypothéquer les immeubles
de l'absent. On ne saurait accepter ce qui

n'existe pas ; aussi l'acceptation d'une succession future, ne fut jamais admise dans notre législation : elle est repoussée, d'une manière énergique, par l'art. 1130, malgré qu'on ait eu le consentement de celui de la succession dont il s'agit.

« Lorsque, dit Chabot de l'Allier, *Commentaire des Successions*, art. 774, n. 2, sur le faux bruit de la mort de quelqu'un, son héritier présomptif a pris la qualité d'héritier, ou s'est mis en possession de ses biens, ou a fait tout autre acte qui, de sa nature, emporte adition d'hérédité, l'acceptation n'est ni valable, ni obligatoire. » Tout acceptant, doit avoir connaissance de l'ouverture de la succession. Il est assez difficile de croire qu'un héritier accepte sans être suffisamment instruit ; cependant l'hypothèse inverse n'est pas impossible. Un individu, par exemple, est décédé dans les colonies, et son héritier, qui était sur le continent français, a accepté seulement deux ou trois jours après le décès ; dans ce cas, il est certain qu'il ne pouvait savoir, au moment de l'acceptation, que la succession était ouverte.

Remarquez que, pour qu'une succession soit valablement acceptée, il ne suffit pas qu'elle soit ouverte, et que son ouverture soit connue ; il faut, de plus, que la personne qui accepte, soit réellement appelée à succéder, c'est-à-dire, qu'elle soit

héritière présomptive du défunt dans l'ordre
établi par la loi. Celui qui a accepté une succès-
sion qu'il croyait lui appartenir, mais qui n'est
pas héritier, ne peut être soumis aux effets de
son acceptation, parce qu'elle n'est que le fruit
de l'erreur. Comme elle ne peut lui donner aucun
droit, ni l'obliger à aucune charge, elle reste non-
avenue. Il en serait de même, bien que l'héritier
plus proche que lui eût renoncé; car, s'il est alors
successible, il a besoin d'une nouvelle acceptation,
étant de principe que ce qui est nul ne produit
aucun effet : par conséquent, nul doute qu'il ne
puisse encore renoncer, s'il le juge à propos , ou
se porter héritier bénéficiaire.

« Au surplus, nul n'est tenu d'accepter une
succession qui lui est échue; » c'est l'expression
de l'art. 775. La loi ne veut qu'accorder un
bénéfice au parent qu'elle appelle à succéder :
donc il doit avoir le droit de renoncer , lorsqu'il
ne trouve pas de bénéfice dans la succession , ou
qu'il ne lui convient pas de s'en prévaloir. Un héritier présomptif eût-il contracté, soit avec son
auteur, soit avec un des créanciers, l'engagement
formel d'accepter la succession, en recevant un
don ou un prêt pour prix de cet engagement,
que, par suite du principe, qu'on ne peut point
traiter sur une succession future, il aurait encore

la faculté de s'abstenir après qu'elle serait échue (Chabot de l'Allier, *Commentaire des Successions*, art. 775, n. 1 et 2).

Toullier, *Cours de Droit civil*, tom. 4, n. 312, enseigne qu'il n'est pas possible de diviser l'adition d'hérédité, pour n'en prendre qu'une partie et laisser le reste. « L'art. 774, continue Chabot de l'Allier, n. 10, n'autorise que l'acceptation, ou pure et simple, ou sous bénéfice d'inventaire; il ne permet donc pas l'acceptation partielle ou limitée. » Rolland de Villargues, *Répertoire du Notariat*, v° ACCEPTATION DE SUCCESSION, n. 8, pense néanmoins qu'on est recevable à n'accepter que pour partie une succession, et à répudier le surplus dans l'intérêt d'un ou de plusieurs cohéritiers; il fait dériver ce droit de l'art. 780, et se résume en disant, qu'à l'égard des tiers, ainsi que des autres héritiers, la succession sera réputée avoir été acceptée pour le tout. Or, c'est là, à mon avis, un moyen terme qui n'a guère de portée, puisqu'en admettant l'acceptation partielle, il l'assimile, touchant ses effets, à l'acceptation totale.

Je le reconnais, un héritier n'a pas le pouvoir d'accepter conditionnellement une succession ; mais est-il vrai que, lorsqu'elle lui est dévolue en totalité, ou par la force de la loi, ou par la

volonté du défunt, il lui soit interdit de n'en
prendre qu'une part? La loi 51, § 2, ff. *de Acqui-
rendá vel omittendá hæreditate*, et la loi 20,
Cod. de Jure deliberandi, qu'on invoque au soutien de la négative, sont inapplicables, et, en tout
cas, incompatibles avec l'art. 873, suivant lequel
les héritiers purs et simples ne sont tenus, *personnellement*, des dettes et charges de la succession, que pour leur part et portion virile. Bon
gré, mal gré, il n'y a aucune différence entre l'acceptation que fera un cohéritier, et celle que
l'héritier unique fera d'une part quelconque,
parce que toutes deux les rendent héritiers ab-
solus, eu égard à l'intérêt qu'ils amendent dans
la succession.

En effet, le législateur a introduit le principe
de la divisibilité des actions héréditaires, quand
elles ont un caractère tout personnel; je ne vois
pas dès-lors pourquoi un héritier, qui a l'entière
succession en perspective, ne serait pas le maître
de se restreindre à une portion, au tiers, notamment, comme s'il y avait trois héritiers? Si, n'acceptant que pour un tiers, et répudiant les deux
autres, il veut se renfermer dans le cercle de
l'art. 873, ne payer que le tiers des dettes et des
charges de la succession, c'est comme s'il n'avait
succédé qu'à concurrence. Qu'importe que, pre-

nant l'initiative sur la loi, ou sur le défunt, il
scinde lui-même la successibilite ? Par la répudiation qu'il fait, les parens du degré plus éloigné
viennent en concours, et il donne, de la sorte, le
résultat qu'on aurait eu si la succession s'était
ouverte sur plusieurs têtes.

C'est à tort qu'on opposerait, à cette solution,
l'art. 780. Il n'y est parlé, on le sait, que de la
renonciation, soit à titre gratuit, soit à titre onéreux, que le cohéritier fait à ses cohéritiers, et
qui le rend héritier quand même. N'existe-il pas
une grande différence entre ce cas, et celui qui
nous occupe? Dans l'un, bien que l'héritier renonce, serait-ce partiellement, il profite de la
portion qu'il abandonne, puisqu'il reçoit l'équivalent au moyen d'un prix, ou de la libéralité
qu'il fait ; au lieu que, dans le second cas, répudiant sans désigner celui qu'il veut qu'on mette à
sa place, il ne gratifie qui que ce soit, il procède
comme s'il répudiait toute la succession. On doit
donc lui appliquer, pour la part qu'il ne veut pas
accepter, la maxime de l'art. 785 : *L'héritier qui*
renonce, est censé n'avoir jamais été héritier.
Répétons avec l'art. 775 : «Nul n'est héritier qui
ne veut, » et, par conséquent, plus qu'il ne veut.

Il est vrai qu'au premier abord, par ces mots :
«La part du renonçant accroît à ses cohéritiers;

s'il est seul, elle est dévolue au degré subséquent,»
l'article 786 semble impliquer un peu avec l'o-
pinion que je professe. La raison de douter vient
de ce que la loi se sert de la locution : *Sa part*,
ce qui pourrait porter à croire, jusqu'à un certain point, que le renonçant ne peut rien retenir.
Mais la raison de décider, est qu'on n'a pas énoncé
que cette part est indivisible, qu'elle se compo-
sera plutôt de ce que le défunt a attribué à l'héritier, que de ce que celui-ci a voulu en abandonner.

Ainsi, par la force de l'art. 873, non contredit
d'ailleurs par les autres dispositions relatives à
l'ouverture des successions, il est permis de frac-
tionner l'acceptation, soit pure et simple, soit bénéficiaire, à moins que l'héritier, en se restreignant
à une quote part, ne réfère l'autre, par la renonciation, à quelque cohéritier de son choix. Cette
acceptation mi-partie, si elle n'est pas faite sous
l'influence de l'inventaire, oblige sans doute *ultrà
vires hœreditatis;* toutefois elle est régie par le
partage des dettes et des charges. Dans l'hypothèse où l'héritier accepte bénéficiairement, s'il
n'y a rien de changé par rapport aux créanciers,
car ils ont droit à la généralité des biens de la
succession, elle produit toujours l'effet de restreindre les conséquences de la déchéance du

bénéfice d'inventaire. On ne saurait voir là, une acceptation incertaine, éventuelle, de nature à faire dépendre la position de l'héritier de l'évènement d'une condition (Cassation, 3 août 1808, Sirey, tom. 8.1-490, et Dalloz, *Recueil alphabétique*, tom. 12, pag. 428).

118. « Considéré isolément, dit Rolland de Villargues, *Répertoire du Notariat*, v° ACCEPTATION DE SUCCESSION, n. 75, le mot *héritier* présente de l'équivoque, puisqu'il est aussi souvent employé pour désigner celui qui est habile.à recueillir une succession, que pour indiquer celui qui l'a recueillie. Après la mort de quelqu'un, on est dans l'usage de dire qu'il a laissé tels et tels pour ses héritiers; que tel héritier a accepté, ou bien qu'il a renoncé. » Toullier, *Cours de Droit civil*, tom. 4, n. 325, dit à son tour : « Le titre d'*héritier*, n'en imprime pas le caractère; il ne constitue l'acceptation, que lorsqu'il a été pris par un habile à succéder, dans l'intention d'accepter la succession, et de s'obliger aux charges qu'elle impose. Peut-être le mot *héritier* a-t-il été, dans la pensée du successible, le synonyme d'habile à se porter héritier, de parent le plus proche (A. Dalloz, *Dictionnaire de Législation*, v° SUCCESSION, n. 222; Duranton, *Cours de Droit français*, tom. 6, n. 373, et Vazeille, *Résumé sur les Successions*, art. 778, n. 1).

Pour qu'il y ait adition d'hérédité, la loi n'exige cependant qu'une immiscion; c'est la conséquence de l'art. 778, qui porte que, « l'acceptation peut être expresse ou tacite. » Tout consiste dès lors à bien apprécier l'intention du successible, à bien définir les actes qui émanent de lui. Percevoir les revenus, faire des réparations qui ne sont pas nécessaires et urgentes, abattre des bois, changer la surface du sol des héritages ou la forme des édifices, sont des actes qui tiennent au droit de propriété, et que l'héritier ne peut faire sans qu'il y ait adition d'hérédité, si, déjà, dans les formes légales, il n'a point déclaré accepter sous bénéfice d'inventaire. L'adition s'ensuivrait même dans tous les cas, si de tels actes étaient reconnus nuisibles aux créanciers et aux légataires de la succession (A. Dalloz, *Dictionnaire de Législation,* v° SUCCESSION, n. 238; Delvincourt, *Cours de Code civil*, tom. 2, pag. 27; Duranton, *Cours de Droit français*, tom. 7, n. 386 et 387; Malpel, *Traité des Successions*, n. 190; Toullier, *Cours de Droit civil*, tom. 4, n. 310, et Vazeille, *Résumé sur les Successions*, art. 779, n. 2).

L'art. 779 déclare que les actes purement conservatoires, de surveillance et d'administration provisoire, ne sont pas des actes d'adition d'hérédité, si l'on n'y a pas pris le titre ou la qualité

d'héritier. Par exemple, le successible qui paie ,
avant d'avoir fait connaître ses intentions, les
droits de mutation par succession, ne compromet
point son expectative; il peut ensuite renoncer,
ou n'accepter que dans la forme bénéficiaire. On
devrait donner la même solution , quoique dans
l'état des biens de la succession, que le fisc
exige comme base de sa perception , l'héritier
eût omis de faire des réserves sur sa qualité,
surtout s'il avait été contraint au paiement
(Oui. Grenoble , 12 août 1826, Montpellier,
1er juillet 1828, et Lyon, 17 juillet 1829, Sirey,
tom. 27-2-171, et tom. 29-2-118 et 302. — Non.
Rouen, 17 janvier 1824, Sirey, tom. 25-2-22).

Un fait de prise de possession des immeubles
dépendans de la succession, est-il une acceptation
dans le sens de la loi, lorsque, d'après les circonstances, celui qui s'est mis en possession a
pu croire y avoir droit à tout autre titre que
celui d'héritier? La négative a été jugée par la
Cour de Riom, le 18 avril 1825. Elle avait pourtant décidé le contraire, le 29 mars 1810, en admettant que, lorsque avant la mort du testateur,
ses héritiers présomptifs s'étaient emparés de
ses biens sans un juste titre, et qu'ils avaient
continué de rester en possession ultérieurement
au décès, cette détention était, de leur part, une

acceptation formelle. « De ce qu'un fils de famille,
a dit la Cour de cassation, le 11 janvier 1831,
en prenant part au partage des biens de sa
grand'mère et de ses oncles, s'est trouvé recueillir une portion des biens paternels confondus avec les autres, il ne s'ensuit pas qu'il se
soit porté héritier de son père » (Sirey, tom. 11-
2-325, tom. 26-2-75, et tom. 31-1-67).

Par l'art. 778, le législateur ne considère
pas la différence qu'il y a entre un titre formel
dont la nullité n'est pas prononcée, et un fait
d'usurpation non couvert par la prescription.
Ce n'est pas un titre de propriété qu'il demande
pour servir de fondement à l'acte du successible,
et empêcher qu'on ne se rapporte à la qualité
d'héritier ; mais il veut, pour reconnaître l'hérédité, un acte qui suppose nécessairement la
qualité d'héritier. Or, dans ce cas particulier,
l'usurpateur peut n'être, en continuant sa jouissance, après l'ouverture de la succession, qu'un
usurpateur qui cherche un titre dans la prescription que le temps peut amener. Il ne change donc
pas nécessairement sa qualité (Chabot de l'Allier,
Commentaire des Successions, art. 778, n. 9 ;
A. Dalloz, *Dictionnaire de Législation*, v° Succession, n. 243, et Vazeille, *Résumé sur les
Successions*, art. 778, n. 5).

Mais un successible, institué légataire sans dispense de rapport, perd son droit de renoncer à la succession, quoique le partage n'ait pas été consommé, s'il a fait des actes emportant adition; c'est ce qui aurait lieu, s'il recevait, comme héritier, sa part d'une créance héréditaire. La veuve, légataire universelle de son mari, qui transige avec des créanciers contestant, dans un ordre, la créance d'un créancier de la succession, et s'engage à les désintéresser, fait également acte d'acceptation pure et simple, bien qu'elle ait précédemment déclaré une acceptation sous bénéfice d'inventaire. C'est que, dans ces hypothèses, il y a intention clairement exprimée de se rendre héritier, et d'en supporter toutes les charges (Cassation, 27 janvier 1817, et Bordeaux, 21 mars 1828, Dalloz, *Recueil alphabétique*, tom. 12, pag. 349, n. 1, et Sirey, tom. 28-2-245).

Il est de règle néanmoins que, pour être réputé héritier, il faut avoir la capacité d'aliéner. Une succession échue à un mineur, ne pouvant, aux termes de l'art. 461, être acceptée que bénéficiairement, il s'ensuit que la possession par lui prise, ou par son tuteur, des biens héréditaires, ne peut avoir effet de l'obliger *ultrà vires hœreditàtis*. Il en est de même des femmes mariées;

car l'art. 776 leur défend d'accepter, sans l'autorisation du mari ou celle de la justice, conformément aux dispositions du titre *du Mariage*.
Toute adition qu'elles feraient, sans ce préalable,
serait donc impuissante pour les lier. Des faits
d'immiscion, personnels au mari, resteraient
frappés d'une inefficacité pareille, si la femme,
héritière présomptive, n'y avait pris aucune
part (Nîmes, 8 août 1827, et Riom, 19 avril 1828,
Sirey, tom. 28-2-208, et Dalloz, *Recueil périodique*, année 1829-2-57).

Enfin, c'est aux tribunaux qu'il appartient
d'apprécier les divers actes desquels on veut
faire résulter l'adition d'hérédité. La solution,
ainsi que l'a proclamé la Cour de cassation,
le 26 juin 1828, leur est exclusivement réservée; elle échappe dès-lors à la censure. Ils doivent,
par voie de suite, en approfondissant l'intention
apparente du successible, peser toutes les circonstances. Cette Cour a pensé, le 8 mars 1830,
que, lorsqu'un individu est poursuivi comme
héritier pur et simple, en ce qu'il aurait accepté
la succession, soit en prenant possession des
biens qui la composent, soit en faisant le partage
entre lui et ses cohéritiers, il ne suffit pas,
pour déclarer la poursuite sans fondement, de
décider qu'il n'y a pas eu adition d'hérédité

par cette prise de possession ; mais qu'il convient de s'expliquer en outre sur le fait du partage. « Procéder autrement, est-il dit, c'est donner ouverture au pourvoi en cassation, et s'exposer à la nullité » (Sirey, tom. 30-1-132).

119. « L'acceptation est expresse, dit l'article 778, quand on prend le titre ou la qualité d'héritier dans un acte authentique ou privé. » Or, d'après cela, ce n'est pas assez que l'héritier présomptif emploie des termes qui annoncent, de sa part, l'intention d'accepter ; il faut, de plus, qu'il se déclare héritier. Si, en effet, on devait rechercher quelle a été son intention, il est évident que l'acceptation ne serait pas expresse. C'est pour qu'il ne fût pas possible d'équivoquer, qu'on a exigé une déclaration faite dans un acte (Chabot de l'Allier, *Commentaire des Successions*, art. 778, n. 4).

Quelques doutes ont existé sur l'emploi du mot *acte*. Dans le projet de rédaction soumis aux cours et tribunaux, on lisait : *Écrit*, au lieu d'acte. Il y eut substitution d'un mot à l'autre, sur les observations que fit la Cour de cassation. Le conseiller-d'État Réal voulait qu'on définît, par rapport à l'acceptation d'une succession, ce que c'était qu'un acte privé, « afin, disait-il, de ne point laisser d'induction arbitraire ; » mais cette

27

proposition n'obtint aucun résultat. Il suit de là, que l'acceptation peut être faite dans tout acte privé, quel qu'il soit.

Par exemple, indépendamment de l'acte authentique, il y a déclaration expresse par une quittance sous seing-privé, que l'un des successibles donne à un créancier de l'hérédité, s'il a pris la qualité ou le titre d'héritier. Une lettre missive aura-t-elle la même conséquence? Si elle a été écrite à un ami qui n'ait aucun intérêt à la succession, cette pièce, réputée confidentielle, ne sera point obligatoire; au contraire, si c'est à un créancier que l'héritier l'a adressée, soit pour lui dire qu'il se porte héritier, et qu'il promet d'acquitter la dette à l'échéance, soit pour demander un délai, elle constituera une acceptation expresse.

En général, dans la rigueur du droit, un écrit de ce genre peut n'être pas réellement un acte; il l'est pourtant dans l'espèce, car l'art. 778 ne fait point de distinction. C'est qu'on ne considère que l'intention de celui qui l'a signé, et l'intérêt de celui qui l'a reçu. La loi 65, § *si pupilli*, ff. *ad Sénatus-consultum Trebellianum*, veut, avec raison, qu'il y ait adition d'hérédité : *Nutû possunt significare, velle se periculo suo hœreditatem adire, quomodo absentes per nuntium* (A. Dalloz,

Dictionnaire de Législation, vᵒ Succession, n. 221;
Delvincourt, *Cours de Code civil,* tom. 2, pag. 27,
note 1; Rolland de Villargues, *Répertoire du No-*
tariat, vᵒ Acceptation de succession, n. 80, et
Toullier, *Cours de Droit civil,* tom. 4, n. 325).

La déclaration exprimée en justice, dans un
interrogatoire sur faits et articles, quoique authentique, n'a pas cependant la puissance d'a-
tester une acceptation expresse de succession. On
sent la différence extrême qu'il y a, notamment,
entre un acte passé devant notaire, où le successible, concourant sans y être forcé, fait connaître son intention au sujet des biens héréditaires, et les réponses qu'il laisse échapper de sa
bouche, lorsque, pris pour ainsi dire au dépourvu
par le juge-commissaire qui l'interroge, il se
qualifie d'héritier. Ce n'est point un consentement libre et réfléchi; c'est plutôt l'effet de la
contrainte, peut-être celui de l'embarras qu'il
éprouve; c'est un piége auquel il se prend, et de
telles voies ne sauraient pouvoir faire assumer sur
lui, la responsabilité qui s'attache à l'acceptation
expresse. Tout ce qu'il est permis d'en penser,
c'est que, comme l'enseigne Duranton, *Cours de*
Droit français, tom. 6, n. 373, jointe à d'autres
circonstances, cette déclaration est de nature seulement à devenir un indice de l'acceptation tacite.

Il n'existe, d'ailleurs, ni acceptation tacite, ni acceptation expresse, lorsque c'est de paroles verbales qu'on l'induit. En vain l'héritier présomptif aurait-il dit publiquement, soit à des créanciers de la succession, soit à des légataires, qu'il accepte, et qu'il veut être héritier ; cette déclaration ne serait point obligatoire. Nul doute qu'il ne pût, nonobstant ce qu'il aurait déclaré, renoncer à l'hérédité, ou l'accepter par bénéfice d'inventaire. C'est un acte, un fait réel d'adition, que l'art. 778 prescrit, et non une simple énonciation, qui peut, sous une infinité de rapports, susciter de nombreuses difficultés (Chabot de l'Allier, *Commentaire des Successions*, art. 778, n. 5 ; Delaporte, *Pandectes françaises*, tom. 3, pag. 151 ; Malpel, *Traité des Successions*, n. 191, et Vazeille, *Résumé sur les Successions*, art. 778, n. 4).

Dans certains cas, le titre d'héritier pris même dans un acte privé ou authentique, est inefficace. Il a été jugé par la Cour de cassation, le 1er août 1809, que le successible qui, dans une procuration donnée pour la levée des scellés, l'inventaire et la vente du mobilier, s'est annoncé comme héritier, mais en se réservant la faculté de renoncer à la succession, ou de l'accepter bénéficiairement, n'a pas fait acte d'héritier. Le 8 fé-

vrier 1806, cette cour pensa qu'il devait en être
de même de la soumission de l'héritier, qui, sans
avoir accepté ni répudié, s'obligerait à payer les
dettes jusqu'à concurrence de l'actif héréditaire,
parce que cela implique avec la qualité d'héritier pur et simple, qui soumet *ultrà vires hœreditatis* (Sirey, tom. 6-2-525, et Dalloz, *Recueil
alphabétique*, tom. 12, pag. 370).

On a agité la question de savoir s'il y avait
adition d'hérédité, lorsque la procuration, donnée
pour procéder au partage des biens du défunt,
était ensuite révoquée avant que le mandataire
en fît usage? La négative est évidente. Sans doute,
par le fait de l'action qui tend à recevoir sa part
de l'hérédité, on accepte irrévocablement la succession; mais comme, tant que le partage n'a pas
été provoqué, l'action reste aux termes d'un projet,
si la procuration est retirée, l'imminence de l'acceptation disparaît : par conséquent, le successible est dégagé, ou pour mieux dire, il n'a jamais
engagé son titre d'héritier (Rolland de Villargues, *Répertoire du Notariat,* v° ACCEPTATION
DE SUCCESSION, n. 82).

Une demande qui a pour objet la levée des scellés apposés sur les meubles et effets de la succession, constitue un acte conservatoire; elle n'emporte pas acceptation de la succession, si l'héri-

tier institué, ou son fondé de pouvoirs, n'a pas pris la qualité d'héritier pur et simple. La réclamation faite à l'autorité administrative, en retrait du séquestre des biens d'un émigré, malgré qu'on y conclue au partage, a le même caractère. C'est encore un acte de pure conservation, celui où l'on forme l'action en liquidation de l'indemnité accordée à un émigré décédé. Il n'y a rien également qui entraîne l'adition, dans l'action relative à la possession du patrimoine du défunt, si ce n'est que pour l'administrer (Lyon, 16 mai 1815, Nancy, 29 mai 1828, et Paris, 10 mai 1826 et 25 février 1836, Dalloz, *Recueil alphabétique*, tom. 12, pag. 346, n. 1, et *Recueil périodique*, année 1827-2-109, année 1829-2-111, et année 1836-2-46).

« La qualité d'héritier prise par les enfans d'un individu dont le décès n'est pas prouvé, a dit la cour de Bourges, le 22 juillet 1828, peut être rétractée par eux, quoique l'existence de leur père absent ne soit pas établie. Vainement on opposerait que la successibilité, une fois acceptée, est indélébile, et ne peut être répudiée; car le principe est sans application, de cela que la succession n'est pas ouverte. » Quand même ils auraient, à la suite d'une demande en déclaration d'absence, obtenu l'envoi en possession provisoire,

l'espèce ne changerait point. L'envoi en possession définitive serait seul dans le cas de formuler
l'acceptation, et d'empêcher ou l'acceptation bénéficiaire, ou la renonciation (Sirey, tom. 30-2-
74, et Chabot de l'Allier, *Commentaire des Successions*, art 778, n. 25).

Se porter, au surplus, héritier par représentation d'un ascendant, ce n'est aucunement se reconnaître héritier absolu, et s'obliger à acquitter
les dettes qu'il a contractées. En effet, d'après
l'art. 739, la représentation est une fiction de la
loi, qui consiste à faire entrer le représentant
dans la place, dans le degré, dans les droits du représenté. L'art. 744 ajoute : «On peut représenter
celui à la succession duquel on a renoncé. » Se
déclarer héritier par représentation, c'est donc
franchir le patrimoine de son auteur, arriver directement au patrimoine qu'il aurait eu le droit
d'appréhender, s'il n'était pas mort, et pas autre
chose (Cassation, 8 février 1810, Sirey, tom. 10-
1-223).

120. « Quand l'héritier, dit l'art 778 , fait un
acte qui suppose nécessairement son intention
d'accepter, et qu'il n'aurait droit de faire qu'en
sa qualité d'héritier, l'acceptation est tacite.» C'est
ce que la loi 20, ff. *de Acquirendâ vel omittendâ
hæreditate* expliquait elle-même, en disant :

Quoties quid accepit, quod citra jus et nomen hæredis, accipere non poterat. Le Code civil ne s'est pas contenté, comme l'avaient fait nos coutumes, de la simple insistance sur les biens de la succession, il a voulu, pour ce genre d'acceptation, qu'il y eût, de la part de l'héritier présomptif, deux choses : 1° un acte qui prouve son intention d'accepter; 2° que cet acte ne puisse être fait qu'en qualité d'héritier (Chabot de l'Allier, *Commentaire des Successions*, art. 778, n. 6, et A. Dalloz, *Dictionnaire de Législation*, v° Suc- cession, n. 225).

Ainsi, pour qu'il y ait acceptation tacite, il faut que l'acte qui émane du successible annonce, ou fasse présumer, d'une manière très probable, qu'il entendait accepter. Un tel acte doit prouver lui seul cette hypothèse, parce que l'art. 778 l'exige. Il est évident qu'on n'a employé l'expression : *Nécessairement,* que pour ne pas avoir à commenter les symptômes de l'apparence. Si l'intention, quoique vraisemblable, n'était pas certaine, elle ne suffirait donc pas pour faire déclarer qu'il y a acceptation. C'est la disposition de la loi 42, § *ult.*, ff. *de Acquirendâ vel omittendâ hœreditate,* portant : *Nisi evidenter, quasi hœres manumiserit, non debet eum calumniam pati, quasi se miscuerit hœreditati.*

Ainsi, pour qu'il y ait acceptation tacite, il est également prescrit d'une manière absolue, et en termes très précis, que le successible fasse un acte qu'il n'aurait le droit de faire qu'en qualité d'héritier. Il importe peu qu'il ait ou non exprimé l'autre qualité, celle en vertu de laquelle il a pu agir; car l'art. 778 garde le silence à cet égard, et il n'est point permis d'y suppléer. Dans les pays de coutume, notamment à Orléans et à Paris, on ne l'exigeait pas non plus; il était consacré, en principe, qu'on ne faisait acte d'héritier, en prenant les biens de la succession, que lorsqu'on n'avait pas une qualité différente, un droit d'appréhension distinct de la successibilité. C'est la maxime qu'on trouve écrite aux institutes, § 7, *de Hæredum qualitate et differentiâ*, où il est dit: *Pro hærede gerit, qui rebus hæreditariis quasi dominus utitur.*

Il a été jugé par la cour de Bourges, le 9 juillet 1831, que l'autorisation nécessaire à une femme mariée, pour accepter une succession, peut n'être que tacite, et résulter dès-lors du concours simultané du mari à un fait que la loi considère comme supposant l'intention d'accepter. La solution me paraît incontestable. S'il pouvait en être autrement, on ouvrirait la porte à la surprise, et le dol, en matière d'acceptation, se montrerait à tout propos. Pour se dégager des actes d'adition d'hérédité, il suffirait à la femme de ne jamais réclamer d'autorisation expresse, sauf à faire comparaître son époux, et à obtenir, par sa présence, un simulacre de consentement (Sirey, tom 32-2-447).

La jurisprudence et les auteurs, je ne le tairai point, offrent bien peu d'harmonie ensemble : tantôt d'une sévérité extrême, tantôt d'un relâchement au-dessus de toute idée, ils laissent, pour ainsi dire, flotter au hasard, l'application du principe qui régit l'acceptation des successions, formulée au moyen d'actes d'héritier.

On a décidé que la circonstance qu'un héritier dispose de menus objets héréditaires, tels que hardes du défunt envers un pauvre, et en reçoit lui-même d'une valeur exiguë, par exemple, de 50 à 60 cent., constitue un acte d'héritier pur et simple; qu'on fait encore acte d'adition, en louant ou affermant les biens, en renouvelant les baux, en payant quelques dettes de la succession, si les deniers qui ont été employés en font partie (Agen, 6 avril 1816, Bourges, 23 janvier 1828, Angers, 6 juin 1829, et Limoges, 10 février 1831, Dalloz, *Recueil alphabétique*, tom. 12, pag. 347, n. 2, et *Recueil périodique*, année 1829-2-142, année 1830-2-127, et année 1833-2-90;

Chabot de l'Allier, *Commentaire des Successions*,
art. 778, n. 11; Domat, *Lois civiles*, liv. 1er , tit. 3,
sect. 1re ; Duranton , *Cours de Droit français* ,
tom. 6, n. 405; Toullier, *Cours de Droit civil* ,
tom. 4, n. 314, et Vazeille , *Résumé sur les*
Successions , art. 779 , n. 2).

Au contraire, le successible qui, assigné en
qualité d'héritier, défend au fond, sur la poursuite d'un créancier de la succession, est encore
recevable à accepter bénéficiairement ou à renoncer. S'il laisse poursuivre contre lui, en la
même qualité, l'expropriation des immeubles
héréditaires, rendre le jugement d'adjudication,
et se présente à l'ordre, ce n'est pas un acte d'a-
dition. En vain a-t-il repris une instance comme
habile à se porter héritier, plaidé et interjeté appel,
cela n'est pas de nature à lui imprimer la qualité
d'héritier pur et simple, si, avant l'arrêt, il a déclaré n'accepter que sous bénéfice d'inventaire.
Qu'il ait ou non retenu du mobilier, s'il est peu
considérable, l'intention où il était de ne pas accepter, le relèvera (Cassation, 29 pluviôse an 11,
Riom, 13 février 1821, Paris, 4 août 1825, et Lyon,
17 juillet 1829, Dalloz, *Recueil alphabétique* ,
tom. 12, pag. 344, n. 1, et *Recueil périodique* ,
année 1822-2-149, année 1826-2-224, et année
1829-2-162).

121. Il me semble que, dans une telle conjoncture, le parti le plus sage est de prendre un moyen terme, qui puisse concilier les intérêts de tous. C'est d'abord, l'intention qu'il faut considérer. N'est-il pas évident que, si le succesible n'a pas voulu accepter la succession, ou a été dans l'erreur sur le droit ou le pouvoir qu'il avait de faire l'acte qu'on lui impute à mal, c'est une injustice de le rendre responsable? Une des conditions les plus essentielles de l'art. 778, est la volonté ; or, si elle n'existe pas, il ne peut y avoir acceptation (Chabot de l'Allier, *Commentaire des Successions*, art. 778, n. 9; Denisart, *Répertoire de Jurisprudence*, v° ADITION D'HÉRÉDITÉ, et Pothier, *Traité des Successions*, chapitre 3, sect. 3, art. 1er, § 1er).

L'allégation, soit de l'erreur, soit de l'intention de ne pas accepter, céderait néanmoins à la preuve directe résultant de l'acte entrepris, et des circonstances dont l'héritier s'est trouvé environné. Rolland de Villargues, *Répertoire du Notariat*, v° ACCEPTATION DE SUCCESSION, n. 83, enseigne que, lorsqu'il y a doute sur le sens du mot *héritier*, c'est dans les faits antérieurs, concommitans et subséquens, qu'il faut en chercher l'interprétation. Il a été jugé, dit-il, que la qualité d'héritier, énoncée ou donnée sans la réunion des mots : *Pur et simple*, ou *bénéficiaire*, doit suivre l'impulsion des actes ou jugemens antérieurs, s'il en existe. L'héritier qui a fait usage de la qualité d'héritier sous bénéfice d'inventaire, ne pourra donc pas être considéré comme héritier pur et simple, *aut vice versâ*. »

Il est sans difficulté que, si le doute s'interprète par les circonstances, il l'est aussi contre la réalité de l'acceptation. On aurait tort, sur un adminicule de preuve, par exemple, de soumettre le successible aux conséquences de l'acceptation *ultrà vires hœreditatis*. Souvent, par légèreté, un individu annonce qu'il veut appréhender la succession, lorsque, s'il y avait réfléchi, il l'aurait répudiée, ou se serait tenu en état d'abstension. Il est raisonnable, dans ce cas, de se montrer indulgent; de faire tourner le doute, non contre l'héritier bénévole, peut-être de trop bonne foi, mais contre le créancier qui veut le rendre victime d'un excès d'entraînement. Entre créancier et débiteur, l'art. 1162 le proclame, l'interprétation résiste à celui qui cherche à profiter de l'obligation.

Par l'art. 789, enfin, le législateur déclare que la faculté d'accepter ou de répudier une succession, se prescrit par le laps de temps requis pour la prescription la plus longue des droits immobiliers. Il suit de là, que, pendant trente années, ainsi que l'énonce l'art. 2262, des questions touchant les faits, les actes d'adition, seront imminentes. Toutefois, en s'éloignant, les actions des parties pre ¡antes perdent beaucoup de leur intensité. Il ne faut point, en effet, parce qu'un héritier a insisté sur les biens, lorsqu'il croyait être propriétaire ou administrateur, aggraver sa condition dans l'intérêt d'un créancier retardataire, qui est en faute de ne s'être pas présenté plus tôt. Si l'héritier qui s'est tenu à l'écart, peut perdre, par sa négligence, le droit d'accepter, ce n'est qu'autant qu'il y a eu, au moyen de la possession d'un tiers, prescription acquise de l'hérédité (Cassation , 24 mars 1814 , Paris, 13 août 1823, Douai, 16 novembre 1831, et Pau, 31 août 1833, Sirey, tom. 14-1-289, tom. 25-2-111, tom. 32-2-5, et tom. 34-2-228).

122. Il suffit d'avoir fait acte d'adition d'hérédité, pour être déchu du bénéfice d'inventaire. C'est l'expression de l'art. 800 , où l'on voit que le successible ne conserve la faculté de se porter héritier bénéficiaire, qu'autant qu'il ne s'est pas immiscé dans la succession, ou qu'il n'a point été condamné comme héritier pur et simple. La déchéance du bénéfice d'inventaire n'est pas une peine proprement dite, qui ne puisse être encou-

rue qu'en vertu d'une disposition de la loi ; car
l'héritier peut toujours , ainsi qu'on vient de le
voir, renoncer lui-même à la prérogative bénéficiaire, par l'acceptation expresse ou tacite
(Chabot de l'Allier, *Commentaire des Successions*,
art. 801 , n. 1 ; Denisart, *Répertoire de jurisprudence*, v° Héritier bénéficiaire, § 1ᵉʳ ; Rolland de
Villargues, *Répertoire du Notariat*, v° Bénéfice
d'inventaire, n. 76 et 191, et Toullier, *Cours de
Droit civil*, tom. 4, n. 360).

Cependant, la simple détention des biens du
défunt, n'est pas, en général, une cause suffisante
de déchéance. Si cette détention n'a eu lieu
qu'après la déclaration faite par le successible,
qu'il n'entend accepter que sous bénéfice d'inventaire , il n'y a point acte d'héritier, quoique
l'inventaire n'ait pas encore été entrepris. En
effet, on trouve là, une volonté opposée à l'acceptation absolue, qui est la seule qui confonde
les patrimoines ; c'est, comme on l'a dit avec
raison, l'administrateur qui s'annonce, et ce titre protége contre l'influence de l'autre. En serait-
il autrement, dans le cas où la détention s'opére-
rait ultérieurement à la renonciation de l'héritier ?
Je ne le crois pas. La déclaration qu'on veut
rester étranger résiste également à toute idée
d'aceptation. Ce n'est pas néanmoins de la sorte,

qu'on le décidait, sous l'ancienne jurisprudence (Cassation, 13 février 1833, et Pau, 5 mars 1833, Dalloz, *Recueil périodique* année 1823-1-142, et 2-208).

Mais, soit avant, soit après l'inventaire, la demande en partage de la succession, celle en délaissement ou restitution d'un objet qui en fait partie, celle en nullité ou rescision d'un engagement héréditaire, sont, de même que la dation de l'hypothèque, autant d'actes de propriété, et, par conséquent, d'héritier, sauf s'ils concourent avec l'énonciation de la prérogative qui s'attache à l'acceptation déclarée bénéficiairement. Or, il suit d'un tel principe, que l'héritier encourt la déchéance du bénéfice d'inventaire, si, sans se faire un bouclier de sa protestation, il cède à un créancier, fût-ce pour le payer de sa créance, un immeuble de la succesion. Le 13 avril 1815, l'autorité régulatrice a, je le sais, émis une autre opinion; elle a pensé que, dans le cas de répudiation, l'héritier, par l'acte dont il s'agit, est obligé *ultrà vires hœreaitatis*, quoiqu'il ait protesté ou fait des réserves (Dalloz, *Recueil alphabétique*, tom. 12, pag. 345, n. 4, et A. Dalloz, *Dictionnaire de Législation*, v° SUCCESSION, n. 229).

C'est une rigueur extrême que rien ne saurait excuser; il y avait lieu, tout au plus, à annuler la transmission comme faite *à non domino*. L'article 785 dit, on le sait, que l'héritier qui renonce est censé n'avoir jamais été héritier : donc, celui qui a perdu la qualité d'héritier, n'étant plus possesseur *animo domini*, fait un acte nul, et voilà tout. Il est vrai que l'art. 790 ajoute que, tant que la prescription du droit d'accepter n'est pas acquise contre l'héritier qui a renoncé, ce dernier a la faculté d'accepter encore la succession, si elle n'a pas déjà été acceptée par un autre héritier ; n'importe, il faut pour cela une acceptation expresse, et, certes, il n'est pas possible de l'induire d'une stipulation où l'on proteste, avec énergie, qu'on n'a point l'intention d'être héritier.

Qui pourrait en douter ? L'art. 778 n'exige-t-il point, en matière d'adition tacite d'hérédité, deux choses essentielles et indispensables, savoir: 1° un acte qui suppose *nécessairement* l'intention d'accepter ; 2° que cet acte soit une émanation de la qualité d'héritier ? Il est évident que, si, dans la dation en paiement, on constate la seconde condition, la première manque toujours : par conséquent, sans intention positive, pas de successibilité obligatoire. C'est ce qu'a jugé la Cour de cassation elle-même, le 19 août 1822, en déclarant qu'un fils ne fait pas acte d'héritier, de cela qu'il sollicite et obtient du roi, la remise

28

d'effets mobiliers confisqués sur son père, condamné révolutionnairement, et dont l'État avait disposé au profit d'une commune, qui consent à les restituer, s'il apparaît que ce n'est point comme héritier qu'il a agi (Dalloz, *Recueil alphabétique*, tom. 12, pag. 345, n. 5).

123. A l'instant où il existe, contre le bénéficiaire, un jugement passé en force de chose jugée, qui le condamne comme héritier pur et simple, il y a déchéance du bénéfice d'inventaire. Jusqu'à ce jugement, il conserve donc la prérogative de n'être tenu des dettes et charges, que *pro modo emolumenti*. Il est sans influence d'ailleurs, à moins de prendre qualité, qu'il comparaisse en justice, sur l'ajournement qui lui a été donné comme héritier, et qu'il y défende. Ce n'est pas faire acte d'adition, que de résister, dans l'intérêt de l'hérédité, à l'action qu'un créancier engage, si l'on ne manifeste point l'intention d'accepter : d'où la conclusion que, tant qu'une décision irrévocable n'est pas intervenue, il est permis au successible de renoncer, ou de se prévaloir de l'acceptation bénéficiaire (Paris, 29 pluviôse an XI, Dalloz, *Recueil alphabétique*, tom. 12, pag. 344, n. 1).

La Cour de Pau a jugé, le 16 janvier 1832, qu'un mineur à l'égard duquel une procédure d'expropriation a été suivie, en qualité d'héritier de son auteur, ne peut, bien que, devenu majeur, la saisie lui ait été dénoncée personnellement, sous la dénomination de cohéritier, et que cette dénomination se trouve reproduite dans tous les actes subséquens, même dans le jugement d'adjudication préparatoire rendu par défaut, *sans contestation sur la qualité*, être considéré comme héritier absolu; qu'ainsi, il ne cesse pas d'être recevable, soit à accepter bénéficiairement, soit à faire sa répudiation. « C'est, dit-on, parce que la simple qualification d'héritier, sans ajouter *pur et simple*, n'enlève pas et n'exclut point nécessairement la qualité d'héritier au bénéfice d'inventaire; qu'il faut, aux termes de l'art. 800, qu'on statue sur la qualité, et que cette question reste entière, tant qu'elle n'a pas été agitée » (Dalloz, *Recueil périodique*, année 1832-2-93).

Dès l'abord, une telle solution peut paraître inconciliable avec l'art. 778, suivant lequel il y a acceptation expresse de l'hérédité, lorsque, dans un acte authentique ou privé, on prend le titre ou la qualité d'héritier. Mais l'art. 800 ne s'occupe que du cas où le successible est poursuivi, et qu'on l'interpelle comme héritier. Il est évident alors que la qualité d'héritier pur et simple doit être mise en jeu; car, indépendamment de ce que, dans la pensée du législateur, il est nécessaire que le jugement s'explique là-dessus, l'art. 1351 énonce, à son tour, que l'autorité de la chose jugée n'a lieu qu'à l'égard de ce qui a fait l'objet du jugement (Paris, 8 janvier 1808, et Cassation, 20 avril 1831, Dalloz, *Recueil alphabétique*, tom. 12, pag. 391, n. 2, et *Recueil périodique*, année 1831-1-161).

124. N'est-ce qu'à l'égard du créancier qui a obtenu le jugement de condamnation, que l'héritier se trouve privé du bénéfice d'inventaire, ou en est-il également privé à l'égard des autres créanciers et légataires qui n'étaient point parties au procès? C'est là, une des questions les plus controversées. Les auteurs, donnant à l'art. 800 une interprétation restrictive ou libérale, suivant leurs impressions diverses, se sont partagés en deux camps; aussi la solution s'est-elle ressentie de la dissidence qui existe entre eux.

« Il est sans doute de principe, a-t-on dit, que les jugemens n'ont d'effet qu'entre les parties avec lesquelles ils ont été rendus; mais ce principe n'est point particulier aux jugemens, il leur est commun avec les conventions. Or, si un héritier présomptif faisait, avec un créancier de la succession, une convention quelconque sur sa créance, ne serait-il pas, par cela seul, réputé héritier pur et simple vis-à-vis de tous les autres créanciers ? L'art. 778 consacre l'affirmative. Quelle raison y aurait-il pour ne pas faire opérer en faveur de tous les créanciers de la succession, la qualité qui résulte du jugement obtenu, par l'un d'eux, contre le successible?

« On ne peut pas, il est vrai, toujours argumenter des jugemens aux conventions ; ce serait fort mal conclure que de dire : « Je peux arriver à tel résultat par un jugement ; donc j'y peux arriver par une convention. » Cependant, on peut toujours argumenter avec sûreté des conventions aux jugemens, et dire par suite : « Tel effet résulterait d'une convention qui serait faite ; donc le même effet doit résulter d'un jugement. » C'est parce qu'en même temps qu'il porte le caractère d'acte de l'autorité publique, le jugement repose sur une convention tacite entre le demandeur et le défendeur, par laquelle ils se sont soumis d'avance à ses dispositions, en cas qu'ils ne pussent pas le faire réformer par les voies de droit.

« L'art. 800, est d'ailleurs spécial pour la qualité d'héritier jugée ; il fait exception à la règle posée dans l'art. 1351, qui ne se trouve qu'au titre *des Obligations conventionnelles en général.* Une telle explication est d'autant plus certaine,

que le Code de procédure civile, art. 174, publié
plusieurs années après le Code civil, répète litté-
ralement la disposition de l'art. 800. Pourquoi
cette répétition, dans un texte qui ne marque
point le précepte, mais qui n'est destiné qu'à en
régulariser le mouvement?

« Concluons-en que le législateur a voulu, au
titre du *Bénéfice d'inventaire*, que tout jugement
passé en force de chose jugée, sur le fait de l'adition d'hérédité, fût applicable aux créanciers et
légataires, sans distinction aucune, indépendamment de la disposition de l'art. 1351, suivant laquelle l'autorité de la chose jugée n'a lieu qu'au
profit de ceux qui ont assisté au jugement, ou
qui y sont représentés »(Favard de Langlade, *Répertoire de Législation*, v° EXCEPTION, § 4, n. 2;
Goubaud de la Bilennerie, *Traité des Exceptions*,
pag. 238; Malpel, *Traité des Successions*, n. 194,
et Merlin, *Répertoire de Jurisprudence*, v° SUC-
CESSION, sect. 1, § 5, n. 4, et *Questions de Droit*,
v° HÉRITIER, § 8).

Je crois l'argumentation vicieuse. En effet, les
art. 800 du Code civil, et 174 du Code de procédure civile, en parlant du jugement qui a acquis
la force de la chose jugée, n'ont point modifié
l'art. 1351, qui s'occupe précisément de définir
ce caractère. La modification ou l'exception ne

peut jamais être introduite qu'en termes exprès, ou par voie d'incompatibilité; or, il n'y a ni l'un ni l'autre dans l'espèce. C'est, par conséquent, le cas de s'en tenir au droit commun.

Et pourquoi en serait-il différemment? Les art. 800 et 1351 vont très bien ensemble; loin de s'entrechoquer, ils se prêtent un mutuel appui. Par le premier, l'héritier est réputé avoir accepté purement et simplement; par le second, le créancier ou le légataire qui a plaidé avec lui, est seul admis à se prévaloir de la qualité irrévocable qui s'attache à la décision intervenue sur le débat. Y a-t-il, au surplus, solidarité d'actions et d'exceptions du côté des légataires et des créanciers de la succession bénéficiaire? Il n'est pas possible de le supposer : chacun d'eux les exerce comme il l'entend, et de la manière qui lui convient le mieux.

Que le fait qui a donné lieu au jugement sur la qualité soit indivisible; qu'il concerne toutes les parties intéressées, cela se conçoit; car l'acceptation de l'héritier n'est qu'une. Ce fait peut incontestablement être invoqué par le créancier, le légataire qui veut avoir l'héritier pour débiteur personnel, puisque l'adition, d'où qu'elle vienne, ne tend qu'à consolider la créance ou le legs qui le concerne. Mais, quant à l'effet du jugement,

.ce n'est plus de même; il est pour lui *res inter alios judicata*. Il n'y a de chose jugée qu'entre les parties au procès, ou leurs ayans-cause; la demande doit être identique, et fondée sur de semblables motifs.

Lorsque l'héritier conteste avoir été injustement condamné, le bénéfice d'inventaire est donc encore subordonné à l'examen du juge, qui a la prérogative, à l'égard d'une autre partie, de rendre une décision tout opposée, et de maintenir l'acceptation bénéficiaire, s'il ne lui est pas démontré à nouveau, qu'elle a été effacée par l'adition d'hérédité. *A fortiori*, en sera-t-il de même, si le jugement précédent n'a été prononcé qu'après répudiation. Enfin, le successible n'a-t-il pas le droit de répondre que, de ce qu'il a voulu ne pas résister à un créancier, ou se défendre comme il l'aurait dû, ce n'est pas une raison suffisante pour qu'on interprète à mal sa conduite antérieure? (Chabot de l'Allier, *Commentaire des Successions*, art. 800, n. 3; Dalloz, *Recueil alphabétique*, v° SUCCESSIONS, chap. 5, sect. 3., art. 1er, n. 16 et 17; Delaporte, *Pandectes français*, tom. 3, pag. 155; Delvincourt, *Cours de Code civil*, tom. 2, pag. 89, n. 7; Denisart, *Répertoire de Jurisprudence*, v° HÉRITIER BÉNÉFICIAIRE, § 1er; Duranton, *Cours de Droit français*, tom. 7, n. 25;

Pothier, *Traité des Successions*, chap. 3, sect. 5 ;
Rolland de Villargues, *Répertoire du Notariat*,
vº Bénéfice d'inventaire, n. 77; Toullier, *Cours
de Droit civil*, tom. 10, n. 236, et Vazeille, *Résumé sur les Successions*, art. 800, n. 4).

S'il fallait corroborer cette doctrine par un
rapprochement très analogue, le cas de la cession
de biens viendrait s'offrir à nous palpitant d'actualité. Par l'art. 905 du Code de procédure civile, dont la disposition est reproduite par
l'art. 575 du Code de commerce, les stellionataires sont inhibés de participer au bénéfice de
la loi. Juge-t-on néanmoins que le créancier qui
n'a point à se plaindre du stellionat, est admis à
faire usage de la prohibition? Pas du tout; ce
n'est qu'au créancier préjudicié qu'il appartient
de repousser la cession judiciaire. La chose jugée
ne s'établit là, également, que par rapport à celui
avec lequel le litige a été engagé (Cassation, 14 décembre 1829, Turin, 21 décembre 1812, et Montpellier, 21 mai 1827, Sirey, tom. 30-1-25, tom. 14-2-4, et tom. 28-2-213).

Quant au jugement qui condamne le bénéficiaire
comme héritier pur et simple, il s'unit à la qualité, c'est-à-dire, l'acceptation rétroagissant au
jour de l'ouverture de la succession, ainsi que
le proclame l'art. 777 du Code civil, les actes

qu'aurait faits le créancier, dans la supposition
d'une adition d'hérédité, sont valables, et opèrent
de même que si le bénéfice d'inventaire n'avait
jamais existé. Par exemple, l'inscription d'hypothèque obtient, malgré l'art. 2146, un rang efficace, à compter du moment où le conservateur
l'a reçue. Voilà, j'en conviens, un droit exorbitant, puisque les autres créanciers, privés de l'u-
tilité du jugement, en sont réduits à leur position
chirographaire; mais, à part la faculté qu'ils ont
de poursuivre l'héritier, c'est que la force des
principes, l'harmonie de leurs combinaisons, le
veulent de la sorte, et impérieusement. — *Vid.*
suprà, n. 111.

125. Il s'agit de savoir de quelle manière on
doit appliquer l'art. 801. « L'héritier, est-il dit,
qui s'est rendu coupable de recélé, ou qui a omis,
sciemment et de mauvaise foi, de comprendre
dans l'inventaire des effets de la succession, est
déchu du bénéfice d'inventaire. » Ce n'est pas
une innovation législative; l'ancienne jurisprudence nous fournit, à ce sujet, des élémens qui,
bien que variables, n'en sont pas moins positifs.
On distinguait toutefois entre le recélé qui avait
précédé les lettres permissives de l'acceptation
bénéficiaire, et celui qui n'était venu qu'après.
C'est ce que j'ai déjà fait remarquer, n. 19

(A. Dalloz, *Dictionnaire de Législation*, v° Suc-
cession bénéficiaire, n. 187 ; Furgole, *Traité des
Testamens*, chap. 3, sect. 6, n. 189, et Pothier,
Traité des Successions, chap. 3, art. 2, § 3).

Le droit romain, pas aussi rigoureux que le
droit français, ne faisait point perdre le bénéfice
d'inventaire; il voulait seulement, et la loi 22,
§ 10, *C. de Jure deliberandi* l'atteste, que l'héritier payât, à titre de peine, le double de la valeur des objets détournés. Peut-être eût-il mieux
valu s'en tenir à cette disposition; car il est souvent très désavantageux, soit au successible, soit
même aux créanciers et légataires du défunt,
qu'on déclare, par l'effet de l'adition d'hérédité,
la confusion des patrimoines. Il y a préjudice
pour l'héritier, parce qu'on l'oblige alors *ultrà
vires hæreditatis;* il y a préjudice pour les légataires et les créanciers, parce que, sauf l'action
en séparation des biens et des dettes, qui peut
leur échaper, ils sont exposés à être primés par
des créances qui ne frappaient point encore sur
les immeubles de l'hérédité.

Chabot de l'Allier, *Commentaire des Successions*, art. 801, n. 3, enseigne que l'héritier majeur,
qui n'a pas fait comprendre dans l'inventaire des
valeurs qu'il ignorait, ou qui, sans mauvaise foi,
a omis d'en faire comprendre quelques-unes dont

il avait connaissance, n'est pas à même de perdre
les résultats de l'acceptation modifiée.« L'art. 801,
ajoute-t-il, ne prononce cette déchéance que
lorsqu'un héritier a omis *sciemment* et de *mauvaise foi.* » Il ne suffit donc pas que l'inventaire
soit incomplet, pour qu'il doive être tenu au-delà
des forces de la succession. Des livres de commerce, des marchandises non inventoriées, s'il
n'y a pas dol, laissent notamment à l'héritier son
libre arbitre, s'il les représente aux parties intéressées (Cassation, 11 mai 1825, Sirey, tom. 26-
1-54, et Dalloz, *Recueil périodique*, année 1825-
1-315).

Il a été jugé que, si celui qui est appelé à la
succession, dispose du mobilier sans inventaire,
il peut être réputé avoir accepté purement et
simplement. Tout est soumis à la question d'intention. Les tribunaux ont, à cet égard, la plus
grande latitude. On recherche s'il existe ou non
de la bonne foi, et, dans le cas de l'affirmative, le
bénéfice d'inventaire, quoique déclaré plus tard,
rétroagit par sa propre existence. Là, en effet, est
le point culminant; un malin vouloir démontré,
une réticence qui s'annonce sous des dehors fâcheux, des meubles découverts, même après l'inventaire, sans qu'il en ait été fait compte, sont
autant d'indices de conviction pour ou contre

l'héritier. S'il s'agit de titres de créances actives, non apparus à temps, il en répond en nom personnel, si, dans l'intervalle, les débiteurs sont devenus insolvables (Cassation, 15 juin 1826, et Poitiers, 30 novembre 1830, Dalloz, *Recueil périodique*, année 1826-1-327, et année 1830-2-69).

La spoliation d'une succession, par des individus non successibles, ne touche pourtant en rien ni la qualité d'héritier, ni le bénéfice d'inventaire ; c'est d'autres principes qu'il convient de formuler. « Une femme, par exemple, a dit la Cour de Riom, le 21 décembre 1819, mariée sous le régime dotal, avec stipulation d'une société d'acquêts immeubles, à laquelle elle a renoncé, et qui s'est rendue coupable de recélé envers la succession de son mari, ne peut pas être condamnée au paiement des dettes *ultrà vires*. Il n'y a lieu qu'à la condamnation relative aux objets soustraits, quand même on alléguerait qu'il est difficile de les apprécier. Cette action est circonscrite dans le cercle de l'art. 1382, suivant lequel tout fait quelconque de l'homme, qui cause à autrui un dommage, oblige celui par la faute duquel il est arrivé, à le réparer (Dalloz, *Recueil périodique*, année, 1833-2-220).

On doit distinguer encore, en matière d'omissions et de recélés, si l'héritier qui les a commis est, ou n'est pas capable d'accepter la succession, bien que l'acceptation pût être faite autrement que *pro modo emolumenti*. « Il ne peut point en être du mineur, ainsi que l'a exprimé la Cour de Limoges, le 30 juillet 1827, comme du majeur qui distrait ou cache des effets dépendans du patrimoine dont il est héritier bénéficiaire. Le mineur n'est pas déchu du bénéfice d'inventaire; il est seulement contraint à fournir ce que valent les soustractions. C'est parce que la loi s'oppose à ce que, par ses actions, il puisse changer sa qualité, prendre celle d'héritier pur et simple, et violer de la sorte l'art. 461, qui lui impose la condition de n'accepter que dans la forme bénéficiaire » (Sirey, tom. 28-2-3).

Delvincourt, *Cours de Code civil*, tom. 2, p. 92, note 12, professe un autre sentiment. « Si l'héritier qui a recélé est mineur, je pense, dit-il, qu'il est déchu du bénéfice d'inventaire, pourvu qu'il soit *doli capax*. Les dispositions pénales s'appliquent aux mineurs, toutes les fois qu'il est prouvé qu'ils ont agi avec discernement. » Ce jurisconsulte s'étaie de l'art. 1310, portant : « Un mineur n'est point restituable contre les obligations résultant de son délit ou quasi-délit;» et de plus, des art. 66 et 67 du Code pénal, qui, dans le cas où l'accusé mineur est âgé de moins de seize ans, graduent la peine à infliger, s'il est établi qu'il avait une connaissance exacte du crime ou délit imputé.

Il est facile de répondre à une semblable objection. Le mineur qui dissimule, même avec la force de volonté qu'a un majeur, les biens meubles qui dépendent de la succession qui lui est échue, ne devient pas justiciable de la police correctionnelle; car il ne se livre à aucun délit. D'après l'art. 379, il faut, pour être coupable de vol, avoir enlevé frauduleusement la chose d'autrui, et toute succession qui concerne un mineur, malgré l'acceptation bénéficiaire, lui appartient; il la possède, il en jouit *pro suo*. S'il y a quasi-délit, en ce sens qu'aux termes de l'art. 1382 du Code civil, il existe un fait dommageable, le juste équivalent est dans l'indemnité; mais il n'est pas dans la déchéance du bénéfice d'inventaire, parce que ce serait contrevenir à l'art. 461, et soulever une infinité de difficultés (Chabot de l'Allier, *Commentaire des Successions*, art. 801, n. 4).

La non-déchéance pour recélés ou omissions, suites de la fraude et du dol, peut-elle être invoquée au nom d'une femme mariée? C'est mon opinion. Par l'art. 776, le législateur annule l'acceptation qu'elle donne, si elle n'a point été revêtue de la sanction du mari. Lui permettre, à l'aide de soustractions d'objets héréditaires, de faire acte d'héritier pur et simple, par l'impulsion de l'art. 801, ce serait arriver indirectement à éluder la loi, la détruire même, et fouler aux pieds la puissance du chef de l'union conjugale. Non, tant qu'il n'a pas autorisé, d'une manière expresse ou tacite, l'acte ou le fait d'acceptation, il n'y a pas de déchéance possible, sauf à condamner la femme à ses dommages-intérêts (Cassation, 4 février 1823, Dalloz, *Recueil alphabétique*, tom. 12, pag. 787, n. 1.).

Détourner des meubles et des effets mobiliers, avant que l'inventaire ait eu lieu, et ne pas représenter tout ou partie de ceux qui ont été inscrits dans l'inventaire, sont des choses tout-à-fait différentes. Cependant deux auteurs recommandables, Toullier, *Cours de Droit civil*, tom. 4, n. 375, et Rolland de Villargues, *Répertoire du Notariat*, v° BÉNÉFICE D'INVENTAIRE, n. 115, les assimilent en tout point. « S'il ne les représentait pas, est-il dit, l'héritier devrait être déclaré héritier pur et simple, comme dans le cas où il les aurait vendus sans formalités. » Or, je résiste à cette analogie, parce que, en matière pénale, on ne décide jamais d'un cas à un autre.

Quand il est prouvé que la succession a été spoliée, si la déchéance du bénéfice d'inventaire s'ensuit, elle a des conséquences fort graves; non seulement le successible reste obligé envers les créanciers *ultrà vires hæreditatis*, mais même vis-à-vis des légataires, il compromet sa réserve légale. Force est à lui d'acquitter tous les legs, à quelque somme qu'ils puissent monter, bien qu'à l'entendre ils dépassent la quotité disponible. C'est qu'en dénaturant le patrimoine du défunt, en mettant le juge dans l'impossibilité d'en fixer la consistance, il devient responsable de l'exécution des dispositions à cause de mort.

On est allé jusqu'à penser qu'une fille, déchue de l'acceptation bénéficiaire, et déclarée, par l'effet de ses soustractions, héritière pure et simple, est passible des dettes et charges héréditaires sur ses biens dotaux. Énoncer cette proposition, c'est la combattre victorieusement; elle fait brèche à la loi, puisque, par l'art. 1560, la dot est inaliénable hors des cas prévus, et que celui-là ne l'a pas été (Cassation, 16 janvier 1821, et Rouen, 12 janvier 1822, *Journal des Audiences de la Cour de Cassation*, année 1821, pag. 207, et Dalloz, *Recueil alphabétique*, tom. 12, p. 373; Favard de Langlade, *Répertoire de Législation*, v° BÉNÉFICE D'INVENTAIRE, n. 16, et Rolland de Villargues, *Répertoire du Notariat*, EOD. VERB., n. 196).

« Les héritiers, dit l'art. 792, qui auraient diverti ou recélé des effets d'une succession, sont
déchus de la faculté d'y renoncer ; ils demeurent
héritiers purs et simples, nonobstant leur renonciation, sans pouvoir prétendre aucune part
dans les objets divertis ou recélés. » Mais l'article 801 ne contient point une telle disposition ;
qu'en faut-il conclure ? Chabot de l'Allier, *Commentaire des Successions*, art. 801, n. 4; A. Dalloz,
Dictionnaire de Législation, v° SUCCESSION BÉNÉ-
FICIAIRE, n. 147, et Vazeille, *Résumé sur les Successions*, art. 794, n. 1, sont d'avis que la pénalité
dont il s'agit attaque l'héritier bénéficiaire. Je le
crois aussi. La Cour de cassation a, le 16 janvier
1834, consacré le principe, en le rattachant au
donataire contractuel à titre universel (Dalloz,
Recueil périodique, année 1834-1-221).

Néanmoins, on doit faire une distinction entre
le cas où le bénéficiaire ne se serait porté au
recel que dans le but de tromper les créanciers,
et celui où il aurait voulu nuire également à ses
cohéritiers. En outre, un mineur et tout autre
incapable, ne pouvant, par leurs actions, aggraver
leur condition, sont affranchis de perdre la part
qu'ils amendent sur les valeurs soustraites. C'est
d'une vérité incontestable ; car la peine infligée
par l'art. 792, n'étant que l'accessoire de l'adition

d'hérédité, et cette adition étant incompatible, le principal disparaissant, emporte l'accessoire, lui enlève sa vitalité.

126. Si l'inventaire est annulé, l'héritier majeur et capable sera-t-il déchu de sa prérogative bénéficiaire? L'affirmative a été adoptée par la Cour de Limoges, le 3 janvier 1820. On décida que l'inobservation d'une formalité prescrite comme condition de l'obtention d'un droit, empêche que le droit ne soit acquis ou formé; qu'elle emporte nullité, sans qu'il soit besoin que la loi la prononce positivement; qu'ainsi, l'héritier institué qui a accepté la succession sous bénéfice d'inventaire, est déchu de ce bénéfice, s'il a procédé à l'inventaire sans y appeler les héritiers présomptifs, et que la nullité est proposable par l'un d'eux, soit en qualité d'héritier, soit comme créancier (Sirey, tom. 21-2-21, et Dalloz, *Recueil périodique*, année 1833-2-203).

Chabot de l'Allier, *Commentaire des Successions*, art. 794, n. 5; Delvincourt, *Cours de Code civil*, tom. 2, pag. 92, note 11, et Toullier, *Cours de Droit civil*, tom. 4, n. 359, professent la même doctrine. Il me semble toutefois que c'est une erreur, parce qu'on doit faire ici la part de l'oubli et celle du dol. De cela que l'héritier n'a pas interpellé toutes les parties de concourir à l'inventaire, il n'est pas dès-lors, et de plein droit, en présomption d'avoir agi dans le dessein de nuire; ce serait, on le conçoit, se montrer beaucoup trop rigoureux, que de prononcer sa déchéance, de le constituer héritier *ultrà vires hæreditatis.*

En effet, l'inventaire annulé, est censé n'avoir jamais existé, et rien n'empêche de le reprendre. Aucun délai fatal n'est fixé en pareil cas; le Code civil, conforme à l'ordonnance de 1667, n'est point limitatif. Dira-t-on que les choses ne sont plus entières, si l'héritier a appréhendé la succesion? Mais il l'a fait sous l'égide de l'inventaire déclaré nul, pendant qu'il le croyait valable, et sa bonne foi, jointe à l'intention où il est de ne pas accepter purement et simplement, le met à l'abri de la pénalité. Ce n'est pas à l'irrégularité de l'opération d'inventorier, ni à l'inventaire incomplet, que s'incorpore la déchéance du bénéfice d'inventaire; elle ne résulte que du dol de l'héritier (Cassation, 14 thermidor an IX, 18 fructidor an XII et 11 mai 1825, Sirey, tom. 1-1-476, tom. 5-1-61, et tom. 26-1-54).

Voilà une opinion plus rationnelle; elle s'harmonise mieux avec la pensée du législateur; elle évite bien des injustices. C'est ce qu'enseignent presque tous les auteurs, et Delvincourt lui-même, puisqu'il a ajouté, *ubi suprà* : « Si l'inventaire est irrégulier, si le notaire était incompétent, s'il a omis quelque formalité exigée à peine de nullité par la loi du notariat, s'il n'y a aucune fraude, on doit être admis à le recommencer. » On aurait tort de s'écarter de cette règle; les art. 800 et 801, qui privent, dans des espèces données, de l'acceptation bénéficiaire, sont loin de vouloir admettre un autre enseignement (A. Dalloz, *Dictionnaire de Législation*, v° Succession bénéficiaire, n. 139; Delaporte, *Pandectes françaises*, tom. 3, pag. 188; Maleville, *Analyse du Code civil*, art. 794, pag. 282; Merlin, *Répertoire de Jurisprudence*, v° Bénéfice d'inventaire, n. 8; Rolland de Villargues, *Répertoire du Notariat*, eod. ver., n. 41, et Vazeille, *Résumé sur les Successions*, art. 794, n. 3).

« Attendu, a dit la Cour de Rouen, le 30 août 1828, que si la déchéance du bénéfice d'inventaire peut être prononcée contre l'héritier qui dispose à son gré, et sans remplir aucune formalité, des valeurs de la succession, cette peine ne doit l'atteindre que lorsqu'il a porté préjudice à l'intérêt des créanciers, ou tout au plus lorsqu'il y a doute sur l'avantage des dispositions par lui faites, et sur la bonne foi avec laquelle il a procédé;

« Que, tant qu'il n'est pas avoué que les actes

de l'héritier n'ont couvert ni pu couvrir une fraude, et qu'ils ont eu pour but et pour résultat effectif, le plus grand avantage de tous les intéressés, il ne peut évidemment être prononcé de déchéance, par suite des irrégularités commises dans lesdits actes »(Sirey, tom. 30-2-127, et Dalloz, *Recueil périodique*, année 1830-2-149).

127. Doit-on, par la vente volontaire des meubles, ou des immeubles héréditaires, déclarer qu'il y a adition, et réputer l'héritier bénéficiaire déchu de sa prérogative? L'arrêt qui précède me semble, à lui seul, être de nature à faire dire que non. Il a été jugé par la Cour de cassation, le 27 décembre 1820, que la déchéance prononcée contre cet héritier, pour avoir vendu des rentes de la succession sans formalités légales, ne peut être proposée par les créanciers, lorsque la vente faite de gré à gré, loin de les léser, est plus avantageuse que ne l'eût été la vente en justice. Un autre arrêt de la même cour, du 26 juin 1828, veut en outre que le vendeur ne perde point l'effet de son acceptation bénéficiaire, en aliénant les biens immeubles de la succession, s'il a stipulé avec des réserves, et sous l'égide du bénéfice d'inventaire (Sirey, tom. 21-1-385, et tom. 28-1-427).

Toutefois, c'est une vérité que je m'empresse de reconnaître, les auteurs sont, en très grande majorité, pour l'adoption du principe contraire. Ils ne contestent pas sans doute à l'héritier bénéficiaire le droit de consentir les ventes, abstraction faite des formes du bénéfice d'inventaire ; mais, en donnant à ces ventes toute leur validité, ils en font résulter la confusion des biens, et, par suite, la déchéance du droit de n'être tenu des dettes et charges que *pro modo emolumenti*. Aux autorités que j'ai citées, n. 77, on peut ajouter un arrêt de la Cour de Paris, du 27 décembre 1822, et ceux de la Cour de cassation, des 28 juin 1826 et 16 juillet 1834. « Quoiqu'une vente, est-il dit, faite volontairement par un héritier bénéficiaire ait été annulée, elle n'en produit pas moins l'effet de le constituer héritier pur et simple » (Sirey, tom. 23-2-165, et tom. 27-1-379, et Dalloz, *Recueil périodique*, année 1835-2-180).

Je n'en persiste pas moins à me ranger du côté de l'opinion qui, nonobstant les ventes non formalisées, maintient le bénéfice d'inventaire, s'il est démontré que l'héritier n'a pas entendu y renoncer. C'est la conséquence de l'art. 778, suivant lequel il n'y a point d'acceptation expresse, sans prendre la qualité d'héritier, ni d'ac-

ceptation tacite, s'il n'est pas certain qu'on ait
eu l'intention d'accepter. Les art. 988 et 989 du
Code de procédure civile, en disant que l'héritier bénéficiaire sera réputé héritier absolu, s'il a
aliéné des biens de la succession, sans se confor-
mer au titre du *Bénéfice d'inventaire*, ne résistent pas à une semblable interprétation; car ils
ne disposent que pour le cas où l'héritier abandonne entièrement sa prérogative, et non pour
celui où, au moyen de ses réserves, il entend s'y
référer.

« Si des créanciers prétendent le constituer en
faute, dit Thomine-Desmazures, *Commentaire de
la Procédure civile*, n. 1182, lorsqu'il est évident
qu'ils n'ont rien perdu, ils doivent être rarement
écoutés. » On peut d'autant plus consacrer cette
règle, qu'elle est dans l'esprit de la loi, et que les
auteurs qui se sont montrés d'une sévérité extrême contre l'héritier qui abdique les conditions
auxquelles il se soumet par l'acceptation bénéficiaire, sont forcés de convenir, d'indiquer même
des hypothèses où le bénéfice d'inventaire ne cesse
point d'exister, malgré la vente amiable des valeurs successives. Telle serait notamment, d'après
eux, l'application des art. 779 et 796 du Code civil,
qui exigent une autorisation pour pouvoir vendre
les objets susceptibles de dépérir, ou dispendieux

à conserver (A. Dalloz, *Dictionnaire de Législa-tion*, v° Succession, n. 260 ; Delaporte, *Pandectes françaises*, tom. 3, pag. 193 ; Toullier, *Cours de Droit civil*, tom. 4, n. 331, et Vazeille, *Résumé sur les Successions*, art. 779, n. 2).

L'hypothèque est, sans contredit, un acte d'aliénation, puisque l'art. 2114 la définit ainsi : *Un droit réel sur les immeubles affectés à l'ac-quittement d'une obligation*, et qu'il ajoute : « Elle est, de sa nature, indivisible, et subsiste en entier sur tous les immeubles affectés, sur chacun et sur chaque portion de ces immeubles, qu'elle suit dans quelques mains qu'ils passent. » Or, n'a-t-il pas été jugé par la Cour de Paris, le 8 avril 1826, qu'elle est insuffisante pour priver de l'acceptation bénéficiaire ?

« Attendu, est-il dit, qu'il est constant que la succession de la dame de Lahoussaie a été accep-tée sous bénéfice d'inventaire par ses héritiers;

« Que ceux-ci n'ont ni renoncé, ni voulu re-noncer à ce bénéfice, en s'annonçant héritiers de leur mère, sans adition quelconque, et en hypo-théquant leurs parts indivises, purement éven-tuelles;

« Que cela résulte de tous les jugemens, ar-rêts et pièces qui sont au procès, et dans lesquels ils n'ont cessé d'être qualifiés et reconnus héritiers bénéficiaires » (Dalloz, *Recueil périodique*, année 1827-2-68).

Toullier, *Cours de Droit civil*, tom. 4, n. 360, a pensé tout différemment; mais, Carré *Lois de la Procédure civile*, question 3227, lui a répondu : « On opposerait, peut-être avec succès, contre cette opinion, que l'art. 988 doit être restreint au cas qu'il a prévu;

« Qu'il s'agit ici d'une disposition pénale, qui n'existe qu'afin de fournir aux créanciers une garantie à raison du préjudice de la vente faite sans autorisation, ni formalités, et qui n'en subsiste pas moins;

« Que cette garantie devient inutile quant à l'hypothèque, puisqu'elle n'a aucun effet contre les créanciers, et que l'art. 778 du Code civil ne se rapporte qu'aux ventes faites avant que l'héritier ait pris qualité comme bénéficiaire;

« Qu'on ne doit pas argumenter du cas le plus grave, celui d'une vente, qui produit ses effets, à un cas bien moins important, celui d'une simple hypothèque, qui n'en produit aucun. »

Je sais que, spectateurs de la lutte qui s'était engagée entre Carré et Toullier, dédaignant l'autorité de la Cour de Paris, Delvincourt, *Cours de Code civil*, tom. 2, pag. 96; Rolland de Vil-largues, *Répertoire du Notariat*, v° Bénéfice d'in-

VENTAIRE, n. 198 ; Vazeille, *Résumé sur les Successions*, art. 806, n. 2, et la Cour de Rouen, le 5 décembre 1826, ont incliné vers le sentiment de Toullier; mais qu'en faut-il conclure? Que là controverse donne, pour et contre, des élémens de conviction, et que dès lors, pour arriver à une solution équitable, qui ne blesse point les principes de la philosophie, c'est à l'intention de l'héritier, à l'avantage, au préjudice que l'aliénation procure, qu'il convient de se rattacher (Dalloz, *Recueil périodique*, année 1827-2-69).

128. N'importe que le bénéficiaire transige ou qu'il compromette, son acceptation n'est pas viciée. On a vu, n. 76, que la même dissidence existe à cet égard, et que, soit les jurisconsultes, soit les cours, diffèrent, sur le point doctrinal, d'une manière très sensible. La Cour de Bordeaux, plus particulièrement, a jugé deux fois la question, et deux fois elle l'a fait apparaître sous un aspect nouveau.

En effet, le 21 mars 1828, elle déclara que la transaction est incompatible avec l'acceptation faite bénéficiairement, tandis qu'elle a rejeté, le 10 mars 1832, une action en retrait successoral, par l'unique motif que l'héritier avait cru, en agissant sous bénéfice d'inventaire, pouvoir se dispenser de l'essai préalable de conciliation, et qu'il s'était trompé, parce qu'il a, malgré la prérogative bénéficiaire, le droit de compromettre et de transiger (Dalloz, *Recueil périodique*, année 1828-2-107, et année 1832-2-168).

Ainsi, répétons avec Toullier, *Cours de Droit civil*, tom. 4, n. 361 : « L'héritier par bénéfice d'inventaire peut transiger et compromettre, sans déroger à sa qualité ; les compromis et transactions qu'il fait sont valides, sauf aux créanciers ou légataires à faire prononcer la déchéance contre lui, s'il est jugé qu'il ait excédé ses pouvoirs comme administrateur. »

Disons, enfin, avec Thomine - Desmazures, *Commentaire du Code de procédure civile*, n. 1182 :

« Nous avons vu que, pour des successions obérées, une simple description des objets, faite par le juge de paix, vaut inventaire, et que l'héritier n'est pas exclu de l'acceptation bénéficiaire, pour n'avoir pas eu recours à des solennités que l'état de la succession ne comportait point.

« Nous avons vu les héritiers d'un citoyen pauvre, qui avaient distribué ou vendu même ses haillons et ses vieux meubles, sans recourir à un officier public, parce que les frais eussent excédé le prix de la vente, être excusés, et non déclarés héritiers purs et simples.

« Ainsi, quoique l'héritier ne doive pas disposer à son gré des biens de la succession, nous ne le réputerions point déchu du bénéfice d'inventaire, à raison d'une transaction, d'un compromis, par lesquel il aurait, en concédant quelque chose, fait la condition meilleure des légataires et des créanciers. »

Ainsi, tout se résume en une question de fait et d'intention, que les juges doivent approfondir, en faisant la part des circonstances dans lesquelles l'héritier s'est trouvé placé, et dont la solution lui sera toujours favorable, s'il est établi qu'il n'a pas voulu annihiler le bienfait de son acceptation modifiée.

129. En supposant que le bénéficiaire aliène, comme siens, les meubles et les immeubles du défunt, et que, par la suite, l'acte translatif soit annulé, faudra-t-il l'assimiler au stellionataire, et le soumettre à la contrainte par corps? Je ne le crois pas. C'est donc un écueil à craindre pour les personnes qui voudraient traiter avec lui, écueil qui peut devenir imminent, avoir même toute son actualité, dans le cas où soit les créanciers, soit les légataires, formeraient leur demande en séparation de patrimoine.

Qu'exprime, en effet, l'art. 2059 du Code civil?
« Qu'il y a stellionat, lorsqu'on vend ou qu'on
hypothèque un immeuble dont on sait n'être pas
propriétaire. » Or, le titre du *Bénéfice d'inventaire* répugne à cette idée. L'héritier, par son
acceptation bénéficiaire, ne cesse pas d'être
héritier, du moins en expectative; il possède pour
lui, avec l'espoir de les retenir un jour, les biens
auxquels il a succédé. Aussi, il n'y a aucun rapport entre la vente qu'il fait, avec celle que
consent l'usurpateur proprement dit, et qui
est essentiellement annulable, tant que la prescription du droit de propriété ne l'a point légi-
timée.

La distinction que je formule en ce moment,
peut, dès l'abord, paraître sans intérêt; il est possible qu'on dise que le stellionat n'a d'autre but
que de soumettre à la contrainte par corps, et que
si l'héritier sous bénéfice d'inventaire échappe à
son empire par le défaut d'application de l'article précité, il y rentre par la force de l'art. 126
du Code de procédure civile, qui laisse à la prudence des juges de prononcer cette contrainte,
pour dommages-intérêts, au-dessus de la somme
de trois cents francs. Toujours est-il vrai qu'il y
a cette différence, que, tandis que, dans le cas du
stellionat, la contrainte par corps est forcée, elle

n'est que facultative au sujet du dédommagement que réclame l'acquéreur.

Mais je doute qu'au sujet de la vente dont il
s'agit, on accordât des dommages. La raison qui
me détermine, est que, s'il y a faute, les torts sont
respectifs. Nul n'est reçu à impétrer, judiciairement, contre sa propre ignorance, parce qu'avant
de traiter avec qui que ce soit, on doit être sûr de
la qualité. Comme, par l'exhibition des titres, il
était facile de connaître l'origine des biens, il est
évident que la dommageabilité, si elle existe,
n'attaque point l'héritier. Si celui qui a voulu
acquérir de lui, a stipulé dans les six mois de
l'ouverture de la succession, il a dû savoir que
l'action en séparation de patrimoines pouvait
l'évincer; si ce n'est qu'après, l'acceptation bénéficiaire faite au greffe n'était-elle point là, pour
lui apprendre que les patrimoines se trouvaient
constamment en état de séparation?

130. Ce qu'on peut soutenir, c'est que la
déclaration que les biens aliénés appartiennent
en propre au vendeur, alors qu'ils font partie
du bénéfice d'inventaire, en la réputant fausse,
caractérise tout au plus une fraude, et fait disparaître la prérogative bénéficiaire. La bonne foi
est, en matière de successions ainsi acceptées,
une condition impérieuse; y manquer, ne pas

l'accomplir, c'est abdiquer par conséquent le droit qu'on a, en fournissant le compte des valeurs héréditaires, de n'être pas tenu des dettes et charges *ultra vires hæreditatis*. Dans l'hypothèse surtout, il n'y a guère possibilité d'enfreindre cette règle, puisque le silence gardé sur le bénéfice d'inventaire, témoigne, de a part de l'héritier, une acceptation pure et simple.

Rolland de Villargues, *Répertoire du Notariat*, v° Bénéfice d'inventaire, n. 204, s'occupe précisément de la question par rapport aux créanciers; il se demande si, contractant avec l'un d'eux, le bénéficiaire n'invoque pas sa qualité, il s'oblige en nom personnel ? « En général, on doit, dit-il, décider l'affirmative; car l'héritier peut renoncer quand bon lui semble, au bénéfice d'inventaire; et c'est ce qu'il semble faire, lorsqu'il évite d'y avoir recours. » Il est certain, à plus forte raison, que, vis-à-vis de l'acquéreur, absolument étranger à la succession, il ne saurait exister de lien bénéficiaire, et que la garantie à laquelle il est fondé à prétendre n'attaque que le vendeur.

Un pareil acte, porté à la connaissance des créanciers et des légataires du défunt, devient un puissant argument d'adition d'hérédité. Il est même à lui seul, une preuve irrésistible, si l'immeuble vendu n'a pas été mentionné dans l'inventaire, parce qu'il fait présumer le recel, et que l'art. 801 du Code civil n'en exige pas davantage, pour que l'acceptation bénéficiaire soit anéantie. Mais, si aucun créancier, si aucun légataire ne provoque la déchéance de l'héritier, l'acquéreur évincé, ou simplement menacé de l'être, sera-t-il admis à s'en prévaloir? Je renvoie, pour la solution, à la fin de ce chapitre, où le principe va être développé.

131. «La donation, dit l'art. 780, vente ou transport que fait, de ses droits successifs, un des cohéritiers, soit à un étranger, soit à tous ses cóhéritiers, soit à quelques-uns d'eux, emporte de sa part acceptation de la succession.» Cela ne s'applique pas néanmoins à l'héritier sous bénéfice d'inventaire. En effet, il n'y a là qu'une expectative; aussi ne peut-on pas soutenir que ce soit, dans la force des termes, des droits successifs proprement dits. Le législateur n'a parlé que de l'héritier qui n'a pas encore fait connaître l'intention de renoncer ou d'accepter. Or, l'acceptation bénéficiaire, empêchant toute adition d'hérédité, il s'ensuit que le transport de l'éventualité qui dérive de l'inventaire, n'exerce aucune influence, et que l'héritier n'est point passible *ultrà vires,* etc.

30

Vainement prétendrait-on que les créanciers ne sont pas obligés d'avoir confiance au cessionnaire. L'art. 807 y a pourvu, puisqu'il les autorise à exiger une caution bonne et solvable, de la valeur du mobilier compris dans l'inventaire, et de la portion non déléguée du prix des immeubles. D'un autre côté, l'héritier n'est point leur mandataire : ce n'est pas d'eux, mais du défunt, qu'il tient ses droits ; ce n'est pas d'eux, mais de la loi, qu'il a reçu le pouvoir de les exercer. Il importe peu, par conséquent, que le cessionnaire ne leur offre pas les mêmes raisons de confiance (Merlin, *Questions de Droit,* v° HÉRITIER, § 11).

On en avait douté. La Cour d'Amiens jugea, le 2 mai 1806, qu'une telle stipulation donne la qualité d'héritier quand même. «Wibart et sa femme, est-il dit, ont, par acte fait au greffe, déclaré ne prendre que la qualité d'héritiers bénéficiaires, et cette qualité a été révoquée par la cession de leurs droits successifs, sous la simple qualité d'héritiers. Ils ont usé de la faculté que la loi accorde aux héritiers qui ont renoncé, ou qui n'ont accepté la succession que sous bénéfice d'inventaire, de prendre, nonobstant les qualités déjà prises, celle d'héritier pur et simple » (Sirey, tom. 6-2-172).

Cet arrêt peut toutefois n'avoir point la portée qu'on lui donne; car le cédant avait, dans l'espèce, transporté au cessionnaire *ses droits successifs*, et l'on rentrait forcément sous l'empire de l'art. 780, qui veut qu'une aliénation de pareils droits entraîne, avec elle, la déchéance du bénéfice d'inventaire. Aussi, la mention spéciale de la prérogative bénéficiaire, me paraît indispensable. En présence de la disposition absolue, qui attache la qualité d'héritier, soit à la vente, soit à la donation de la successibilité, on ne doit rien laisser dans le vague.

Dalloz, *Recueil alphabétique*, v° SUCCESSIONS, chap. 5, sect. 3, art. 3, n. 13, et Duranton, *Cours de Droit français*, tom. 7, n. 54, enseignent le contraire, « parce que, disent-ils, c'est une question d'intention, et que le bénéficiaire n'a entendu transmettre que les droits qu'il possédait. » Je réponds que la présomption s'efface devant la rigueur de la loi. L'expression de *droits successifs*, et celle d'*héritier*, sans l'addition des mots : *sous bénéfice d'inventaire*, sont donc impuissantes pour préserver l'héritier de confondre son patrimoine avec le patrimoine de son auteur, à moins que, par des équipollens, il ne soit démontré, d'une manière positive, qu'il n'a voulu traiter que sur le bénéfice d'inventaire (Carré, *Lois de la Procédure civile*, quest. 3226, et Pigeau, *Commentaire du Code de procédure civile*, art. 988, note 3, n. 3).

Un héritier bénéficiaire qui vend ses droits sans avoir fait inventorier la succession, ou sans le faire faire par son acquéreur, est dès-lors réputé héritier pur et simple. C'est ce qui a été décidé par la Cour de Paris, le 9 janvier 1806. Il est certain que, sans ce préalable, l'individu que s'est substitué l'héritier, absorbe les biens, met les créanciers et les légataires dans l'impossibilité d'en connaître l'état, et devient responsable. La responsabilité attaque même l'héritier, nonobstant sa déclaration bénéficiaire, parce qu'il a à se reprocher d'avoir introduit un étranger dans les affaires de l'hérédité, quelqu'un, fût-il cohéritier comme lui, qui a abusé de la possession et de la disposition des valeurs qui en dépendent, avant que leur consistance ait été constatée (Sirey, tom. 6-2-211).

Pour que la déchéance ne puisse être encourue par le transport des droits qui résultent du bénéfice d'inventaire, il faut donc : 1° que les biens et les droits aient été inventoriés, ou qu'ils le soient immédiatement après; 2° que le contrat ne porte que là-dessus, sans faire aucune mention de la part successive de l'héritier. Il est sous-entendu, par la nature de cette cession, qu'on

transmet tout ce qui restera, lorsque les créances
et les legs auront été acquittés. C'est à quoi se
borne la stipulation. Je ne pense pas que le cédant puisse être obligé, par l'adition d'hérédité,
que se permettrait plus tard le cessionnaire.

« Attendu, a dit la Cour de Grenoble, le 24
mars 1827, qu'il n'y a nulle application à faire
de l'art. 780, portant que, la donation, vente ou
transport que fait, de ses droits sucessifs, un des
cohéritiers, soit à un étranger, soit à tous ses
cohéritiers, soit à quelques-uns d'entre eux, emporte de sa part acceptation de la succession;

« Qu'en effet, cette disposition de la loi doit
être interprétée en ce sens, que le cohéritier qui
donne ou vend ses droits successifs, n'a point
auparavant déclaré qu'il n'acceptait la succession
que sous bénéfice d'inventaire;

« Qu'on ne peut faire aucune application de
l'art. 805, suivant lequel l'héritier bénéficiaire
est inhibé de vendre les meubles de la succession, s'il n'observe pas les formalités qui lui sont
prescrites;

« Qu'il en est de même de l'art. 806, disposant
que l'héritier par bénéfice d'inventaire ne peut
vendre les immeubles que dans les formes prescrites par les lois sur la procédure civile;

« Que cela n'est relatif qu'au cas où il s'est

agi de la vente, soit des immeubles, soit des meubles, d'une succession acceptée bénéficiairement, sans qu'on ait rempli aucune des formalités exigées ;

« Qu'il y a, enfin, une différence sensible entre la vente de certains objets dépendans d'une succession bénéficiaire, et la cession des droits d'un ou plusieurs cohéritiers, inhérens au bénéfice d'inventaire ;

« Que, dans le premier cas, l'héritier transporte la propriété desdits objets, et nuit aux droits des créanciers, tandis que, dans le second cas, le cessionnaire reste soumis aux obligations que la loi impose au cédant » (Dalloz, *Recueil périodique*, année 1828-2-60 ; Favard de Langlade, *Répertoire de Législation*, v° Bénéfice d'inventaire, n. 17 ; Ferrière, *Commentaire de la Coutume de Paris*, art. 342, glose 2, n. 20 ; Malpel, *Traité des successions*, n. 239 ; Rolland de Villargues, *Répertoire du Notariat*, v° Bénéfice d'inventaire, n. 206, et Troplong, *Commentaire sur la Vente*, n. 975).

Si, par la vente de l'émolument éventuel que laisse entrevoir l'acceptation faite bénéficiairement, un héritier n'abdique point la prérogative de n'être tenu qu'à concurrence des biens de la succession, il ne le peut pas, *à fortiori*, par l'achat qu'il fait des droits de l'un de ses cohéritiers, bénéficiaire comme lui. Quoique ce dernier ait accepté purement et simplement, s'il lui rétrocède ses droits successifs, il n'y a pas adition d'hérédité. Dans une telle hypothèse, l'art. 780 est encore sans application. N'y eût-il pas de rétrocession, que le cessionnaire - héritier ne serait jamais obligé, *ultrà vires hœreditatis*, que pour la part du cédant (Cassation, 20 avril 1831, Dalloz, *Recueil périodique*, année 1831-1-161).

132. Après avoir énoncé que, la donation, vente ou transport que fait, de ses droits successifs, un des cohéritiers, soit à un étranger, soit à tous ses cohéritiers, soit à quelques-uns d'eux, constitue une acceptation de la succession, l'art. 780 ajoute : « Il en est de même, 1° de la renonciation, même gratuite, que fait un des héritiers au profit d'un ou plusieurs de ses cohéritiers; 2° de la renonciation qu'il fait, même au profit de tous ses cohéritiers, indistinctement, lorsqu'il reçoit le prix de sa renonciation. » On trouve là, tous les élémens d'une véritable adition d'hérédité.

Lebrun, *Traité des Successions*, liv. 3, chap. 8, sect. 2, n. 4, et Pothier, *eod. tract.*, chap. 3, sect. 3, art. 1er, voulaient que la stipulation d'une somme quelconque par l'héritier qui avait renoncé, n'eût

point d'influence, et que, par la renonciation générale d'ailleurs, ne se rapportant pas à tel héritier plutôt qu'à tel autre, le renonçant fût censé
n'avoir jamais été héritier. Pourquoi cela? Parce
que les biens devaient alors se répartir entre les
héritiers qui avaient accepté, à l'exclusion de
celui qui avait renoncé, et que, n'entrant point
en partage, on ne pouvait pas dire que ce dernier eût la qualité d'héritier.

Sous la législation actuelle, c'est tout l'opposé.
Il suffit, aux termes de l'art. 778, de prendre la
qualité d'héritier, pour être déchu du bénéfice
d'inventaire, ou de manifester l'intention d'accepter, et de faire un acte qui ne soit valable
qu'autant qu'on est héritier. N'est-il pas évident,
en effet, qu'attribuer sa portion héréditaire, non
à tous les cohéritiers, mais à l'un d'eux, c'est lui
en faire une donation? L'égalité du partage de
famille n'existe plus; elle est détruite par la volonté de celui qui, en modifiant sa renonciation,
reçoit et donne, en même temps, une valeur héréditaire.

Il importe peu que le renonçant s'entoure des
formes de la gratuité; car la préférence qu'il
exerce, le fait réputer propriétaire de la chose
qu'il transmet à titre gratuit. Dans ce cas, c'est
une vérité incontestable, pour que la renonciation

individuelle soit obligatoire, il faut que le cohéritier qui en profite vienne l'accepter. La Cour
de cassation l'a ainsi jugé, le 17 août 1815. Il
n'y a, bon gré mal gré, que la renonciation libérale, celle qui n'est pas balancée par un prix,
pourvu encore qu'elle intervienne à l'égard de
tous les successibles, sans distinction, qui puisse
ne pas entraîner avec elle l'acceptation de la succession (Dalloz, *Recueil alphabétique*, tom. 12,
pag. 345, n. 1; Delvincourt, *Cours de Code civil*,
tom. 2, pag. 28, note 1, et Duranton, *Cours de
Droit français*, tom. 6, n. 379).

133. On doit donc placer sur la même ligne,
sous le rapport des conséquences qu'ils produisent,
et le transport opéré par renonciation gratuite,
en faveur d'un des héritiers, et le transport par
renonciation à titre onéreux, bien que tous les
héritiers, excepté le renonçant, aient le droit de se
l'appliquer. Le germe d'identité, où réside-t-il ?
Dans le but que se propose l'héritier qui renonce.
En exigeant une somme déterminée, il s'appro-
prie une part héréditaire; il l'obtient aussi, par
la renonciation directe et individuelle, et c'est la
libéralité qu'il fait, qui lui sert à formuler son
choix.

Ces deux renonciations diffèrent pourtant
entre elles : par l'une, l'héritier donne; par l'autre,

il retient ce qui lui a été départi pour hâter sa retraite. Mais peut-on dire que la donation par renonciation, n'ait pas un prix? L'héritier qui renonce, avantage l'héritier qu'il désigne; c'est comme s'il lui donnait tout ou partie d'un patrimoine dont il aurait déjà pris possession. Il a un motif pour agir de la sorte envers lui, préférablement aux autres cohéritiers; ce ne peut être que pour l'indemniser d'un service rendu, ou lui offrir un témoignage de son affection : par conséquent, sa position, assimilée à celle d'un véritable héritier, s'aggrave et le compromet.

La renonciation gratuite ou salariée, qui a été faite au profit d'un individu non successible, est, à plus forte raison, un acte d'héritier excluant le bénéfice d'inventaire. Dans l'hypothèse, le transport d'une part de la succession à celui qui y est étranger, prouve irrésistiblement qu'on n'a pu lui donner, l'investir du droit héréditaire, sans en avoir été saisi. Cela équipolle à une cession ordinaire, et aussi les héritiers acceptans, même bénéficiaires, sont-ils recevables à se prévaloir du retrait successoral dont parle l'art. 841. Ils le peuvent sans doute, lorsque c'est un héritier sous bénéfice d'inventaire qui ne fait que transmettre son éventualité; mais la renonciation di-

recte à un seul héritier, quand ils sont plusieurs,
et celle faite à tous, si une somme a été stipulée,
n'ont que ce point de contact avec la cession qui
émane de l'héritier bénéficiaire.

134. Passons à la question de savoir si les
créanciers de la succession acceptée par bénéfice
d'inventaire, ont le pouvoir de contraindre l'héritier, s'il cède son expectative, à leur faire
compte de ce qui a été payé par le cessionnaire ?
Je ne le pense pas. On a vu, n. 20, pourquoi il n'y
était pas tenu sous l'ancienne législation. C'est
qu'en leur rendant ou leur faisant rendre, par
son ayant-cause, le compte des biens de la succession, ou leur valeur, distraction faite des dettes et
des charges, ils n'ont plus rien à réclamer de lui.

En effet, la loi *Scimus*, § 4, *Cod. de Jure deliberandi*, ordonne que l'héritier bénéficiaire ne
soit tenu, envers les légataires et les créanciers,
que *in quantum substantiæ ad eum devolutæ
valeans*, ce que l'art. 802 du Code civil ne fait
que traduire, en disant : « L'effet du bénéfice d'inventaire est de donner à l'héritier l'avantage, etc. »
Or, l'on ne peut pas voir des termes plus
énergiques, que ces mots : *substantiæ devolutæ*,
pour montrer qu'il n'est obligé qu'à concurrence
de ce qu'il a touché des biens propres de la succession. Comment serait-il possible d'en douter ?

L'art. 8o3 exprime seulement, qu'il doit rendre compte de son administration aux créanciers et aux légataires.

Il ne s'agit, dans ce texte de loi, que d'un patrimoine passé, par voie de succession légitime, d'une main à l'autre, et non d'une somme de deniers, prix de la cession du bénéfice d'inventaire. L'intention du législateur est que l'héritier, en conservant, par les formes bénéficiaires, les biens du défunt, ne soit responsable qu'à proportion de ce qu'ils valent, et de ce qui a été inventorié. On ne peut donc pas soutenir que, sous peine d'être réputé héritier pur et simple, le cédant, ou son cessionnaire, doive compter d'un objet qui n'a jamais été dans la succession. Il répugne de le croire; ce serait vouloir faire violence à tous les principes (Dalloz, *Recueil alphabétique*, v° Successions, chap. 5, sect. 3, art. 3, n. 15; Delvincourt, *Cours de Code civil*, tom. 2, pag. 32, note 5; Denisart, *Répertoire de Jurisprudence*, v° Hérédité, n. 16; Lebrun, *Traité des Successions*, liv. 3, chap. 8, sect. 2, n. 25; Merlin, *Questions de Droit*, v° Héritier, § 11, et Rolland de Villargues, *Répertoire du Notariat*, v° Bénéfice d'inventaire, n. 208).

135. La déchéance du bénéfice d'inventaire est, en ce qui touche les créanciers, la contre-

partie du droit exorbitant qu'a l'héritier de rester en état de simple expectative, et de les renvoyer au compte des biens héréditaires. On en a induit, avec raison, qu'il se forme entre les parties un contrat commutatif, dont chacune est autorisée à réclamer l'exécution. Il n'est pas douteux, dès lors, que tout intéressé ait le pouvoir de le faire révoquer, si, dans le cours de la gestion bénéficiaire, il aperçoit de tels élémens de solution, que la justice doive s'unir à ses efforts (Caen, 16 juillet 1834, Dalloz, *Recueil périodique*, année 1835-2-180).

Pas la moindre difficulté : un créancier, un légataire de la succession, se trouvant sous le poids du bénéfice d'inventaire, peut en sortir, en le faisant retirer à l'héritier qui en abuse. Mais un créancier personnel de cet héritier, est-il également admissible à le faire déchoir? C'est un point sur lequel la jurisprudence est inexpressive. Les auteurs, à leur tour, semblent avoir glissé sur l'objection; pas un seul, du moins à ma connaissance, n'a cherché à l'aborder, à en parcourir les sinuosités. Il est cependant de la dernière évidence que, dans l'application, les argumens pour et contre sont de nature à susciter de graves embarras.

J'ai eu l'occasion, n. 87, de parler d'un arrêt

de la Cour de Limoges, du 15 avril 1831, qui décide que l'acceptation bénéficiaire ne nuit en
rien aux poursuites du créancier de l'héritier qui
procède par cette voie. On a dit aussi, qu'un tel
créancier, n'a aucun intérêt à la déchéance. C'est
là, je crois, une double erreur. Il n'est pas possible, en effet, que les biens du bénéfice d'inventaire, gage exclusif des créanciers de la succession, puissent être mis en vente par un créancier
du bénéficiaire, s'il n'a pas obtenu la subrogation.
La division des patrimoines, qui existe de plein
droit, et dans tous les cas, est d'ailleurs un obstacle très susceptible de gêner ce créancier. Par
exemple, si la vente à lui consentie, est attaquée
de nullité comme faite *à non domino*.

Sans doute, les biens et les dettes restant en
continuelle division, les créanciers héréditaires
ont, dans les ordres et distributions de deniers,
une allocation qui prime celle des créanciers de
l'héritier; sans doute, quelque privilégiée que soit
la créance extra-successive, sa base ne porte que
sur l'excédant auquel l'héritier a à prétendre lors
de l'apurement du compte; mais, par la déchéance, les biens sont confondus, les ventes
validées, tous les créanciers mis en présence, et
rendus habiles à vérifier, à combattre, leurs titres
réciproques; mais, dans ce conflit d'actions et

d'exceptions, conflit légalisé par la combinaison des art. 788, 1166 et 2093, le créancier direct
du bénéficiaire joue un rôle actif, va de pair avec
les créanciers de l'hérédité, sauf la préférence,
et n'a plus à craindre la dommageabilité qui s'é-
chappe de la fraude.

CHAPITRE IX.

Faculté d'abandonner les biens dépendans du bénéfice d'inventaire.

SOMMAIRE.

136. *Si un héritier peut, après avoir accepté bé-*
néficiairement, renoncer à la succession.

137. *De l'abandon des biens qu'il lui est permis*
de faire, pour s'affranchir des dettes.

138. *Ce qui arrive, s'il représente en nature les*
meubles et effets héréditaires.

139. *L'acte d'abandon vaut pouvoir aux créan-*
ciers de faire vendre les biens.

140. *Toutefois, jusqu'à la vente, l'héritier béné-*
ficiaire peut encore les reprendre.

136. Celui qui a fait adition d'hérédité, soit
expressément, soit d'une manière tacite, a assumé

sur lui la responsabilité de toutes les dettes et
charges auxquelles le défunt était soumis. Il y a
confusion de biens et de droits; l'héritier a une
qualité indélébile, irrévocable; il la tient de l'effet
de sa volonté, de la puissance de la loi : par conséquent, il n'est plus recevable à abdiquer la
succession, à se soustraire aux obligations qu'elle
lui impose; car, pour pouvoir renoncer, il faut
n'avoir pas été héritier pur et simple. Seulement,
l'art. 783 ajoute, par dérogation à la règle :

« Le majeur ne peut attaquer l'acceptation
expresse ou tacite qu'il a faite d'une succession,
que dans le cas où cette acceptation aurait été
la suite d'un dol pratiqué envers lui; il ne peut
jamais réclamer sous prétexte de lésion, excepté
dans le cas où la succession se trouverait absorbée
ou diminuée de plus de moitié, par la découverte
d'un testament inconnu au moment de l'acceptation. »

Mais l'héritier par bénéfice d'inventaire, tant
qu'il n'a pas été déclaré déchu, est exempt de
toute espèce d'adition; il se tient, par la nature
même de sa prérogative, dans une vraie abstention, puisque, sans avoir répudié la succession,
il n'est pas possible de le réputer héritier, et de
le contraindre autrement que *pro modo emolumenti*. Or, résulte-t-il de là, qu'il lui soit permis,

malgré l'acceptation bénéficiaire, de faire sa répudiation, pour n'être pas héritier, même sous bénéfice d'inventaire? Les distinctions que je viens d'établir, donnent une juste idée de la différence des principes; aussi l'affirmative apparaît-elle évidente. Toutefois, il est certain que c'est une des questions les plus controversées, bien qu'elle ne soit pas difficile à résoudre.

Occupons-nous d'abord, de la doctrine des cours. Là, plusieurs opinions luttent ensemble, savoir : celle qui autorise le bénéficiaire à renoncer à l'hérédité; celle qui restreint cette faculté aux mineurs, soit avant, soit après leur majorité, et celle qui la dénie aux majeurs et aux mineurs, sans faire aucune distinction entre eux.

Dans la première catégorie, sont la Cour de cassation, la Cour de Lyon, et la Cour de Nancy; c'est ce qui est attesté par leurs arrêts des 15 brumaire an XIII, 6 juin 1815, 14 mai 1813 et 4 janvier 1827 :

« Attendu, est-il dit, que l'art. 802 du Code civil donne, à l'héritier bénéficiaire, le droit de se décharger du fardeau de l'hérédité, en abandonnant les biens aux créanciers;

« Q ue le droit de faire cet abandon, est le même que celui de renoncer à la succession; et que l'héritier de l'héritier bénéficiaire peut, du chef de celui-ci, faire tout ce qui était permis à ce dernier;

« Qu'ainsi, les défendeurs ont pu renoncer, du chef de leur sœur, à la succession de leur père, dont elle était héritière bénéficiaire, et qu'au moyen de cette renonciation, la sœur est censée n'avoir jamais été héritière.» (Sirey, tom. 5-2-657, tom. 15-1-319, tom. 13-2-344, et tom. 27-2-259, et Dalloz, *Recueil alphabétique*, tom. 12, pag. 376, n. 1, pag. 377, n. 2, et *Recueil périodique*, année 1827-2-44).

Dans la seconde catégorie, sont la Cour de Bordeaux et la Cour de Grenoble; leurs arrêts, des 17 février 1826 et 28 mars 1835, disent formellement que, tout mineur, héritier sous bénéfice d'inventaire d'une succession à lui échue, conserve, pendant la durée de la tutelle, et à l'époque de sa majorité, le pouvoir de faire sa renonciation, afin de n'être pas héritier (Sirey, tom. 26-2-316, et tom. 36-2-47).

Dans la troisième catégorie, celle qui refuse aux majeurs le droit de renoncer, sont la Cour de cassation, la Cour de Turin, la Cour de Paris, la Cour de Douai, la Cour de Metz et la Cour de Colmar, dont les arrêts, des 10 août 1809, 29 décembre 1829, 1er février 1830, 12 avril 1806, 26 décembre 1815, 3 avril 1826, 29 juillet 1816,

22 mai 1817 et 8 mars 1820, portent en substance :

« Que la faculté que l'art. 802 donne à l'héritier bénéficiaire, d'abandonner les biens aux créanciers et aux légataires, n'équivaut point à la faculté de renoncer;

« Qu'aux termes de cet article, combiné avec l'art. 795, la qualité d'héritier par bénéfice d'inventaire n'est pas moins indélébile que celle d'héritier pur et simple;

« Que l'héritier bénéficiaire est vraiment héritier, et qu'il ne peut abdiquer son titre, ni y renoncer, au préjudice de ses cohéritiers, pour se soustraire aux rapports qu'ils auraient le droit d'exiger de lui;

« Qu'une fois acceptée, de quelque manière que ce soit, une succession ne peut pas devenir vacante, et donner lieu à la nomination d'un curateur » (Sirey, tom. 10-2-191, tom. 30-1-3, tom. 6 2-548, tom. 16-2-41, tom. 26-2-316, et tom. 20-2-168, et Dalloz, *Recueil alphabétique*, tom. 12, pag. 377, n. 3, pag. 378, n. 4, et *Recueil périodique*, année 1830-1-101).

Dans la quatrième et dernière catégorie, celle qui refuse, même aux mineurs, le pouvoir de renoncer, est la cour de Toulouse, qui, le 29 mars 1832, a rendu un arrêt topique sur ce point :

« L'héritier, est-il dit, quoique mineur, qui a accepté une succession sous bénéfice d'inventaire, ne peut plus faire sa répudiation, parce qu'il n'a que la faculté d'abandonner les biens aux créanciers et aux légataires» (Sirey, tom. 32-2-352).

Si, de la jurisprudence des cours, nous arrivons aux auteurs, c'est un nouvel écueil ; la dissidence se montre presque avec autant d'énergie. Le pour et le contre ont d'habiles défenseurs ; chacun soutient sa thèse avec talent, et une honorable conviction vient faire excuser une interprétation doctrinale peu en harmonie avec les principes.

« Cet abandon est-il une renonciation ? Pas du tout ; c'est, a-t-on répondu, une espèce de cession des biens de la succession. Dans la cession ordinaire, le débiteur reste toujours débiteur, malgré que les créanciers ne puissent plus le poursuivre ; de même ici l'héritier est toujours héritier, malgré que les créanciers et les légataires ne puissent plus s'adresser à lui pour être payés.

« En effet, si, par suite d'un événement imprévu, la succession devient tout à coup lucrative, l'héritier n'a-t-il pas le droit de reprendre ce qui restera, prélèvement fait des dettes et des charges ?

«Qui pourrait le lui contester? Ce ne sont pas les légataires, ni les créanciers, puisqu'ils auront été désintéressés. Les héritiers ne le pourront point, parce que ce n'est pas a leur égard que l'abandon est fait, et qu'il est, pour ce qui les concerne : *Res inter alios acta.*

«Si le législateur avait voulu, continue-t-on, que l'héritier bénéficiaire ne pût se décharger du paiement des dettes et des embarras de la gestion, qu'en renonçant à la succession, ne l'aurait-il pas dit clairement? On voit au contraire que, dans la rédaction de l'art. 802, il a évité de prononcer le mot *renonciation*, qui était le plus simple et le plus naturel. Il n'a parlé que d'*abandon de biens*, et encore l'a-t-il limité en faveur des créanciers et des légataires.

«La règle *semel hæres, semper hæres*, tranche donc la question : celui qui a été une fois héritier, ne cesse pas de l'être. C'est ce qu'on trouve écrit dans le droit romain, dont l'autorité est si grande, quand il s'agit d'aplanir les doutes que soulève notre législation. La loi 4, *Cod. de Abstentione vel repudiatione hæreditatis*, dit à cet égard: *Sicut major viginti quinque annis, antequam adeat, delatam repudiam successionem, post quærere non potest; ità quamtum, renonciando nihil agit, sed jus quod habuit, retinet.*

« On peut d'autant moins se méprendre, que
l'héritier sous bénéfice d'inventaire possède pour
lui ; que l'art. 802 n'a eu d'autre but que de le
dégager d'une liquidation qui, dans ses prévi-
sions, ne lui laisse plus l'espoir d'un profit ; que
cet héritier, nonobstant l'acceptation modifiée,
est assujéti au rapport envers ses cohéritiers ;
qu'enfin, lui conservant tous les caractères de
la successibilité, le législateur n'a fait que le soustraire, vis-à-vis des créanciers et des légataires,
à la confusion des biens et des dettes » (Bretonnier, *Questions de Droit*, v° BÉNÉFICE D'INVEN-
TAIRE , § 8, n. 29 ; Chabot de l'Allier, *Commentaire des Successions*, art. 802, n. 8 ; Dalloz,
Recueil alphabétique, v° SUCCESSIONS, chap. 5,
sect. 3, art. 2, n. 4 ; Delaporte, *Pandectes françaises*, tom. 3, pag. 202 ; Delvincourt, *Cours de
Code civil*, tom. 2, pag. 93, note 4 ; Duranton,
Cours de Droit français, tom. 7, n. 45 ; Pothier,
Introduction à la Coutume d'Orléans, tit. 17,
n. 53, et Rolland de Villargues, *Répertoire du
Notariat*, v° BÉNÉFICE D'INVENTAIRE, n. 168).

Telles sont les argumentations sur lesquelles on
se fonde, et qu'on croit suffisantes pour démontrer que l'héritier bénéficiaire, restreint, par l'article 802, à l'abandon des meubles et des immeubles, est inhibé de se prévaloir de l'art. 785, qui

s'occupe de la répudiation de l'hérédité. Je ne conçois pas, je l'avoue, qu'on ait pu faire, de cet enseignement, un principe d'application, et que la jurisprudence, par une rétroaction qui ne s'appuie sur rien de solide, l'ait consacré elle-même. C'est une vérité, en effet, qui ressort de la doctrine élémentaire.

Il n'y a que l'héritier pur et simple, qui ne puisse point renoncer à la succession. Les choses ne sont plus entières, quant à lui; il a accepté, il s'est attribué les biens héréditaires: donc, pour ce qui le concerne, l'adition emporte l'obligation de rester héritier, à moins qu'il n'ait été induit en erreur. En est-il ainsi, de celui qui ne veut être successible que par bénéfice d'inventaire? Non certainement. Ce qui le prouve, c'est qu'il ne saurait être héritier bénéficiaire, qu'autant qu'il n'a pas fait acte d'héritier. Or, cette distinction, qui naît de la matière, donne à elle seule la force de solution; elle nous dit que le bénéficiaire, s'il n'a point encouru la déchéance, doit pouvoir toujours renoncer à l'hérédité.

Un héritier pareil, je m'empresse de le reconnaître, a, comme successible, la saisine légale; comme l'héritier pur et simple, il est proprié-taire et possède pour lui; mais il existe pourtant cette différence, qu'il est obligé à un compte des biens, et qu'il n'en peut retenir aucun, avant que les créances et les legs n'aient été acquittés. Que résulte-t-il de là, par conséquent ? Qu'il n'est héritier qu'en expectative, propriétaire et possesseur que par une fiction de la loi ; que, soumis aux suites inévitables de la gestion bénéficiaire, il tient sa qualité d'héritier en suspens, la subordonne même à l'apurement de la succession.

Tant que dure le bénéfice d'inventaire, il n'existe pas ainsi d'acceptation irrévocable. C'est d'autant plus rationnel, que l'héritier bénéficiaire en change les effets, s'ils se permet des actes de propriété libre, une possession exagérée, incompatible avec sa qualité d'administrateur. Pourquoi dès-lors, puisque la forme sous laquelle il a accepté peut disparaître, n'aurait-il point la latitude de lui donner la direction qu'il lui plaît ? Il ne s'est pas encore porté héritier pur et simple ; recourant au bénéfice d'inventaire, il n'a eu d'autre pensée que de ne pas compromettre sa position et ses droits ; il a voulu, évitant le choc de la succession, en sonder les profondeurs, se mettre à même d'accepter plus tard avec plus de sécurité. — *Vid. suprà*, n. 25.

Vainement on oppose la loi 4, *Cod. de Abstentione et repudiatione hæreditatis ;* car elle ne dispose que pour le cas où l'on est héritier absolu.

La loi *Scimus*, 22, § 13, *Cod. de Jure deliberandi*, l'exprime sans équivoque. Que dit-elle ? *Cùm enim liceat eis et adire hæreditatem, et sine damno ab eâ discedere, ex præsentis legis auctoritate, quis locus deliberationi relinquitur.* C'est sur cette loi que Furgole, *Traité des Testamens*, chap. 10, sect. 3, n. 66, basait son opinion, pour accorder à l'héritier bénéficiaire, en tout temps, le droit de renoncer à la succession. Lebrun, *Traité des Successions*, liv. 3, chap. 4, n. 85, et Maleville, *Analyse du Code civil*, tom. 2, pag. 280, le consacrent également.

Écoutons Merlin, *Questions de Droit*, v° Bénéfice d'inventaire, § 5, art. 1er. « Qu'est-ce qu'un acte, se demande-t-il, qui, envers les créanciers et les légataires, fait cesser les effets résultant de la qualité d'héritier? C'est évidemment, en ce qui concerne ceux-ci, une renonciation à la succession. Les légataires et les créanciers ne peuvent donc pas plus continuer l'exercice de leurs actions contre l'héritier bénéficiaire, après qu'il a renoncé purement et simplement à la succession, qu'ils ne le peuvent après qu'il leur a abandonné tous les biens. »

Toullier, *Cours de Droit civil*, tom. 4, n. 358, fait remarquer, à son tour, que la différence ne consiste que dans les mots: « Cela est si vrai, dit-il, que l'héritier par bénéfice d'inventaire, qui a abandonné, est censé n'avoir jamais été héritier. La propriété des biens ne réside pas sur sa tête, et, s'il meurt après l'abandon, il n'est dû aucun droit de mutation. Aussi l'héritier le plus proche en degré peut accepter la succession purement et simplement, ou dans la forme bénéficiaire, et alors l'héritier qui a fait l'abandon ne peut plus revenir. »

On a répondu que le bénéfice d'inventaire n'est relatif qu'aux créanciers et aux légataires ; que, créé exclusivement contre eux, il ne pouvait atteindre les héritiers. Je ne le conteste pas. Mais cela fait-il que l'héritier bénéficiaire doive, dans tous les cas, être assimlé à un héritier ordinaire, et marcher sur la même ligne que ses cohéritiers ? Il est impossible de le soutenir. Les héritiers, en présence desquels il est, ont accepté la succession, et fait leurs biens propres des biens du défunt ; lui, au contraire, n'a pas fait acte d'héritier, et ne s'est mis en possession de la succession que pour le compte des légataires, des créanciers, à l'égard desquels il n'a pas jugé à propos d'être tenu *ultrà vires hæreditatis.*

Ce serait abuser étrangement de l'art. 802, que de vouloir scinder l'acceptation sous bénéfice d'inventaire. La qualité qui s'y rattache, est indivisible. Il n'est pas exact que le bénéficiaire, quoique non héritier absolu vis-à-vis des créanciers et des légataires, le soit néanmoins envers les autres héritiers. Admettre cette thèse, c'est renverser le bénéfice d'inventaire, ne pas comprendre son esprit. En effet, pour être héritier, il faut que l'adition d'hérédité existe, et cette adition, dans quelque circonstance qu'elle se réalise, qui que ce soit qui la fasse intervenir, entraîne la déchéance de la prérogative bénéficiaire. La raison et la loi résistent à ce qu'il puisse en être autrement.

Il importe peu d'ailleurs que, malgré le bénéfice d'inventaire, il doive être passé outre aux rapports des dons en avancement d'hoire. C'est une nécessité de la position ambulatoire de l'héritier qui, au sujet de l'acceptation pure et simple et de la répudiation, a cru devoir garder le *statu quo*. Pris dans cet état d'incertitude, il est évident qu'il doit, s'il persiste à s'y renfermer, subir les exigences des autres héritiers, et rapporter ce qu'il a reçu de l'auteur commun. Mais si, par voie d'exception, calcul fait des chances que lui offre l'inventaire et la libéralité dont il a été gratifié, il préfère renoncer à la succession, il le pourra ; dans ce cas, l'art. 845 le protégera contre l'action en rapport, puisqu'il lui sera permis de retenir la quotité disponible.

Un système différent s'allierait mal avec le bénéfice d'inventaire. C'est une faveur qu'obtient
l'héritier ; or, cette faveur dégénèrerait en préjudice, si elle l'empêchait de répudier, si elle
était un obstacle à ce qu'il conservât, en répudiant, le pouvoir de réclamer la portion de biens
dont le défunt pouvait disposer. N'y a-t-il pas,
d'autre part, une contradiction choquante,
d'accorder le droit de répudiation au mineur
qui accepte bénéficiairement, et de le refuser à
l'héritier majeur ? Si l'art. 461 prescrit au tuteur,
ce genre d'acceptation, le conseil de famille est
libre de consentir à la répudiation. Il n'y a donc
point à distinguer. La solution que j'ai donnée
acquiert, en distinguant, un nouveau degré de
force et d'autorité.

137. Par l'abandon, aux créanciers et aux légataires, de tous les biens de la succession, l'héritier se décharge du paiement des dettes. C'est
ce qu'énonce l'art. 802. Il ne suffirait pas,
d'après cela, que l'abandon fût partiel, ou direct
à quelques créanciers seulement. Ce serait, ainsi
que l'enseigne Chabot de l'Allier, *Commentaire
des Successions*, art. 802, n. 7, une disposition
particulière, et alors le but proposé manquerait
d'actualité, ne produirait pas de résultat. Le bénéfice d'inventaire tiendrait encore. La gestion

bénéficiaire devrait être observée, nonobstant
un tel abandon : les parties prenantes exerce-
raient, à bon droit, leurs actions à l'encontre de
l'héritier.

L'abandon a lieu au greffe du tribunal de première instance dans l'arrondissement duquel la
succession s'est ouverte. Cependant, l'auteur que
je viens de citer, interprétant le silence de la loi
d'une manière tout oppsée, veut qu'on procede
par acte, et que l'héritier le fasse signifier aux
légataires et aux créanciers, pour qu'ils en aient
connaissance. On aurait tort de suivre cet enseignement. C'est au greffe, que l'art. 784 veut
qu'on fasse les répudiations de succession ; et que
l'art. 2174 dit de faire le délaissement par hypothèque des immeubles aliénés. Pourquoi ne doit-
il pas en être de même de l'abandon dont il
s'agit ? Il est, au surplus, trop dispendieux
d'en donner une copie à chaque légataire, à
chaque créancier ; pourvu aussi, que le greffier
du tribunal en ait la minute, et qu'on puisse y
renvoyer au besoin, le vœu du législateur est
observé (Merlin, *Questions de Droit*, v° Bénéfice d'Inventaire, § 5, art. 2).

En disant que l'abandon est fait de *tous les
biens de la succession*, on n'a entendu parler que
de ce qui appartenait au défunt, au moment de

son décès. Il est positif que les valeurs soit mobilières, soit immobilières, qui ont fait l'objet de donations entre-vifs, n'étant plus à lui, l'héritier bénéficiaire n'a à abandonner ni ce qu'il a eu à ce titre, ni sa part des rapports qu'il peut exiger. Les réparations civiles, obtenues pour venger le meurtre commis, les sommes provenant de la cession du bénéfice d'inventaire, ne sont pas non plus susceptibles d'être abandonnées ; car elles ont pris naissance après la mort (Chabot de l'Allier, *Commentaire des Successions*, art. 802, n. 5).

Quant aux augmentations, même extrinsèques, survenues aux biens héréditaires, telles que les alluvions, les créanciers et les légataires en profitent, parce qu'aux termes de l'art. 551, tout ce qui s'unit et s'incorpore à la chose, est au propriétaire. Un trésor, par exemple, devra-t-il être abandonné, s'il a été découvert par l'héritier ? L'art. 716 déclare qu'il appartient à celui qui le trouve dans son propre fonds ; que, s'il est trouvé dans le fonds d'autrui, il n'est que pour moitié à celui qui l'a trouvé (Delvincourt, *Cours de Code civil*, tom. 2, pag. 94, note 5, et Rolland de Villargues, *Répertoire du Notariat*, v° BÉNÉFICE D'INVENTAIRE, n. 167).

L'effet de l'abandon est, comme on vient de le

voir, d'affranchir le bénéficiaire du paiement des
dettes et des charges. Cet acte n'est pas indivisible. Il a été jugé par la Cour de Douai,
le 29 juillet 1816, que chaque héritier peut y
avoir recours, isolément, sans être empêché par
le retard ou la volonté inverse de son cohéritier;
que, par suite, les créanciers et les légataires sont
inhibés d'interpeller, à raison du paiement de leurs
créances et de leurs legs, l'héritier renonçant,
sauf à diriger les poursuites vers les héritiers qui
insistent encore (Sirey, tom. 17-2-168).

Ici se présente la question de savoir si l'art. 802
est, ou non, afférent au retour légal prévu et
déterminé par l'art. 747. « Les ascendans succèdent, est-il dit, à l'exclusion de tous autres, aux
choses par eux données à leurs enfans ou descendans décédés sans postérité, lorsque les objets
donnés se retrouvent en nature dans la succession. Si les objets ont été aliénés, les ascendans
recueillent le prix qui peut en être dû. Ils succèdent aussi à l'action en reprise que pouvait
avoir le donataire. » Or, les biens rentrés par
l'exercice du droit de retour, au pouvoir de l'ascendant donateur, sont-ils grevés des charges et
des dettes, et doit-il les abandonner aux légataires
et aux créanciers, s'il veut n'en être pas tenu?

Merlin, *Répertoire de Jurisprudence*, v° RÉVER-

sion, sect. 2, § 2, art. 4, n. 6, paraît avoir craint
d'émettre son opinion ; il se borne à dire : « La
coutume de Valenciennes ne traite pas la question ;
mais comme elle fait du retour, dont elle parle,
un droit spécial et étranger à la succession, il y a
tout lieu de croire qu'elle n'entend pas assujétir
aux dettes le donateur qui l'exerce. Sauvage,
Commentaire de la Coutume de Bretagne, art. 593,
décide également que la réversion se fait sans
aucune charge des dettes. Il donne pour motif
que, loin d'être un droit successif, le retour n'est
que *quasi cessante conditione*.

« La coutume de Berry, titre 19, art. 5,
n'exempte point, au contraire, du paiement des
dettes ; elle veut toutefois que les autres biens de
la succession du donataire soient épuisés, avant
que le donateur y contribue. Ferrière, *Commentaire de la Coutume de Paris*, art. 313, § 4, exprime que celui qui exerce le retour, n'est pas
proprement héritier, ou que, du moins, il ne
l'est pas à titre universel, et qu'il succède *in re
singulari*. » Dans la plupart des coutumes, en
effet, l'ascendant donateur contribuait aux dettes
et aux charges à concurrence de l'émolument.

Il fallait opter, dès-lors, entre les divers systèmes qui avaient précédé la publication de
l'art. 747 du Code civil. On a donné la préfé-

rence à celui qui fait rentrer l'ascendant en qualité d'héritier, dans la propriété du don qu'il a
fait, en décidant que, pour n'être pas tenu *ultrà
vires hœreditatis*, il doit accepter les biens sous
bénéfice d'inventaire. C'est un point jeté, on ne
sait trop pourquoi, dans la science contentieuse. Les jurisconsultes ont posé la règle, malgré
qu'elle ne soit pas écrite dans la loi, et n'ont pourtant rien dit qui tende à l'établir (Chabot de
l'Allier, *Commentaire des Successions*, art. 747,
n. 3; A. Dalloz, *Dictionnaire de Législation*,
v° RETOUR LÉGAL, n. 17; Delvincourt, *Cours de
Code civil*, tom. 2, pag. 18, note 4; Duranton,
Cours de Droit français, tom. 6, n. 209; Favard
de Langlade, *Répertoire de Législation*, v° Suc-
CESSION, sect. 3, § 2, et Toullier, *Cours de Droit
civil*, tom. 4, n. 236).

Cette doctrine, je ne le tairai pas, est essentiellement erronée. Prescrite pour les successions,
lorsque l'héritier succède *in universum jus*,
l'acceptation bénéficiaire ne saurait l'être pour
le droit de retour; car, en employant même
l'expression dont le législateur s'est servi, l'ascendant donateur, s'il *succède*, ne *succède* qu'à la
chose et non à la personne. Par quel motif, le légataire universel, ou à titre universel, est-il admis
à invoquer le bénéfice d'inventaire? C'est, on le

32

sait, parce qu'il représente le défunt en tout ou
en partie. Mais est-il possible d'en dire autant de
celui qui ne fait qu'exercer la réversion? Non,
assurément; sa vocation à la succession est restreinte, et ne constitue qu'une disposition à
titre particulier. Il ine paraît donc incontestable
qu'on a méconnu tous les principes.

Sur quoi se fonde-t-on, d'ailleurs, pour édifier
l'opinion qui fait, de l'acceptation bénéficiaire,
une condition indispensable? On invoque les
enseignemens de la Cour de cassation. Il est vrai
qu'elle a jugé, les 17 décembre 1812 et
16 mars 1830, ce que les cours de Riom, Montpellier et Bordeaux ont jugé, les 12 février 1824,
31 mars 1825 et 15 août 1831;

« Qu'aux termes des art. 757 et 915, l'ascendant n'est appelé, par la loi, qu'à titre successif,
à recueillir les objets donnés, qui se retrouvent
en nature, et qui forment sa réserve légale;

« Qu'à ce titre, il est un véritable héritier, et
que, par suite, l'art. 747, placé dans le chapitre 3,
des Divers ordres de Successions, à la section 4,
intitulée : *des Successions déférées aux ascendans*, porte que, « les ascendans succèdent, à
l'exclusion de tous autres, aux choses par eux
données à leurs enfans ou descendans décédés
sans postérité, lorsque les objets donnés se retrouvent en nature dans la succession;

«Qu'ainsi, ils sont tenus des dettes et charges, au nombre desquelles sont les legs valablement faits par les enfans décédés, sans postérité, avant leur ascendant donateur» (Sirey, tom. 13-1-409, tom. 30-1-121, tom. 26-2-14 et 119, et tom. 31-2-177).

Mais les cours d'Angers et d'Agen, n'ont-elles pas résisté à une semblable interprétation? En effet, les 13 mars 1817 et 11 décembre 1827, il a été reconnu par elles, et avec raison, qu'au droit de retour n'était pas attachée la qualité d'héritier; que ce ne pouvait donc être que par un renversement des règles de la matière, qu'on avait voulu voir, dans l'action en reprise, l'engagement de respecter les charges, les dettes, et de les acquitter (Sirey, tom. 22-2-300, et tom. 29-2-74).

Serait-il rationnel, enfin, que les biens donnés ne doivent pas rentrer francs et quittes dans les mains du donateur, que cela ne ferait, dans aucun cas, qu'on eût besoin de recourir au bénéfice d'inventaire. Tout au plus, s'agirait-il de l'application de l'art. 874, suivant lequel le légataire particulier qui a acquitté la dette dont l'immeuble légué était grevé, demeure subrogé aux droits du créancier contre les héritiers et successeurs à titre universel. Or, les effets mobiliers n'ayant pas de suite par hypothèque, ne soumettraient à aucune obligation.

138. « L'héritier, dit l'art. 8o5, qui représente les meubles de la succession, n'est tenu que de la dépréciation ou détérioration causée par sa négligence. » D'après quelques auteurs, ces deux mots : *détérioration* et *dépréciation*, diffèrent ensemble, en ce qu'une chose peut être dépréciée, sans avoir été détériorée. « Un meuble, ajoutent-ils, était fort à la mode au moment de l'ouverture de la succession; si l'héritier l'eût vendu à cette époque, il en eût tiré un bon prix. Mais il ne l'a pas vendu; la mode est passée, et le meuble est déprécié, quoiqu'il ne soit pas détérioré : donc l'héritier sera tenu de la dépréciation » (Chabot de l'Allier, *Commentaire des Successions*, art. 8o5, n. 3; Delvincourt, *Cours de Code civil*, tom. 2, pag. 96, note 8, et Rolland de Villargues, *Répertoire du Notariat*, v° BÉNÉFICE D'INVENTAIRE, n. 14).

C'est ce qu'on ne peut raisonnablement admettre : telle n'a pas été l'intention du législateur. Sans doute, il parle de dépréciation, de détérioration; néanmoins il ne leur donne pas le sens qui leur a été attribué par les jurisconsultes. L'expression *détérioration*, est la seule qui ait occupé sa pensée. Ce qui le prouve, c'est la copulative *ou*, qui sert à fixer, dans le texte, la portée de la disposition. Aussi, la détérioration absorbe

la dépréciation, et il n'y a qu'elle, si elle est due
à la négligence de l'héritier, qui produise de lien;
en d'autres termes, il faut que la dépréciation soit
grave, et qu'elle tienne de la détérioration, pour
qu'il y ait lieu à responsabilité.

S'il pouvait en être différemment, on ferait
dire à l'art. 8o5, ce que n'a pas voulu le titre
du Bénéfice d'inventaire ; car, tandis que l'héritier
n'est point astreint à procéder à la vente du mobilier, et qu'il ne doit le faire qu'alors qu'il ne se
trouve pas du numéraire dans la succession
pour payer soit les créanciers, soit les légataires
qui se présentent, on le mettrait dans la dure
nécessité de faire cette vente immédiatement.
Ce n'est pas ainsi qu'il faut argumenter. Non,
un héritier n'est répréhensible, que dans le cas
de faute ou négligence : *il y a faute*, s'il administre mal; *il y a négligence*, s'il ne paie pas les
légataires et les créanciers qui se font connaître;
mais il n'y a ni négligence, ni faute, dès qu'il n'a
rien à payer, et qu'il ne dégrade point les biens
dont l'administration lui a été départie.

13g. Il existe une grande analogie entre l'a-
bandon que fait le bénéficiaire, pour s'affranchir
de l'apurement de l'hérédité, et celui qui intervient sur cession judiciaire, puisque le débiteur
le provoque afin de n'être pas contraignable par

corps. L'art. 904 du Code de procédure civile dit que le jugement qui admet au bénéfice de cession, vaut pouvoir aux créanciers, à l'effet de faire vendre les biens meubles et immeubles du débiteur; tirons aussi de là, cette conséquence, que l'acte d'abandon substitue les légataires, les créanciers, à l'héritier bénéficiaire, au moins quant à ce qui se rapporte aux formes de la liquidation, et qu'ils sont autorisés à s'appliquer, à concurrence de ce qui leur est dû, le prix des ventes à opérer.

Chabot de l'Allier, *Commentaire des Successions*, art. 802, n. 8, et Toullier, *Cours de Droit civil*, tom. 4, n. 358, enseignent qu'il doit être nommé un curateur aux biens abandonnés; « car, disent-ils, il faut qu'il y ait quelqu'un qui gère la succession, contre qui les créanciers et les légataires puissent exercer leurs actions, sur qui ils puissent faire vendre les biens, qui ait une qualité légale pour contester leurs demandes et leurs poursuites, si elles ne sont pas légitimes, et qui ait le droit d'administrer les affaires et les biens du défunt. C'est ce qu'indique l'art. 2174, en matière de délaissement par hypothèque, pourvu qu'un autre héritier ne se présente pas après l'abandon. »

Merlin, *Questions de Droit*, V° Bénéfice d'inventaire, § 5, art. 3, n. 1, combat en partie cette opinion. Il soutient, avec l'art. 811, qu'il n'y a pas vacance de succession, quoiqu'on ait abandonné les meubles et les immeubles qui en dépendent. « L'héritier bénéficiaire, ajoute-t il, demeure encore héritier, la succession réside sur sa tête ; donc elle n'est pas vacante, et si l'on veut se tenir strictement dans les termes de la loi, ce n'est pas un curateur à la succession qu'il faut nommer, mais un curateur aux biens de la succession abandonnée, comme dans le cas du délaissement par hypothèque.»

Il est aisé de l'apercevoir, ce n'est, entre ces auteurs, qu'une pure dispute de mots. Qu'il y ait, en effet, un curateur aux biens ou à la succession, c'est toujours un curateur ; or, si le bénéficiaire n'a fait qu'un abandon, au lieu d'une vraie renonciation à la successibilité, aucun curateur n'a à connaître des poursuites ultérieures. La règle veut que, dans l'hypothèse, les légataires, les créanciers, ou l'un d'eux, prennent l'initiative, laissant au bénéficiaire, encore héritier, le pouvoir de les surveiller passivement. Le 1er février 1830, la Cour de cassation l'a décidé en ces termes :

« Attendu qu'un héritier par bénéfice d'inventaire, ne fait l'abandon que comme propriétaire des biens abandonnés, et sans donner aux créan-

ciers et légataires, au profit desquels il est fait,
plus de droits qu'ils n'en ont sur lesdits biens,
à raison de leurs créances et de leurs legs ;

« Qu'il suit de là, qu'un tel héritier ne cesse
pas d'avoir intérêt à faire fixer le montant des
créances et des legs, après le paiement desquels
il continue d'être propriétaire de ce qui reste
libre dans la succession ;

« Que c'est par conséquent toujours avec lui,
que les uns et les autres doivent faire liquider
leurs créances, ou reconnaître la validité des
legs faits en leur faveur » (Sirey, tom. 30-1-137).

L'art. 2174 dont on excipe, au soutien de la
thèse opposée, n'a point un principe d'identité
absolue avec le bénéfice d'inventaire. Ce qui le
démontre, c'est que, par la vente, le vendeur
s'est dépouillé de tout droit de propriété sur
l'objet vendu, et qu'il en a investi l'acquéreur ;
que celui-ci, par le délaissement par hypothèque, cesse d'être propriétaire, répudie l'immeuble,
et ne veut plus courir les chances de l'action des
créanciers. Dans l'espèce, il est évident que le
vendeur, lié par l'acte translatif, n'étant pas immédiatement réintégré, ne peut pas subir l'effet
d'une poursuite qu'il n'a point provoquée, et qu'il
a même essayé de prévenir par l'aliénation
qu'il a faite ; qu'ainsi, le bien abandonné, qui n'a

pas de maître, nécessite la nomination d'un curateur, pour que l'adjudication se fasse avec lui.

On ne peut donc mieux classer l'abandon à
suite d'acceptation bénéficiaire, qu'en le mettant
sur la même ligne de la cession de biens forcée ;
car, dans l'une et l'autre hypothèses, il n'y a point
eu de vente antérieure, et les créanciers, les légataires, reçoivent le mandat de l'opérer. Il n'est
pas possible, en effet, de nier l'assimilation,
puisque l'art. 9o5 du Code de procédure civile
exprime qu'il sera procédé à la vente sur cession
de biens, dans les formes prescrites pour les héritiers sous bénéfice d'inventaire. Or, je ne sache
pas qu'on ait jamais fait nommer un curateur :
cette nomination serait extrà-légale.

C'est ce qu'a jugé la cour de Bordeaux, le
1er juin 1816. « Le créancier, est-il dit, ne doit
point, avant de requérir et de formuler la vente
des biens compris dans la cession, faire nommer
un curateur aux biens abandonnés, contre lequel
il dirige ses poursuites, et le débiteur qui a fait
cession n'est pas recevable à se plaindre de ce
que la formalité n'a point été observée. » Toute
tentative de ce genre, serait insolite ; on pourrait,
à bon droit, la réputer frustratoire, et faire supporter au poursuivant les frais qu'elle a suscités
(Sirey, tom. 18-2-66, et Dalloz, *Recueil alphabé-*

tique, tom. 10, pag. 5gg; Carré, *Lois de la Pro-cédure civile*, quest. 3o52, et Toullier, *Cours de Droit civil*, tom. 7, n. 384).

Rien n'oblige, au surplus, les créanciers à se syndiquer, ni sur le bénéfice d'inventaire, ni sur la cession de biens. « L'art. 9o4, dit Thomine-Desmazures, *Commentaire du Code de procédure civile*, n. 1o65, n'énonce point que le jugement vaudra pouvoir aux créanciers réunis, aux créanciers en masse ; mais seulement aux créanciers : d'où nous concluons que c'est à tous et à chacun d'eux ; car chacun d'eux a son intérêt particulier, qui ne peut être abandonné à la conduite des autres. Aussi, le créancier le plus diligent pourra, sans réunir ses co-créanciers, sans faire nommer de syndic pour tous, faire procéder à la vente, dont la nature et les effets sont réglés par l'art. 987, au titre *du Bénéfice d'inventaire*. »

14o. Jusqu'à l'adjudication définitive, l'héritier bénéficiaire peut exercer, néanmoins, la reprise des biens meubles et immeubles qu'il a abandonnés. C'est une latitude que lui assure sa qualité d'héritier en expectative ; il n'en est pas autrement, même dans le cas où il renonce à la succession, quoique, aux termes de l'art. 785 du Code civil, l'héritier qui renonce soit censé n'avoir jamais été héritier. L'art. 2173, au titre *des Pri-*

viléges et Hypothèques, s'il est plus restreint que l'art. 802, en matière d'abandon de biens, ne laisse point que de dire : « Le délaissement n'empêche pas qu'avant l'adjudication, le tiers-détenteur ne puisse reprendre l'immeuble, en payant toute la dette et les frais. » Il y a là, à mon avis, une puissante analogie.

Cependant la Cour de cassation a décidé, le 14 mars 1809, qu'un héritier par bénéfice d'inventaire, qui a fait aux créanciers l'abandon des biens de la succession, ne peut, au bout de nombre d'années, revenir contre eux, les réputer simples détenteurs, et demander à établir un compte. Mais, indépendamment de ce qu'il s'était écoulé à peu près cent ans, et que l'ancien droit n'était pas aussi affirmatif que le droit nouveau, il avait été stipulé, dans l'espèce, que les créanciers auraient la faculté de s'en approprier. Aujourd'hui, quand même cette stipulation existerait, l'héritier ne serait point non recevable dans son action en reprise (Sirey, tom. 10-1-94, et Dalloz, *Recueil alphabétique*, tom. 11, pag. 283, n. 4).

La raison est que, par cet acte, il ne peut y avoir que création d'antichrèse. Or, l'art. 2085 énonce que le créancier n'a que la faculté de percevoir les fruits de l'immeuble, à la charge de les imputer annuellement sur les intérêts, s'il lui en est dû, et ensuite sur le capital de sa créance. En vain opposerait-on l'échéance du terme convenu, parce que l'art. 2o88 veut qu'il n'y ait point de transmission de propriété, et que toute clause dérogatoire soit nulle, sauf le droit de poursuivre l'expropriation. C'est ce que j'ai exprimé, n. 115, en faisant remarquer que, la possession des biens de la succession bénéficiaire, n'importe sa durée, est inefficace, et n'entraîne point la prescription, s'il n'y a vente réelle et absolue.

CHAPITRE X.

De l'enregistrement en matière d'acceptation bénéficiaire.

SOMMAIRE.

141. *Il est dû un droit de mutation, quoique la succession ne soit que bénéficiaire.*

142. *Si l'héritier décède pendant sa gestion, il donne naissance à une autre mutation.*

143. *Par la renonciation ou l'abandon, au contraire, le droit de mutation n'est pas dû.*

141. Dès l'instant qu'une succession est ouverte, qu'elle soit acceptée d'une manière pure et simple, ou bénéficiairement, le droit de mutation est dû, quand même les héritiers y auraient renoncé. Ce droit, touchant sa quotité, a reçu plusieurs modifications qu'il est utile de connaître.

Par l'art. 69, § 1, n. 3, de la loi du 22 frimaire an VII, il fut fixé, savoir : à 25 c. p. 100 pour les meubles, et à 1 fr. p. 100 pour les immeubles, sans aucune distinction des degrés de parenté. La loi du 28 avril 1816, art. 53, établit des catégories; elle dit que, *pour les meubles*, le droit serait perçu dans ces proportions : 1° de 1 1/2 p. 100, entre époux; 2° de 2 1/2 p. 100, entre frères, oncles, cousins, et autres collatéraux, et 3° de 3 1/2 p. 100, entre successeurs étrangers, c'est-à-dire, non parens. Elle ajouta que, *pour les immeubles*, la perception s'opèrerait ainsi qu'il suit : à 3 p. 100, première catégorie; à 5 p. 100 sur la seconde, et à 7 p. 100 sur la troisième.

Quoique très fiscale, cette perception a encore été élevée par la loi du 21 avril 1832. Il est exprimé, art. 33, que *les meubles* sont passibles d'un droit de 2, 3, 4 et 5 p. 100, eu égard à la proximité ou à l'absence des rapports de parenté qui existent entre le défunt et ses héritiers, et que *les immeubles* le sont de 6 fr. 50 c., 7, 8 et 9 fr. p. 100, toujours par l'effet des mêmes distinctions.

Ainsi, augmentations successives et énormes dans les charges héréditaires, grevant l'appréhension de la successibilité; augmentations calculées toutefois, sur les différens systèmes politiques qui, depuis la déclaration des droits de l'homme du 14 septembre 1791, ont gouverné la France. L'an VII, 1816 et 1832; époques vraiment mémorables! Quelle leçon donnée aux novateurs, à ceux qui veulent, bon gré mal gré, devenir les artisans de nos révolutions !!!

A. Dalloz, *Dictionnaire de Législation*, v° ENREGISTREMENT, n. 687, a remarqué que la perception des droits de mutation, en ligne directe, soit ascendante, soit descendante, n'a été aucunement modifiée, et qu'elle doit, dès-lors, être faite au taux que détermine le n. 3 du § 1, art 69, de la loi du 22 frimaire an VII. C'est qu'en effet, les lois postérieures n'ont pas fait mention, dans la nomenclature qu'elles donnent, de la transmissibilité de père à fils, et *vice versâ*. Il est donc évident que, pour cet ordre d'héritiers, la perception, n'est que de 1 fr. p. 100 sur les immeubles, et de 25 c. p. 100 sur les meubles. Le supplément pour transcription, n'est pas dû; mais on exige, dans tous les cas, le dixième en sus, à titre de subvention.

La déclaration de l'ouverture d'une succession doit, aux termes de la loi de l'an VII, art. 27, être faite au bureau de la situation des biens : d'où il suit que, si les biens sont situés dans divers arrondissemens, il faut passer à chaque bureau une déclaration particulière, pour tous ceux qui se trouvent compris dans ses limites. Si les biens ont été déclarés dans un autre bureau que celui de leur situation, le receveur de ce dernier bureau est, par conséquent, fondé à réclamer ses droits, même le demi-droit pour amende, ainsi qu'on le verra, n. 150, sauf à l'héritier à se faire restituer ce qu'il a payé au premier bureau (Cassation, 7 avril 1807, Sirey, tom. 8-1-15, et *Dictionnaire des Droits d'enregistrement*, v° Succession, n. 314).

Un héritier bénéficiaire qui ne recueille aucun émolument de la succession qu'il a administrée, pourra-t-il exiger la restitution des droits de mutation? Le 3 février 1829, la Cour de cassation a adopté la négative, et elle le devait; car il est de règle que toute perception légalement faite, est irrévocable. Cependant, si, avant de prendre qualité, le successible avait opéré le versement, *dans le seul but d'éviter la peine du demi-droit en sus*, en déclarant ne payer que d'une manière provisoire, il pourrait plus tard, en renonçant, se faire restituer (Sirey, tom. 30-1-101; A. Dalloz, *Dictionnaire de Législation*, v° Enregistrement, n. 2634, et *Journal de l'Enregistrement*, art. 3843).

S'il y avait exagération dans l'état de consistance fourni à la régie, pour asseoir sa perception, les sommes payées seraient-elles réductibles? Une décision réglementaire du 29 germinal an vii, proclame l'affirmative. Il suffit, si

l'on veut obtenir la réduction proportionnelle,
basée sur la valeur exacte des biens, de prouver
l'exagération, et de former la demande avant
que le terme de la prescription soit accompli
(Dalloz, *Recueil alphabétique*, tom. 7, pag. 380,
n. 15).

Reste à savoir si les héritiers, nonobstant la
prérogative du bénéfice d'inventaire, peuvent
être contraints à payer le fisc, en leur nom personnel, et même par action solidaire, ainsi que
l'énonce l'art. 32 de la loi de l'an vii, pour les héritiers en général? C'est ce qui a été consacré
par deux arrêts de la Cour de cassation, des
1er février 1830 et 12 juillet 1836, aux termes
desquels cet héritier est tenu, comme l'héritier
pur et simple, de faire la déclaration de la succession, et d'acquitter les droits de mutation,
sans être reçu à prétendre qu'il n'a pas de fonds
libres pour faire le paiement.

« Vu, est-il dit, les art. 28, 29, 32 et 39, de la
loi du 22 frimaire an vii;

« Attendu qu'il résulte de ces articles, que
les droits imposés par la déclaration de mutation
après décès, sont à la charge des héritiers, lesquels sont soumis, solidairement, au paiement
des droits, sans aucune distinction;

« Qu'en effet, la loi ne distingue point entre

33

les héritiers purs et simples, et ceux sous bénéfice d'inventaire;

« Que si le bénéficiaire, à la différence des
autres héritiers, n'est tenu que jusqu'à concurrence des forces de la succession, il n'en a pas
moins la qualité d'héritier;

« Que le droit dû pour mutation par décès,
est une contribution directe, qui constitue, vis-à-
vis de l'État, une dette des héritiers, laquelle n'a
pour but que la transmission des biens, et dont
l'héritier bénéficiaire doit au moins l'avance;

« Qu'il résulte donc de ce qui précède, qu'en
déchargeant les défendeurs des poursuites de la
régie, parce qu'ils n'étaient qu'héritiers sous
bénéfice d'inventaire, le tribunal des Andélys a
violé les dispositions de la loi » (Sirey, tom. 30-1-
137, tom. 36-1-670, et Dalloz, *Recueil périodique*,
année 1836-1-386).

Il me semble, au contraire, que c'est l'autorité régulatrice qui a méconnu les principes lé-
gislatifs. Elle s'est mise, dans tous les cas, aux
prises avec elle-même; car elle a jugé, le 29 germinal an XI, que l'héritier bénéficiaire n'est
tenu qu'à concurrence des forces de la succession, des droits de mutation qui sont dus par
l'héritier pur et simple, et que si, par l'art. 32
de la loi de l'an VII, ces droits sont à la charge des

héritiers, l'héritier sous bénéfice d'inventaire a
l'avantage de ne pas confondre ses droits personnels avec ceux de l'hérédité (Sirey, tom. 3-2-311).

Telle est aussi l'opinion de Roland et Trouillet,
Dictionnaire de l'Enregistrement, v° Succession,
n. 175; et la pensée du législateur est en tout conforme. « Cette contribution directe qui, dit-on,
constitue une dette des héritiers, vis-à-vis de l'É-
tat, parce qu'elle n'a pour but que la transmission
des biens, » ne saurait en effet pouvoir détruire
la règle posée par l'art. 802 du Code civil. L'acceptation bénéficiaire tient l'héritier à l'écart des
poursuites des créanciers; or, qu'est la régie
de l'Enregistrement, par rapport aux droits de
mutation ? Un simple créancier, un créancier
ordinaire.

Comment s'exprime, à ce sujet, l'art. 2098?
Il dit que, le privilége du Trésor public, et l'ordre
dans lequel il s'exerce, sont réglés par les lois qui
le concernent, sans préjudicier à aucun des droits
antérieurement acquis à des tiers. L'art. 32 précité, le seul d'ailleurs qui s'occupe du point litigieux, tout en énonçant que « les droits des déclarations de mutation par décès seront payés
par les héritiers, » continue ainsi : *L'État aura
action sur les revenus des biens à déclarer*, en
quelques mains qu'ils se trouvent, pour le paie-

ment des droits dont il faudra poursuivre le recouvrement. » C'est pour cela qu'il a été décidé
par la Cour de cassation, le 6 mai 1816, que le
privilége dont il s'agit ne peut, au détriment des
créanciers, frapper sur le prix des immeubles.
(*Dictionnaire des Droits d'enregistrement* ,
v° Succession, n. 826).

Vouloir forcer l'héritier par bénéfice d'inventaire à payer, de ses propres deniers, de cela qu'il
est héritier en expectative, le montant de la mutation à laquelle la succession se trouve assujétie,
c'est dès-lors commettre une double erreur :
erreur, parce que l'art. 802 l'affranchit de toute
action directe, et qu'elle subordonne l'acquit des
charges à la valeur des biens; *erreur*, parce que
le bénéficiaire qui avance les droits de mutation,
nuit aux créanciers, en ce qu'il a lui-même une
répétition privilégiée sur le plus clair de la succession, tandis que le Trésor public est restreint
aux revenus, et peut perdre sa créance, si la succession n'en produit pas.

On ne peut soutenir, non plus, que l'héritier
sous bénéfice d'inventaire soit obligé à faire des
avances. Il a pris, il est vrai, la qualité d'administrateur, c'est-à-dire, de gérant héréditaire; mais
cette qualité ne lui impose d'autre condition que
de surveiller, en d'autres termes, de recevoir ce

qui est dû, et de payer avec les revenus, ou avec le prix des meubles et des immeubles, si les revenus ne suffisent pas. En interprétant différemment l'art. 8o3, qui formule l'administration du bénéficiaire, on porte atteinte à la prérogative que ce dernier tient de l'art. 8o2, puisqu'il est possible qu'il ne puisse pas être remboursé de ce qu'il a avancé, notamment dans le cas où la succession n'aurait que des biens contestables, dont l'existence est subordonnée à la solution des tribunaux.

142. Si l'héritier, qui n'a accepté la succession que bénéficiairement, décède pendant sa gestion, donnera-t-il ouverture à un second droit de mutation? Rolland de Villargues, *Répertoire du Notariat*, v° Bénéfice d'inventaire, n. 14, soutient l'affirmative. Je crois que c'est de la sorte qu'il faut l'entendre, quoique l'héritier bénéficiaire soit, par l'art. 8o2, affranchi de la confusion des biens et des dettes.

Le bénéfice d'inventaire n'en constitue pas moins la successibilité. Sans doute, ce genre d'acceptation s'oppose à la réunion actuelle du patrimoine du défunt et de celui de l'héritier; toutefois, comme la succession n'est pas vacante, mais représentée, le successible sur la tête duquel elle porte, bien que d'une manière fictive, est

censé avoir fait une impression utile. Là, est le
caractère fiscal ; avec lui, la fiscalité existe : elle
suit donc l'hérédité dans les mains du nouvel
héritier, quoique bénéficiaire, comme le dit
l'art. 32 de la loi du 22 frimaire an vii ; elle pré-
lève, en proportion de la consistance qui s'incorpore à lui, l'impôt qui semble peser, même à
notre heure dernière, sur la condition impérieuse
de la mortalité.

Il faut remarquer pourtant, qu'il n'y a que les
biens extans du bénéfice d'inventaire, qui soient
soumis à la perception du droit géminé de mutation. L'héritier décédé, dont la succession particulière donne, elle aussi, naissance à un droit
particulier, a pu, on le conçoit, en aliéner quelques-uns ; c'était un devoir pour lui de payer
les créanciers et les légataires. L'état de ce qui
reste, la substance de la succession bénéficiaire ;
il n'y a que cela qui doive être porté en ligne de
compte.

143. Guyot, *Traité du Droit de relief*, chapitre 4, sect. 2, prétend qu'un héritier sous bénéfice d'inventaire ne peut renoncer à la succession qu'il a acceptée dans cette forme, sans obliger
ceux qui viennent après lui à acquitter les droits
de mutation. Il se fonde sur ce que, *quia semel
hæres, semper hæres*. A. Dalloz, *Dictionnaire de*

Législation, v° ENREGISTREMENT, n. 1057, dit
que la même considération doit prévaloir de nos
jours, et produire les mêmes conséquences,
malgré que les auteurs et la jurisprudence se
soient montrés fort divergens.

Je crois avoir établi, n. 136, le vice radical
d'une semblable doctrine, en ce qui touche
le pouvoir de faire la renonciation. Toullier,
Cours de Droit civil, tom. 4, n. 358, abordant
la question relative au fisc, n'hésite point à
reconnaître que la mutation de la successibilité
n'est pas acquise. « La propriété des biens, dit-il,
ne réside plus sur la tête de l'héritier bénéficiaire, et, s'il meurt à suite de l'abandon, il n'est
dû aucun droit. S'il meurt auparavant, ses héritiers peuvent abandonner les biens de son chef,
et, par là, se soustraire à la mutation, parce que
au moyen de cette renonciation, leur auteur
est censé n'avoir jamais été héritier.»

La solution consiste, par conséquent, dans
l'effet qui s'échappe de la règle première, que,
nonobstant l'acceptation faite bénéficiairement,
l'héritier est reçu à abdiquer la succession. Il est
positif que si, par l'abdication, la qualité d'héritier
n'a pu exister, l'héritier qui le remplace prend
les choses dans l'état où elles étaient à l'époque
de l'ouverture des biens héréditaires, et que, si

la mutation a déjà été payée, le fisc n'a pas à l'exiger encore. En vain a-t-on voulu distinguer entre le cas où l'héritier renonçant avait déclaré accepter sous bénéfice d'inventaire, et celui où nonobstant l'inventaire, il s'était tenu silencieux; car la loi, et surtout la faveur dont on a environné les héritiers bénéficiaires, impliquent avec cette distinction (Cassation, 6 juin 1815, Sirey, tom. 15-1-319).

144. La loi du 22 frimaire an VII, n'a pas compris les acceptations de succession sous bénéfice d'inventaire parmi les actes faits au greffe, parce que, à cette époque, l'héritier devait, pour jouir de la prérogative qui résulte de l'acceptation modifiée, obtenir un jugement. Mais le ministre des finances a décidé, le 13 juin 1823, que les acceptations bénéficiaires doivent être considérées comme des *actes conservatoires et de formalité.* D'après cela, le n. 7 du § 2 de l'article 68 de la loi de l'an VII, les soumet à la perception de 2 francs, portée à 3 francs par la loi du 28 avril 1816, art. 44, n. 10.

Il est dû un droit par acceptant, et pour chaque succession. C'est ce qu'exprime le n. 2, § 1, article 68, de la loi du 22 frimaire. Toutefois, lorsqu'une succession est échue à un négociant failli, et acceptée sous bénéfice d'inventaire au nom des syndics de la faillite, il n'est pas dû autant de droits qu'il y a de créanciers unis, mais seulement un par chaque héritier représenté par le syndicat (*Journal de l'Enregistrement*, art. 7485, et Rolland de Villargues, *Répertoire du Notariat*, v° BÉNÉFICE D'INVENTAIRE, n. 209).

Si l'acte d'abandon, prévu par l'art. 802 du Code civil, n'accorde aux créanciers que le pouvoir de faire vendre les biens héréditaires, quand même il indiquerait les formes qui doivent être observées, le droit à percevoir, aux termes de la loi de l'an VII, art. 68, § 4, n. 2, n'est que de 5 fr. L'effet de cet abandon est différent d'une renonciation à succession; il ne contient pas, d'ailleurs, transport de la propriété; il ne fait que décharger l'héritier du paiement des dettes et des charges : par conséquent, dans l'hypothèse, la successibilité se continue. C'est d'autant plus exact, qu'indépendamment de la reprise des biens abandonnés, que l'héritier peut exercer jusqu'à l'adjudication, il lui appartient encore de recueillir ceux qu'il découvrirait par la suite (*Dictionnaire des Droits d'enregistrement*, v° HÉRITIER BÉNÉFICIAIRE, n. 5).

L'art. 68, § 2, n. 6, de la loi précitée, tarife à 2 francs les abstensions et renonciations à succession, lorsqu'elles sont pures et simples, si elles sont faites hors jugement. Ce droit a été élevé à

3 francs, par le n. 10 de l'article. 44 de la loi du
28 avril 1816. Si la renonciation est directe à
tous les héritiers, et gratuite, elle ne cesse point
d'avoir son caractère de renonciation; mais si elle
est faite moyennant un prix, elle est passible du
droit de vente, parce qu'alors il y a aliénation.
Dans le cas où la somme serait à prélever sur
la masse de la succession, on devrait néanmoins la
considérer comme un simple lotissement de partage, et ne la soumettre qu'au droit fixe, pourvu
qu'elle ne fût point exclusive à tel ou tel héritier.

145. Passons maintenant aux déclarations des
dettes actives et passives de la succession : à quel
droit d'enregistrement sont-elles assujéties ? Ces
déclarations n'ont d'autre effet que de donner un
aperçu des forces de la succession ou de la communauté; elles sont de l'essence de l'inventaire,
dont elles font une partie intégrante : c'est ce
qu'atteste le § 7 de l'art. 943 du Code de procédure civile. Il est de règle, dès-lors, qu'elles ne
peuvent servir de titre à ceux au profit desquels
elles existent, et qu'elles ne sont soumises à aucune perception (*Dictionnaire des Droits d'enregistrement*, v° INVENTAIRE, n. 42).

Ce principe s'applique à la fois, et aux déclarations qui, venant des héritiers, tendraient à
constituer la succession débitrice, et à celles qui,

venant d'un tiers, la réputeraient créancière (Cassation, 16 mars 1825, Dalloz, *Recueil périodique*, année 1825-1-204).

Ainsi, les déclarations comprises dans un inventaire, portant qu'on a reçu des sommes en avancement d'hoirie, ne donnent pas ouverture au droit proportionnel d'un p. 100 (Cassation, 22 mars 1814, *Journal de l'Enregistrement*, n. 7377).

Ainsi, la déclaration d'un mandataire, chargé de la liquidation d'une société, qui énonce qu'il a reçu et payé diverses sommes pour le compte de l'auteur de la succession, ancien associé, et qu'il est son reliquataire, ne devient sujette à la perception du droit, qu'autant qu'il en est fait usage en justice (*Dictionnaire des Droits d'enregistrement*, v° COMPTE, n. 98).

146. Quant aux procès-verbaux d'apposition et de levée de scellés, la loi du 22 frimaire an VII, art. 68, §. 2, n. 3, les assujétit à un droit de 2 fr. par vacation. La description des effets, dans certains cas, n'opère pas de droit particulier. Il en est de même de l'établissement du gardien des scellés; cette disposition est exempte de toute perception. Ni l'espèce d'enquête à laquelle se livre le juge de paix, pour connaître les causes de l'absence, ou celle de la mort du défunt, ni la

prestation du serment des personnes qui sont sur les lieux, et qui en font la montrée, ne sont passibles d'enregistrement accessoire (Décret, 10 brumaire an XIV, Sirey, tom. 8-2-213).

Il a été décidé par le ministre des finances, le 20 avril 1813, que l'ordonnance pour l'apposition des scellés, ne donne ouverture qu'au droit de 1 franc, et qu'on peut ne la représenter à l'enregistrement qu'après l'apposition. Cette ordonnance est mise à la suite de la requête, tout comme le procès-verbal d'apposition est mis à la suite de l'ordonnance. Si, étant requis d'apposer les scellés, le juge de paix, arrivé au domicile, reconnaît que les causes ont cessé, son procès-verbal est enregistré pour 1 franc. L'ordonnance qui précède la levée des scellés, et le procès-verbal qui les lève, peuvent en outre n'être présentés à l'enregistrement qu'avec le procès-verbal d'apposition, si le délai n'est pas expiré. C'est ce qui résulte de l'art. 56, titre 7, de la loi du 28 avril 1816 (*Dictionnaire des Droits d'enregistrement*, v° SCELLÉ, n. 18 et 33).

Les inventaires de meubles, objets mobiliers, titres et papiers, par quelque officier ou autorité qu'ils aient été rédigés, sont assujétis, par la loi de l'an VII, art. 68, § 2, n. 1, au droit de 2 francs par vacation. Une loi du 27 mars 1791, art. 8,

fixe à trois heures la durée de chaque vacation ;
le décret du 16 février 1807, art. 108, répète
cette disposition, en obligeant les notaires à
faire connaître le temps qu'ils ont employé :
d'où il suit, que le fisc trouve là, sa limite de
perception. On ne considère point chaque vacation comme un procès-verbal séparé, bien qu'elle
soit revêtue de la signature des parties et de
l'officier qui procède ; il suffit que les séances
successives soient enregistrées avant la clôture
de l'inventaire, et, dans le délai de la loi, eu égard
à chacune d'elles (Cassation, 11 septembre 1811,
et Circulaire de la régie, 14 nivôse an VIII, Dalloz,
Recueil alphabétique, tom. 7, pag. 339, et Sirey,
tom. 1-2-131).

147. Des modifications importantes ont été
faites à l'art. 42 de la loi du 22 frimaire an VII,
par les lois des 28 avril 1816, art. 56, et
16 juin 1824, art. 13, sur l'existence des actes
non enregistrés, lorsque les notaires et autres
officiers passent des actes qui s'y rattachent, ou
qu'ils les mentionnent. Ce n'est pas le point qu'il
s'agit d'examiner ici. L'inventaire est régi par des
principes tout différens. On peut y énoncer les
actes sous seing privé, sans être obligé de les
soumettre à l'enregistrement, et même les y
transcrire ; car, dans ce cas, le notaire les inven-

torie, mais n'en fait pas usage (Arrêté du Direc-
toire exécutif, 22 ventôse an vii; *Dictionnaire
des Droits d'enregistrement*, v° INVENTAIRE, n. 17,
et A. Dalloz, *Dictionnaire de Législation*, v° EN-
REGISTREMENT, n. 496).

« Un inventaire de succession, a dit la Cour
de cassation, le 3 janvier 1827, auquel est
appelé un mineur, ne doit pas être assimilé, dans
l'esprit de l'art. 41 de la loi du 22 frimaire, à un
acte fait en vertu de la nomination du subrogé
tuteur. Dès lors, l'acte de cette nomination, qui
n'avait point encore été formalisé, mais qui l'a
été dans le délai légal, *lequel n'était pas expiré*,
a pu être mentionné dans l'inventaire, sans la
moindre difficulté. » Le 11 août 1811, l'opinion
contraire avait prévalu, du moins par rapport à
la levée des scellés, parce que la loi de l'an vii
était restée entière; aujourd'hui, la règle est
changée par la loi du 28 avril 1816, titre 7,
art. 56 (Dalloz, *Recueil alphabétique*, tom. 7,
pag. 340, et *Recueil périodique*, année 1827-1-
107, et Sirey, tom. 12-1-151, et tom. 27-1-342).

Cette faculté d'énoncer, et même de transcrire
des actes sous seing privé, s'applique également
aux actes rédigés sur papier non timbré, par
exemple, aux registres de commerce qui, quoique
sujets au timbre, n'ont pas été revêtus de la

formalité. Le notaire doit, suivant l'art. 943 du Code de procédure civile, § 6 et 7, faire connaître, en l'état où ils se trouvent, tous les titres et papiers quelconques qui offrent de l'intérêt. Il faut donc en conclure qu'il n'est passible, ni de l'enregistrement, ni des amendes qui pourraient avoir été encourues, sauf à la régie à poursuivre les parties elles-mêmes (*Dictionnaire des Droits d'enregistrement*, v° INVENTAIRE, n. 18 et 19).

148. La loi du 22 frimaire an VII, art. 69, § 5, n. 1, impose au droit de 2 p. 100 les adjudications, ventes, reventes, cessions et rétrocessions de meubles, récoltes, coupes de bois et autres objets mobiliers. Mais le n. 6 énonce expressément : « *Les parts et portions* acquises, par licitation, de biens meubles indivis. » Or, en tarifant ces parts et portions, la loi sous-entend que les parts et portions qui sont déjà aux acquéreurs, entre communistes et cohéritiers, ne donneront lieu à aucun droit. Cependant, on a pensé que cette distinction ne s'appliquait qu'aux rentes, aux coupes de bois, aux objets enfin qui ne sont point partageables d'une manière facile, et non aux meubles meublans, « dont la vente publique ne peut, dit-on, être considérée comme licitation » (Solution, 13 novembre 1822, *Journal de l'Enregistrement*, n. 8895).

Par le § 7, n. 4, de l'art. 69 de la même loi, les *parts* et *portions* acquises des biens immeubles obligent à un droit de 4 p. 100. Il est certain que le cohéritier, le copropriétaire, n'acquièrent pas, au moyen de l'adjudication, ce qui formait antérieurement leur part successive, ou leur copropriété particulière. Ce ne serait que dans le cas où, soit la vente, soit l'adjudication, auraient été opérées au profit d'un étranger, que la perception porterait sur l'intégralité du prix.

Par la loi du 21 ventôse an VII, art. 25, on percevait en outre un droit d'hypothèque de 1 1/2 p. 100, lors de la transcription. Ces deux droits ont été réunis en un seul, de 5 1/2 p. 100, par les art. 52 et 54 de la loi du 28 avril 1816, de manière que, perçus à l'instant de l'enregistrement de la minute de l'acte translatif, la transcription qui se fait ensuite au bureau des hypothèques, n'occasionne plus qu'un droit fixe de 1 franc.

Telle est la règle ; mais elle soulève des difficultés d'application. Comment, en effet, parviendra-t-on à asseoir la perception, en matière de licitation, entre héritiers bénéficiaires, si l'adjudication est faite à l'un d'eux ; faudra-t-il, pour connaître la part que l'adjudicataire-héritier avait déjà, s'en tenir au nombre des héritiers, ou bien attendre que, par la conclusion du partage, le prix de l'immeuble tombe ou non dans son lot?

Si, d'ailleurs, la licitation est relative, sans estimation spéciale, à des meubles et à des immeubles, et que l'ordonnance d'adjudication ne dise rien de précis là-dessus, de quelle manière fera-t-on la répartition sur ces diverses espèces de biens?

La loi du 22 frimaire an VII, dispose sans doute, art. 9, que, « lorsqu'un acte translatif de propriété ou d'usufruit comprend des immeubles et des meubles, le droit d'enregistrement est perçu sur la totalité du prix, au taux réglé pour les immeubles, à moins qu'il ne soit stipulé un prix particulier pour les objets mobiliers, et qu'ils ne soient désignés et estimés, article par article. » Mais ce qui est prévu, en matière de contrats hors jugement, peut-il l'être pour ce qui se passe à l'audience, et surtout à l'occasion des enchères, où l'estimation des meubles et des immeubles s'agglomère par l'effet de la crue?

Ainsi, bon gré mal gré, la solution de pareilles questions, est livrée à la bureaucratie, à la bonne ou mauvaise foi d'un employé subalterne d'un simple commis de receveur ; elle se ressen-

34

tira donc souvent de l'arbitraire, et si les parties ne veulent point hasarder un recours devant les tribunaux, elles seront pressurées à discrétion.

Dans le cas de vente judiciaire, c'est-à-dire, sur publications et affiches, s'il n'existe qu'un héritier sous bénéfice d'inventaire, et que l'adjudication ait eu lieu en sa faveur, il n'aura pas de droit proportionnel à payer. La raison est qu'il était propriétaire ; qu'il n'a fait que convertir le fonds immobilier en une somme d'argent ; qu'ainsi, les biens adjugés sont restés dans la même main. Quoiqu'il ne s'agisse pas de licitation, il est évident que le bénéficiaire est recevable à invoquer le principe plus haut cité, que le cohéritier ne contribue point, lorsqu'il achète sa chose propre.

149. Sous l'empire de la loi du 11 brumaire an VII, il était indispensable de faire transcrire, au bureau des hypothèques de la situation, les actes translatifs de propriété. Il n'y avait, d'après l'art. 26, que la transcription qui consolidât la transmission sur la tête du nouveau possesseur. Jusque là, il n'existait, à vrai dire, qu'une quasi-aliénation. Mais le Code civil a modifié cette règle ; car l'art. 1583 dispose que, la vente est parfaite entre les parties, et que la propriété est acquise de droit à l'acheteur, à l'égard du vendeur,

dès qu'on est convenu de la chose et du prix, bien
que la chose n'ait pas encore été livrée, ni le prix
payé.

C'est ce qui a fait que, par la loi du
28 avril 1816, art. 54, on a voulu que le droit de
transcription de 1 1/2 p. 100 à percevoir sur tous
les actes de nature à être transcrits, soit réuni au
droit de mutation de 4 p. 100, et perçu de suite,
au moment même de l'enregistrement. Dans l'intervalle de la publication du Code civil, beaucoup
de mutations n'avaient pas été transcrites, parce
cela était inutile, et aussi le Trésor public voyait-il
ses perceptions s'amoindrir. On a donc paré à
l'inconvénient, par une précaution qui, en indui-
sant à des frais, souvent sans résultat, aggrave
la condition des citoyens, et voilà tout.

La transcription, n'opère principalement que
sur les hypothèques non inscrites. On a pensé, en
effet, qu'à l'aide de ce simulacre de publicité, les
créanciers non inscrits pourraient avoir l'éveil, et
qu'ils se mettraient en mesure de conserver leurs
droits. « Un créancier, dit l'art. 834 du Code de
procédure civile, qui, ayant une hypothèque,
n'aura pas fait inscrire son titre avant l'aliénation
de l'immeuble hypothéqué, ne sera reçu à requérir la mise aux enchères, qu'en justifiant de
l'inscription par lui prise depuis l'acte translatif

de propriété, et, au plus tard, dans la quinzaine de la transcription de cet acte. »

150. Je vais donner, en terminant, un aperçu des délais durant lesquels, à raison du bénéfice d'inventaire, la formalité de l'enregistrement doit être observée.

La prescription, touchant les actions réciproques du fisc et des particuliers, comporte à son tour des délais; c'est à les bien saisir, à les bien connaître, que consiste la difficulté.

Dans les délais fixés pour faire enregistrer les actes, et formuler les déclarations, le jour de la date de l'acte, ni celui de l'ouverture de la succession, ne sont point compris dans le terme, et si le dernier jour du terme se trouve être un jour de fête, ce jour-là n'est pas compté non plus (Loi du 22 frimaire an VII, art. 25).

Pour la déclaration que les héritiers, donataires et légataires, ont à passer des biens à eux échus, ou transmis par décès, il est accordé, savoir : 1° six mois à compter du jour du décès, lorsque celui dont on recueille la succession est décédé en France; 2° huit mois, s'il est décédé dans toute autre partie de l'Europe; 3° un an, s'il est mort en Amérique, et 4° deux ans, si c'est en Afrique ou en Asie (Art. 24).

Il a été décidé par la Cour de cassation, le

11 février 1807, que c'est du moment de la saisine légale, et non du moment de l'appréhension
de fait, que courent les délais dont il s'agit (Sirey,
tom. 7-2-732).

« Néanmoins, le délai de six mois, dit la loi de
l'an vii, art. 24, ne courra que du jour de la mise
en possession, pour la succession d'un absent,
celle d'un condamné, si les biens sont séquestrés,
celle qui aurait été séquestrée pour toute autre
cause, celle d'un défenseur de la patrie, s'il est
mort en activité de service hors de son département, et celle qui serait recueillie par indivis
avec l'État. »

Ainsi, un individu absent pour le service militaire, n'est pas assujéti au délai de six mois qu'on
laisse aux héritiers, en général, pour acquitter
le droit de mutation par décès (Cassation, 1er frimaire an ix, Sirey, tom. 1-2-642).

Faute par les héritiers, donataires et légataires, de déclarer la mutation et d'en solder les
droits dans les délais qui ont été déterminés, ils
sont soumis, indépendamment de la perception
en principal, à un demi-droit en sus, à titre de
peine (Loi du 22 frimaire an vii, art. 39).

Les procès-verbaux d'apposition et de levée de
scellés, doivent être enregistrés dans les vingt
jours de leur clôture, s'il n'y a qu'une vacation,

et à compter de chaque vacation, s'il y en a plusieurs (Art. 20).

Quant à l'inventaire, il faut distinguer : si le notaire qui l'a rédigé a sa résidence dans la commune où le bureau d'enregistrement est établi, ce fonctionnaire n'a que dix jours à partir de la clôture de l'acte ou des vacations, suivant la précision qui vient d'être faite; s'il ne réside pas au chef-lieu du bureau, il a quinze jours (Art. 20).

Aux termes de la loi du 28 avril 1816, art. 38, on doit, dans les vingt jours de leur date, faire enregistrer les actes d'acceptation de succession, de renonciation, d'abandon de biens, et les adjudications, soit d'immeubles, soit de meubles.

Si les délais expirent sans que la formalité de l'enregistrement ait été observée, l'acte est passible d'un double droit. C'est une amende que la loi de l'an VII, art. 33 et 35, inflige aux notaires, aux greffiers, et même aux parties quant aux jugemens. L'art. 10 de la loi du 16 juin 1824, a singulièrement affaibli le système des amendes pour contravention.

Occupons-nous, enfin, des moyens d'extinction des dettes fiscales, que la loi du 22 frimaire crée au profit de tous. « Il y a prescription, dit l'article 61, pour les demandes de droits :

« 1° Après deux années, à compter du jour de l'enregistrement, s'il s'agit d'un droit non perçu sur une disposition particulière dans un acte, d'un supplément de perception insuffisamment faite, ou d'une fausse évaluation dans une déclaration, et pour la constater par voie d'expertise;

« 2° Après trois années, aussi à compter du jour de l'enregistrement, s'il s'agit d'une omission de biens dans une déclaration faite à suite de décès ;

« 3° Après cinq années, à compter du jour du décès, pour les successions non déclarées. »

Le même texte énonce que les parties sont également non recevables, pour toute demande en restitution de droits perçus, si elles ne la forment point dans la période de deux années.

Je dois ajouter que, dans le cas où la succession est celle d'un militaire en activité de service, décédé hors de son département, la prescription des droits de mutation ne commence que du jour de la mise en possession des héritiers; c'est une règle de réciprocité qui résulte de l'art. 24 de la loi du 22 frimaire an VII, ainsi que l'a jugé la Cour de cassation, le 19 thermidor an XIII (Dennevers, tom. 5-1-509).

Un avis du conseil d'état, du 18 août 1810, eut pour effet d'interpréter l'art. 61. Il n'y était pas question des amendes pour contravention, du moins d'une manière expresse; par conséquent, dans le dessein de compléter la disposition, il fut décidé :

« Que, toutes les fois que les receveurs de l'enregistrement sont *à portée de découvrir*, par des actes présentés à la formalité, des contraventions sujettes à amende, ils doivent, dans les deux ans de la formalité donnée à l'acte, exercer des poursuites pour le recouvrement de l'amende, à peine de prescription. »

Il est de principe que la prescription n'est suspendue que par des actions signifiées et enregistrées avant l'expiration des délais, à la charge de ne pas les interrompre pendant une année entière, sauf s'il y a instance devant les juges compétens, parce qu'alors la péremption de la poursuite n'est acquise que par trois ans, même trois ans six mois, s'il y a lieu à reprise (*Code de Procédure civile*, art. 397, et Loi du 22 frimaire an VII, art. 61).

FIN.

TABLE DES MATIÈRES

PAR ORDRE CHRONOLOGIQUE

DU

TRAITÉ DU BÉNÉFICE D'INVENTAIRE

ET DE

L'ACCEPTATION DES SUCCESSIONS.

CHAPITRE II.

Etat de l'ancienne jurisprudence touchant l'acceptation bénéficiaire.

SOMMAIRE.

CHAPITRE III.

Personnes qui peuvent invoquer aujourd'hui le bénéfice d'inventaire.

SOMMAIRE.

CHAPITRE IV.

Formes de l'acceptation bénéficiaire.

SOMMAIRE.

CHAPITRE V.

Délai pendant lequel on doit déclarer le bénéfice d'inventaire.

SOMMAIRE.

CHAPITRE VI.

Gestion des biens à laquelle soumet l'acceptation bénéficiaire.

SOMMAIRE.

CHAPITRE VIII.

*Déchéance du droit de se prévaloir de l'acceptation
bénéficiaire.*

SOMMAIRE.

CHAPITRE IX.

Faculté d'abandonner les biens dépendans du bénéfice d'inventaire.

SOMMAIRE.

CHAPITRE X.

De l'enregistrement en matière d'acceptation bénéficiaire.

SOMMAIRE.

35

FIN DE LA TABLE CHRONOLOGIQUE.

TABLE

DES LOIS, ARTICLES, ARRÊTS ET AUTEURS CITÉS DANS CET
OUVRAGE.

LOIS.

§ I. — DROIT ROMAIN.

§ 2. — DROIT FRANÇAIS.

ARTICLES.

§ I. — CODE CIVIL.

112 — 79.
113 — 80.
125 — 80, 404.
128 — 404.
129 — 80.
412 — 77, 78.
451 — 78, 100.
464 — 45, 47, 562, 415, 446, 492.
467 — 209, 212.
472 — 209.
484 — 45.
509 — 45, 47.
513 — 45.
520 — 225.
521 — 225.
530 — 225.
551 — 494.
578 — 165.
612 — 162, 164, 498.
716 — 494.
724 — 39, 40, 45, 159, 520, 549.
759 — 425.
747 — 495, 496, 498.
756 — 75.
757 — 75, 498.
758 — 75.
760 — 76.
769 — 45.
775 — 45.
774 — 39, 40, 403, 407.
775 — 125, 524, 406, 409.
776 — 45, 416, 447.
777 — 575, 584, 441.
778 — 404, 412, 414, 417, 418, 420, 424, 425, 428, 435, 455, 457, 455, 458, 472.
779 — 412, 456.

780 — 404, 407, 409, 465, 467, 469, 471.
781 — 44.
782 — 44.
785 — 480.
784 — 493.
785 — 409, 486.
786 — 410
788 — 44, 479.
789 — 122, 124, 125, 429.
792 — 101, 450.
793 — 50, 52, 54, 404.
794 — 50, 57, 66, 110, 116, 404.
795 — 108, 110, 115, 117, 119, 140, 485.
796 — 112, 119, 195, 216, 217, 219, 456.
797 — 127, 157, 140.
798 — 118, 140.
799 — 140.
800 — 118, 125, 450, 455, 457, 458, 459, 455.
801 — 101, 444, 448, 450, 455, 465.
802 — 475, 485, 485, 486, 490, 492, 507, 515, 516, 517, 521.
805 — 149, 194, 258, 260, 265, 265, 508, 520, 560, 568, 476, 517.
804 — 258, 509.
805 — 158, 216, 217, 219, 469, 500, 501.
806 — 194, 202, 229, 251, 469.
807 — 165, 168, 172, 181, 185, 266, 369, 466.
808 — 189, 191, 194, 196,

§ 2. — CODE DE PROCÉDURE CIVILE.

§ 3. — CODE DE COMMERCE.

§ 4. — CODE PÉNAL.

ARRÊTS.

AUTEURS.

Bacquet, *Traité des Droits de justice.*
Basnage, *Commentaire de la Coutume de Normandie.*
Berriat-Saint-Prix, *Cours de Procédure civile.*
Bilhard, *Traité des Référés.*
Bioche et Goujet, *Dictionnaire de Procédure civile et commerciale.*
Biret, *Traité de la Compétence des juges de paix.*
Bretonnier, *Questions de Droit*
Carré, *Lois de la Procédure civile.*
Catelan, *Arrêts du Parlement de Toulouse.*
Chabot de l'Allier, *Commentaire des Successions.*
Chorier, *Arrêts du Parlement de Grenoble.*
Dalloz, *Recueils alphabétique et périodique.*
Dalloz (Armand), *Dictionnaire de Législation.*
Deghewit, *Arrêts du Parlement de Flandre.*
Delaporte, *Pandectes françaises.*
Delvincourt, *Cours de Code civil.*
Demiau-Crouzilhac, *Explication du Code de Procédure civile.*
Dennevers, *Jurisprudence générale des Cours et Tribunaux.*
Denisart, *Répertoire de Jurisprudence.*
Despeisses, *Droit français.*
Devolant, *Arrêts du Parlement de Bretagne.*
Domat, *Lois civiles.*
Duparc-Poullain, *Principes du Droit.*
Duranton, *Cours de Droit français.*
Favard de Langlade, *Répertoire de Législation.*
Ferrière, *Dictionnaire de Droit et de Pratique,* etc.
Furgole, *Traité des Testamens.*
Goubaud de la Bilennerie, *Traité des Exceptions.*

Grenier, *Traité des Hypothèques.*
Guyot, *Traité du Droit de relief.*
Lamoignon, *Arrêts du Parlement de Paris.*
Lapeyrère, *Décisions sommaires du Palais.*
Laroche-Flavin, *Jurisprudence du Parlement de Toulouse.*
Lebrun, *Traité des Successions.*
Ledru-Rollin, *Journal le Droit.*
Lepage, *Questions de Procédure civile,* etc.
Locré, *Législation civile, commerciale et criminelle.*
Loiseau, *Traité du Déguerpissement.*
Malville, *Analyse du Code civil.*
Malpel, *Traité des Successions.*
Merlin, *Répertoire de Jurisprudence et Questions de Droit.*
Monvallon, *Traité des Successions.*
Persil, *Régime hypothécaire.*
Pigeau, *Traité de la Procédure civile, et Commentaire.*
Pothier, *Introduction à la Coutume d'Orléans,* etc.
Proudhon, *Traité des Droits d'usufruit.*
Renusson, *Traité de la Subrogation.*
Ricard, *Traité des Donations et Testaments.*
Roland et Trouillet, *Dictionnaire de l'Enregistrement.*
Rolland de Villargues, *Répertoire du Notariat.*
Rousseau de Lacombe, *Jurisprudence civile.*
Serres, *Institutes du Droit français.*
Sirey, *Jurisprudence du XIXe siècle.*
Thomine-Desmazures, *Commentaire de la Procédure civile.*
Toulier, *Cours de Droit civil.*
Tronçon, *Commentaire de la Coutume de Paris.*
Troplong, *Commentaire de la Vente,* etc.
Vazeille, *Résumé sur les Successions.*
Wolff, *Traité du Droit naturel.*

FIN DE LA TABLE.

TABLE DES MATIÈRES

PAR ORDRE ALPHABÉTIQUE.

A.

36

B.

C.

D.

F.

I.

37

J.

L.

M.

N.

O.

P.

Q.

R.

S.

T.

FIN DES TABLES.

Imprimerie de H. Fournier et Comp., rue de Seine, 14.

www.ingramcontent.com/pod-product-compliance
Lightning Source LLC
Chambersburg PA
CBHW031724210326
41599CB00018B/2496